2008年總統選舉

二次政黨輪替之關鍵選舉

□輝、游清鑫、黃紀 ◎主編

□諢、游清鑫、黃　紀、王靖興、王德育
□豪、林珮婷、林聰吉、耿　曙、盛杏湲
□懋、黃桃芳、楊婉瑩、劉嘉薇、鄭夙芬
□昌 ◎合著

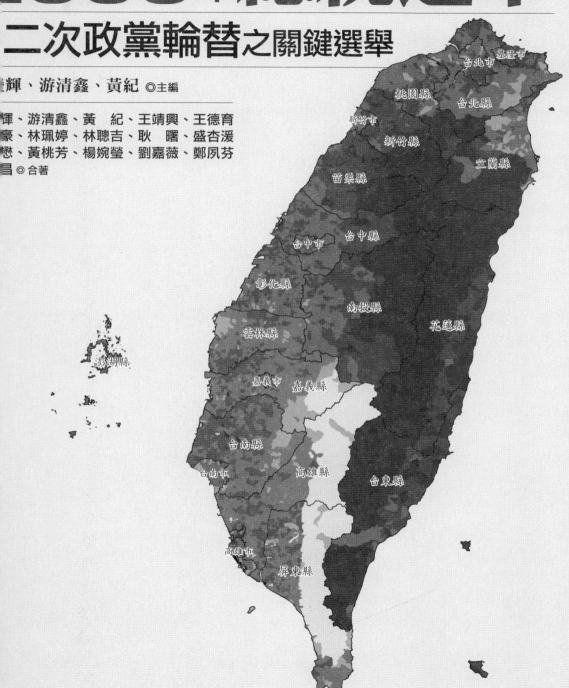

編者序

　　台灣自 1980 年代末威權轉型以來，經歷了 1990 年代之全面民主化、2000 年之首次政黨輪替及 2008 年之二次政黨輪替，儘管各方觀點殊異，但都無法否認這是一段波濤洶湧卻又彌足珍貴的民主化歷程，而這期間歷屆的中央與地方選舉，無疑的既是這段民主歷程的推手，也是台灣民主演進的階段展現。我們可以斷言，2008 年的轉折定會和 2000 年一樣，在台灣的民主發展史上留下寶貴的印記，因為該年先是在 1 月 12 日舉行的第七屆立法委員選舉中，以國民黨為主的泛藍陣營獲得壓倒性的勝利，在應選 113 席中贏得超過四分之三的席次；接著在 68 天之後 3 月 22 日的總統大選中，國民黨的馬英九與蕭萬長以超過兩百萬票差距勝出，擊敗民進黨的候選人謝長廷與蘇貞昌，締造台灣民主發展史上的第二次政權輪替，對民主鞏固有關鍵的意義。

　　至於這本專書的起源，就要話說 2008 年 8 月下旬了，那時政大選舉研究中心的幾位老師一起到 Boston 參加美國政治學會年會，回程在 Boston 機場候機時，儘管電視機上正在轉播洋基 vs. 紅襪精彩的棒球賽，但我和清鑫、陸輝的話題卻始終環繞著當時正如火如荼展開的「台灣選舉與民主化調查：2008 年總統選舉面訪案」(TEDS2008P)，以及預計在資料釋出後將舉辦的 2009 年 TEDS 國際學術研討會。清鑫與陸輝不約而同興奮的提議，應該對 TEDS 研討會論文主題預為規劃，並於會後請發表人修正，然後編輯成 2008 年總統大選的專書，除了充分運用並展現 TEDS2008P 的成果，更重要的是替 2008 年的關鍵大選留下一個學術研究的見證。於是我們「Boston 機場三人組」當場腦力激盪，規劃出投票抉

擇、性別政治、認同政治、兩岸經貿政策、新政府的治理等五大主軸與相關子題，決定主動邀請國內外頂尖學者提出論文大綱申請。

　　在政大選研全體老師的努力下，「2009 年 TEDS 國際學術研討會」於 5 月 22 至 23 日順利召開，計有台美日韓等數十位學者參與，共發表論文二十篇，其中有八篇經修改後收錄於本書之中，另外也針對相關重要主題但未及於研討會發表的論文，邀請了幾位學者專家撰寫專章。儘管 TEDS 一向秉持「過程公開，成果共享」的原則，於歷次大型面訪資料公開釋出後，都會舉辦研討會，鼓勵學界共襄盛舉，但將 TEDS 研討會的論文精心編審成專書，這還是頭一回，在此要格外感謝清鑫與陸輝的遠見和努力！當然我們也要感謝所有論文發表人及評論人的熱心參與，TEDS 研討會外應邀撰稿學者的熱情贊助，鄧素貞秘書、黃永政技士、王美慧、陳惠鈴、吳菀儒、陳俞燕小姐及全體助理們的行政協助。此外，2009 年 TEDS 國際學術研討會的舉辦，承蒙內政部、台灣民主基金會、行政院研考會、國科會等單位的經費補助，在此特致謝忱！而這本書的順利出版，也要感謝五南圖書出版公司發行人楊榮川先生、總編輯龐君豪先生以及劉靜芬與李奇蓁小姐，對本書出版的支持以及在編輯上的協助。

黃紀

識於 國立政治大學選舉研究中心

民國九十八年九月十八日

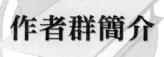

作者群簡介

◉陳陸輝

現職：國立政治大學選舉研究中心研究員

學歷：美國密西根州立大學政治學博士

◉游清鑫

現職：國立政治大學選舉研究中心研究員

學歷：美國賓州州立大學政治學博士

◉黃紀

現職：國立政治大學政治學系講座教授

　　　國立政治大學選舉研究中心合聘研究員

學歷：美國印第安那大學政治學博士

◉王靖興

現職：美國休士頓大學政治學系博士生

學歷：國立政治大學政治學系碩士

◎王德育

現職：美國伊立諾州立大學政治系教授

學歷：美國紐約州立大學水牛城分校政治學博士

◎包正豪

現職：淡江大學全球化政治與經濟學系助理教授

學歷：英國赫爾大學政治學博士

◎林珮婷

現職：國立政治大學政治學系博士候選人

◎林聰吉

現職：淡江大學公共行政學系副教授

學歷：美國普渡大學政治學博士

◎耿曙

現職：國立政治大學東亞研究所副教授

學歷：美國德州大學奧斯汀分校政府學系博士

◎盛杏湲

現職：國立政治大學政治學系教授

學歷：美國密西根州立大學政治學博士

◎許勝懋

現職：國立台灣大學調查研究中心計畫博士後研究員

學歷：國立政治大學政治學系博士

◎黃桃芳

現職：美國德州大學奧斯汀分校政府學系博士候選人

學歷：國立政治大學政治學系碩士

◎楊婉瑩

現職：國立政治大學政治學系副教授

學歷：美國密西根州立大學政治學博士

◎劉嘉薇

現職：國立交通大學通識教育中心／人文社會學系合聘助理教授

學歷：國立政治大學政治學系博士

●鄭夙芬

現職：國立政治大學選舉研究中心副研究員

學歷：國立政治大學邊政研究所碩士

●關弘昌

現職：國立台灣師範大學東亞文化暨發展學系助理教授

學歷：美國德州大學奧斯汀分校政治學博士

　　本書使用的資料部分係採自「台灣選舉與民主化調查：民國九十年立法委員選舉全國大型民意調查研究」(TEDS2001) (NSC 90-2420-H-194-001)；「2002 年至 2004 年『選舉與民主化調查』三年期研究規劃 (III)：民國九十三年總統大選民調案」(TEDS2004P) (NSC 92-2420-H-031-004)；「2002 年至 2004 年『選舉與民主化調查』三年期研究規劃 (IV)：民國九十三年立法委員選舉大型面訪案」(TEDS2004L) (NSC 93-2420-H-004-005-SSS)；「2005 年至 2008 年『選舉與民主化調查』四年期研究規劃 (III)：2008 年立法委員選舉面訪案」(TEDS2008L) (NSC 96-2420-H-002-025)；「2005 年至 2008 年『選舉與民主化調查』四年期研究規劃 (IV)：2008 年總統選舉面訪案」(TEDS2008P) (NSC 96-2420-H-004-017)。「台灣選舉與民主化調查」(TEDS) 多年期計畫總召集人為國立政治大學黃紀教授，TEDS2001 為針對 2001 年立法委員選舉執行之年度計畫，計畫主持人為黃紀教授；TEDS2004P 為針對 2004 年總統選舉執行之年度計畫，計畫主持人為黃秀端教授；TEDS2004L 為針對 2004 年立法委員選舉執行之年度計畫，計畫主持人為劉義周教授；TEDS2008L 為針對 2008 年立法委員選舉執行之年度計畫，計畫主持人為朱雲漢教授；TEDS2008P 為針對 2008 年總統選舉執行之年度計畫，計畫主持人為游清鑫教授；詳細資料請參閱 TEDS 網頁：http://www.tedsnet.org。作者感謝上述機構及人員提供資料協助，惟本文之內容概由作者自行負責。

目錄

第壹部分

2008年總統選舉的背景與結果

1

2008總統選舉：持續與變遷

陳陸輝

　　台灣政治民主化與選舉政治的研究，不但累積的調查研究資料豐碩，研究論文也成果驚人。不過，以一本專書，系統性地討論總統選舉研究的相關主題則不多見，特別是邀請選舉研究相關領域的重要學者，針對特定選舉的歷史意義且涵蓋選舉研究重要主題的著作，更是寥寥可數。本書即在此一背景之下，運用「台灣選舉與民主化調查」(Taiwan's Election and Democratization Study, TEDS) 在 2008 年總統選舉（以下簡稱 TEDS2008P）後，進行的全國性大型面訪計畫所獲得的資料撰寫而成。

　　2008 年總統選舉是台灣選舉政治中最關鍵的選舉之一，本書深入分析，在這個第二次政黨輪替之關鍵選舉中，影響選民參與及投票抉擇的重要因素。馬英九究竟是憑藉個人魅力，吸引較多女性選民支持？還是認同政治中的政黨認同或是族群認同左右選票流向？經濟與福利議題在此次選舉中扮演何種關鍵角色？兩岸經貿交流的理性誘因與台灣認同的感性訴求又如何糾葛抗衡？而立委選舉對總統選舉的影響，究竟是「西瓜效應」還是「鐘擺效應」？本書都給予深入淺出的分析。以下即按照本書的章節安排，一一介紹本書的內容。

壹、序曲：立委選舉對總統選舉的影響與總統選舉過程

　　本書的第二章，算是對 2008 年總統選舉的競選過程與結果，提供背景資訊。陳陸輝與黃紀整理自國民黨黨主席選舉以來的重要事件，並說明國民黨與民進黨兩黨提名制度的演變以及提名結果，讓我們對於 2008 年總統選舉的背景資訊，有初步的瞭解掌握。不過，在 2008 年 3 月 22 日舉行的總統選舉之前，第七屆立法委員選舉先在 1 月 12 日舉行，該次選舉中，泛藍陣營獲得應選 113 席次中超過四分之三的席次，再次掌握了立法院過半數的議席。此一選舉結果，對於隨後舉行的總統選舉，究竟會產生「鐘擺效應」還是「西瓜效應」？頗值得觀察。黃紀與王德育的文章，即

在運用 TESD2008P 的資料，解答民眾是否會因為眼看國民黨在立法院掌握絕對優勢，而採取制衡手段，轉向支持民進黨提名的候選人？抑或隨著國民黨在國會的勝選，跟著支持他們的總統候選人？上述的「鐘擺效應」與「西瓜效應」，正好因為此次台灣選舉時程的緣故而得以檢證，黃紀與王德育的此篇論文，則提供精彩的答案。

貳、投不投與要投給誰：投票參與和投票抉擇

　　選舉研究的相關主題，主要在檢視民眾是否投票、投票抉擇的對象、影響投票的因素以及選舉制度對於選民行為的影響。傳統討論投票行為的相關研究，不外乎從社會學途徑、社會心理學途徑、理性抉擇途徑以及運用認知心理學的政治心理學研究途徑 (Niemi and Weisberg 2001, 14-16)。不過，台灣過去的選舉研究，卻側重在選民的投票對象，對於投票參與的研究卻相當缺乏。當然，一個重要的原因是台灣民眾過去的選舉參與的投票率較高，在 2000 年與 2004 年的總統選舉，均高達八成。隨著民眾對於投票不再如此熱衷，未來有關投票參與的研究，勢必更受重視。王靖興與黃桃芳的論文，即有系統地針對 2008 年民眾的投票參與，進行深入分析。

　　國外學者解釋政治參與的主要因素，除了個人所具備的資源、技巧與能力外，對政治的涉入程度與政黨動員等因素，也是關鍵。王靖興與黃桃芳則從投票成本與投票效益的角度出發，結合政黨動員的觀點，分析當政黨透過人際動員來拉票與否、選民對於兩黨差異的認知，以及對候選人差異的認知等因素，對於選民投票參與的影響。

　　當我們進入選民投票抉擇的討論時，選民的個人背景，總是我們討論的起點。Lazarsfeld、Berelson 與 Gaudet (1944, 27) 認為：「一個人在政治的偏好是由他個人的社會特質所決定的」(Social characteristics determine political preference)。因此，一個人社會背景的重要性，不僅在於這些背景影響個別公民政治社會化的過程、在社會結構所在的位置與接觸的對象、

也將影響他們應該暴露在哪一種政治資訊中。在 2008 年總統選舉中，一個常被討論的議題是：馬英九是否獲得較多女「粉絲」的支持，而得以順利當選。兩性除了在生理構造上有性別 (sex) 差異外，在社會角色與社會分工上也可能出現性別 (gender) 差異。因此，楊婉瑩與林珮婷從「性別差距」(gender gap) 的角度出發，有系統地分析自 1996 年以來，不同性別選民對國民黨與民進黨支持的差異，她們進一步主張，性別差異是與政黨認同、候選人評價以及議題立場，出現交互作用。換言之，她們認為：檢驗不同性別的投票傾向還必須透過檢視不同性別與其他變數之間的交互作用，方得以進一步釐清。

　　在進入美國密西根學派主要的三個變數：政黨認同、議題偏好與候選人形象的討論之前，台灣因為特有的歷史文化關係，使得與兩岸關係糾結的認同政治，對於台灣選舉研究或是兩岸關係，有著愈來愈大的影響。台灣與大陸兩個政治實體間的經濟互動，會在一定程度上影響彼此的政治關係，[1] 因此，兩岸經貿的頻密交流，自然可能逐步促成兩岸的政治統合（耿曙與林琮盛　2005）。就「利益層面」觀察，兩岸經貿交往持續擴大似乎意味著民間統合聲音將持續壯大，但是從實際情況看來，兩岸之間政治交流上仍具有一定的疏離與試探。相對而言，檢視近年台灣的民意分佈趨勢可以發現，「感性層面」的台灣認同比例持續增加。因此，不論在兩岸之間或是在國內藍綠政黨之間，彼此猜忌且缺乏信心的情況下，兩岸關係也成為總統選舉的關鍵議題，民眾的感性認同以及理性計算下對於兩岸互動的立場與評估，自然成為影響其投票抉擇的重要關鍵。在此一前提下，本書另外邀請鄭夙芬撰寫有關族群與認同的專章。她有系統地整理分析自 1996 年來，歷次總統大選中，民眾的台灣意識對於總統選舉的影響。從她的研究可以看出：此一感性認同的因素，在台灣的選舉政治中，扮演著愈來愈關鍵的角色。

　　在討論台灣的選舉政治時，與美國選舉研究相同的是，選民的政黨認

---

[1]　參考吳玉山（1997, 119-169）與魏鏞（2002）的討論。

同成為不可或缺的重要變數。「政黨認同是測量個人對政治參考團體歸屬感的一個態度變數」(Abramson 1983, 71)，它是有關政治態度以及投票行為的研究中，最重要的變數之一。根據《美國選民》(*The American Voter*)一書作者們的看法，政黨認同「是一個心理上的認同，它的持續不需法律的認定或是成為正式黨員甚至不需要持續地政黨支持的記錄」(Campbell et al. 1960, 121)。

　　不過，政黨認同這個在美國選舉研究中最重要的概念，能否運用到台灣的選舉政治之研究，頗引人好奇。因此，台灣政治學界的選舉研究中，對政黨認同這個概念似乎是以一種欲迎還拒的態度。首先，是在早期國民黨一黨獨大的情況下，選民面對沒有競爭的選舉，會不會對政黨形成感情上的認同？就實證的資料可以發現，選民對政黨的「偏好」(partisan preference)、「支持」(partisan support) 或是「認同」(identification)，與其他的政治態度或是選民的投票行為也都顯著相關。接下來問題是，我們該如何定義與測量上述這些變數？這些變數是不是只捕捉到的選民投票時的政治「支持」？或是更進一步地包含選民對政黨產生情感上的「喜好」？還是它已經具有對政黨長期允諾的「認同」？[2] 其實，要釐清我們所使用變數的實質內涵並不容易，最大的困難是：台灣的政黨體系，本來就處在一個動態變動的情況。選民政黨認同的變遷，也許是我們看到政黨間合縱連橫以及各政黨興起沒落的原因，但也可能是結果。

　　在台灣的選舉研究中，首先對政黨認同這個概念提出測量的學者為劉義周（1987），不過，測量方式與美國並不相同。最主要的原因，是如果將英文直接翻譯為中文，政黨認同的測量問題，會讓選民弄不清楚研究者要詢問的是選民個人客觀的黨籍還是他們對政黨主觀的認同。儘管如此，在經過一定的修改之後，適當且持續的測量題目，讓台灣選舉研究中運用政黨認同相關的概念所進行研究的作品相當多，其涵蓋的主題包括：哪些

2　胡佛與游盈隆（1983）、劉義周（1987）對政黨認同這個概念以及在台灣選舉研究的應用，做了相關的討論。

因素影響民眾的政黨認同（何思因　1994；吳乃德　1992；1994；徐火炎　1992；1993；陳陸輝　2000；游清鑫　2002）、政黨認同分佈的穩定程度 (stability)（何思因　1994；陳陸輝　2000）、政黨認同對於其他政治態度的影響（徐火炎　1992；1993；盛杏湲　2002）、政黨認同對於選民投票行為的影響（何思因　1994；徐火炎　1992；1998；陳陸輝　2000）以及對獨立選民的相關研究（何思因與吳釗燮　1996；吳重禮與許文賓　2003）。

　　比較值得注意的是：在第七屆立法委員改採單一選區兩票的混合制之前，小黨可以因為在立法院贏得席次而生存，也同時因為在立法院有表現的空間，也持續吸引一定選民的支持。採用新制之後，小黨幾乎全軍覆沒。也因此，過去幾個政黨間在立法院合縱連橫的情形不再，未來政黨體系是否成為穩定的兩黨制值得觀察。在國會選舉制度改變之後，自然也會對於選民政黨認同的穩定度產生一定的影響。

　　本書為了深入分析政黨認同與政黨形象對於選民投票行為的影響，特別邀請包正豪撰寫有關政黨認同對選民投票抉擇的影響。該文章除了分析1996年以來的四次總統選舉中，國內主要政黨的主要社會基礎外，還進一步檢視政黨認同在歷次總統選舉中的影響力。林聰吉與游清鑫的文章，則聚焦於政黨形象的面向，運用1996年以來四次總統大選中，運用結構式的問卷題目，詢問民眾對於國民黨與民進黨所代表的團體利益（代表台灣人還是中國人的利益、代表平民大眾還是有錢有勢的利益、代表清廉還是黑金）的形象差異。隨著時代變遷與政黨的執政表現，他們發現：民眾對於兩個主要政黨的形象認知，也出現重要的變化。因此，Abramson、Aldrich 與 Rohde (1994, 7) 主張：政黨重組的一個重要現象，是選民對於政黨的認知，產生重要的改變。從林聰吉與游清鑫的文章，我們似乎發現此一重要的轉變。

　　Downs (1957) 在其經典之作指出：政黨為了勝選而提出政見，不是為了實踐政見而求勝選。因此，政黨或是候選人在選舉中提出議題，是用以區別本黨（或本黨候選人）與他黨不同的重要關鍵。所以，有關議題投票

(issue voting) 的研究向來是當代投票行為研究的重心之一。Campbell 等人 (1960, 170) 對於議題投票提出以下三個必要條件。首先，是選民必須認知到該議題。其次，該議題必須引起選民某種程度的情緒反應。最後，選民必須得以區分特定政黨較其他政黨在該議題上較能代表他的立場。不過，早期密西根學派的研究卻發現選民議題立場對其投票的影響並不強 (Campbell et al. 1960)。台灣有關議題投票的相關研究，主要集中在民眾的統獨立場、對社會福利等相關議題的態度以及經濟因素對於其投票行為的影響。台灣民眾的統獨立場，不但牽動了政黨之間的合縱連橫以及政治版圖劃分，對於兩岸的關係，也至為重要。此外，近年來台灣選舉中有關社會福利、經濟發展、環境保護等相關議題對於選民投票抉擇的相關研究，也成為學者關注的焦點。（謝復生、牛銘實與林慧萍　1995；盛杏湲 2002；陳文俊　2003）特別是在 1994 年的縣市長選舉中，民進黨縣市長候選人提出「老人年金」的競選政見之後，議題投票出現了不同的風貌。而對於國民黨的貪腐問題，或是所謂的「黑金」議題，也成為在野政黨攻擊的重要議題，更是當時在野的民進黨與新黨可能合作的相關議題 (Lin, Chu, and Hinich 1996)。因此，隨著台灣的經濟情況惡化，經濟與福利的議題，勢必逐漸成為研究的重點。盛杏湲的論文即針對經濟與福利議題加以分析，並結合民眾對於經濟的回溯性與展望性評估，解析經濟與福利議題在 2008 年總統選舉的重要性。

　　「選賢與能」既是選舉的目的，選出條件較佳的候選人，自然是選舉研究的重要主題，也是每次選舉中，大眾傳播媒體爭相比較與報導的焦點，更是民眾在決定投票與否以及神聖的一票的歸屬時，重要的考慮因素。不過，就美國投票行為研究的發展史來看，在早期密西根大學的研究中，雖認為政黨、候選人及議題都佔有重要的地位，但在 Campbell 等人 (1960) 的研究中，將政黨認同視為最主要影響選民投票決定的因素。[3] 隨

---

[3]　國內外文獻中，有關政黨認同的起源、政黨認同分佈的穩定與否、政黨認同的跨國研究以及政黨認同在台灣的應用情況，請參考劉義周（1987）、徐火炎（1991）、何思因（1994）與陳陸輝（2000）。

著時代以及政治社會環境的改變，影響選民投票抉擇因素的研究，也更趨
多元。Wattenberg (1990) 認為，隨著政黨認同者比例的下降、分裂投票比
例的上升以及民眾對於政黨的態度趨向中立（冷漠），使得美國選舉政治
走向「以候選人為中心的政治型態」(candidate-centered politics)。也因為
選民的議題取向及候選人取向增加，所以依賴政黨認同的需要減少。針對
候選人因素的系統性研究，直到 1980 年在 Robert Abelson、Susan Fiske 以
及 Shelly Taylor 等社會心理學家的參與下，以結構性的問卷詢問民眾對於
候選人特質的題目，才出現在的「全國選舉研究」(National Election Study,
NES) 中。這些候選人特質方面的題目，試圖建構一個對照理想候選人與
實際候選人的測量。有關候選人特質測量是以候選人特質四個面向的九個
特質，分別是：1. 能力 (competence) 面向，包括學識、聰明才智兩個特
質；2. 效能 (effectiveness) 面向：包括領導能力、激勵人心及能做事等三
個特質；3. 廉正 (integrity) 面向：品德與誠實兩個特質；4. 移情 (empathy)
面向：同情心及關心平民百姓兩個特質 (Miller and Shanks 1996; Kinder
1986)。Miller 與 Shanks (1996, 416-7) 認為依照社會心理學家的觀點，選民
對候選人的評價與個人特質有關，可能代表了對該候選人許多正負面印象
的累積。這些印象其實是由對現任者過去多年的表現，或是對挑戰者或現
任者在競選時，許多引起選民注意到候選人的片斷情節所構成的。因而選
民對候選人特質的評估結果，可能對選民判斷該候選人未來會是位成功的
或失敗的總統上，有重要的影響。儘管這些評估個人的標準，對於政府或
政治實際上的活動、目標或責任，也許毫無關聯。本書收錄了劉嘉薇、鄭
夙芬與陳陸輝的文章，即從候選人的形象與能力兩個面向，討論運用情感
溫度計建構對兩位主要候選人的形象，以及民眾對兩位候選人能力上的評
估，對於他們在 2008 年總統選舉投票抉擇的影響。他們的研究成果彰顯
了情感溫度計這種形象指標，在解釋選民投票行為的重要性與解釋力。

參、兩岸關係與投票抉擇

在近年台灣的選舉政治中，另外一個重要的因素逐漸出現，即所謂的「中國因素」。在前述有關認同政治的討論中，筆者提及，兩岸之間的經貿交流所帶來的經濟利得，以及台灣選舉政治中屢扮要角的認同政治，兩者之間的糾纏與對話不斷。在經貿交流之後，是否一定導致台灣主權的喪失？維護台灣的主權，是否一定導致台灣經濟凋敝？換言之，經濟利得是理性「麵包」的計算，台灣認同則是感性「愛情」所鐘，兩者之間應該如何權衡以及對選舉政治的影響，頗值得關注。

在陳陸輝、耿曙與王德育的文章中，他們運用陳陸輝主持的國科會計畫在 2008 年總統選舉之前所進行的民意調查，分析台灣意識與兩岸經貿交流利益如何影響選民的投票傾向。他們運用 Edelman (1964; 1971) 與 Sears、Hensler 與 Speer (1979) 所提出的符號政治 (symbolic politics) 的概念，建構台灣意識的測量指標，並結合民眾對於兩岸經貿開放的立場以及大幅開放後經濟的預期，建構兩岸經貿開放利得的指標，具體描繪民眾在感性認同與理性利得的權衡下，如何決定其投票傾向。展望未來兩岸關係會持續成為區別兩黨的關鍵因素，該文章在選舉研究領域的重要性，不言可喻。

沿著上一篇文章討論的脈絡，關弘昌的文章則從政治經濟學的角度，分析「經濟情況」與「國家認同」對民眾在開放兩岸經貿交流後經濟情況變化的評估上，所具備的影響。由於貿易與投資的「國際化」所導致土地、資金與勞力等的生產要素在國際中流動，如何掌握各自國家的優勢，並與鄰近得以互補互惠的國家結合，是一個重要課題，不過，卻也可能引爆國內不同產業的衝突。以台灣南北區塊不同的產業類型為例，重視高科技與工商服務業的北部在兩岸經貿交流中較易獲利，但是以農林漁牧為主的南部縣市卻極可能會在兩岸經貿交流中受害。（耿曙與陳陸輝　2003；陳陸輝等　2009）因此，關弘昌的文章結合民眾個人家庭的經濟情況，同時檢視民眾的統獨立場、台灣人認同與政黨認同，看這些變數對於他們在

評估兩岸經貿交流的利得的影響力。本文進一步延伸了陳陸輝、耿曙與王德育的文章，讓民眾對兩岸經貿交流的經濟利得評估的背後因素，有了更具系統性的分析。

肆、從競選到執政：總統施政滿意度的起源與效果

對選民而言，提供和平、繁榮與希望的生活環境與未來展望，是他們對總統當選人的要求與期望。也因此，在總統當選人順利就任後，他們自然會以上述標準，去評量總統在任職期間的各項表現。對現任總統而言，總統施政滿意度的不但是對他表現的即時評鑑，具體政治操作的重要性在於：民氣高的總統可以享受許多憲政制度以外的權力，順利地推動重要法案，或是大刀闊斧地提出新的施政計畫。相對而言，一個人氣低落的總統，在無法贏得民眾尊重的同時，自然在執行憲法賦予的權力時也多所掣肘。一個更為嚴重的後果，是民氣低的總統，不但對同黨公職人員的選舉是一個包袱，在其邁向連任之路上，也將是莫大的阻礙。

本書第肆部分的兩個章節，分別討論民眾對總統施政表現對其選舉的影響，以及影響總統施政滿意度因素。在許勝懋的文章中，他分析影響民眾對陳水扁總統施政表現的因素，並進一步討論民眾對陳水扁總統施政表現的好壞，是否影響他們會不會在 2004 年與 2008 年選舉中，投票支持執政的民進黨的候選人。從他的分析中發現：民眾的黨性以及對資訊的掌握程度，是影響他們對總統滿意度的重要因素。對現任總統愈滿意，當然也愈傾向支持其連任或是其所屬政黨的候選人。

陳陸輝與耿曙的文章運用在 2009 年 4 月間，馬英九總統上台後將近一年時所進行的民意調查，檢視影響馬英九總統滿意度的因素。他們發現：繁榮與否是民眾評價馬英九總統的重要因素，不過，隨著兩岸關係的和緩，兩岸之間的關係轉變甚至是發生戰爭的可能性等因素，不具備影響力。此外，民眾的政治信任以及台灣意識也是另外兩個值得重視的變數。

他們研究的一項重要發現，是民眾傾向統一與傾向獨立者，對馬英九的滿意度都不若維持現狀者高。因此，會不會是因為馬英九總統在兩岸關係上走在「不統、不獨、不武」的中間路線，導致傾向統一與傾向獨立者均對其不滿？頗值得觀察。

　　本書出版時間為 2009 年，在馬英九總統執政之後，陸續發生國際金融海嘯以及在今年的「八八水災」等重要國際與國內事件。從競選到執政，是一條頗為崎嶇不平的道路。選舉研究中，競選過程的不確定性，也同時延伸到國家治理的諸多內在與外在的不確定因素。正因為政治現實環境的不確定，才會讓選舉研究這個領域，需要更多有志投入的優秀學者，共同努力經營。

●●●　**參考文獻**　●●●

I. 中文部分

何思因，1994，〈台灣地區選民政黨偏好的變遷：1989-1992〉，《選舉研究》，1(2): 39-52。

何思因、吳釗燮，1996，〈台灣政黨體系之下政黨認同的測量方法〉，《選舉研究》，3(1): 1-16。

吳乃德，1992，〈國家認同和政黨支持：台灣政黨競爭的社會基礎〉，《中央研究院民族學研究所集刊》，74: 33-61。

------，1994，〈社會分歧和政黨競爭：解釋國民黨為何繼續執政〉，《中央研究院民族學研究所集刊》，78: 101-130。

吳玉山，1997，《抗衡或扈從：兩岸關係新詮》，台北：正中。

吳重禮、許文賓，2003，〈誰是政黨認同者與獨立選民──以 2001 年台灣地區選民政黨認同的決定因素為例〉，《政治科學論叢》，18: 101-140。

胡佛、游盈隆，1983，〈選民的投票取向：結構與類型的分析〉，《政治學報》，11:

225-278。

徐火炎，1991，〈政黨認同與投票抉擇：台灣地區選民的政黨印象、偏好與黨派投票行為之分析〉，《人文及社會科學集刊》，4(1): 1-57。

徐火炎，1992，〈民主轉型過程中政黨的重組：台灣地區選民的民主價值取向、政黨偏好與黨派投票改變之研究〉，《人文及社會科學集刊》，5(1): 213-263。

------，1993，〈選舉競爭與政治分歧結構的變遷：國民黨與民進黨勢力的消長〉，《人文及社會科學集刊》，6(1): 37-74。

------，1998，〈台灣的選舉與社會分歧結構：政黨競爭與民主化〉，裁於《兩岸基層選舉與政治社會變遷》，陳明通、鄭永年主編，台北：月旦出版社。

耿曙、陳陸輝，2003，〈兩岸經貿互動與台灣政治版圖：南北區塊差異的推手？〉，《問題與研究》，42(6): 1-27。

陳文俊，2003，〈藍與綠——台灣選民的政治意識形態初探〉，《選舉研究》，10(1): 41-80。

陳陸輝，2000，〈台灣選民政黨認同的持續與變遷〉，《選舉研究》，7(2): 39-52。

陳陸輝等，2009，〈理性自利或感性認同？影響台灣民眾兩岸經貿立場因素的分析〉，《東吳政治學報》，27(2): 87-125。

耿曙、林琮盛，2005，〈全球化背景下的兩岸關係與台商角色〉，《中國大陸研究》，48(1): 1-28。

盛杏湲，2002，〈統獨議題與台灣選民的投票行為〉，《選舉研究》，9(1): 41-80。

游清鑫，2002，〈政黨認同與政黨形象〉，《選舉研究》，9(2): 85-114。

劉義周，1987，〈選民的政黨偏好〉，載於《轉形期社會中的投票行為——台灣地區選民的科際整合研究 (II)》，雷飛龍等，台北：行政院國家科學委員會補助專題研究計畫成果報告。

謝復生、牛銘實、林慧萍，1995，〈民國八十三年省市長選舉中之議題投票：理性抉擇理論之分析〉，《選舉研究》，2(1): 77-92。

魏鏞，2002，〈邁向民族內共同體：台灣兩岸互動模式之建構、發展與檢驗〉，《中國大陸研究》，45(2): 1-55。

II. 外文部分

Abramson, Paul R. 1983. *Political Attitudes in America*. Lexington, Mass: Health.

Abramson, Paul R., John H. Aldrich, and David W. Rohde. 1994. *Change and Continuity in the 1992 Elections.* Washington, D.C.: Congressional Quarterly Press.

Campbell, Angus et al. 1960. *The American Voter*. Chicago: The University of Chicago Press.

Downs, Anthony. 1957. *An Economic Theory of Democracy*. New York: Harper and Row.

Edelman, Murray. 1964. *The Symbolic Uses of Politics*. Urbana, IL: University of Illinois Press.

------. 1971. *Politics as Symbolic Action*. Chicago: Markham.

Kinder, Donald R. 1986. "Presidential Character Revisited." In *Political Cognition,* eds. Richard R. Lau, and David O. Sears. Hillside, NJ: Erlbaum.

Lazarsfeld, Paul., Bernard Berelson, and Hazel Gaudet. 1944. *The People's Choice: How the Voter Makes up His Mind in a Presidential Campaign*. New York: Columbia University Press.

Lin, Tse-min, Yun-han Chu, and Melvin J. Hinich. 1996. "Conflict Displacement and Regime Transition in Taiwan: A Spatial Analysis." *World Politics* 48: 453-481.

Miller, Warren E., and J. Merrill Shanks. 1996. *The New American Voter*. Cambridge, Mass: Harvard University Press.

Niemi, Richard G., and Herbert F. Weisberg. 2001. "Introduction." In *Controversies in Voting Behavior*, eds. Niemi, Richard G., and Herbert F. Weisberg. Washington, D.C.: Congressional Quarterly Press.

Sears, David O., Carl P. Hensler, and Leslie K. Speer. 1979. "Whites' Opposition to Busing: Self-interest or Symbolic Politics?" *American Political Science Review* 73: 369-384.

Wattenberg, Martin P. 1990. *The Decline of American Political Parties*. Cambridge: Harvard University Press.

2 制度、競爭與選舉結果：2008年總統選舉兩主要政黨的提名制度、過程與選舉結果

陳陸輝、黃紀

　　政黨的主要功能，在於匯集與表達民眾政治意向、培育政治人才、提出政策方向並進而透過選舉贏得執政權後，執行該黨的政策。在民主國家中，政黨必須透過組織經營 (party-in-organization)、贏得選舉 (party-in-election) 才可以組織政府 (party-in-government) (Aldrich 1995; Key 1964; Sorauf 1964)。因此，提出好的政見與提名適當的候選人，就成為贏得勝選的重要關鍵。

　　本章主要目的，在於說明 2008 年總統選舉中，兩黨的提名辦法、提名經過與提名結果。說明在兩黨既有的提名制度下，主要政黨有意角逐政黨提名的各候選人如何爭取被提名的機會。此外，也進一步描述 2008 年總統選舉的競選過程與選舉結果。

壹、主要政黨的提名制度[1]

　　自 2004 年的總統選舉以來，只有兩組主要政黨的被提名人參與選舉競爭，因此，本章也以兩個主要政黨：國民黨與民進黨的提名制度為主要關注焦點。

　　提名 (nomination) 係指政黨經過一定的程序，提出候選人參與公職人員選舉。Norris 與 Lovenduski (1995, 3) 引用 Ostrogorski 的經典之作點出：在提名過程中，參與的成員包括黨中央、地方黨部、黨內派系與基層黨員等角色，他們共同爭奪對政黨候選人的提名權，因為，他們引用 Schattschneider 的話「提名的過程決定了政黨的本質，誰有提名權誰就擁有政黨」，我們也可以看出政黨提名權的重要性。Norris 與 Lovenduski (1995, 3) 參考英國政黨提名候選人的制度，提出四個面向來評估提名程序：一為地方積極份子與基層黨員能否參與提名程序的民主 (democratic)

---

[1]　國內有關政黨提名制度的討論不少，本研究主要參考王業立（2006）、何思因（1993）、吳重禮（1998；2002）、郝玉梅（1981）與陳陸輝（1995）。

情況；二為是否對所有參加提名程序者一視同仁的公平 (fair) 程度；三為決策過程是否具有效率 (efficient)；最後則是考量提名制度是否能夠產生「好」候選人（會當選的候選人）的有效性 (effective)。儘管如此他們提出這些標準，不過，隨著各國政黨體系不同以及各政黨的既有制度慣例不同，民主國家之間各政黨的提名制度差距甚大，甚至同一國內的提名制度也有很大的差異，他們的提名制度是否符合以上要求或是應該給予哪項要求較高的權重，也都是爭論的焦點。

　　在各國的提名制度當中，Ranney (1981, 82) 以提名權的集中程度（在中央還是地方），歸納出七種類型：由黨中央決定，偶爾採納地方黨部的意見；黨中央在審慎考量地方黨部建議後，再決定提名；由中央監督而由地方黨部選拔；由地方黨部選拔而中央不負責監督；由各選區選拔而中央黨部監督；由各選區選擇，地方黨部監督；以及由各選區自行選擇。Ranney (1981, 83-84) 也提出四個標準，來判斷中央集權的程度：中央是否有權決定提名人數、安插具有特定背景的人選、變動比例名單的排名順序、以及撤銷某些被提名人的政黨資格使他不能以黨的招牌競選。Gallagher (1988, 236-245) 則自政黨提名候選人的集中程度以及參與程度出發，整理出民主國家決定提名的七種類型。首先是：所謂「政黨選民」(party voters) 型式的，如美國各州的直接初選 (direct primary)，允許任何選民參與任何政黨的選舉提名過程。第二種稱之為「政黨初選」(party primary)，即僅允許繳黨費的黨員參與初選過程。第三種為「選區政黨幹部或代表投票」(subset of constituency party members)，由各選區的政黨委員會或是黨代表大會負責提名。第四種則是「黨中央」(national executive) 決定，不過，這種情況在決定地方公職人員選舉的提名過程是相當少見的。第五種是由黨主席 (party leader) 決定，這是政黨提名權力集中化的極致，當然，參與的人數也僅有黨魁一人而已。此外，還有利益團體或是全國性派系領袖決定等兩種。有時，候選人的提名過程是經由黨內如透過黨內協調農業、工業或是商業的利益團體。有些國家的政黨提名，則是透過黨內各派系協調後產生。

　　在 2008 年總統選舉的兩個主要政黨，國民黨與民進黨，其提名方式，也經過一定程度的轉變。國民黨的提名方式，在 1947 到 1957 年間，屬於肇始期，其提名方式並未固定。在 1951 年底之前採用「擇優支持」的提名方式，後來曾經短暫使用黨內普選的方式，不過，因為投票結果並未公布，引來負面效果不少，故其改採其他方式。第二階段可稱為「小組意見反映期」，此一階段自 1960 到 1978 年之間，由縣市黨部印製反映表，由黨員個別反映。徵詢的項目包括品德威望、服務績效與社會基礎等三項。此一提名方式因為黨員意見反映的過程並不公開，讓地方黨部在候選人得審核與淘汰過程扮演重要角色，而讓縣市黨部在提名過程中，具有重要的影響力。第三階段在 1980 到 1986 年間，是用黨員意見反映、幹部評鑑與民意調查三種方式的綜合評量時期，三項混合制中除了既有的黨員意見反應外，還增加了幹部評鑑與民意調查兩項。其中，幹部評鑑部分包括黨務、政治與社會三類幹部，不過，整個評鑑的過程並不公開。第四階段為黨員初選時期，自 1989 年起開始推動。此一時期舉辦的黨員初選，選舉結果是公開的，不過，黨內初選中黨員投票所佔比重、舉辦的普及性以及初選名次等三項因素卻具有一定的彈性。不過，本制度由於投票率低、黨員與選民結構的差異、特定黨部動員能力強而影響最後結果、競選時間拉長、增加候選人支出、增加黨內對立以及不利於新人參選等因素，使得本制度遭受黨內人士質疑，而在 1991 年的國大代表選舉提名時，增加了幹部評鑑的項目，並以黨員投票佔 60%、幹部評鑑佔 40% 做為提名的參考。在 1992 年二屆立委選舉時又將幹部評鑑的比例調高到 50%。到了第五階段，自 1993 年起，國民黨由縣市黨部辦理黨員意見反應或民意調查的意見徵詢或是彈性辦理黨員投票與幹部評鑑的方式，決定初步名單，再由省黨部加倍提出建議名單，報由中央提名審核委員會審核與決定。不過，在 1994 年的省長選舉中，其提名過程是由主席、副主席、中央委員、省市級委員、及全國、省市級代表大會代表投票後決定交給中央核備。至於總統選舉部分，在 1996 年的首次民選總統中，國民黨採用全國代表大會代表以無記名投票的方式，推舉候選人。在 2000 年則改採黨代

表以無記名投票的方式產生候選人。而根據 2000 年 7 月 19 日中常會通過的修正辦法，國民黨首度將民意調查納入提名機制中，在 2006 年的辦法規定，「黨員投票」佔 50%、「民意調查」佔 50%。此一辦法後來又修正為民意調查佔 70% 而黨員投票佔 30%，此一運用民意調查作為候選人的提名機制係自民進黨的提名辦法學習而來，顯示歷經多次黨內分裂以及總統大選的敗選之後，國民黨將提名權做一定程度的開放，讓參與決策者更為多元。

　　至於民進黨的提名辦法，自從 1989 年以來，即採取地方先行協調，必要時由選區黨員投票決定。不過，由於後來「人頭黨員」的問題日趨嚴重，因此，民進黨展開黨務革新工作的重點之一，即改變其提名制度（廖益興　1994, 8-9）。在 1994 年民進黨新通過的「二階段初選制」的提名方式，先採用協調的方式，協調不成，則分成幹部與黨員投票（佔 50%）以及選民投票 (50%) 兩個階段，執行程序是先進行黨員與幹部各佔 50% 的投票，投票完畢，如果仍未協調出候選人，則進行第二階段選民投票。由於幹部投票的比重過高，因此在 1996 年通過的〈公職候選人提名條例〉將幹部投票刪除，改採黨員投票與公民投票各 50% 的比例。其後，因為公民投票的投票率低且作業過程繁複，故又將公民投票改為民意調查，並將此一辦法運用在 1997 年的縣市長與 1998 年區域立委[2] 的提名作業。不過，在 1999 年，民進黨為了規避民進黨的「四年條款」以提名陳水扁參選總統，改通過總統提名特別條例，採用推薦與黨代表同意制，提名陳水扁代表民進黨參選 2000 年總統大選。到了 2000 年 7 月，民進黨的提名辦法將黨員投票與民意調查的比重，又調整為 30% 與 70%，減低黨員投票在提名過程中的影響力。整體而言，民進黨自創立以來，「人頭黨員」的問題造成的困擾不斷，運用民意調查減緩「人頭黨員」問題的手段之一。不過，台灣兩個主要政黨運用民意調查作為政黨提名的重要制度之一，在

2　民進黨對於不分區立委的提名方式與計算公式並不相同，請參考王業立（2006 156-167）的說明。

各民主先進國家是相當少見的。

貳、兩黨提名過程[3]

　　如果仔細追溯國民黨總統候選人的提名過程，應始於 2004 年年底，有關連戰是否續任黨主席以及國民黨內兩個主要可能競爭者——台北市長馬英九與立法院院長王金平的意向。當時的國民黨主席連戰在 2005 年 1 月 14 日時，確定不再連任，國民黨內也初步排定在同年五月下旬進行黨主席改選。王金平院長在 2 月 2 日表達「國民黨主席與立法院長兩職務『無互斥性』」的看法，反駁立院院長不宜兼任黨主席的說法，雖未表態角逐黨主席，卻透露參選的可能。馬英九則在 2 月 14 日宣布爭取黨主席，不過，在 2 月 23 日立委李全教等人表示將發起連署建議連主席延任一年，讓「王馬休兵」，也可以讓連戰領導年底縣市長選舉的提名作業。但是，在連戰無意願的情況下，王金平院長於 3 月 17 日宣布參選，與馬英九共同角逐國民黨主席一職，爭取對黨機器的主導權。兩人競選過程中，在有關兩人與李登輝前主席的關係、黑金議題、賄選傳聞以及誰能讓國民黨贏等議題上不斷交鋒，且在 7 月 2 日與 9 日分別舉行一場電視政見發表會。國民黨主席的選舉在 7 月 16 日舉行，選舉方式係由黨員直選。當天的投票率為 50.2%，馬英九得票數為 375,056 票，得票率為 71.5%，王金平得票數為 143,268，得票率為 27.3%，由馬英九當選。

　　在馬英九當選主席之後，他邁向被提名之路遇到的另一個問題，是有關台北市長「首長特別費」的問題。民進黨立委謝欣霓等人在 2006 年 8 月 2 日向查黑中心告發馬英九涉嫌貪污，承辦檢察官侯寬仁在 2007 年 2 月 13 日將馬英九以貪污罪嫌起訴，馬英九同時辭去國民黨主席一職，不

3　本章有關兩黨提名過程與競選過程的說明，係依據本書附錄所整理的內容而來。讀者欲進一步瞭解具體事件的相關背景，可以參閱本書附錄說明。

過，也同時宣佈參選總統。馬英九的特別費官司在 8 月 14 日經台北地院審理後獲判無罪，同年 10 月 12 日高院開庭審理，經過兩個多月的審理，在 12 月 28 日高院宣判馬英九特別費案無罪，使得馬英九得以由國民黨提名，參選總統。

　　民進黨在 2008 年總統選舉的提名之爭，自 2004 年陳水扁總統驚險連任之後，逐漸浮出檯面。除了副總統呂秀蓮之外，陸續擔任行政院長的游錫堃、謝長廷與蘇貞昌，都是檯面上可能的人選。在 2007 年 2 月 16 日，前行政院長謝長廷率先宣布參加黨內初選。前行政院長，時任民進黨主席游錫堃也在 2 月 22 日宣布參選。時任行政院長蘇貞昌則在 2 月 25 日表態參選，民進黨的總統與立委提名程序於 3 月 1 日公告，3 月 5 日到 9 日總統初選登記，呂秀蓮副總統則在 3 月 6 日宣佈參加民進黨總統初選並登記，3 月 8 日其他三位候選人也完成黨內初選登記。在民進黨的初選辦法第九條中規定，先以溝通協調方式產生提名人選，無法達成則以「黨員投票」（佔 30%）與「民意調查」(70%) 產生公職候選人。其中，有關民意調查部分，經過相當的爭論。主要考慮在於，如果讓所有具投票權的受訪者表達支持意向，是否會有泛藍支持者，在接受民調時支持民進黨特定候選人，但是在選舉時，既不投給該候選人，也讓民調出線的候選人不具選舉競爭力。因此，在 3 月 28 日民進黨中執會經過熱烈討論後，通過總統府與蘇謝達共識的「中間排藍」版，換言之，在民意調查中的受訪者，其「政黨認同」傾向泛藍者，皆排除成為合格的受訪者。民進黨總統暨立委二合一黨員投票在 5 月 6 日舉行，謝長廷得票數為 62,852 (44.7%)、蘇貞昌得票數為 46,994 (33.4%)、游錫堃得票數為 22,211 (15.8%)、呂秀蓮得票數為 8,666 (6.2%)。謝長廷贏得黨員投票部分，蘇貞昌隨後宣佈退出民進黨總統初選，游錫堃也表示暫停競選活動，呂秀蓮則表示會走完初選。不過，隔天四大天王共同召開國際記者會，共同宣布不再進行第二階段民調，確認謝長廷代表民進黨參選總統，營造團結氣氛。

參、競選過程與選舉結果

　　在 2008 年總統選舉期間，幾個重要事件分別是馬英九的綠卡問題、教育部主任秘書莊國榮的粗口風波、國民黨費鴻泰等立委的「踢館風波」與西藏問題等重要議題。馬英九的競選主軸以經濟議題為主，以「兩岸共同市場」為訴求，提出加強與大陸的經貿交流，以提升台灣經濟發展。民進黨的競選則仍然以認同議題為主軸，在「綠卡」問題上，以國家忠誠及國家認同質疑馬英九。莊國榮的粗口風波則質疑馬英九不夠果斷甚至批評馬英九過世的父親馬鶴凌。民進黨陣營也以馬英九「兩岸共同市場」為題，指出馬英九主張的是「一中共同市場」，強調此一主張一旦付諸實現，會造成台灣的勞工與農民大量失業的問題。

　　三場的總統候選人電視政見發表會也分別在 2008 年的 2 月 29 日、3 月 7 日與 14 日分別舉行，選舉則在 3 月 22 日舉行。選舉結果，馬英九與蕭萬長以 7,659,014 票 (58.45%) 當選，謝長廷與蘇貞昌則以 5,444,949 票 (41.55%) 落敗。此次選舉結果是自 2000 年以來的第二次政黨輪替，國民黨再次贏得中央政權，伴隨著國民黨年初在立法院的大勝，可以說是掌握了行政院與立法院的絕對優勢。此次當選者馬英九出生香港祖籍湖南，屬於台灣社會的「外省人」或是所謂「大陸各省市人」，他也是民選總統以來第一位當選的「外省人」總統。此外，與李登輝先生及陳水扁先生相同之處，三人都曾擔任過台北市長，也都是台灣大學畢業的校友。

　　許多學者在討論總統選舉的意義時，總不忘引用 Key (1955; 1959) 有關「關鍵選舉」(critical election) 或是「政黨重組」(partisan realignment) 的概念。Key (1955, 11) 指出：「關鍵性選舉最核心的概念，在於選民出現劇烈且持久的政黨重組 (realignment)」。當我們談論政黨重組這個現象時，我們指的是這樣的選舉結果會在接連幾次選舉結果持續出現 (Key 1955, 4)。對於政黨重組 (partisan realignment) 這個概念的具體意義，Abramson、Aldrich 與 Rohde (1994, 6-7) 檢視美國歷史上幾次重要的政黨重組，他們發現：過去政黨重組會出現不同區域政黨支持的轉變，此外，政黨的社會基

礎也出現一定程度變化。當然，有時政黨重組也肇因於對於新的合格選民的動員。新的議題出現，也可能會造成政黨重組。政黨重組不只是選民改變他們的投票模型，更重要的是，他們改變了他們對政黨的看法。因此，出現政黨重組的關鍵性選舉，必須是具有持續性且政黨的選民結構經過重要的改變。我們如果拿這兩個標準檢視1996年以來的總統選舉，應該較能掌握2008年總統選舉的歷史意義。

相對於歷次民選總統結果，2008年的總統選舉是國民黨總統候選人得票率最高的一次，馬英九的得票超過李登輝先生在1996年的得票，也是1996年以來的總統選舉中，得票率最高的候選人。從表2.1可以發現：李登輝先生當年競選時，自桃園以南，除了台中市、南投縣與嘉義市之外，他都拿到過半數的選票。此外，在基隆市與花東地區，他也獲得過半選票的支持。不過，在北部的台北縣市及外島的金門縣與連江縣他卻沒有得到過半選票的支持。

馬英九先生的得票分佈則較不同，他在雲林縣及以南的嘉義縣、台南縣、高雄縣與屏東縣等五個縣市外，其餘得票均過半。值得注意的是：在2004年陳水扁總統競選連任時，得票過半的台中縣、彰化縣、嘉義市、台南市、高雄市與宜蘭縣，馬英九也獲得過半的選票。

就得票率的地理區域分佈來看，1996年到2008年的歷次總統選舉，兩個主要政黨在各地區的得票分佈仍然出現變動，所以，儘管馬英九總統獲得相當高的得票率，不過，他的得票分佈與前面三次國民黨的總統候選人得票分佈頗不一致，顯示此次選舉的特殊性。重要的觀察應該是2008年以後的歷次選舉，如果未來的選舉中，國民黨持續維持他們在北部、中部、東部與外島的優勢，則此次選舉，即可定義為一次關鍵性選舉。

除了得票率外，另外值得一提的是：本次選舉的投票率僅76.3%，在歷次民選總統中僅高於1996年選舉的76.0%，只有兩組候選人也許是因素之一，加上選前諸多民調均顯示民進黨將失去政權，是否導致投票率低落，也值得注意。此外，民眾在歷經過去八年分立政府下的藍綠惡鬥，是否因此對選舉參與不再熱衷也值得繼續觀察。

表 2.1   1996-2008 歷次民選總統選舉投票率與兩大政黨的得票率分佈表

地區	1996			2000			2004			2008		
	投票率	KMT%	DPP%	投票率	KMT%	DPP%	投票率	KMT%	DPP%	投票率	KMT%	DPP%
全國	76.0	54.0	21.1	82.7	23.1	39.3	80.3	49.9	50.1	76.3	58.5	41.6
台北市	76.3	38.9	24.3	83.5	21.9	37.6	81.7	56.5	43.5	79.2	63.0	37.0
台北縣	76.7	48.3	22.6	83.8	22.4	36.7	81.3	53.1	46.9	78.1	61.1	38.9
基隆市	76.7	50.3	17.7	82.7	21.5	30.8	78.4	59.4	40.6	76.1	67.7	32.3
桃園縣	77.9	55.9	15.2	84.2	22.2	31.7	81.3	55.3	44.7	77.6	64.6	35.4
新竹市	78.1	53.7	16.2	83.7	22.4	33.8	81.2	55.1	44.9	78.5	64.7	35.3
新竹縣	79.5	66.2	11.1	85.1	20.7	24.8	81.8	64.1	35.9	79.3	74.0	26.0
苗栗縣	78.0	69.9	10.7	83.6	22.2	26.8	79.8	60.8	39.3	76.8	71.0	29.0
台中市	76.6	46.5	19.6	83.4	21.2	36.9	80.9	52.7	47.3	77.7	61.7	38.3
台中縣	80.1	60.2	16.2	85.2	24.7	36.5	81.4	48.2	51.8	76.5	58.8	41.2
彰化縣	77.2	63.6	18.1	84.1	25.7	40.1	80.2	47.7	52.3	75.1	57.6	42.4
南投縣	74.5	31.5	16.6	81.2	18.2	34.5	78.0	51.3	48.8	72.1	62.0	38.0
雲林縣	69.6	66.3	19.2	77.2	24.8	47.0	75.9	39.7	60.3	70.1	48.5	51.5
嘉義市	74.2	47.0	33.4	82.0	23.2	47.0	80.5	43.9	56.1	76.3	52.4	47.6
嘉義縣	69.8	65.7	22.9	78.2	23.1	49.5	78.0	37.2	62.8	72.3	45.6	54.4
台南市	76.5	56.6	23.9	82.3	25.9	46.1	80.9	42.2	57.8	76.7	50.7	49.3
台南縣	75.0	63.1	24.5	82.4	24.7	53.8	81.2	35.2	64.8	74.5	43.9	56.2
高雄市	77.8	50.6	27.3	84.3	24.0	45.8	81.8	44.4	55.7	78.8	51.6	48.4
高雄縣	78.0	59.9	24.3	83.7	24.0	47.1	81.6	41.6	58.4	76.9	48.6	51.4
屏東縣	74.7	62.9	25.5	80.2	27.7	46.3	78.9	41.9	58.1	73.8	49.8	50.3
澎湖縣	64.7	62.6	19.9	69.7	23.3	36.8	66.2	50.5	49.9	60.4	57.9	42.1
宜蘭縣	74.0	48.3	22.6	81.0	19.5	47.0	78.5	42.3	57.7	74.0	51.4	48.6
花蓮縣	67.5	64.1	11.2	74.8	19.3	21.4	71.0	70.2	29.3	68.9	77.5	22.5
台東縣	62.5	68.4	13.4	68.9	23.7	23.2	66.5	65.5	34.5	63.2	73.3	26.7
金門縣	69.1	40.7	1.6	68.8	14.5	3.1	64.4	94.0	6.1	53.8	95.1	4.9
連江縣	68.8	46.5	1.3	68.9	24.4	1.8	65.7	94.2	5.8	58.1	95.2	4.8

資料來源：中央選舉委員會歷次總統選舉結果公告。

肆、結語

　　本章簡述 2008 年總統選舉過程中，兩個主要政黨的提名制度與提名程序，簡述了競選過程，也說明了選舉結果。在 2008 年的競選過程中，如何激發選民的投票率、如何彰顯各候選人的個人特質、如何找到適當的選舉議題予以發揮、如何動員各政黨支持者投票、各項經濟與福利議題產生如何的影響、以及中國因素如何影響此次總統選舉，都是學者專家關注的焦點。本書將在第貳部份的第四章起，逐一回答上述問題。不過，另一個引起大家關注的問題：2008 年立委選舉結果，國民黨贏得國會近四分之三的席次，這樣的選舉結果對於總統選舉究竟會產生「鐘擺效應」？還是「西瓜效應」？我們將先在第三章予以回答。

●●●　參考文獻　●●●

I. 中文部分

王業立，2006，《比較選舉制度》，台北：五南圖書。

吳重禮，1998，〈國民黨初選制度效應的再評估〉，《選舉研究》，5(2): 129-160。

------，2002，〈民調應用於提名制度的爭議：以 1998 年第四屆立法委員選舉民主進步黨初選民調為例〉，《選舉研究》，9(1): 81-111。

何思因，1993，《美英日提名制度與黨紀》，台北：理論與政策雜誌社。

郝玉梅，1981，《中國國民黨提名制度之研究》，台北：正中。

陳陸輝，1995，《中國國民黨黃復興黨部輔選效果之研究》，政治大學政治學研究所碩士論文。

廖益興，1994，〈民進黨的派系政治與提名制度〉，《國家政策雙週刊》，92: 8-9。

II. 外文部分

Abramson, Paul R., John H. Aldrich, and David W. Rohde. 1994. *Change and Continuity in the 1992 Elections.* Washington D.C.: CQ press.

Aldrich, John H. 1995. *Why Parties?*: *The Origin and Transformation of Political Parties.* Chicago and London: The University of Chicago Press.

Gallagher, Michael. 1988. "11 Conclusion." In *Candidate Selection in Comparative Perspective*, eds. Michael Gallagher, and Michael Marsh. London: Sage.

Key, V. O., Jr. 1955. "A Theory of Critical Elections." *Journal of Politics* 17: 3-18.

------. 1959. "Secular Realignment and the Party System." *Journal of Politics* 21: 198-210.

------. 1964. *Politics, Parties, and Pressure Groups.* 5th ed. New York: Crowell.

Norris, Pippa, and Joni Lovenduski. 1995. *Political Recruitmen*: *Gender, Race, and Class in the British Parliament.* New York: Cambridge University Press.

Ranney, Austin. 1981. "Candidate Selection" In *Democracy at the Polls,* eds. David Butler, Howard R. Penniman, and Austin Ranney. Washington, D.C.: American Enterprise Institute for Public Policy Research.

Sorauf, Frank J. 1964. *Party Politics in America.* Boston: Little, Brown.

第貳部分

影響選民投票的因素

3 2008年立委選舉對總統選舉的影響：鐘擺效應？西瓜效應？

黃紀、王德育

壹、前言

2008 年是台灣民主發展史上重要的選舉年。這不僅因為立法院換屆與總統選舉在同一年舉行，更因為這兩次選舉結束了台灣過去八年朝小野大的政治運作。在一月舉行的第七屆立法院換屆選舉中，以國民黨為主的泛藍陣營獲得壓倒性的勝利，在應選 113 席立委中，贏得超過四分之三的席次；而綠營僅民進黨取得 27 席。在爾後 68 天的總統選戰中，民進黨的選舉策略之一，是在倡導「鐘擺效應」，不斷凸顯一黨獨大之可怕，強調不能讓國民黨「整碗捧去」，希望選民用制衡的角度，將選票投給民進黨推出的候選人謝長廷與蘇貞昌，以免國民黨同時掌控立法部門與行政部門。為了反制民進黨的「總統制衡國會」說，國民黨的選舉策略則是在擴大「西瓜效應」。提醒選民過去八年中，朝小野大的困境，結果是許多政策都無法推行。既然國民黨已經在國會擁有絕對的優勢，選民應給該黨一個能「負全責」的機會，將選票投給國民黨總統候選人馬英九與副總統候選人蕭萬長。

2008 年的總統大選，最後由馬英九與蕭萬長以超過兩百萬票差距勝出，擊敗民進黨推出的候選人，締造台灣民主發展史上的第二次政權輪替。但是值得深思的是，2008 年總統大選的結果是否是因為民進黨的「鐘擺效應」未能發酵？或是因為國民黨充分擴大了「西瓜效應」？

就學理而言，上述兩黨的選戰策略隱含著一般所稱的「麥迪遜主義」(Madisonianism)，或是「制衡」主義 (checks and balances)，也就是選民對「分立政府」(divided government) 或「一致政府」(unified government) 的偏好。「分立政府」指的是立法部門與行政部門分屬不同政黨所掌控的政府體制，例如陳水扁總統執政的八年中，台灣的實際政治運作是由國民黨為主的泛藍陣營掌控了立法權，並由民進黨掌控行政權。而「一致政府」指的是立法部門與行政部門皆由同一政黨控制，例如在 2000 年首次政黨輪替以前的台灣，總統與立法院皆由國民黨掌控。[1] 本研究所要探索的是，

---

[1] 關於「分立政府」與「一致政府」的定義與文獻，請參閱吳重禮（2000）。

當已知泛藍陣營在立委選舉中大獲全勝的情形下，台灣的選民是否受到了民進黨「鐘擺效應」說的影響，有意地投票給謝長廷與蘇貞昌，企圖使立法權與行政權分別由不同政黨掌握；或是受到了國民黨「西瓜效應」說的影響，將選票投給馬英九與蕭萬長，以使立法權與行政權由同一政黨掌握；抑或是台灣選民的投票行為是受到其他因素的影響，與這兩個效應毫無關係。

本研究以「2005年至2008年『選舉與民主化調查』四年期研究規劃(IV)：2008年總統選舉面訪案」（以下簡稱 TEDS2008P）資料，[2] 檢視選民對制衡理論的認知與其投票行為間的關係。TEDS2008P 以台灣年滿20歲之公民為對象，於2008年6月下旬至10月上旬完成全國性民意調查，共成功面訪1,905位受訪人。本文除前言與結論外，另分為四節，第二節回顧相關的文獻。其次將討論研究架構，界定相關的變數。第四節以交叉表進行初探分析，第五節則以「多項機率單元模型」作實證分析。

貳、文獻檢閱

自1950年代「行為革命」(Behavioral Revolution) 以來，投票行為的研究即成為政治學中的顯學，大量的學術著作投入探討選民為何投票及如何投票。[3] 在過去的二、三十年中，學界對「分裂投票」(split-ticket voting) 的研究尤其熱衷。簡單來說，在同一次選舉中，如果有數種選舉同時舉行且選民可投兩張或兩張以上的選票，當選民將這些選票分別投給不同政黨的候選人時，即為「分裂投票」。反之，如果選民將這些選票投給同一政

2　「台灣選舉與民主化調查」(TEDS) 多年期計畫總召集人為國立政治大學黃紀教授，TEDS2008P計畫主持人為游清鑫教授；詳細資料請參閱TEDS網頁：http://www.tedsnet.org。

3　相關文獻的回顧，請參閱Evans (2004)。

黨的候選人時，即為「一致投票」(straight-ticket voting)。[4]

　　對分裂投票的研究以美國政治學界著墨最深，相關文獻累積甚多 (Alvarez and Schousen 1993; Burden and Kimball 1998; Garand and Lichtl 2000; Karp and Garland 2007; Lewis-Beck and Nadeau 2004; Mebane 2000; Saunders, Abramowitz, and Williamson 2005; Sigelman, Wahlbeck, and Buell 1997; Smith, et al. 1999)。這主要是因為在過去數十年中，分立政府不僅在美國的聯邦政治體制成為「常態性的制度」(divided government as a norm) (Jacobson 1990, 4)，也在美國的地方政治經常出現 (Beck, et al. 1992)。雖然造成分立政府的原因很多，若干學者認為選民的分裂投票行為是一主要因素。因為當分裂投票佔有相當的比例時，將使得分立政府形成的可能性大為增加 (Fiorina 1996)。然而，是什麼原因使選民將選票分別投給不同政黨的候選人呢？綜合國內外的相關文獻，選民分裂投票的原因，大體可分成「蓄意說」與「非蓄意說」。主張「蓄意說」的學者認為，分裂投票乃是選民的刻意行為，他們有意地將選票投給不同政黨的候選人。主張「非蓄意說」的學者則懷疑選民是否真能如此理性，將選票刻意地投給不同政黨的候選人。他們認為，選民的投票行為其實是受到其他因素的影響，但是在無意中形成分裂投票的現象。這些因素包括現任國會議員的「在職者優勢」(incumbency advantage) (Beck, et al. 1992; Born 2000; Roscoe 2003)，政黨認同的強弱，與選舉費用的多寡 (Roscoe 2003) 等。

　　分裂投票的「蓄意說」在美國學界受到很大的重視。雖然學者有不同的說法，但是他們大都從制衡的觀點出發，來解釋為何選民會刻意地將選票投給不同政黨的候選人。美國學者 Fiorina (1996) 是倡導「蓄意說」的主要學者。他認為，選民投票是依照民主黨 (Democratic Party) 與共和黨 (Republican Party) 兩黨政策立場的差異，而將選票投給不同政黨的候選人。選民的動機是想要藉著行政與立法部門分屬不同政黨，以使政府的政

---

[4]　關於分裂投票「廣義」與「狹義」的定義，請參閱黃紀（2001；2008b），黃紀、王鼎銘與郭銘峰（2008）。

策能走「中道」，不致有太過激進或保守的政策。進行分裂投票的選民通常持比較中立的政治立場，當他們視美國兩個主要政黨的立場太過偏激時，分裂投票就成為一個平衡兩黨政策的方法。其他學者則從美國憲政體制的角度來解釋分裂投票的成因 (Lewis-Beck and Nadeau 2004; Sigelman, Wahlbeck, and Buell, Jr. 1997)。他們認為，美國的憲政體制是建立在開國先人麥迪遜 (Madison) 所倡導的三權分立原則上，其目的在使政府各部門能相互制衡，不致濫權。因為這分權制衡的觀念深植人心，在受到這一「麥迪遜主義」的影響後，美國選民因此將選票刻意地投給不同政黨的候選人，以使立法部門與行政部門分別由不同政黨掌控，彼此制衡，防止任何一部門獨攬權力。[5]

　　但是「蓄意說」隱含了一項前提，那就是選民必須有能力將他們的投票行為與心中所要的選舉結果連接起來。為了展現這一能力，選民首先必須有適當的政治知識。Garand 與 Lichtl (2000) 就認為，政治知識程度較高的選民對政治的運作過程比較清楚，比較有能力瞭解什麼樣的投票行為可能產生什麼樣的選舉結果。以「美國全國選舉研究」(American National Election Study, ANES) 為資料，他們的研究發現，那些主張分立政府而且又有高度政治知識的選民，比較可能進行分裂投票，將選票投給不同政黨的候選人。除了必須有適當的政治知識外，學者也認為選民必須具有充分的政治資訊。Alesina 與 Rosenthal (1995) 的研究發現，在美國的期中選舉中，現任總統所屬政黨通常會輸掉若干眾院的席次，主要就是因為選民已知總統所屬的政黨。基於這項資訊，政治立場比較中立的選民通常會在期

5　在實證研究方面，學界對「蓄意說」的研究並未能獲得一致的結果。有些經驗研究支持「蓄意說」，發現選民或是因為要平衡兩黨政策，或是要使政府各部門能相互制衡，而進行分裂投票 (Alesina and Rosenthal 1995; Carsey and Layman 2004; Frymer, Kim, and Bimes 1997; Lacy and Paolino 1998; Lewis-Beck and Nadeau 2004; Mebane 2000; Smith et al. 1999)，有些經驗研究則推翻了「蓄意說」，發現選民的分裂投票行為乃是受到其他因素的影響 (Alvarez and Schousen 1993; Born 1994; Burden and Kimball 1998; Garand and Lichtl 2000; Grofman et al. 2000; Geer et al. 2004; Sigelman, Wahlbeck, and Buell, Jr. 1997)。

中選舉中，將選票投給與總統不同政黨的候選人，寄望能取得較平衡的政策。因此，分裂投票在總統大選年比較不容易產生，這是因為選民通常無法確定誰會入主白宮。在總統大選結果不確定的情形下，選民通常會將選票投給所認同政黨的候選人。同樣運用 ANES 資料，Saunders、Abramowitz 與 Williamson (2005) 的研究肯定了前述的發現，他們指出，當總統大選的結果比較確定時，政治知識水準比較高的選民會進行分裂投票，將選票投給與總統不同政黨的國會議員候選人。

　　台灣自民主化以來，國內許多學者引進分裂投票與分立政府的理論，進行本土化研究。但是這些研究到目前為止，只分析了我國地方選舉中的分裂投票（吳怡銘　2001；吳重禮、王宏忠　2003；吳重禮　2008；林長志、黃紀　2007；洪永泰　1995；徐火炎　2001；許勝懋　2001；游清鑫　2004；黃紀　2001；黃紀、張益超　2001；黃德福　1991）。這主要是因為依照定義，分裂投票是指在同一次選舉中，有數種選舉同時舉行且選民可投兩張或兩張以上的選票。而依照我國憲法，在 2008 年之前總統一任四年，立法委員一屆三年，即使適逢 12 年周期而同年改選，兩項選舉也並不必然同日舉行，故我國中央選舉並不會發生分裂投票（黃紀　2001，544）。[6] 因此，國內學者在研究中央層級選舉行為時，往往觀察選民在連續兩次或多次選舉中，把選票投給同一政黨候選人的一致程度。

　　在概念上，選民在連續兩次或多次選舉中，把選票投給同一或不同政黨候選人的一致程度，這種選舉行為是屬於「選舉穩定與變遷」(electoral stability and change)，而不是同一次選舉之中的一致與分裂投票（吳重禮、王宏忠 2003；黃紀 2001；2005）。由於本文所要探索的是，在已知 2008 年立委選舉中泛藍陣營大獲全勝的情形下，台灣選民的投票行為是否

6　不過，我國中央選舉在2008年後，則有可能產生分裂投票。因為我國立委選制於2008年由「複數選區單記非讓渡投票制」(single nontransferable vote with multimember-district system，簡稱SNTV-MMD或SNTV) 改為「單一選區兩票（並立）制」。也就是在選舉立委時同時領兩張選票，一票投給區域立委，一票投給政黨票。因為選民有可能不將兩張票都給同一政黨及其候選人，因此即構成了分裂投票（黃紀　2008a, 2；2008b, 133-34）。

會因此受到「制衡」觀念的影響，將選票投給泛綠陣營所支持的總統候選人，也就是要研究選民在連續兩次的選舉中，把選票投給同一或不同政黨候選人的傾向與程度，因此本文將以「選舉穩定與變遷」為分析的概念。

參、研究架構

本文的依變數是選民的投票穩定度。TEDS2008P 詢問台灣選民在 2008 年總統選舉中所支持的對象，也追問受訪人在 68 天前立法院換屆選舉中，政黨票以及區域立委選票的投票對象。雖然自民主化以來，參與立委選舉的政黨眾多，但是依據統獨立場與政黨結盟型態，台灣的政治板塊大體可分為「泛藍陣營」與「泛綠陣營」。我們依黃紀（2005）的設計，將選民在總統選舉中所支持的對象，與在立法委員選舉中所支持的對象交叉，如表 3.1 所示，台灣選民的投票模式便有四種組合。如果選民在兩次選舉中，都投票支持泛藍陣營候選人，此類受訪人被歸類為「泛藍穩定者」。反之，倘若選民在兩次選舉中，都投票支持泛綠陣營候選人，此類受訪人則被歸類為「泛綠穩定者」。如果選民在立法委員選舉中支持泛綠候選人，但在總統選舉中支持泛藍候選人，我們將此類受訪人歸類為「綠轉藍者」。而在立法委員選舉中支持泛藍候選人，但在總統選舉中支持泛綠候選人的受訪人則被歸類為「藍轉綠者」。

前述的討論指出，制衡觀念對選民的投票穩定度具有影響力。但是選民也必須有政治資訊與政治知識將他們的投票行為與心中所要的選舉結果

表 3.1　2008 年立委選舉與總統選舉之選民投票模式

		2008 總統選舉	
		投票給馬英九	投票給謝長廷
2008 立委選舉	投票給泛藍候選人	泛藍穩定	藍轉綠
	投票給泛綠候選人	綠轉藍	泛綠穩定

資料來源：作者自行整理。

連接起來。換言之，選民的制衡觀念與 2008 年立法院換屆選舉的資訊以及一般政治知識，對選民的投票行為具有互動的影響力。因此，本文提出以下三項假設：

假設一：同意「制衡觀」的選民，較可能為「泛綠穩定者」與「藍轉綠者」。反之，不同意「制衡觀」的選民，則傾向成為「泛藍穩定者」與「綠轉藍者」。

假設二：同意「制衡觀」，並且在投票時曾考慮立委選舉結果的選民，較可能為「泛綠穩定者」與「藍轉綠者」。反之，不同意「制衡觀」，或者即使同意「制衡觀」，但在投票時未曾考慮立委選舉結果的選民，則傾向成為「泛藍穩定者」與「綠轉藍者」。

假設三：同意「制衡觀」，並且政治知識程度較高者，較可能為「泛綠穩定者」與「藍轉綠者」。反之，不同意「制衡觀」，或者即使同意「制衡觀」，但政治知識程度較低的選民，則傾向成為「泛藍穩定者」與「綠轉藍者」。

為了檢視上述三項假設，本文先建構三個虛擬變數：「同意制衡觀」，「考慮立委選舉結果」以及「政治知識」。TEDS2008P 徵詢受訪人是否同意「總統與立法院的多數立委最好是不同黨，才能互相制衡」或是認為「總統與立法院的多數立委最好是同一政黨，才可以貫徹政策」。凡是同意前者的受訪人，表示主張立法與行政機構應相互制衡，變數「同意制衡觀」則編碼為 1。相反的，凡是同意後者的受訪人，顯示不同意制衡觀，則變數「同意制衡觀」編碼為 0，其餘「拒答」等無反應選項皆歸為遺漏值。其次，TEDS2008P 也詢問台灣選民在總統選舉投票時，是否考慮立委選舉的結果。我們可以合理的推斷，凡是將立委選舉結果納入考量的選民，他們必然意識到泛藍陣營已掌控了立法部門。對這些受訪人，變數「考慮立委選舉結果」均編碼為 1，否則編碼為 0，其餘「拒答」等無反應選項皆歸為遺漏值。TEDS2008P 也測量受訪人的一般政治知識，包括現任的美國總統，我國現任的行政院長，以及我國解釋憲法的機構。凡是答對兩題或兩題以上的受訪人，「政治知識」編碼為 1，表示是具有較高政

治知識的選民，否則編碼為 0，其餘「拒答」等無反應選項皆歸為遺漏值。[7] 最後，為了檢定制衡觀念與 2008 年立法院換屆選舉的資訊以及一般政治知識，對選民的投票行為是否具有互動的影響力，本文以上述三個變數相乘積建構了兩個交互影響變數 (interactive terms)：「同意制衡觀×考慮立委選舉結果」以及「同意制衡觀×政治知識」。

除了上述的主要自變數之外，尚有其他因素也會影響台灣選民的投票行為。首先，許多經驗研究都指出，執政者或執政黨的績效往往會左右選民的投票行為。當執政績效好的時候，選民通常會繼續以選票支持執政者或執政黨。如果執政績效不好的時候，選民則會轉而支持其他政黨推出的候選人。這樣的發現在研究「經濟投票」行為 (economic voting) 的文獻中特別突出 (Gomez and Wilson 2003; Kinder and Kiewiet 1979; 1981; Kramer 1971; Lewis-Beck and Paldam 2000)。因此，選民對執政績效的評估有可能成為導致選民投票變遷的原因。自 2000 到 2008 年期間，我國中央政府是由民進黨陳水扁總統執政。本文遂以虛擬變數來測量選民的「陳水扁執政滿意度」，凡表示「非常滿意」或「有點滿意」的均編碼為 1，「不太滿意」或「非常不滿意」的則編碼為 0。

過去的研究也指出，政黨認同是解釋選民投票行為的重要因素 (Campbell et al. 1960)。但是美國學者也發現到，近十幾年來，選民的政黨認同有逐漸式微的現象，政黨認同對選民投票抉擇的影響力也不再像過去那麼強 (Nie, Verba, and Petrocik 1993; Wattenberg 1990)。我國在 2000 年第一次政黨輪替後，也有類似的現象，獨立選民明顯增加 (Tsai and Chao 2008)。因此，台灣選民的政黨認同式微也可能成為投票變遷的原因。本研究以兩個虛擬變數來測量選民的政黨認同：「泛藍認同者」與「泛綠認同者」，而以獨立選民為參照組。前者包括認同國民黨、親民黨與新黨的選民，後者為認同民進黨、台灣團結聯盟與建國黨。

7　「政治知識」是以答對兩題或兩題以上者，編碼為具有較高政治知識的選民。理由是僅答對一題的受訪人，有可能是碰巧答對了。但是答對兩題或兩題以上者，碰巧的機率則小很多。這是一個比較保守的編碼，但是較能確保分類的正確性。

其次，族群認同是探討我國投票行為必須考量的變數。特別是在陳水扁執政的八年期間，民進黨政府施行了許多政策，例如在我國護照封面上加註「ISSUED IN TAIWAN」字樣，目的在改變過去以「大中國意識」為主流價值的情勢，提升民眾對台灣的認同。因此，本研究的分析模型納入「中國人認同」與「台灣人認同」兩個虛擬變數，並以認為既是中國人又是台灣人的「雙重認同」為參照組。

最後，本研究也納入選民之教育程度，年齡與性別作為控制變數。其中年齡為連續變數，性別為虛擬變數，以女性為參照組。教育程度則以國初中、高中職、大專及以上三個虛擬變數來測量，並以小學程度為參照組。

肆、初探分析

表 3.2 將選民在 2008 年 1 月立法委員選舉中所支持的對象，與 3 月總統選舉中所支持的對象交叉分析，結果顯示在兩次選舉都有去投票的受訪者中，「泛藍穩定者」有 653 人，佔有效樣本總數的 57.3%，而「泛綠穩定者」有 400 人，佔 35.1%，合計達九成二；至於「綠轉藍者」和「藍轉綠者」，則分佔有效樣本總數的 4.4% 與 3.3%，由此來看，大約只有 8% 不到的台灣選民在 2008 年的兩次選舉中，支持不同陣營的候選人。對表 3.2 進行 McNemar 對稱檢定 (test of symmetry)（參見 Agresti 2002），結果 $X^2=1.940$，$p=0.163$，顯示「綠轉藍」和「藍轉綠」這兩種投票變遷模式的人數並無統計上顯著的差別。事實上，表 3.2 的 Pearson 卡方獨立性檢定顯示，選民在兩次選舉的投票行為是相關聯的。進一步的相關度分析指出，Cramer's V 及 Cohen's Kappa 一致係數均高達 0.840，顯示選民在立委及總統這兩次選舉中，藍綠陣營投票高度穩定。再從勝算比 (odds ratio) 來看，把區域立委票投給藍營候選人、並把總統票也投給馬英九之「泛藍穩定」投票的機會，約是區域立委票投給綠營候選人、卻把總統票投給馬英

表 3.2　**2008 年立委與總統選舉投票模式之交叉分析**

		2008 總統選舉		總計
		馬英九	謝長廷	
2008 立委選舉	泛藍	泛藍穩定 653 (57.28%) [94.64%]	藍轉綠 37 (3.25%) [5.36%]	690 (60.53%)
	泛綠	綠轉藍 50 (4.39%) [11.11%]	泛綠穩定 400 (35.09%) [88.89%]	450 (39.47%)
總計		703 (61.67%)	437 (38.33%)	1,140 [100.00%]

1. 對稱性檢定 (Test of symmetry)：McNemar X^2=1.943, df=1, p=0.163>0.05
2. 獨立性檢定 (Test of independence)：Pearson X^2=803.857, df=1, p<0.001
3. 相關度測量 (Measures of association)：Cramer's V=0.840; Cohen's κ=0.840
4. 勝算比 (Odds ratio)= $\left(\dfrac{653/37}{50/400} \right)$ =141.189

資料來源：游清鑫（2008）。

說明：細格內之小括弧 (%) 表示聯合百分比，亦即以總樣本數為分母；細格內之中括弧 [%] 表示橫列百分比，亦即以各橫列之樣本數為分母。

九的「綠轉藍」變遷投票的 141 倍之多，這顯示藍綠陣營在這兩次選舉中，投票行為都很穩定。從表 3.2 的百分比分布來看，泛藍陣營的穩定投票率又比泛綠陣營高。

　　因為本文假設，「制衡觀」以及「制衡」與「考慮立委選舉結果」和「政治知識」的互動會影響選民的投票行為，表 3.3 到表 3.5 將這三個變數，與投票行為穩定度進行交叉分析。表 3.3 中的結果顯示，不同意「制衡」說者，也就是主張「總統與立法院的多數立委最好是同一政黨，才可以貫徹政策」的選民，有高達 78% 為「泛藍穩定者」，也有 2.5% 為「綠轉藍者」；而同意「制衡」說者，也就是主張「總統與立法院的多數立委最好是不同黨，才能互相制衡」的選民，雖然分布較為平均，但是「泛綠

穩定者」比「泛藍穩定者」多了 10.8%，也有 4.4% 為「藍轉綠者」。針對表 3.3 進行卡方獨立性檢定，顯示制衡觀與投票模式之間有顯著的相關，而 Cramer's V 為 0.398，表示兩者為中度偏弱的相關。不過表 3.3 也顯示，制衡觀對「泛藍穩定」及「泛綠穩定」兩種投票模式有相當程度的影響，其勝算比為 5.762。也就是說，同意制衡觀的選民，他們把票穩定的投給泛綠的機會，約是不同意制衡觀但卻也把票穩定的投給泛綠的 5.8 倍之多，這顯示同意制衡的選民，較可能把票穩定地投給泛綠。但是制衡觀對「藍轉綠」及「綠轉藍」兩種變遷投票模式則無多大影響，其勝算比為

表 3.3　制衡觀與 2008 年立委、總統選舉投票模式之交叉分析

		制衡觀念		
		不同意「制衡觀」：總統與立法院的多數立委最好是同一政黨，才可以貫徹政策	同意「制衡觀」：總統與立法院的多數立委最好是不同黨，才能互相制衡	總計
選民投票穩定度	泛藍穩定者	375 (78.62%)	207 (39.28%)	582 (57.97%)
	泛綠穩定者	83 (17.40%)	264 (50.09%)	347 (34.56%)
	藍轉綠	7 (1.47%)	23 (4.36%)	30 (2.99%)
	綠轉藍	12 (2.52%)	33 (6.26%)	45 (4.48%)
	總計	477 (47.51%)	527 (52.49%)	1,004 (100.00%)

1. 獨立性檢定：Pearson, X^2=159.145, df =3, p<0.001
2. 相關度測量：Cramer's V=0.398
3. 前兩列之勝算比 $= \left(\dfrac{264/207}{83/375} \right) = 5.762$ ；

　　後兩列之勝算比 $= \left(\dfrac{33/23}{12/7} \right) = 0.837$

資料來源：游清鑫（2008）。
說明：細格內之括弧 (%) 表示直行百分比，亦即以各直行之樣本數為分母。

0.837，非常接近 1.0，表示「藍轉綠」與「綠轉藍」的機會大致相等。

　　表 3.4 與表 3.5 進一步檢視「制衡觀」與「考慮立委選舉結果」和「政治知識」的互動對投票模式的影響。如果「制衡觀」與這兩個變數具有交互影響力，表 3.4 和表 3.5 應顯示出與表 3.3 不同的數據分配型態。換言之，假如這三個表都顯現出相同或相類似的分配型態，則表示「制衡觀」與這兩個變數對台灣選民的投票行為不具有交互影響力。從表 3.4 與表 3.5 來看，各個細格中的百分比雖然與表 3.3 中的百分比有所不同，但是整體的分配型態則是非常類似。例如，兩表中前兩列的勝算比大約都是在 5 與 6 左右，近似表 3.3 中的勝算比。這顯示，無論是否考慮立委選舉結果或政治知識的高低，同意制衡的選民，他們把票穩定地投給泛綠的機會，比不同意制衡的選民但也把選票穩定地投給泛綠的，高了大約 5 到 6 倍之

表 3.4　控制「考慮立委選舉結果」後，「制衡觀」與投票模式之交叉分析

		考慮立委選舉結果		未考慮立委選舉結果	
		不同意「制衡觀」	同意「制衡觀」	不同意「制衡觀」	同意「制衡觀」
選民投票穩定度	泛藍穩定者	94 (69.63%)	58 (28.43%)	276 (82.39%)	148 (46.54%)
	泛綠穩定者	38 (28.15%)	121 (59.31%)	43 (12.48%)	139 (43.71%)
	藍轉綠	2 (1.48%)	11 (5.39%)	5 (1.49%)	12 (3.77%)
	綠轉藍	1 (0.74%)	14 (6.86%)	11 (3.28%)	19 (5.97%)
總計		135	204	335	318

1. 獨立性檢定：Pearson, X^2=57.697, df=3, p<0.001　　1. 獨立性檢定：Pearson, X^2=93.916, df=3, p<0.001
2. 相關度測量：Cramer's V=0.413　　2. 相關度測量：Cramer's V=0.379
3. 前兩列之勝算比=5.161；　　3. 前兩列之勝算比=6.028； 　後兩列之勝算比=2.546　　　　　後兩列之勝算比=0.720

資料來源：游清鑫（2008）。

說明：細格內之括弧 (%) 表示直行百分比，亦即以各直行之樣本數為分母。

表 3.5　控制「政治知識」後，「制衡觀」與投票模式之交叉分析

		較高政治知識		較低政治知識	
		不同意「制衡觀」	同意「制衡觀」	不同意「制衡觀」	同意「制衡觀」
選民投票穩定度	泛藍穩定者	266 (79.64%)	128 (42.38%)	107 (75.89%)	79 (35.27%)
	泛綠穩定者	55 (16.47%)	145 (48.01%)	28 (19.86%)	118 (52.68%)
	藍轉綠	6 (1.80%)	12 (3.97%)	1 (0.71%)	11 (4.91%)
	綠轉藍	7 (2.10%)	17 (5.63%)	5 (3.55%)	16 (5.75%)
總計		334	302	141	224

1. 獨立性檢定：Pearson, X^2=93.629, df=3, p<0.001	1. 獨立性檢定：Pearson, X^2=57.910, df=3, p<0.001
2. 相關度測量：Cramer's V=0.384	2. 相關度測量：Cramer's V=0.398
3. 前兩列之勝算比=5.479；後兩列之勝算比=1.214	3. 前兩列之勝算比=5.708；後兩列之勝算比=0.291

資料來源：游清鑫（2008）。

說明：細格內之括弧 (%) 表示直行百分比，亦即以各直行之樣本數為分母。

多。這個發現與表 3.3 相同。雖然表 3.4 與表 3.5 中「藍轉綠」及「綠轉藍」百分比分配與表 3.3 有所不同，但是與表 3.3 相同的是各細格中的案例數目極少，顯示這三個變數即使有互動影響力，所能左右投票行為的層面也是很小。因此，「制衡觀」與「考慮立委選舉結果」和「政治知識」對台灣選民的投票行為幾乎不具有任何交互影響力。

　　整體來看，上述發現僅部分地支持本文的第一項假設。也就是說，同意「制衡觀」的選民，較可能成為「泛綠穩定者」。反之，不同意「制衡觀」的選民，則傾向成為「泛藍穩定者」。「制衡觀」對「藍轉綠」及「綠轉藍」兩種變遷投票模式則無多大影響。而「制衡觀」與「考慮立委選舉結果」和「政治知識」對投票模式幾乎不具有交互影響力。為了更確定「制衡觀」對台灣選民投票行為的影響力不是虛假的 (spurious)，下節將

包括其他相關變數，以多元迴歸模型來作進一步的分析。

伍、迴歸模型

　　分析選民投票抉擇的統計模型頗為多樣，但整體而言多以計量經濟學中的「類別選擇模型」(discrete choice model) (Greene 2008; Hensher, Rose, and Greene 2005; Train 2003) 為基礎。當分析兩個以上選項的選舉時，早期則又以「多項勝算對數模型」(multinomial logit model，簡稱 MNL)[8] 為主，該模型能將選民特徵（如人口變數、政治態度等）充分納入考量，且因建立在「選項間彼此相互獨立」(independent from irrelevant alternatives，簡稱 IIA) 的簡化假定之上 (McFadden 1974)，分析與解讀較為簡便。但衡諸實際，研究者往往有遺漏或未觀察到的解釋變數，使得選項之間並不獨立，呈現出相關連之替換模式 (substitution patterns)，加上研究對象也往往會因個別差異 (taste variation) 而對相同的變數反應不一；這些未觀察到的異質性 (unobserved heterogeneity)，都會使得 IIA 的假定未必成立 (Hausman and McFadden 1984)。

　　倘若研究者知道哪幾個選項間有相關、且確知各組的選項之間 IIA 仍然成立，便可將相關之選項分組歸類後，採用「群組式勝算對數」(nested logit)。但研究者通常並不確定如何分組最佳，而選項越多，可能的組合方式也越多，必須逐一測試。因此學界進一步發展更有彈性而務實的「多項機率單元模型」(multinomial probit，簡稱 MNP)[9] (Hausman and Wise 1978)，以超越「選項間彼此相互獨立」的假定，考量未觀察到之異質性可能導致選項間彼此相關。而在分析多候選人及多黨選舉的文獻中，MNP 之運用甚廣（例如 Alvarez and Nagler 1995; 2000 等）。

8　"Logit"為"the log (arithm) of an odds"的縮寫，故譯為「勝算之對數」，詳見黃紀（2000, 403-405）。

9　"Probit"係"*prob*ability un*it*"的縮寫，故譯為「機率單元」，詳見黃紀（2000, 403-405）。

　　本文的依變數「選民投票的穩定與變遷」，屬於四分類之「無序多分變數」（見表 3.1），所以本研究以「泛藍穩定者」為參照組，先運用「多項勝算對數模型」來分析，並測試其是否通過 IIA 之檢定（Long 1997; Long and Freese 2006; 黃紀　2000）。簡言之，此模型的等式為：

$$\ln\Omega_{m|n}(\mathbf{x}) = \ln\frac{\Pr(y=m\mid\mathbf{x})}{\Pr(y=n\mid\mathbf{x})} = \mathbf{x}\boldsymbol{\beta}_{m|n} \quad \text{for m=1 to } J\text{-}1$$

　　$\ln\Omega_{m|n}(\mathbf{x})$ 是選項 m 相對於參照選項 n 雀屏中選的勝算 (odds) 的對數，$\mathbf{x}$ 是代表自變數的向量，而 $\boldsymbol{\beta}$ 則是代表迴歸係數的向量。J 為選項總數，本文之投票穩定與變遷共分為四類，$J = 4$，以「泛藍穩定」為參照組。

　　MNL 分析的結果，儘管整體模型之或然比檢定 (likelihood ratio test) 極為顯著，(X^2=1097.67，p<0.0001，pseudo-R^2=0.619)；但針對 IIA 假定之兩種檢定，其中 Hausman 檢定卡方出現負值，違反大樣本假定；而 Small-Hsiao 檢定（參見表 3.6）則均拒斥選項間獨立的假設，顯示 IIA 的假定令人質疑。如前所述，「多項機率單元模型」既允許選項間有相關、但又無須強行預設何者相關，比群組勝算對數模型更切合實際，故本文接下來改以「多項機率單元模型」進行分析。若將第 i 個選民對第 j 個選項的功效 (utility) 表示為 $U_{ij} = \mathbf{x}'_i\boldsymbol{\beta}_j + \varepsilon_{ij}$，則該選民選中第 j 個選項，是因為該選項的功效比所有其他第 q 個選項都高，其機率為：

表 3.6　多項勝算對數模型 IIA 假定之 Small-Hsiao 檢定

略去之選項	完整模型或然值之對數 lnL(full)	略去選項後模型或然值之對數 lnL(omit)	卡方值 X^2	自由度 (df)	P 值	卡方檢定結果
泛綠穩定	-148.233	-74.062	148.335	32	<0.001	拒斥 H_0
藍轉綠	-178.916	-107.015	143.803	32	<0.001	拒斥 H_0
綠轉藍	-114.978	-87.188	55.580	32	0.006	拒斥 H_0

資料來源：游清鑫（2008）。
説明：H_0：略去之選項獨立於其他之選項。

$$\pi_{ij} = \Pr\left(y_i = j\right) = \Pr\left[\varepsilon_{iq} - \varepsilon_{ij} \le \mathbf{x}_i'\left(\boldsymbol{\beta}_j - \boldsymbol{\beta}_q\right)\right]$$
$$= \int \ldots \int \phi\left(\tilde{\varepsilon}_i\right) d\tilde{\varepsilon}_i \qquad , \qquad \text{for all } q$$

上標 "~" 代表相減的差，而 $\phi\left(\tilde{\varepsilon}_i\right)$ 則為 $(J-1)$ 維度的多變量常態分佈，其共變矩陣 $\tilde{\boldsymbol{\Sigma}}$ 為 ($(J-1)\times(J-1)$) 的對稱方陣，在標準化後，共可估計 $(J-2)$ 個變異數及 $\dfrac{(J-1)(J-2)}{2}$ 個共變數，充分反映模型中選項之變異數異質 (heteroskedasticity) 及彼此相關。因上式 $(J-1)$ 多重積分並無封閉式 (closed form) 解，因此需以最大模擬或然法 (maximum simulated likelihood, MSL) 來估計 (Greene 2008, 850-51; Train 2003, Ch. 5)。

　　本文依變數為四類投票穩定與變遷模式 ($J=4$)，故 MNP 之相關矩陣共有 $\dfrac{(J-1)(J-2)}{2}$ =3 對相關係數，其估計結果如表 3.7 所示，估計的相關矩陣顯示在「泛綠穩定」及「綠轉藍」這兩個選項之間可能有連動的替代關係，兩者的共變數估計值為 $\tilde{\sigma}_{42}$ =1.211，而相關係數估計值則為 $\tilde{\rho}_{42}$ =0.764。

　　在考量了選項間的相關，並控制人口變數（性別、年齡、教育程度）及政治態度（藍綠陣營、族群認同、對陳水扁施政評價）之後，同意「制衡觀」的選民較可能為「泛綠穩定者」而非「泛藍穩定者」；在投票時有考慮立委選舉結果的選民，也較可能為「泛綠穩定者」而非「泛藍穩定者」。根據這兩個變數的係數估計值（1.780 及 1.299）來評估投票抉擇的機率，[10] 贊成制衡觀者，其「泛綠穩定」投票的機率會上升 0.187，而「泛藍穩定」投票的機率則會下降約 0.338；3 月總統選舉時曾考慮 1 月立委選舉結果的選民，其「泛綠穩定」投票的機率上升約 0.268，而「泛藍穩

---

[10]　由於機率單元模型的係數不像MNL可以exp($\hat{\beta}$)解讀成勝算比 (odds ratio)，因此本文虛擬自變數的解讀，均以0及1代入MNP模型，其他變數控制在平均數的方式，計算該選項預測機率的差，參見Huang 與 Shields (2000)。

表 3.7　2008 年立委與總統選舉投票模式之多項機率單元模型

	泛綠穩定／泛藍穩定		藍轉綠／泛藍穩定		綠轉藍／泛藍穩定	
	$\hat{\beta}$	(robust s.e.)	$\hat{\beta}$	(robust s.e.)	$\hat{\beta}$	(robust s.e.)
同意制衡觀	1.780**	(0.515)	1.842	(1.355)	1.327*	(0.516)
曾考慮立委選舉結果	1.299*	(0.655)	0.276	(0.752)	-0.264	(0.827)
政治知識	-0.445	(0.438)	0.568	(0.977)	-0.262	(0.482)
制衡×考慮立委	-0.915	(0.771)	0.461	(0.863)	0.851	(0.981)
制衡×政治知識	-0.438	(0.520)	-1.168	(1.173)	-0.533	(0.598)
藍綠認同（中立=0）						
認同泛藍	-2.584***	(0.425)	-2.295	(1.645)	-1.962***	(0.489)
認同泛綠	3.603***	(0.383)	1.999*	(0.861)	2.841***	(0.698)
扁施政滿意（不滿意=0）	0.722*	(0.298)	0.710	(0.528)	0.327	(0.437)
族群認同（都是=0）						
台灣人	0.824*	(0.362)	-0.437	(0.582)	0.065	(0.372)
中國人	-7.876*	(3.586)	-1.055	(1.146)	-1.294	(0.950)
教育（小學及以下=0）						
大專及以上	0.305	(0.503)	1.454	(1.250)	0.037	(0.553)
高中職	0.537	(0.487)	1.412	(1.076)	0.607	(0.495)
國初中	0.415	(0.471)	1.388	(1.156)	0.141	(0.526)
男性（女性=0）	0.370	(0.357)	-0.325	(0.392)	-0.063	(0.352)
年齡	-0.001	(0.012)	0.006	(0.014)	0.003	(0.014)
常數	-2.666*	(0.958)	-4.972	(3.701)	-2.461*	(1.083)

相關矩陣：		泛藍穩定	泛綠穩定	藍轉綠	綠轉藍
	泛藍穩定	1.0000			
	泛綠穩定	0.0000	1.0000		
	藍轉綠	0.0000	-0.2521 (0.7628)	1.0000	
	綠轉藍	0.0000	0.7635* (0.3391)	-0.1360 (0.3361)	1.0000

模型資訊：樣本數 = 959 人
　　　　　觀察值 = 959 人 × 4 選項 =3,836 人／選項
　　　　　Log-Likelihood = -334.22042
　　　　　Wald test X^2 =351.10, df=45, p<0.0001

資料來源：游清鑫（2008）。

說明：*** 表示 p<0.001；** 表示 p<0.01；* 表示 p<0.05。

定」投票的機率則下降約 0.153。不過政治知識，以及「同意制衡觀×考慮立委選舉結果」與「同意制衡觀×政治知識」兩個交互影響變數，都未達統計上的顯著水準，顯示對投票穩定與變遷的模式無影響。這個發現再度証實了前面交叉分析的結果。但有趣的是：同意「制衡」說者竟也較可能「由綠轉藍」（也就是立委選舉時投給泛綠候選人、總統選舉時卻投給馬英九），與本文「鐘擺效應」之假設正好相反。以該係數估計值 1.327 來評估投票抉擇的機率，贊成制衡觀者採「綠轉藍」投票模式的機率上升約 0.079。整體而言，其他條件不變，是否有考慮立委選舉藍營大勝、是否同意制衡觀這兩個因素，確實會影響穩定的投票模式；但是對「藍轉綠」變遷投票模式並無影響，而同意制衡觀甚至對「綠轉藍」也有正面的作用。這顯示制衡觀與是否曾考慮立委選舉結果兩個因素，是在增強 (reinforce) 藍綠陣營各自的穩定投票，但卻不是形塑變遷投票的主要因素。

　　在政治態度方面，一如其他文獻的發現，藍綠陣營的政黨認同仍左右選民的投票抉擇，尤其是泛藍、泛綠兩種穩定的投票模式，例如認同泛綠政黨者採「泛藍穩定」投票的機率約降低 0.694、採「泛綠穩定」投票的機率約增加 0.535。比較特殊的是在 2008 年兩次選舉中，認同泛綠者相對於無政黨認同者，比較會採變遷投票模式，例如認同泛綠政黨者採「藍轉綠」投票的機率約增加 0.043、採「綠轉藍」模式的機率則增加約 0.116，前者或許就是「鐘擺效應」，後者或許就是「西瓜效應」，但效果甚小。至於族群認同方面，亦左右泛藍、泛綠兩種穩定的投票模式：相對於雙重認同者，認同自己是台灣人者傾向泛綠穩定投票，認同自己是中國人者，傾向泛藍穩定投票。同樣的，對陳水扁的施政滿意與否，也顯著的影響泛藍、泛綠兩種穩定的投票模式：滿意者傾向綠綠穩定的投票模式、不滿意者傾向藍藍穩定的投票模式；但陳水扁施政滿意與否對兩種投票變遷模式均無顯著影響。

　　在考量上述的變數後，基本人口控制變數，包括性別、年齡、教育程度等，對投票模式都無顯著的影響，表示在 2008 年兩次重要的選舉，主

要決定因素還是在藍綠政黨偏好、族群認同、對陳水扁施政評價，以及制衡觀和是否曾考慮兩個月之前立委選舉的結果。

陸、結論

　　2008年的兩次選舉，對台灣的民主發展有重大的意義，不但1月的立委選舉藍營贏得四分之三的總席次，而且在3月的總統大選，國民黨更趁勝追擊，締造第二度政黨輪替，也結束了八年來的分立政府。本文分析在相隔僅68天的這兩次關鍵選舉中，台灣選民投票行為的穩定與變遷及其成因。因為泛藍與泛綠陣營的選戰策略隱含「制衡」主義，也就是對「分立政府」或「一致政府」的偏好，本研究所探索的是，在已知泛藍陣營在立委選舉中大獲全勝的情形下，台灣的選民是否受到了民進黨「鐘擺效應」說的影響，有意地投票給泛綠總統候選人，企圖使立法權與行政權分別由不同政黨掌握；或是受到了國民黨「西瓜效應」說的影響，將選票投給泛藍總統候選人，以使立法權與行政權由同一政黨掌握。

　　經運用交叉列聯表與多項機率單元模型的分析發現，是否同意制衡觀與曾否考慮立委選舉的結果兩者，確實會增強藍綠陣營選民各自的穩定投票，但也有選民雖同意制衡觀，卻仍在藍營掌控立法院的情形下採「綠轉藍」投票，顯示並未發生顯著之「鐘擺效應」。所以在台灣2008年總統選舉中，制衡觀尚非形塑變遷投票的主要因素，倒是有少數認同綠營者在總統大選時由綠轉藍，或許是「西瓜效應」的呈現，但作用有限。事實上，在2008年兩次重要的選舉之中，選民的投票抉擇大體上還是取決於藍綠政黨偏好、族群認同、以及對陳水扁施政評價等因素。這可能是因為台灣的選民基本上在藍綠陣營以及台灣人、中國人認同的強烈對立之下，對於行政與立法制衡的觀念，大體仍屬於民主價值應然面的認知，縱使同意制衡觀，其影響也僅限於增強其原有的政治立場，而尚未成為決定其投票的最主要因素。依此推論，我們也可預見在未來的選舉中，台灣的政黨仍將

運用「愛台 vs. 賣台」,「中國 vs. 台灣」等藍綠對立的符號,作為選戰的策略。

　　上述的發現也對投票行為的研究具有重要的理論意義。我們從文獻中已知,「制衡觀」在學界一向受到很大的重視,認為是決定「選舉穩定與變遷」與「分裂投票」的重要的因素。上述的發現卻顯示,制衡觀念雖然能影響選民的投票行為,但是其作用目前僅止於增強藍綠陣營選民各自的穩定投票,並不是形塑變遷投票的主要因素。換言之,「制衡觀」對投票行為的影響力會受到不同「情境」的左右,特別是掌控立法部門或行政部門的是否是選民所認同的政黨。我們可以推論如果是泛綠陣營在 2008 年立委選舉中大勝的話,許多泛藍選民會轉而支持制衡觀,而呈現不同的投票型態。因此,制衡觀念雖然能影響選民的投票行為,但在不同的情境下,選民的反應有可能不同,以致會呈現不同投票行為。

●●● **參考文獻** ●●●

I. 中文部分

吳怡銘,2001,〈臺北市選民分裂投票之研究:民國八十七年市長市議員選舉之分析〉,《選舉研究》,8(1): 159-209。

吳重禮,2000,〈美國「分立性政府」研究文獻之評析:兼論台灣地區政治發展〉,《問題與研究》,39(3): 75-101。

吳重禮,2008,〈政黨偏好、制衡認知與分裂投票——2006 年北高市長暨議員選舉的實證分析〉,《台灣民主季刊》,5(2): 27-58。

吳重禮、王宏忠,2003,〈我國選民「分立政府」心理認知與投票穩定度:以 2000 年總統選舉與 2001 年立法委員選舉為例〉,《選舉研究》,10(1): 81-114。

林長志、黃紀,2007,〈不同層級選舉中之一致與分裂投票:2005 年台北縣之分析〉,《問題與研究》,46(1): 1-27。

洪永泰，1995，〈分裂投票：83 年台北市選舉的實證分析〉，《選舉研究》，2(1): 119-45。

徐火炎，2001，〈1998 年二屆台北市長選舉選民投票行為之分析：選民的黨派抉擇與分裂投票〉，《東吳政治學報》，13: 77-127。

許勝懋，2001，〈台北市選民的分裂投票行為：1998 年市長選舉分析〉，《選舉研究》，8(1): 117-158。

游清鑫，2004，〈分裂投票解釋觀點與台灣選舉之應用：以 2002 年高雄市長與市議員選舉為例〉，《台灣政治學刊》，8(1): 47-98。

------，2008，《2005 年至 2008 年「選舉與民主化調查」四年期研究規劃 (IV)：2008 年總統選舉面訪案》，計畫編號：NSC96-2420-H-004-017，台北：行政院國家科學委員會補助專題研究計畫成果報告。

黃紀，2000，〈質變數之計量分析〉，載於《政治學的範圍與方法》，謝復生、盛杏湲主編，台北：五南圖書出版公司。

------，2001，〈一致與分裂投票：方法論之探討〉，《人文及社會科學集刊》，13(5): 541-574。

------，2005，〈投票穩定與變遷之分析方法：定群類別資料之馬可夫鍊模型〉，《選舉研究》，12(1): 1-35。

------，2008a，〈選舉制度的脈絡與效應〉，載於《如何評估選制變遷：方法論的探討》，黃紀、游清鑫主編，台北：五南圖書公司。

------，2008b，〈單一選區兩票並立制下選民之投票抉擇：分析方法之探討〉，載於《如何評估選制變遷：方法論的探討》，黃紀、游清鑫主編，台北：五南圖書公司。

黃紀、王鼎銘、郭銘峰，2008，〈「混合選制」下選民之一致與分裂投票：1996 年日本眾議員選舉自民黨選票之分析〉，《選舉研究》，15(2): 1-35。

黃紀、張益超，2001，〈一致與分裂投票：嘉義市 1997 年市長與立委選舉之分析〉，載於《政治分析的層次》，徐永明、黃紀主編，台北：韋伯文化事業出版社。

黃德福，1991，〈臺灣地區 78 年底選舉分裂投票之初探研究：以臺北縣、雲林縣與高雄縣為個案〉，《政治學報》，19: 55-80。

II. 外文部分

Agresti, Alan. 2002. *Categorical Data Analysis*. 2nd ed. Hoboken: John Wiley & Sons.

Alesina, Alberto, and Howard Rosenthal. 1995. *Partisan Politics, Divided Government, and the Economy*. New York: Cambridge University Press.

Alvarez, R. Michael, and Jonathan Nagler. 1995. "Issues and the Perot Candidacy: Voter Choice in the 1992 Presidential Election." *American Journal of Political Science* 39(3): 714-44.

------. 2000. "A New Approach for Modeling Strategic Voting in Multiparty Elections." *British Journal of Political Science* 30(1): 57-75.

Alvarez, R. Michael, and Matthew M. Schousen. 1993. "Policy Moderation or Conflicting Expectations?: Testing the Intentional Models of Split-Ticket Voting." *American Politics Research* 21(4): 410-38.

Beck, Paul Allen et al. 1992. "Patterns and Sources of Ticket Splitting in Subpresidential Voting." *American Political Science Review* 86(4): 916-28.

Born, Richard. 1994. "Split Ticket Voters, Divided Government, and Fiorina's Policy-Balancing Model." *Legislative Studies Quarterly* 19(1): 126-29.

------. 2000. "Congressional Incumbency and the Rise of Split-Ticket Voting." *Legislative Studies Quarterly* 25(3): 365-87.

Burden, Barry C., and David C. Kimball. 1998. "A New Approach to the Study of Ticket Splitting." *American Political Science Review* 92(3): 533-44.

Campbell, Angus et al. 1960. *The American Voter.* New York: Wiley.

Carsey, Thomas M., and Geoffrey C. Layman. 2004. "Policy Balancing and Preferences for Party Control of Government." *Political Research Quarterly* 57(4): 541-50.

Evans, J. A. 2004. *Voters and Voting: An Introduction*. London: Sage Publications.

Fiorina, Morris. 1996. *Divided Government*. 2nd ed. Boston: Allyn and Backon.

Frymer, Paul, Thomas P. Kim, and Terri L. Bimes. 1997. "Party Elites, Ideological Voters, and Divided Party Government." *Legislative Studies Quarterly* 22(2): 195-216.

Garand, James C., and Marci Glascock Lichtl. 2000. "Explaining Divided Government in the United States: Testing an Intentional Model of Split-Ticket Voting." *British Journal of Political Science* 30(1): 173-91.

Geer, John G. et al. 2004. "Experimenting with the Balancing Hypothesis." *Political Psychology* 25(1): 49-63.

Gomez, Brad T., and J. Matthew Wilson. 2003. "Causal Attribution and Economic Voting in American Congressional Elections." *Political Research Quarterly* 56(3): 271-82.

Greene, William H. 2008. *Econometric Analysis*. 6th ed. Upper Saddle River: Pearson Prentice Hall.

Grofman, Bernard et al. 2000. "A New Look at Split-Ticket Outcomes for House and President: The Comparative Midpoints Model." *The Journal of Politics* 62(1): 34-50.

Hausman, Jerry A., and Daniel McFadden. 1984. "Specification Tests for the Multinomial Logit Model." *Econometrica* 52(5): 1219-40.

Hausman, Jerry A., and David A. Wise. 1978. "A Conditional Probit Model for Qualitative Choice Discrete: Decisions Recognizing Interdependence and Heterogeneous Preferences." *Econometrica* 46(2): 403-26.

Hensher, David A., John M. Rose, and William H. Greene. 2005. *Applied Choice Analysis: A Premier.* Cambridge: Cambridge University Press.

Huang, Chi, and Todd G. Shields. 2000. "Interpretation of Interaction Effects in Logit and Probit Analyses: Reconsidering the Relationship between Registration Laws, Education, and Voter Turnout." *American Politics Quarterly* 28(1): 80-95.

Jacobson, Gary. 1990. *The Electoral Origins of Divided Government: Competition in U.S. House Elections, 1946-1988*. Boulder: Westview Press.

Karp, Jeffrey A., and Marshall W. Garland. 2007. "Ideological Ambiguity and Split Ticket Voting." *Political Research Quarterly* 60(4): 722-32.

Kinder, Donald R., and D. Roderick Kiewiet. 1979. "Economic Discontent and Political Behavior: the Role of Personal Grievances and Collective Economic Judgments in Congressional Voting." *American Journal of Political Science* 23(3): 495-527.

------. 1981. "Sociotropic Politics." *British Journal of Political Science* 11(2): 129-61.

Kramer, Gerald H. 1971. "Short-term Fluctuations in US Voting Behavior, 1896-1964." *American Political Science Review* 65(1): 131-43.

Lacy, Dean, and Philip Paolino. 1998. "Downsian Voting and the Separation of Powers."

American Journal of Political Science 42(4): 1180-99.

Lewis-Beck, Michael S., and Richard Nadeau. 2004. "Split-Ticket Voting: The Effects of Cognitive Madisonianism." *The Journal of Politics* 66(1): 97-112.

Lewis-Beck, Michael S., and Martin Paldam. 2000. "Economic Voting: An Introduction." *Electoral Studies* 19(2-3): 113-21.

Long, J. Scott. 1997. *Regression Models for Categorical and Limited Dependent Variables*. Thousand Oaks, CA: Sage Publications.

Long, J. Scott, and Jeremy Freese. 2006. *Regression Models for Categorical Dependent Variables Using Stata*. 2nd ed. College Station, TX: Stata Corporation.

McFadden, Daniel. 1974. "Conditional Logit Analysis of Qualitative Choice Behavior." In *Frontiers of Econometrics*, ed. P. Zarembka. New York: Academic Press.

Mebane, Walter R. Jr. 2000. "Coordination, Moderation, and Institutional Balancing in American Presidential and House." *American Political Science Review* 94(1): 37-57.

Nie, Norman H., Sidney Verba, and John R. Petrocik. 1993. "The Decline of Partisanship." In *Classics in Voting Behavior*, eds. Richard G. Niemi, and Herbert F. Weisberg. Washington, D.C.: Congressional Quarterly Press.

Roscoe, Douglas. 2003. "The Choosers or the Choices? Voter Characteristics and the Structure of Electoral Competition as Explanations for Ticket Splitting." *The Journal of Politics* 65(4): 1147-64.

Saunders, Kyle, Alan Abramowitz, and Jonathan Williamson. 2005. "A New Kind of Balancing Act." *Political Research Quarterly* 58(1): 69-78.

Sigelman, Lee, Paul J. Wahlbeck, and Emmett H. Buell, Jr. 1997. "Vote Choice and the Preference for Divided Government: Lessons of 1992." *American Journal of Political Science* 41(3): 879-94.

Smith, Charles E., Jr., et al. 1999. "Party Balancing and Voting for Congress in the 1996 National Election." *American Journal of Political Science* 43(3): 737-64.

Train, Kenneth E. 2003. *Discrete Choice Methods with Simulation*. Cambridge: Cambridge University Press.

Tsai, Chia-hung, and Shuang-chun Chao. 2008. "Nonpartisans and Party System of Taiwan: Evidence from 1996, 2000 and 2004 Presidential Elections." *Journal of*

Asian and African Studies 43(6): 615-41.

Wattenberg, Martin P. 1990. *The Decline of American Political Parties: 1952-1988.* Cambridge: Harvard University Press.

4 選民的投票參與

王靖興、黃桃芳

目次

壹、前言

　　選民為何投票一直是政治學者研究選舉行為時所關注的課題之一，並且提出不同的理論來解釋選民的投票動機。Downs (1957) 的民主經濟理論指出在民主國家中，當選民在決定是否投票時，其投票成本和預期效益之間的計算扮演著關鍵性的角色，亦即當投票成本大於投票預期效益時，選民將選擇不去投票；反之，當投票預期效益大於投票成本時，選民將會選擇去投票。Rosenstone 與 Hansen (1993) 以及 Green 與 Gerber (2004) 則進一步強調選舉動員有助於降低選民之投票成本，因為透過動員，選民可以節省蒐集相關資訊的時間和精力，並且可以在較短的時間內有效的獲得與各政黨及候選人相關的訊息。雖然現有文獻已分別檢視投票成本 (Niemi 1976) 和投票效益 (Aldrich 1993; Ferejohn and Fiorina 1974) 對於選民投票與否的影響，但同時檢視兩者對於選民投票與否之影響的研究僅屬少數。因此，本章將檢視在 2008 年的台灣總統選舉中，投票成本和預期效益如何影響選民投票與否的決定。

　　在解釋理性選民如何降低資訊成本時，Downs (1957, 221) 認為：「社會中的資訊流 (information stream) 有系統地提供選民許多免費且有用的政治資訊，此外，某些專家會主動扮演訊息提供者的角色，大大降低選民的資訊成本。」其中，最直接的免費資訊傳遞就是不同形式的選舉動員，許多研究已經指出選舉動員有助於投票率的提升 (Green, Gerber, and Nickerson 2003; Green and Gerber 2008; Rosenstone and Hansen 1993)。

　　另外，在說明選民的預期效益時，Downs (1957, 239) 認為：「愈關心哪一政黨會勝選的選民對於選舉資訊的需求愈低；反之，對於不在意哪一個政黨會勝出的選民而言，選舉資訊是最有幫助的。」選民對於哪一政黨在選舉中會勝出的關切表示其對該政黨的偏好及／或預期，因此額外的資訊對該選民的影響是相對較小的。若是選民能夠區分主要政黨或是候選人之間的差異，則選民對於不同政黨或是候選人將產生不同的預期效益。換言之，若是選民能夠清楚辨識各政黨或候選人為其所帶來的預期效益的差

異，則其將更加容易決定是否投票以及投給何者。Popkin (1991) 對選民行為的思考邏輯的解釋與 Downs 的投票預期效益論點雷同。Popkin 進一步為選民的理性辯護，認為選民的投票行是符合理性人的標準，雖然選民的政治知識有限，但取而代之的是來自日常生活中各種資訊捷徑，這些捷徑有效地協助選民衡量投票預期效益。

本章檢視資訊成本和預期效益兩項因素對於選民投票參與之影響。亦即降低資訊成本本身是否可以有效提升選民的投票參與？或是資訊成本和預期效益兩項因素必須相互配合，才能促進選民的投票參與？具體而言，我們認為選民動員可以降低資訊成本和增進預期效益，同時，候選人之間的政治區辨則代表選民所評估的潛在效益差異。此外，我們同意理性選擇理論的觀點假設政治行為者（亦即選民）的理性成立。

公民對於政治事務的參與是維持民主政治運作不可或缺的條件之一，雖然學者對於何種程度的公民政治參與才足以維持民主政治的運作抱持不同觀點，但奠基於民主理論中對於公民參與的需求，學者普遍同意選民的選舉參與是維持民主政治運作的必要條件之一。定期性的選舉讓選民有機會透過選票表達其對執政者政策的認同或反對，並要求執政者為其政策向選民負責。由於資料的限制，我們並未檢視誘使選民投票的潛在因素，而是將研究焦點放在可測量的投票動機，並希望能夠提供一個瞭解公民投票參與的不同觀點。

研究台灣民眾的投票參與提供了一個在比較政治的觀點下瞭解投票行為的好機會，特別是台灣的總統選舉投票率明顯高於其他民主國家。例如，美國在 1970 年到 1990 年這段時期的全國性選舉投票率低於 55% (Dalton 1996)；雖然 1992 年的總統選舉投票率略微提升，但是 1996 年的總統選舉投票率又再次下滑。即使美國總統選舉投票率自從 1996 年以來持續提升，但始終不超過 65%。其次，雖然法國在 1970 年的投票率略微超過 80%，但自此之後，法國民眾的投票率持續下降。另外，南韓總統選舉的投票率從 1982 年首次以民主政治方式進行總統選舉的 89%，持續下滑至 2007 年的 63%。相較於上述民主國家，台灣迄今所進行過的四次民

選總統選舉投票率皆高於 76%（1996 年 76%、2000 年 83%、2004 年
80%、2008 年 76%）。台灣總統選舉的高投票率是否反映出台灣選民的理
性？抑或有什麼因素可以合理解釋選民投票的動機呢？這些問題是本研究
的重心所在。

　　本文主要分成以下幾個部分：我們首先簡要回顧投票成本和效益的相
關文獻，並提出解釋投票行為的不同觀點；我們接著提出研究假設，並說
明研究設計、所使用的資料、相關變數的測量方式，以及資料分析方法；
第三，我們對統計資料結果進行分析和討論；最後，我們總結本文研究發
現，並提出對未來相關研究之建議。

貳、投票成本

　　選民投票需要付出時間和精力，除了在選舉日當天前往投票所投票之
外，還必須事先蒐集相關資訊以決定其投票對象。任何政治參與都需要付
出成本，但同時也會受益於政治參與所帶來的潛在回報。因此，理性的政
治行為者必然會權衡其成本和利益，除非預期利益能夠大於預估成本，否
則政治行為者將不會採取任何行動 (Downs 1957)。如同 Krehbiel 在研究立
法行為時所指出，行動決策的關鍵在於資訊 (Krehbiel 1991, 99)，而投票行
為最主要的成本即在於選舉期間大量流通資訊的取得和消化。

　　Downs (1957) 認為選民可以利用免費的資訊來降低其投票成本。在一
個高度專業化的社會中，專家和意見領袖可以提供被選民認為值得信任以
及重要的資訊。同樣地，Rosenstone 與 Hansen (1993) 指出在美國，政黨
和候選人所進行的選民動員在選舉上扮演著重要的角色。許多時候，專家
（如競選工作人員、候選人）有強烈動機提供選民免費的資訊，如投票時
間、地點和候選人的政策立場，以及免費接送選民投票。

　　然而，免費的資訊本身並不足以促使選民投票。雖然非政黨和社區組
織的面對面直接拉票可以有效地動員選民參與地方選舉 (Green, Gerber, and

Nickerson 2003)，但是透過郵件和電話提供資訊或動員對於投票率的提升卻沒有明顯的幫助 (Cardy 2005)。Green 與 Gerber (2008, 9) 的田野實驗 (field experiments) 發現，在動員選民投票時，個人 (personal) 接觸的方式比非個人 (impersonal) 接觸的方式有效。換言之，當選民與資訊提供者之間有較多的人際互動時，選民就愈有可能重視所傳遞的資訊；資訊本身以及吸引選民的注意並不足以動員選民去投票。

對選民而言，減少資訊成本的另一種方式就是利用低資訊理性 (low-information rationality)。Popkin (1991) 認為每天生活中的各種細節實際上扮演著所謂「資訊捷徑」(information shortcut) 的角色，可以幫助選民在面臨總統選舉時做出理性的抉擇，意即有效權衡投票決定的成本與效益。同樣地，Lupia (1994) 發現選民，尤其是資訊不充分的選民，在回應政治世界的複雜事務時，往往利用其可以獲得的資訊捷徑來判斷，並決定採取何種行動。利用資訊捷徑可以有效降低選民的資訊成本，並間接佐證了部分學者認為投票成本被過度誇大的說法 (Aldrich 1993; Niemi 1976)。

說明資訊捷徑的一個簡單例子就是政黨認同。認同某政黨的民眾在不了解候選人政策立場的情況下，往往選擇支持其所認同政黨的候選人。再者，政黨標籤以及競選中主要政黨之間的差異不僅有助於選民聚焦於相關政策領域，並提醒選民不同候選人所代表的潛在預期效益，不論是物質上或是心理上的。

參、投票效益

理性的行為者只有當獲益大於成本時，才會採取行動。Downs (1957, 113) 也明白指出選民會利用意識型態降低其資訊成本。在計算預期效益時，關心特定政黨是否會贏得選舉的選民對於資訊的需求亦較低 (Downs 1957, 239)，因為政黨可以有效地協助選民進行成本效益評估。在民主政治社會中，政黨的目標是盡量擴大不同社會團體對其在選舉中的支持，而

政黨往往有其穩定的意識型態立場，對於政治、社會、經濟及各項重要議題擁有其特定主張。雖然政黨的意識型態和政策主張可能會隨政治局勢的變化而有所調整，然而政黨意識型態的改變或調整並非毫無限制的。政黨的意識型態對內部（指對黨員）必須具有一致性，對外部（對其他政黨）則必須與其他政黨有所區別。在兩黨制國家中，假如兩黨之間的意識型態和政策立場過於相似，則選民將難以比較兩黨可能帶來的預期效益之差異。更重要地是，假如選民的潛在獲益無關乎何黨贏得選舉，亦即對選民而言，政黨之間的預期效益差異為零，表示無論哪一個政黨進駐該職位，選民所預期得到的回報（政策或非政策）為等值，則選民在計算成本效益的過程中無法做出最後投票對象的決定，因此選民有可能棄權，在選舉日缺席。[1]

另外，Downs (1957) 認為在計算選民的預期效益時，必須同時考量其對民主價值的重視。[2] 除了物質性 (material) 和目的性 (purposive) 利益之外，Rosenstone 與 Hansen (1993, 16) 也指出來自於社會互動的團體性利益 (solidary benefits)，例如地位、服從和友誼，也會影響選民預期效益的計算。政治生活的社會本質以及人類的政治本質藉由人際互動具體化；從社會學的角度切入，個人投票不僅是為了反應所屬團體的利益，亦使其獲得所屬團體中其他成員的認同 (Berelson, Lazarsfeld, and McPhee 1954)。

與前述觀點略有差異的是 Green 與 Gerber 對選舉動員的看法。Green 與 Gerber (2008, 92) 認為成功動員的條件是必須讓選民產生其被賦予權力的感受；競選工作人員、候選人、政黨或是基層社會組織必須讓選民認為她的一票是寶貴且被需要的。例如，因為候選人或政黨高層登門親自拉票乃一相當耗費時間和成本的競選策略，所以當候選人採取此項策略登門遊

---

[1]　雖然Downs指出在計算預期效益時，必須考量對每一個選民的機率，但是估計對每一個選民的預期效益已經超出本文的研究範疇。本文對於預期效益的測量方式是直接使用「台灣選舉與民主化調查：2008年總統選舉」的問卷題目，而本文亦非排他性地認為此種測量方式是測量Downs投票成本和預期效益概念的唯一方式。

[2]　雖然本文同意民主價值對於選民投票行為的重要性，但是受限於資料問卷題目，筆者無法適當地測量選民的民主價值。

說選民投票時，選民較容易因為感受到被候選人重視而前往投票。易言之，透過人際接觸動員選民投票往往能夠達到正面的效果，因為團體性利益的增加提升了選民預期的潛在投票效益，而潛在投票效益的增加提升了預期效益超過預期成本的可能性，進而成功促使選民去投票。

肆、其他理論觀點

學者普遍認為社會經濟地位（如收入、教育程度和職業）決定個人資源的多寡，進而控制個人參與政治的程度 (Rosenstone and Hansen 1993; Verba and Nie 1972; Verba, Nie, and Kim 1978; Wolfinger and Rosenstone 1980)。這些個人社會經濟背景因素構成分析民眾政治參與的基礎模型。擁有高收入和教育程度的民眾往往擁有較多的資源，如金錢和時間，因而有較高程度的政治參與。擁有較多的金錢亦代表擁有較多影響政治系統的能力（如能夠負擔捐助競選經費）。因此，我們預期擁有較高社會經濟地位的民眾有較高程度的政治參與。故學者在探討影響民眾政治參與的因素時，往往會同時控制個人社會經濟背景因素。

除了社會經濟背景因素之外，哥倫比亞學派認為社會團體在影響選民的投票行為上扮演著關鍵性的角色 (Lazarsfeld, Berelson, and Gaudet 1948)。共同的社會背景因素會型塑類似的個人利益，通常團體成員的個人利益與團體利益緊密相關。舉例而言，一個居住在城市、信仰天主教的中產階級男性，其主要認同對象是宗教團體，則他非常有可能支持一個反對墮胎的候選人。可以想像其他同一教會的成員亦可能會有相同的態度及行為。此外，來自相同團體的成員往往擁有相同的政治資訊來源，因此如同 Lazarsfeld 等人所言，團體中的意見領袖在選舉期間成為所屬團體成員政治資訊的主要來源之一。

奠基於社會學的觀點，密西根學派進一步整合選民的心理依附因素於行為研究上，經典之作即 1960 年 Campbell 等人所撰寫的《美國選民》(The

American Voter) 一書 (Campbell et al. 1960) 。長時間發展而成的情感依附將選民的社會背景因素和外在行為聯結在一起。隨著選舉日的接近，與選舉直接相關的顯著因素將會在選民的心中愈加顯眼，並影響其投票行為，其中被認為最重要的因素即是政黨認同。透過政治社會化，一旦個人的政黨認同形成，這樣的情感依附往往會維持一段相當長且穩定的時間。因此，政黨認同此一因素對於我們預測個人投票意圖具有相當大的幫助。

　　雖然政治學者已經提供許多不同理論來解釋投票行為，但是本文的研究焦點將放在 Downs 的理論上。理性選擇邏輯或多或少亦概括社會經濟地位、社會學以及社會心理學的解釋：社會經濟地位指出個人在從事政治參與時能夠提供多少資源，而對社會或政治團體的社會和心理依附則表示個人獲得回報的預期效益。因此，本文將採用投票成本和預期效益的邏輯來檢視選民的投票行為。

　　在說明研究設計和進行分析之前，有幾點必須澄清：首先，本文同意陳敦源（2000）陳述的理性選擇觀點，亦即選民的投票動機是多重且個人的。本文並非排斥脈絡因素在影響選民的投票行為的重要性，而是將焦點放在個人層次的投票成本和利益的計算。其次，本文採取不同於 Tsai (2001) 以及吳俊德與陳永福（2005）的角度來解釋台灣總統選舉的投票率：(1) 本文認為動員是減少選民投票成本的一項有效策略；(2) 相較於動員的類型和方式，本文更加強調政治專家及菁英提供給選民的免費資訊數量；(3) 對於選民選舉結果的政治偏好，我們採納不同的操作化方式。雖然 Tsai (2001) 以及吳俊德與陳永福（2005）發現候選人偏好可以顯著提升選民投票的可能性，本文稍後的研究發現將指出政黨差異在總統選舉中扮演著更重要的角色。

　　本文目的在檢視選民動員和政治選擇差異對於投票行為的影響，即以下三項研究假設：

假設 1：被動員次數愈頻繁的選民愈有可能去投票。
假設 2：認為政黨之間差異愈大的選民愈有可能去投票。
假設 3：認為候選人之間差異愈大的選民愈有可能去投票。

伍、研究設計和資料

本文使用「2005 年至 2008 年『選舉與民主化調查』四年期研究規劃 (IV)：2008 年總統選舉面訪案」（以下簡稱 TEDS2008P）計畫所釋出之資料，此面訪調查資料由政治大學選舉研究中心、世新大學行政管理學系、東海大學政治學系以及中山大學政治學研究所於 2008 年共同合作蒐集，並由政治大學選舉研究中心負責資料釋出。[3] 受訪對象為在台灣地區設有國籍、戶籍，年齡在二十歲及以上具有選舉權之公民，總計訪問成功 1,905 個樣本。關於本文所使用變數之處理方式將說明如下（原問卷題目請參閱附錄）。

投票參與：本文研究目的在檢視選民動員與投票差異對於選民投票參考的影響，因此依變數為二分類之類別變數，在編碼處理上以「1」代表受訪者在 2008 年總統選舉有投票，而「0」則為沒有投票。

選民動員：本文將使用動員頻率來測量受訪者於 2008 年總統選舉期間被動員的程度。首先，若是受訪者有被候選人或是政黨工作人員接觸拉票的經驗則編碼為「1」，若無類似之經驗則編碼為「0」；其次，除了候選人與政黨工作人員之外，若是受訪者有被其他人接觸拉票的經驗，包括助選人員或義工、服務機構的上司或同事、所參與的宗教團體、社會團體或職業團體、地方上有名望的人或家族、村里鄰長或村里幹事、鄰居、同學或朋友、親戚或家人、派系、電話語音、手機簡訊等，則每一個項目分別編碼為「1」。最後，筆者將前述兩者相加，構成測量選民動員之量表，此量表之最小值為 0，代表受訪者在選舉期間完全沒有被接觸拉票的經驗；最大值為 12，代表受訪者在選舉期間曾被前述所有對象接觸拉票過。雖然

3　本文使用的資料全部係採自「2005年至2008年『選舉與民主化調查』四年期研究規劃 (IV)：2008年總統選舉面訪案」(TEDS2008P) (NSC96-2420-H-004-017)。「台灣選舉與民主化調查」(TEDS) 多年期計畫總召集人為國立政治大學黃紀教授，TEDS2008P為針對2008年總統選舉執行之年度計畫，計畫主持人為政治大學選舉研究中心游清鑫教授；詳細資料請參閱TEDS網頁：http://www.tedsnet.org。

這樣的測量方式無法完全捕捉到拉票者所傳遞之免費資訊的精確數量，但是卻可以適當地估計受訪者被動員投票的程度。本文預期選民動員與選民的投票參與之間為正向關係，因為當選民被動員的次數愈頻繁時，其被提供的免費資訊亦愈多，進而降低其必須付出的資訊成本，因而提升其投票的可能性。

　　選舉差異：本文從兩個不同的面向來測量選舉差異，一個為政黨差異，另一個為候選人差異。在測量受訪者的政黨差異時，本文計算受訪者對於國民黨和民進黨的情感溫度計之差，並取其絕對值。選民是否喜歡國民黨或是民進黨並不會影響預期效益的計算，重點在於透過對於不同政黨所帶來潛在利益的評估以獲得一個明確的偏好順序。因此，本文所關注的是受訪者對於國民黨和民進黨兩黨之間的差異認知程度，而非其比較喜歡國民黨或是民進黨。政黨差異的數值範圍由 0 到 10，0 代表受訪者認為兩黨之間沒有差別；10 代表受訪者強烈喜歡其中一個政黨，而強烈討厭另一個政黨。因為在 2008 年的總統選舉中只有國民黨和民進黨提名總統候選人，所以本文將把焦點放在受訪者對於國民黨和民進黨的差異認知。本文預期政黨差異和選民的投票參與之間為正向關係。受訪者所認知的政黨差異之增加表示其認為兩黨所能為他（該選民）帶來的潛在效益差異愈大，亦即受訪者認為其中某一個政黨可以為他帶來較大的利益，因此為了保護其利益，該選民愈有可能去投票。反之，若是受訪者政黨差異為零，則表示兩黨可以為其帶來相同的預期利益，因此投票與否都不會造成其利益上的損失，此時選擇不投票則是最佳理性的行為。因為當預期利益無法增加時，則只能透過降低投票成本來極大化自己的投票利益，而在選舉日當天不去投票則是一個有效降低投票成本的方式，因此當選民認為政黨之間毫無差異時，其投票的可能性會明顯降低。

　　其次，本文利用受訪者對於馬英九和謝長廷兩位總統候選人的喜好程度進行候選人差異的測量。同樣地，先計算受訪者對於馬英九和謝長廷的喜好分數之差，然後再取其絕對值，因此候選人差異此一變數的數值範圍一樣由 0 到 10，0 代表受訪者對於兩位總統候選人的喜好程度沒有差異；

10代表受訪者強烈喜歡其中某一位總統候選人，而強烈討厭另一位總統候選人。[4] 本文將焦點放在受訪者對於兩位總統候選人喜好程度的差異上，而排除探討受訪者對於兩位副總統候選人喜好程度的差異是因為在總統選舉中，總統候選人往往是鎂光燈捕捉的焦點，雖然副總統候選人對於總統候選人的得票可能有加分效果，但是副總統候選人仍舊相對屬於輔助性的角色。再者，本文發現受訪者對於兩黨總統候選人和副總統候選人的喜好程度呈現高度的正向關聯性（受訪者對於國民黨總統候選人和副總統候選人喜好程度的相關係數為0.83；對於民進黨總統候選人和副總統候選人喜好程度的相關係數為0.73）。為了避免過度誇大候選人差異標準誤的估計值，本文決定將受訪者對於副總統候選人喜好程度的差異排除於分析模型之外。本文預期候選人差異和選民的投票參與之間為正向關係。隨著受訪者候選人差異的增加，受訪者對於兩位總統候選人的預期效益的差異亦將隨之增加，因而愈有可能在2008年的總統選舉中前往投票。

　　控制變數：除了前述三個主要自變數之外，本文也控制相關影響因素，以清楚釐清選民動員與選舉差異對於選民投票參與的影響，包括投票影響、選舉關切、政黨認同強度、教育程度、性別和年齡。首先，投票影響是指受訪者認為投票會對政治局勢產生影響的程度，編碼為0到4，0代表受訪者認為不論投給誰，都不會對政治局勢產生影響；4代表受訪者認為投票給不同的人，就會產生不同的政治局勢。我們預期選民對於投票影響的認知與其投票參與呈現正向關係。換言之，選民若認為其投票能夠影響政治局勢的程度愈高，則愈有可能去投票。

　　其次，當選民愈關心選舉結果時，其投票的可能性就愈高。選民關心選舉結果是因為選舉結果會直接或間接影響其本身。[5] 因此，愈關心選舉

---

[4]　Tsai (2001) 利用候選人偏好去測量選民是否偏好某一位特定候選人，其數值範圍為0到5，0代表選民沒有特別偏好某一位候選人；5代表選民高度偏好某一位特定候選人。雖然Tsai的測量方式有其優點，但是筆者認為本研究的測量方式比較能夠貼近本文所關注的焦點。

[5]　選舉結果直接影響選民：例如候選人對於賦稅政策的立場。選舉結果間接影響選民：例如選民甲雖然沒有特別偏好某一位候選人，但是其父母強烈支持候選人A，因此選民

結果的選民愈可能去投票，以支持其喜歡的候選人。本文將選舉關切此一變數視為連續變數處理，並編碼為 0 到 3，0 代表受訪者完全不關心選舉結果；3 代表選民非常關心選舉結果。

　　另外，過去研究 (Campbell et al. 1960) 指出認同特定政黨的選民較有可能去投票。政黨是選民獲取政治資訊的一個重要途徑，雖然日常生活中充斥著多樣的政治資訊，但政黨認同可以幫助選民篩選所需訊息，並且將焦點鎖定在相關或是選民感興趣的政治資訊上。因此，認同特定政黨的選民相較於無政黨認同的選民而言，更容易蒐集所需資訊。另外，在選舉利益方面，對於認同特定政黨的選民而言，看見所認同政黨或是政黨候選人贏得選舉將能夠產生兩種潛在效益：直接地，政黨或是候選人將會落實符合選民預期的相關政策及意識型態立場；間接地，政黨或是候選人的勝選會讓選民在心理或是情感層面上獲得滿足。[6] 本文使用一連續變數測量受訪者的政黨認同強度，編碼由 0 到 3，0 代表受訪者沒有認同任何政黨；3 代表受訪者強烈認同某一個特定政黨。

　　第三，本文利用兩個虛擬變數去測量受訪者的教育程度：高中及專科教育程度和大學及以上教育程度，並以國中及以下教育程度為對照組。在性別方面，則以女性編碼為「1」的虛擬變數進行資料分析。最後，本文將受訪者年齡分成五個類別（20 至 29 歲、30 至 39 歲、40 至 49 歲、50 至 59 歲，以及 60 歲以上），在進行資料分析時則放入四個年齡的虛擬變數，以 20 至 29 歲為對照組。[7] 表 4.1 所呈現的是本文所有變數的描述性

　　甲決定投票給候選人A。因為假如候選人A贏得選舉，選民甲的父母將會感到高興，進而使得選民甲亦會感到高興。簡言之，選民甲投票給候選人A完全是因為其父母的緣故。因此選民甲投票給候選人A是獲得團體性利益的回報。就認知或是心理學的角度而言，為何選民會關心選舉結果，已經超出本文的研究範圍。

6　如同Bartels (1988) 所言，選民往往會跳入慶祝勝選的行列中，分享勝選的喜悅。從政黨認同的角度而言，投票的間接利益是指選舉中心理層面的獲益。

7　雖然許多文獻已經指出政治功效意識對於民眾的政治參與具有正面的影響 (Almond and Verba 1963; Abramson and Aldrich 1982; Shaffer 1981)，但是本文的初步分析結果顯示政治功效意識對於選民是否投票並沒有任何影響力。此與Tsai (2001) 以及吳俊德與陳永福（2005）的研究發現相一致。由於排除政治功效意識此一變數並不會對其他自變數的

統計量。

表 4.1　變數描述性統計量

變數名稱	平均數	標準差	最小值	最大值
投票參與 (%)	0.88	0.32	0	1
選民動員	1.27	1.51	0	12
政黨差異	3.15	2.89	0	10
候選人差異	3.40	2.93	0	10
投票影響	2.69	1.37	0	4
選舉關切	2.07	0.77	0	3
政黨認同強度	1.37	1.03	0	3
高中及專科教育程度 (%)	0.47	0.50	0	1
大學及以上教育程度 (%)	0.24	0.43	0	1
女性 (%)	0.49	0.50	0	1
年齡（30 至 39 歲）(%)	0.24	0.43	0	1
年齡（40 至 49 歲）(%)	0.23	0.42	0	1
年齡（50 至 59 歲）(%)	0.17	0.37	0	1
年齡（60 歲以上）(%)	0.13	0.34	0	1

資料來源：游清鑫（2008）。
說明：每一個變數之樣本數皆為 1,604 個。

在研究方法方面，因為本文的依變數為一個二分類的類別變數，因此本文將利用二分勝算對數模型 (Binary Logit Model) 去檢視選民動員與選舉差異對於選民投票參與的影響。二分勝算對數模型可以用下列等式表示：

$$\ln \left(\frac{P}{1-P}\right) = a + bX$$

係數和統計顯著性產生影響，因此本文將政治功效意識排除於最終的分析模型之外。另外，吳俊德與陳永福（2005）的研究指出，選民的統獨立場會影響其總統選舉和公民投票的投票參與，因此筆者依照吳俊德與陳永福相同的編碼方式處理民眾的統獨立場，並放入模型中進行分析。然而，卻發現民眾的統獨立場並不會影響其在2008年總統選舉的投票參與。由於排除民眾的統獨立場此一變數並不會對本文的分析結果產生影響，因此筆者在最後的分析模型中並未納入統獨立場此一變數。

$\ln \dfrac{P}{1-P}$ 是對選民投票和不投票的條件機率比所取的對數。a 是常數，X 是代表自變數的向量，而 b 是代表迴歸係數的向量

陸、研究發現

在進行模型分析之前，筆者先檢視三項主要自變數—選民動員、政黨差異和候選人差異，與選民投票參與之間的相關性，以瞭解其彼此之間的關係是否如筆者所預期。表 4.2 指出三個主要自變數與投票參與之間具有正向的關聯性，此初步分析結果符合預期，隨著選民被動員次數的增加以及其政黨差異和候選人差異的擴大，選民愈有可能去投票。然而，自變數與投票參與之間的關聯性係數並不高，表示彼此的相關性薄弱。因此，為了檢視三個主要自變數與投票參與之間的相關性是否為虛假或者需要其他因素作為輔助變數，本文使用二分勝算對數模型進行多變數分析。

表 4.3 呈現二分勝算對數模型的分析結果。首先，就主要自變數而言，除了候選人差異此一變數之外，選民動員與政黨差異兩個變數皆達到統計上的顯著性 ($p<0.05$)，並且兩者與投票參與具有正向的關聯性，此結果與本文的研究假設相一致，亦即隨著選民被動員次數的增加以及所認知到的政黨差異的擴大，選民前往投票的可能性亦隨之提升。由表 4.3 可以知道，在控制住其他變數的情況下，選民動員每增加一個單位，選民投票的勝算機率比 (odds ratio) 將會增加 1.172 倍。另外，政黨差異每增加一個單位，選民投票的勝算機率比將會增加 1.100 倍。此結果並不令人感到意外，因為候選人和競選工作人員往往使用各種不同的方式去接觸選民，以促使選民前往投票。如同 Green 與 Gerber (2008) 所指出，人際接觸，不論是黨員或是非黨員，都比非人際接觸更能夠打動選民。另外，候選人和政黨通常將拉票的重點放在其支持者身上，努力勸說支持者在選舉日當天實際前往投票所投票，增加其當選的可能性。因此，透過動員，候選人和政

表 4.2　關聯性分析

	投票抉擇	卡方檢定結果
選民動員	0.09	$X^2 = 23.19$, df = 11 $p<0.05$
政黨差異	0.18	$X^2 = 66.32$, df = 10 $p<0.001$
候選人差異	0.16	$X^2 = 69.27$, df = 10 $p<0.001$

資料來源：游清鑫（2008）。
說明：括弧中之數字為 Pearson 相關係數。

黨提供選民免費的資訊，降低其資訊成本，進而增加其投票的可能性。

另外，政黨對於選民決定是否投票具有重要的影響。即使控制住候選人差異和政黨認同強度兩個變數之後，政黨差異對於選民投票與否仍具有正向影響。當選民認知到競選的政黨之間存有差異時，愈有可能去投票。反之，當政黨之間的差異減少時（亦即政黨被認為彼此相似），則選民投票的可能性則會降低。另一方面，我們並未發現足夠的證據說明候選人差異對於選民的投票參與會產生影響。雖然候選人差異此一變數的係數為正，其影響強度相當微弱；在控制住其他變數後，候選人差異影響選民投票機率的最大變動幅度只有 0.016（約 2%）。我們認為可能是"政黨差異"吸收了候選人差異對於選民投票參與的影響。因為總統候選人是由兩個主要政黨所提名，因此候選人之間的主要差別有可能被兩個主要政黨之間的差異所吸收。因此，雖然 Tsai (2001) 的研究指出候選人評估對於台灣選民投票參與的重要性，然本文有不同的研究發現，亦即台灣選民在決定2008 年總統選舉是否投票時並未受到候選人差異的影響。

在控制變數方面，投票影響、選舉關切、政黨認同強度、性別，以及年齡皆達到統計上的顯著水準（至少 $p<0.05$），並且每一個變數與投票參與之間的關係皆為正向。然而，教育程度對於台灣民眾在 2008 年總統大選的投票參與則沒有任何影響。

首先，在控制住其他變數的情況下，投票影響每增加一個單位，選民

投票的勝算機率比將會增加 1.175 倍。換言之，當選民認為其投票可以為國家帶來不同的政治局勢或是間接對政治產生影響時，其投票的可能性將會增加。這主要是因為選民將會認為其投票是有意義和價值的，進而增加其投票的預期效益（即心理層次的價值回報）。投票效益的認知會影響選民的投票意願，不論是直覺上或是理論上，本文呼應了 Downs 的論點，並且與 Rosenstone 和 Hansen 所謂的團體性利益相契合。選民愈認為其投票是有意義的，則將預期獲得更多的投票利益，因此作為一個理性的行為者，該選民愈有可能去投票。

其次，就選舉關切而言，在控制住其他變數的情況之下，選舉關切每增加一個單位，選民去投票的勝算機率比將會增加 1.992 倍。此結果與本文預期相一致，亦即隨著選民關心選舉的程度增加，其愈有可能去投票。當選民關心選舉結果時，他對於選舉不會感到冷漠，並且會關心誰贏得選舉。關心選舉結果的選民往往有其支持的政黨或候選人，無疑地，其必然會希望所支持的政黨或候選人能夠贏得選舉。因此，相較於對選舉冷漠的選民而言，關心選舉結果的選民愈有可能去投票。

第三，就政黨認同強度而言，在控制住其他變數的情況之下，政黨認同強度每增加一個單位，選民去投票的勝算機率比將會增加 1.296 倍。換言之，選民認同某一個政黨的強度愈強，其愈有可能去投票。擁有強烈政黨認同的選民必然會希望所支持的候選人能夠贏得選舉，如此自己所期望的政策才有實現的可能性，因此強烈政黨認同者去投票的可能性亦愈高。反之，無政黨認同者並不關心或較少關心何黨贏得選舉，因此對其而言，來自兩黨的預期效益可能並無差別或差別很小。由於認為投票並無法為其帶來適當的回報，因此政黨認同微弱者和獨立選民去投票的可能性亦較低。

第四，就性別而言，在控制住其他變數的情況之下，女性選民去投票的勝算機率比為男性選民的 1.397 倍。雖然男性往往被認為比女性更對政治事務感到興趣以及更積極參與政治活動，但是本文卻發現在 2008 年的總統選舉中，女性比男性更可能去投票。是否是因為對於女性角色的社會

期待隨著時間的遷移而有所改變，或是因為現代女性比男性更積極從事政治活動，抑或是因為 2008 年總統選舉中的其他特別因素，如馬英九對於女性選民的吸引力（田世昊　2008），激勵了女性的投票參與。針對此一問題，本文並無最後的答案，這一點已超越本文的研究範圍，因此對於女性為何更踴躍參與政治的原因須留待日後進一步的研究。

最後，就年齡而言，本文發現年齡在 20 至 29 歲的選民與年齡在 30 至 39 歲的選民在投票參與上別無差異。然而中年選民和老年選民則與年輕選民（年齡在 20 至 29 歲）在投票參與上有明顯的差異。平均而言，在控制住其他變數的情況下，40 至 49 歲的選民去投票的勝算機率比是 20 至 29 歲的選民的 1.869 倍，而 50 至 59 歲的選民去投票的勝算機率比則是 20 至 29 歲的選民的 2.545 倍。更甚者，年齡在 60 歲以上的選民去投票的勝算機率比是 20 至 29 歲的選民的 4.210 倍。此結果顯示 60 歲以上的選民是所有年齡層選民中最有可能去投票的，暗示隨著年紀的增長，選民投票的可能性會隨之增加。[8] 或許這是因為隨著年齡的增長，選民獲得較多的人生經驗和政治資訊，並累積相當的政治態度，使得其在計算不同政黨的預期效益時相對容易許多，進而導致其較高的投票可能性。

另外，表 4.3 第三欄所顯示的是每一個變數對於選民投票參與的最大可能實質影響。本文發現影響選民投票參與的最重要因素為選舉關切。相較於完全不關心選舉結果的選民，最關心選舉結果的選民去投票的機率多了 20.4%。雖然選民動員與政黨差異對於選民投票參與的實質影響小於選舉關切，但是除了 60 歲以上之年齡虛擬變數，兩者的影響強度大於其他變數，顯示選民動員與政黨差異對於投票參與的影響不容忽視。換言之，相較於選舉期間完全沒有被動員過的選民，被動員最頻繁的選民去投票的機率多了 7.2%。再者，相較於認為政黨之間毫無差異的選民而言，認為政黨差異達到最大程度的選民去投票的機率多了 5.5%。另外，強烈政黨

8　本文利用概似值比例檢定 (likelihood ratio test) 去檢視年齡的四個虛擬變數在整體上是否達到統計的顯著水準。概似值比例數值為 18.200，並且達到統計上的顯著水準 ($p < 0.010$)。顯示本文將年齡編碼為四個虛擬變數放入模型中進行分析是合理的。

認同者去投票的機率比無政黨認同者多了 5.1%，而 50 至 59 歲的選民和 60 歲以上的選民去投票的機率則分別比 20 至 29 歲的選民多了 5.0% 和 6.5%。

表 4.3 二分勝算對數模型分析結果

	係數 （標準誤）	勝算比	機率最大變化值
選民動員	0.159* (0.070)	1.172	0.072
政黨差異	0.095* (0.048)	1.100	0.055
候選人差異	0.025 (0.042)	1.025	0.016
投票影響	0.161** (0.060)	1.175	0.047
選舉關切	0.689*** (0.113)	1.992	0.204
政黨認同強度	0.260* (0.103)	1.296	0.051
高中及專科教育程度	0.400$ (0.232)	1.492	0.026
大學及以上教育程度	0.475$ (0.279)	1.609	0.029
女性	0.334* (0.169)	1.397	0.022
年齡（30 至 39 歲）	0.365 (0.223)	1.441	0.022
年齡（40 至 49 歲）	0.625* (0.256)	1.869	0.036
年齡（50 至 59 歲）	0.934** (0.312)	2.545	0.049

表 4.3　二分勝算對數模型分析結果（續）

	係數 （標準誤）	勝算比	機率最大變化值
年齡（60 歲以上）	1.437*** (0.386)	4.210	0.065
常數	-1.340*** (0.330)		
N		1,604	
Wald		177.56***	
Pseudo R^2		15.3%	
-2 Log Likelihood		982.0	
Correctly Predicted		88.7%	

資料來源：游清鑫（2008）。
說明：*** ：$p<0.001$; ** ：$p<0.01$; * ：$p<0.05$; $ ：$p<0.100$。

柒、討論與結果

　　Downs 認為選民投票與否是經過理性計算後的結果，選民只會在預期投票獲益大於投票成本時，才有可能去投票。因此，最理想的情況就是極小化成本，極大化獲益。昂貴的資訊成本通常從競選活動一開始就存在，直到選舉當天結束，因為資訊是所有決定的根本要件 (Krehbiel 1991)。假如選民必須靠自己去收集資訊，則資訊成本會相當高。因此，為了降低資訊成本，選民往往依賴某些途徑取得免費資訊。如 Downs 所言，免費的資訊常常是由專家或是意見領袖所提供，而本文認為動員在提供選民免費的資訊上扮演著相當重要的角色，並幫助選民降低資訊成本，進而增加其投票的可能性。本文發現被動員愈頻繁的選民愈有可能去投票，而動員對於選民投票參與的影響即是奠基於人際接觸所傳遞的免費資訊，其能夠降低選民的資訊成本，進而增加其投票的可能性。

　　然而，僅降低資訊成本並不足以促使選民採取行動。另一個在理性計

算過程中的重要因素就是選民對於競爭中的政黨和候選人的預期效益認知。換言之，身為理性的行為者，選民傾向極大化其預期效益。由於不同的政黨和候選人會帶來不同的政策，所以對於選民而言，不同政黨和候選人所代表的效益亦不相同。因此，哪一個政黨或是候選人當選將會對選民的投票獲益產生重大的影響。假如選民認為某一個特定的政黨或是候選人能夠為其在相關政策領域中帶來較多的個人效益，則其必然會去投票支持此政黨或候選人。反之，假如選民認為競選中的政黨或是候選人之間的預期效益沒有差異，其投票的可能性就會降低。因為不論哪一個政黨或是候選人當選都不會增加或減少其預期效益，此時最理性的行為就是不去投票。簡言之，不同政黨和候選人之間差異程度的增加將會提升選民投票的可能性。本文利用政黨差異和候選人差異去測量選民對於不同政黨和候選人之間差異的認知，並發現政黨差異和選民的投票參與具有正向的關係。易言之，認為政黨之間差異愈大的選民愈有可能去投票，即使是在控制住候選人差異和政黨認同的影響之後。政黨差異對於選民投票參與的影響勝過候選人差異可能是因為選民預期由政黨所提名的候選人，在意識型態和政策立場上與其所屬政黨應該相一致，導致候選人角色無法彰顯。因此，本文無法提供足夠的證據支持候選人差異和選民的投票參與之間具有正向的關係。此結果意謂在台灣，政黨標籤在選舉和競選活動上扮演著相當關鍵性的角色。

　　2008 年的台灣總統選舉，國民黨總統候選人馬英九以 7,658,724 張選票、58.45% 得票率壓倒性的擊敗民進黨總統候選人謝長廷（5,445,239 張選票、41.33% 得票率）。選舉結果重重打擊了民進黨的黨員和支持者，因為謝長廷和其副總統候選人蘇貞昌乃是當時民進黨最有聲望和實力的政治人物，因此兩人所構成的黃金組合被民進黨認為足以與國民黨的馬英九和蕭萬長相匹敵（李欣芳等　2007）。雖然民進黨黨員在選舉期間即對選情不樂觀，但是勝負懸殊的選舉結果重挫了民進黨的士氣（王貝林、李欣芳與陳詩婷　2008）。民進黨於 2008 年總統選舉中的慘敗普遍被歸因於陳水扁擔任總統期間，其執政團隊的無能以及陳水扁本人和其家人、親信所牽

涉的貪污弊案，嚴重損害到民進黨的道德形象，使得民進黨的支持者失去了對民進黨的信任。因此，即使謝長廷和蘇貞昌兩位候選人已是民進黨一時之選，民進黨仍難逃敗選的命運。上述對於 2008 年台灣總統選舉的觀察亦證實了本文的發現，亦即政黨，而非候選人，對於台灣選民的投票參與具有重要的影響。

　　總結而言，本文研究發現證實了本文所提出的假設 1 和假設 2，提供實證結果證明台灣選民是理性的行為者。由於沒有足夠的證據顯示候選人差異會對選民的投票參與產生影響，因此本文提出政黨差異是測量選舉差異的一個較佳指標。雖然筆者同意 Downs 所提出選民的民主價值和選舉競爭程度亦會對選民的投票參與產生影響的論點，但礙於資料限制，所以本文無法進行相關的實證分析。

　　另外，雖然本文將研究焦點鎖定在總統選舉，但是筆者認為本文研究發現應可適用於其他層級的選舉。在立法委員選舉制度由單記非讓渡投票制改為單一選區兩票制之後，兩個主要政黨──國民黨和民進黨，在 2008 年的立法委員選舉中幾乎在所有的選區各只提名一位候選人。由於其他政黨難以在單一選區中與國民黨和民進黨相抗衡，因此其幾乎沒有提名候選人角逐區域立法委員席次，造成在多數選區只有國民黨和民進黨候選人相互競爭的局面。因此，選民可以清楚分辨兩個主要政黨和其提名候選人之間的差異，並且選民投票的資訊成本亦因候選人的減少而降低。故本文研究發現是否可以適用於其他層級的選舉值得日後進一步檢視。

附錄、「台灣選舉與民主化調查：2008年總統選舉」　變數測量問卷題目

變數名稱	問卷題目
投票參與	在這一次（三月二十二日）舉行的總統大選中，有很多人去投票，也有很多人因各種原因沒有去投票，請問您有沒有去投票？ 編碼：0：沒有；1：有。
選民動員	1. 在今年總統選舉期間，請問有沒有候選人或政黨工作人員親自向您拉票？（最小值：0；最大值：1） 2. 除了候選人和政黨工作人員之外，還有哪些人親自向您拉過票？（最小值：0；最大值：11）
政黨差異	1. 我們想要請您用0到10來表示您對國內幾個政黨的看法，0表示您「非常不喜歡」這個政黨，10表示您「非常喜歡」這個政黨。首先請問您會給國民黨多少？ 2. 那民進黨呢？ 政黨差異編碼：民進黨評價減去國民黨評價，再取其絕對值。
候選人差異	接著，我們想要請您用0到10來表示您對這次總統選舉幾個候選人的看法，0表示您「非常不喜歡」這個候選人，10表示您「非常喜歡」這個候選人。 1. 請問，0到10您會給謝長廷多少？ 2. 那馬英九呢？ 候選人差異編碼：謝長廷評價減去馬英九評價，再取其絕對值。
投票影響	有些人認為，無論民眾投票給誰，情況都差不多；但是也有人認為，民眾投票投給不同的人，情況就會不同。現在這有一張卡片分別列出五種情況，由「情況都差不多」到「情況就會不同」的位置（1是「無論投給誰，情況都差不多」；5是「投給不同的人，情況就會不同」。）請問，您的位置在哪裡？ 編碼：最小值：0；最大值：4。
選舉關切	請問您對這次總統選舉的競選過程關不關心？是非常關心、有點關心、不太關心，還是非常不關心？ 編碼：最小值：0；最大值：3。

附錄、「台灣選舉與民主化調查：2008年總統選舉」變數測量問卷題目（續）

變數名稱	問卷題目
政黨認同強度	1. 目前國內有幾個主要政黨，包括國民黨、民進黨、新黨、親民黨，以及台灣團結聯盟，請問您有沒有偏向哪一個政黨？ 2. 那相對來說，請問您有沒有稍微偏向哪一個政黨？ 3. 請問，您偏向這個政黨的程度是很強，普通，還是有一點？ 0：都不偏；1：稍微偏向；2：普通偏向；3：很強偏向。 編碼：最小值：0；最大值：3。
教育程度	請問您的教育程度是什麼？ 編碼三類：國中以下教育程度、高中及專科教育程度、大學及以上教育程度。
性別	受訪者的性別。 編碼：0：男性；1：女性。
年齡	請問您是民國幾年出生的？ 編碼五類：20 至 29 歲、30 至 39 歲、40 至 49 歲、50 至 59 歲、60 歲以上。

資料來源：游清鑫（2008）。

●●●　**參考文獻**　●●●

I. 中文部分

王貝林、李欣芳、陳詩婷，2008，〈支持者哭喊「謝長廷不要走」〉，自由時報電子報：http://www.libertytimes.com.tw/2008/new/mar/23/today-elect9.htm。檢索日期：2009 年 7 月 8 日。

田世昊，2008，〈帥哥效應　橫掃婦女票　馬大勝關鍵〉，自由時報電子報：http://www.libertytimes.com.tw/2008/new/mar/23/today-elect14.htm。檢索日期：2009 年 7 月 8 日。

李欣芳等，2007，〈力推謝蘇配　綠 18 黨部連署〉，自由時報電子報：http://www.libertytimes.com/2007/new/jul/4/today-p9.htm。檢索日期：2009 年 7 月 8 日。

吳俊德、陳永福，2005，〈投票與不投票的抉擇——2004 年總統大選與公民投票
　　的探索性研究〉，《台灣民主季刊》，2(4): 67-98。

陳敦源，2000，〈人為何投票？理性選擇觀點的緣起與發展〉，《民意研究季刊》，
　　212: 31-64。

游清鑫，2008，《2005 年至 2008 年「選舉與民主化調查」四年期研究規劃 (IV)：
　　2008 年總統選舉面訪案》，計畫編號：NSC96-2420-H-004-017，台北：行政
　　院國家科學委員會補助專題研究計畫成果報告。

II. 外文部分

Abramson, Paul R., and John H. Aldrich. 1982. "The Decline of Electoral Participation
　　in America." *American Political Science Review* 76(3): 502-21

Aldrich, John H. 1993. "Rational Choice and Turnout." *American Journal of Political
　　Science* 37(1): 246-78.

Almond, Gabriel A., and Sidney Verba. 1963. *The Civic Culture: Political Attitudes and
　　Democracy in Five Nations*. N.J.: Princeton University Press.

Bartels, Larry M. 1988. *Presidential Primaries and the Dynamics of Public Choice*.
　　Princeton, N.J.: Princeton University Press.

Berelson, Bernard, Paul Lazarsfeld, and William McPhee. 1954. *Voting*. Chicago:
　　University of Chicago Press.

Campbell, Angus et al. 1960. *The American Voter*. New York: John Wiley and Sons.

Cardy, Emily Arthur. 2005. "An Experimental Field Study of the GOTV and Persuasion
　　Effects of Partisan Direct Mail and Phone Calls." *Annals of the American Academy
　　of Political and Social Science* 601(September): 28-40.

Dalton, Russell J. 1996. *Citizen Politics: Public Opinion and Political Parties in
　　Advanced Industrial Democracies*. 2nd ed. U.S.: Chatham House Publishers.

Downs, Anthony. 1957. *An Economic Theory of Democracy*. New York: Harper and
　　Row.

Ferejohn, John A., and Morris P. Fiorina. 1974. "The Paradox of Not Voting: A Decision
　　Theoretic Analysis." *American Political Science Review* 68(2): 525-46.

Green, Donald P., Alan S. Gerber, and David W. Nickerson. 2003. "Getting Out the Vote
　　in Local Elections: Results from Six Door-to-Door Canvassing Experiments."

Journal of Politics 65(November): 1083-96.

Green, Donald P., and Alan S. Gerber. 2008. *Get Out the Vote: How to Increase Voter Turnout*. Washington, D.C.: Brookings Institution Press.

Krehbiel, Keith. 1991. *Information and Legislative Organization*. Ann Arbor: University of Michigan Press.

Lazarsfeld, P., B. Berelson, and H. Gaudet. 1948. *The People's Choice*. New York: Columbia University Press.

Lupia, Arthur. 1994. "Shortcuts Versus Encyclopedias: Information and Voting Behavior in California Insurance Reform Elections." *American Political Science Review* 88(1): 63-76.

Niemi, Richard G. 1976. "Costs of Voting and Nonvoting." *Public Choice* 27(September): 115-19.

Popkin, Samuel L. 1991. *The Reasoning Voter: Communication and Persuasion in Presidential Elections*. Chicago: University of Chicago Press.

Rosenstone, Steven J., and John Mark Hansen. 1993. *Mobilization, Participation, and Democracy in America*. New York: Macmillan.

Shaffer, Stephen D. 1981. "A Multivariate Explanation of Decreasing Turnout in Presidential Elections, 1960-1976." *American Journal of Political Science* 25(1): 68-95.

Tsai, Chia-Hung. 2001. "Why Do Taiwanese Vote?" *Journal of Electoral Studies* 8(2): 125-58.

Verba, Sidney, and Norman H. Nie. 1972. *Participation in America: Political Democracy and Social Equality*. New York: Harper and Row.

Verba, Sidney, Norman H. Nie, and Jae-On Kim. 1978. *Participation and Political Equality: A Seven-Nation Comparison*. 2nd ed. U.S.: Cambridge University Press.

Wolfinger, E. Raymond, and Steven J. Rosenstone. 1980. *Why Votes?* New Haven: Yale University Press.

5 性別與選舉：我國總統大選之性別差距

楊婉瑩、林珮婷

　　性別與選舉的關係，在台灣過去選舉中往往不被視為討論的重點，然而在 2008 年總統大選出現了不一樣的情形，投票性別差距開始受到關注。主要的原因，除了來自媒體不斷強調女性對於馬英九個人形象與特質的偏好，也在於投票結果確實出現了明顯的性別差異。本章將從性別的視角切入，進行投票行為的研究，首先介紹性別差距的意義，再進一步比較歐美對於性別投票的解釋，最後聚焦於台灣性別研究的現況，並以 2008 年總統大選為例來比較一般投票模型與性別投票模型的解釋有何不同。

壹、性別差距的意義

　　性別差距 (gender gap) 的概念，直言之，意指包含了各式各樣現象上的男女差異。性別差距在政治現象上的討論，多半是在選舉參與、政治態度、議題排序等面向，特別是政黨認同與投票行為上的男女差異。然則，正由於性別差距具有多重的意涵，不僅性別差異包含了許多不同的面向，不同面向之間本身又存在著相互影響的關係，使得性別差距的複雜性更為提升。

　　在過去，美國政治行為研究中，往往將性別視為不重要的因素，女性多半被視為投票率與政治知識較低、對政治較為冷漠沒興趣、政治效能感也較低的一群人，即便是參與也較不傾向依議題投票而是受個人因素的影響，此外，特別容易受到丈夫的影響 (Campbell et al. 1960)。過去 20 年來，歐美先進民主國家的選舉皆出現性別差距，使得女性的政治行為受到廣泛的重視。投票的性別差距成為重要的政治現象及學術研究所關切的課題，最早開始於 1980 年代的美國，女性投票參與率逐漸提高，甚至高於男性。此外，在投票的型態上，也出現不同於男性的模式，兩性的投票動機與模式的差異開始受到關注 (Mueller 1988, 16-36)。投票性別差距的出現，實務上的意義，則在於候選人與政黨追求勝選，就必須更加關注婦女的選票，婦女的政治影響力也隨之增加。

　　有關於性別對於投票選擇的影響，Inglehart 與 Norris (2003) 首先提出性別重組 (gender realignment) 與性別解組 (gender dealignment) 的概念，指涉女性選民的政黨認同與投票抉擇的長期發展與轉變。在 Inglehart 與 Norris 的研究中顯示，美國在 1980 年代以前女性較男性支持共和黨，這種女性選民長期較支持右翼政黨的現象可稱為「傳統性別差距」(traditional gender gap)，然而，這種女性較支持共和黨的趨勢，到了 1960、70 年代逐漸消失，直到 1980 年共和黨候選人雷根對民主黨現任總統卡特的選舉中，才又出現決定性的性別差距，但方向上已經出現轉向。雷根承諾減少政府支出讓自由市場自動修正美國的經濟問題，並主張擴張美國的軍備，對蘇聯的策略則由原本的圍堵改為正面的對抗，雷根提出了與卡特有明顯區隔的政策選項，雖然雷根贏得了選舉，但女性支持民主黨的趨勢卻轉趨明顯，男女投給雷根的比例有 8% 的差距。1980-88 三屆總統選舉平均出現 6%~8% 的男女投票差距，在 90 年代更趨明顯，1992 年柯林頓的勝選被視為是贏在婦女選票，[1] 到 1996 年選舉時已有高達 12% 的性別差距投票。由圖 5.1，我們可以很清楚的看見共和黨與民主黨在不同性別的得票情形，以及性別之間的差距隨著時間有所轉變，相較於男性，女性由原本較支持共和黨轉向較支持民主黨，且隨著時間越來越明顯。

　　在美國，不僅是在總統選舉出現性別差異，在其他各層級的選舉以及政黨認同也都出現性別差距，女性由共和黨轉而支持民主黨的趨勢逐漸穩定，這種女性選民支持左翼政黨的現象又稱為「現代性別差距」(modern gender gap)。Inglehart 與 Norris 指出由傳統性別差距轉向現代性別差距經歷性別解組的過程，而穩定化後則有性別重組的趨勢。

---

[1]　性別差距最明顯的是在1996年的選舉，女性支持柯林頓相對道爾的比例為60%比34%，明顯地向民主黨柯林頓傾斜；反之，男性支持柯林頓相對於道爾的比例是46%比45%，男性對兩黨的支持幾乎無明顯的區辨性，因此學者指出女性選票決定了柯林頓的勝選。

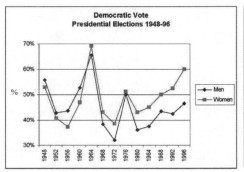

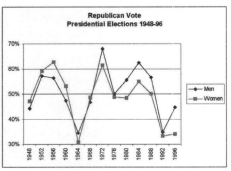

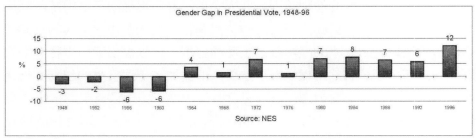

資料來源：Inglehart and Norris (2003)。

圖 5.1　美國總統選舉兩黨得票的性別差距（1948~1996 年）

　　在歐洲，過去也有所謂的「傳統性別差距」，指的是在傳統社會中，女選民相較於男選民為支持右翼政黨。歐洲許多國家如法國、義大利、奧地利、希臘、比利時、瑞士乃至於北歐等國都存在女性支持右翼政黨的現象。隨著社會結構現代化的轉型，走向後工業社會，同時伴隨著世代交替，女性越來越左傾，許多歐洲國家男女投票行為的差距逐漸消失，甚至在部分國家女性與男性的差距逐漸減小後，更往政治光譜的左端移動，轉向支持左翼政黨，使得男女投票與政黨的性別差距越來越明顯，逐漸重組為「現代性別差距」。

貳、解釋性別差距——跨國研究

比較歐洲與美國的性別差距，我們可發現歐美有著相似的差距模式，也就是女性選民由右向左移動的過程。然而，兩者所提出的解釋方式卻不完全相同，美國的研究偏重男女在政策議題上的「偏好差異」，歐陸的研究則比較注重男女在社經結構上的「位置差異」，所形成的投票性別差距。以下，我們分別就美國與歐洲的性別差異解釋來加以討論。

一、美國性別差距的解釋

在美國的實證研究中，投票的性別差距在 1980 年代以前既不顯著也不穩定，政黨認同本身也未見顯著的性別差距。然而，隨著投票性別差距越趨顯著穩定，政黨認同的性別差距在解釋投票的性別差距的比重上也越來越重要，已有研究指出政黨認同差距決定了投票差距，一旦控制了政黨認同的男女差距，則投票的性別差距也隨之消失 (Kenski 1988, 38-60; Kaufmann and Petrocik 1999, Kaufmann 2002; Wirls 1986, 316-330)。

一般而言，政黨認同之所以出現性別差異主要肇因於，男女在政策立場的差異，如和平武力、社會福利、經濟議題、以及意識形態上的差距。在這些議題上男女立場具有長期穩定的差異，相較於男性，女性比較不願發生戰爭、較重視國家的社會福利政策，且較強調合作、關愛、犧牲與和諧等價值（重視人際關係與利他），因而較關心整體的經濟發展、關懷弱勢。關於男女政治態度與行為的差異，社會心理學途徑認為男女在幼兒時期的社會化，發展出不同的心理特質與性別角色，女性較強調道德責任關愛價值，男性則較為強調自由競爭法律等價值 (Chodorow 1978; Gilligan 1982)；此外，成人時期的社會化，女性由於擔任母親角色以及其在私領域的照顧者角色，使得女性更加負有同情心且更重視安全，因此關心教育及身體保健相關的議題，也將發展出不同於男性的政治態度、利益偏好、以及角色行為。此種強調幼兒時期與成人時期性別社會化的觀點，認為男

女兩性因不同的性別角色與社會化過程，培養出不同心理特質，女性較容易發展出與其私領域經驗相關的、或是利他的價值與特性，因而導致兩性在理念價值、政策議題、政黨認同、乃至於投票選擇的差異。然而，社會心理學對於兩性差異的解釋最大的限制，在於將兩性的差異根本化與固定化，做為一種內在的兩性差異，很難解釋在不同的政治層面上，所出現的兩性時而趨同時而趨異的現象，以及在不同脈絡下多樣的性別動態，特別是在解釋選舉投票時，在不同國家不同時間點上出現不同的性別差異方向以及趨勢的變化。

　　1980年代以後，民權、墮胎、婦女權益與同志權益等文化衝突議題興起，男女在這些議題上，佔據著不同的團體位置 (group position)，男性較認同於捍衛既得利益的團體位置，因而傾向認同較保守的共和黨，女性則較認同於推動這些文化議題以保障弱勢的團體位置，因而傾向認同民主黨。然而，值得注意的是，兩性的價值與政策偏好即使有所不同，但乃可能是隱性潛藏的，需要外在推力，使得女性重現女性主義的價值以及突顯其政策偏好，也就是議題與價值之所以產生重要的性別差距效果，往往受到婦女運動的意識動員的影響。隨著婦運的政治動員，女性選民日增的性別意識與支持性別與平等相關議題，往往是女性倒向民主黨的主要解釋 (Abzug and Kelber 1984; Conover 1988, 985-1010; Cook and Wilcox 1991, 1111; Smeal 1984)。[2] 不過，有些學者則認為男女對於婦女議題的大致意見是相似的 (Cook, Jelen, and Wilcox 1992; Mansbridge 1985)。

　　此外，關於兩性在政策議題上的差異，所導致的政黨認同與投票差異的討論，在美國經驗研究中，主要可區分為兩種觀點：一是強調議題態度

---

[2]　關於婦女運動的意識動員對於性別差異的解釋力，有不同的研究結果與觀點。Cook與Wilcox (1991) 並不認同Conover (1988) 的主張，相對的，她們認為女性主義對男女的價值與政策偏好產生相似效果，同時女性主義與價值偏好間的關係乃是相互的，女性主義意識較容易產生平等主義價值與不同政治偏好，同時女性主義較易吸引到具有平等與自由傾向的男性與女性，也就是意識動員無法解釋男女差異。然而Conover (1998) 再次地透過控制比較，仍堅持具有女性主義認同雖非影響其政治價值的唯一決定性因素，但確實影響其態度偏向自由關懷等政治態度價值，連帶影響其政策偏好。

(attitude) 的性別差異。持此種觀點的學者主張男女在政策議題立場上有方向性的差異，而政黨在相關政策的態度上也有所差異，因而男女的政策立場差異轉為政黨支持的差異。由於民主與共和兩黨在這些議題上分別採取了不同立場，影響了男女選民的政黨認同與投票的分歧。例如，在國防、社福和經濟議題上，男性相對於女性偏好增加國防支出、刪減社會福利預算、促進自由市場的經濟原則，因而傾向認同保守的共和黨；女性則支持性別平權等文化議題、較具和平傾向反對武力、關心整體的經濟發展、以及透過社會福利來保障弱勢，因而傾向認同支持民主黨。然而，這種對於議題態度性別差異的觀點也受到質疑，因為男女在上述議題的立場上雖有差異，但這種性別差異卻是長期穩定的存在，因此難以解釋由 1950 年代到 1980 年代女性在政黨認同與投票，由支持共和黨轉向民主黨的性別差距改變。

　　相對於兩性在政策偏好的方向性差異，議題顯著性 (salience) 的性別差異重視的是，對於不同議題在重要程度上的排序差別 (Thorson and Stambough 1994)。換句話說，這種觀點主張兩性在經濟發展、國家安全、社會福利或婦女政策等議題上的態度差異並不明顯，但男女對於議題重要性的先後順序不同，女性相對於男性，其投票抉擇更重視政黨在社福和婦女議題上的主張。研究 1960-1992 年間美國選舉中的顯著性議題的發展趨勢發現，早期男女對議題排序並無差異，但隨著時間演進，逐漸產生對不同議題有不同的關注程度。在 1960-1972 期間，一般而言，男女並無明顯差別，對經濟與環保議題同等關注；但在 1968-1972 期間，由於越戰的關係，女性比男性更加關注涉及戰爭與和平的外交議題；而在 1976-1992 期間，兩性議題的顯著優先性已有了根本性的差異，女性較男性關注社會福利議題，而男性較女性關注經濟議題。Kaufmann (2002; 2004) 晚近的研究也強調，男女在議題排序的差異比在議題態度的差異，對於投票差距的影響更加重要。對女性而言，社會福利的議題仍然決定其政黨認同，而文化戰爭（性別）的議題在影響其政黨認同的份量上越來越重要，但對於男性的政黨認同的影響則較不明顯或較為間接，若將宗教因素加進來，則女性

的宗教保守性使得原本存在的巨大的性別鴻溝，縮短為目前所呈現的性別差距。對男性而言，社會福利的議題的保守性則影響了政黨認同的傾向。

二、歐洲性別差距的解釋

　　歐洲對於性別差距的解釋，與美國強調議題與政黨認同的討論有所不同，著重於社會結構與政黨認同分歧的解釋，強調兩性政治態度與行為的差別，乃是因為兩性在社會結構上居於不同位置以及面對不同處境所造成的結果。在 60 年代歐陸許多國家的研究顯示，女性較男性傾向支持右翼政黨，主要原因來自女性較男性長壽、信仰虔誠、就業率較低以及較少加入工會等社會結構因素，例如英國女性較男性支持保守黨，主要是因年齡組成的差異所造成，由於女性較為長壽，因此在總人口數中的老年人口多數為女性，而年長者較為支持保守黨，所以從整體來看女性較為支持保守黨。

　　社會結構的解釋往往與現代化理論的討論相關，隨著現代化的發展與社會結構的改變，由工業進入後工業社會，雖然女性教育程度提高、工作機會增加，然而進入就業市場的處境、面對私領域家庭照顧責任、以及對福利國家的依賴，這些男女社會經濟條件的差異，使得兩性產生不同的政黨認同乃至於投票選擇，女性劣勢的經濟處境、照顧責任與對福利國家的依賴，使得女性轉為支持左翼政黨。換言之，隨著現代化的演進，女性的社會處境與價值都產生轉變，特別是在年輕的女性身上，因此女性並非一致的右傾，年長世代的女性較支持右翼政黨，年輕世代的女性則較支持左翼政黨，女性當中存在著性別世代差距 (gender-generation gap) (Norris 1996)。依照此解釋途徑，無論女性是過去的右傾或是轉向左傾，投票與政治態度的性別差距，乃是因為兩性在社會結構與人口背景上條件不同（教育程度、收入與職業、宗教信仰、年齡、婚姻家庭狀況），使得男女利益與價值產生的分歧，進而導致政治態度與投票行為的差別。

　　然而，以社會結構解釋來解釋兩性的投票與政黨認同差異也存在一些

問題。社會結構的變遷對性別差異的影響，可能產生完全相反的結果與解釋：當女性教育程度提高並進入勞動市場，在社會經濟地位條件上與男性越趨接近之後，許多研究因此主張兩性政治態度與行為的性別差異將縮小 (Anderson and Cook 1985; Jelen 1988; Jelen and Wilcox 1991; Klein 1984; Rusciano 1992)。

　　相對地，也有的研究者認為，即使女性接受高等教育並進入職場，但相較之下，男性仍擁有較優勢的教育與社會經濟資源，屬於既得利益者因而較為保守，女性則因處於相對弱勢，在觀念上較為自由。女性逐漸升高的勞動參與率，挑戰了傳統的性別角色，也面對較多來自於工作上的不平等的問題，例如單身女性薪資普遍平均較男性低，升遷機會較少，乃至於職場的性騷擾問題，使其更加關心政治與平等的議題。此外，女性相對於男性較為長壽，且女性整體的社經地位與收入低於男性，這些原因皆使得女性更期待大政府的出現，提供社會福利的保障，因而較支持社會福利的左翼政黨。除了社會結構的解釋出現矛盾之外，隨著性別差距逐漸發展出跨社會結構的穩定性（亦即不分年齡、種族、教育等都存在性別差距），更使得社會結構對於性別差距的解釋力也逐漸減弱。

　　由於社會結構對投票性別差距的解釋力的不足，再加上歐洲議題投票的興起造成政黨重組的現象，使得學者除了強調社會結構的影響之外，也聚焦於兩性在議題立場的差別，議題立場與政黨支持的聯結逐漸成為解釋女性選民轉向的主要原因。在北歐諸國之中，兩性社會位置與經驗的差異，往往反映在對政策議題態度的差異上。雖然在北歐，兩性的社會地位、政治資源與政治代表相較其他國家來得平等，但男女的生活經驗仍有所差異，女性較多受僱於社會福利、服務性或再生產相關的公部門，待遇仍較男性為低。社會位置的性別差異，反應在政策議題上，1980 年代北歐主要的政治議題爭議在於，社會福利應提供哪些項目、公私部門應如何區分、家庭的責任為何、社會福利的財源為何，這些政治議題與左右分歧的連結，往往可以解釋何以女性轉為支持左翼政黨。在挪威的個案研究中發現 (Listhaugh, Miller, and Valen 1985)，政黨的議題態度與立場對於性別差

距有著關鍵性的影響，如果左翼政黨認知到他們能夠透過代表女性選民的利益議題來動員女性選民，則性別差距可能成為穩定的社會分歧與投票現象。

再以西德為例，可以清楚看到政黨在議題立場的選擇，如何影響了投票的性別差距。戰後西德的政黨以右翼的基督教民主社會聯盟（CDU/CSU，簡稱基民黨）與左翼的社會民主黨（SPD，簡稱社民黨）為議會中的兩大政黨，在議會選舉的競爭中，1949-1969 年間基民黨呈現領先的局面，女性相較於男性也更偏好右翼的基民黨；然而，1972 年的議會選舉為關鍵的轉折點，女性開始轉向支持左翼的社民黨。Rusciano (1992) 研究指出西德女性政黨偏好的轉變，與女性的價值轉變及當時的重要政治議題屬性有關。在價值層面，兩黨有著不同的價值取向，基民黨強調教會與家庭傳統角色，社民黨則強調自主性，由於女性的價值出現轉變，因而由基民黨轉向支持社民黨。在議題層面，重要政治議題隨時代有所不同，1970 以前主要的核心議題乃是和平與戰爭的議題，因此女性對於較保守的基民黨有較高的期待；1970 以後經濟發展取代和平與戰爭的議題成為民眾最關心的政治議題，女性轉而期待社民黨的社會福利政策能滿足其需求。在亞洲，也有相似的發現。

透過美國與歐洲性別差距的研究，我們可以發現兩者在研究途徑與解釋方式上皆有所差異。美國傾向短期選舉議題對於性別差距的影響，歐洲則偏重較為長期的社會結構對性別差距的影響。綜而觀之，議題、社會結構、婦女運動、現代化與價值的變遷，皆被視為造成性別差距越形明顯的原因，且這些因素之間又彼此交互影響。兩性因社會化所造成的性別角色與認知差異，可能導致社會結構處境上的差異，而兩性角色與社會處境的差異，更可能導致其對政治態度與政策議題的不同立場或偏好，而這樣的差異又會導致政黨認同或是投票上的不同選擇。此外，性別差距也使得候選人與政黨更加重視女性所關注的議題與態度，政黨的政策議題立場也會隨女性選民在選舉當中重要性增加而有所調整。簡言之，性別差距乃是因應政治環境的變遷，男女不同的社會處境經驗、價值判斷與政策議題偏好

下，做出不同選擇的結果。

參、台灣的性別差距研究

　　由於與歐美在政治脈絡上的差異，在台灣無法以傳統或現代性別差距來加以涵蓋，然而關於性別差距的探討就目前而言仍相當有限。少數關注性別面向的研究指出，政黨認同存在著性別差異，女性無政黨取向的比例明顯高於男性，且有較支持泛藍的傾向，男性選民則相對較為支持泛綠；相對於政黨認同的差異，部分學者認為性別對政黨認同的影響，重要之處不僅是在兩性認同的政黨對象是否有所不同，更重要的是決定兩性政黨認同的議題態度以及社會結構條件的組合方式是否存在差異。[3] 除了性別與政黨認同的關係之外，在性別與議題立場的關係上，根據針對台灣選民的民調結果，發現雖然性別差距隨著民主價值的提升而有所拉近，但女性選民在政治態度上仍較傾向於強調政治安定、社會內政議題、教育以及文化等議題，男性則較重視國防、外交、以及國家認同等議題。[4] 然而這些研究或者將性別視為控制變項，或是提出政黨認同與議題立場可能存在的性別差異，至於投票性別差距的現象，由於過去在選舉中並不明顯，因此也未見完整的討論。

　　投票的性別差距自 1980 年代之後，為許多歐美國家選舉觀察的重點，而台灣直到 2008 年的總統大選，性別因素才首次扮演關鍵性的角色。根據中選會的統計，在這次選舉中，不僅出現女性投票較男性來得踴躍的情形（女性投票率較男性高出 2.63%），在投票對象上，也出現女性選民相對於男性選民，較傾向投給馬英九而不投給謝長廷的情形，此為台灣總統自 1996 年開放民選以來，首次顯著的性別差距，最後國民黨候選

3　探討性別與政黨認同的相關研究，可參考黃秀端與趙湘瓊（1996）、游清鑫與蕭怡靖（2003）、楊婉瑩與劉嘉薇（2006）。

4　范雲與徐永明（1994），轉引自台灣婦女資訊網。

人馬英九以接近六成的支持度，擊敗民進黨候選人謝長廷，成為台灣總統直選以來第四位的民選總統。

在討論台灣投票性別差距之前，必須先了解的是性別差距該如何估算，以及意義為何。性別差距並沒有統一的估算公式，在美國兩黨制的體制中，常見的性別差距公式包括：（女性投給民主黨％ － 男性投給民主黨％），計算男女性對於支持同一政黨的比例差異，以及〔（女性投票給民主黨％ － 女性投票給共和黨％）－（男性投票給民主黨％ － 男性投票給共和黨％）〕／2，也就是分別去計算男性與女性投給兩個政黨的比例差距之後，再取其平均。台灣並非如美國為穩定的兩黨制，但由於國民黨與民進黨為台灣主要的兩大政黨，因此，在投票的性別差距計算上，我們也以國民黨與民進黨所推派的兩組候選人為標的。投票對象差距公式為：

$$\frac{投給國民黨候選人}{投給國民黨候選人＋投給民進黨候選人}(\%)-\frac{投給民進黨候選人}{投給國民黨候選人＋投給民進黨候選人}(\%)$$

若投票對象差距為正值，意謂著投給國民黨候選人的比例相對於投給民進黨候選人的比例來得高，反之，負值則意謂投給民進黨候選人的比例較高。投票對象之性別差距公式為：（女性投票對象差距％ － 男性投票對象差距％），若為正值，意謂著女性投票對象的差距比例較男性來得大，反之，負值則為男性的投票對象差距比例較大。[5]

---

[5]　本研究以四筆次要資料來呈現投票行為的性別差距長期趨勢，分別為1996年由謝復生教授主持的國科會計畫「總統選舉選民投票行為之科際整合研究」、2000年由陳義彥教授主持的國科會計畫「跨世紀總統選舉中選民投票行為科際整合研究」、2004年由黃秀端教授主持的「2002年至2004年『選舉與民主化調查』三年期研究規劃 (Ⅲ)：民國九十三年總統大選民調案」(TEDS2004P) (NSC92-2420-H-031-004)，以及由游清鑫教授主持的「2005年至2008年『選舉與民主化調查』四年期研究規劃 (IV)：2008年總統選舉面訪計畫案」(TEDS2008P) (NSC96-2420-H-004-017)。「台灣選舉與民主化調查」(TEDS) 多年期計畫總召集人為國立政治大學黃紀教授，TEDS2008P為針對2008年總統選舉執行之年度計畫，計畫主持人為游清鑫教授；詳細資料請參閱TEDS網頁：http://www.tedsnet.org。

　　表 5.1 呈現 1996 年至 2008 年歷屆總統選舉結果的性別差距情形。兩性在投票對象差距的趨勢上有著一致的情形，1996 年與 2008 年兩個年度皆為投給國民黨候選人的比例高於投給民進黨候選人的比例（投票對象差距為正值），2000 年與 2004 年則反之（投票對象差距為負值），若僅觀察男、女在投票對象的變化，實在難以發現兩性的差異情形。然而，透過投票對象之性別差距的計算，也就是女性的投票對象差距比例減掉男性的投票對象差距比例，我們便可清楚得發現除了 2004 年之外，女性的投票對象差距皆較男性來得大，換言之，女性相較於男性有較高的比例投給國民黨而非民進黨的候選人，其中又以 2008 年的選舉特別明顯。在 2008 年女性投給馬英九與謝長廷的差距為 33.2%，相較於男性投給馬英九與謝長廷的差距 17.8%，高出了 15.4%，男女差異的情形較其他屆高出許多。2004年投票對象的性別差距為負值，也就是男性相對之下投給國民黨而非民進黨候選人的比例較女性來得高。簡言之，投票的性別差距趨勢，在 2008年之前三屆選舉中，皆僅有 4~6% 的微幅性別差距，但到了 2008 年兩性之間的投票差距明顯的被拉開了。

表 5.1　**總統選舉投票對象之性別差距趨勢** (%)（1996-2008 **年**）

	1996			2000			2004			2008		
	李	彭	李-彭	連	陳	連-陳	連	陳	連-陳	馬	謝	馬-謝
女	85.0	15.0	70.0	29.9	70.1	-40.2	43.3	56.7	-13.4	66.6	33.4	33.2
男	82.8	17.2	65.6	26.8	73.2	-46.4	46.0	54.0	-8.0	58.9	41.1	17.8
女-男	2.2	-2.2	4.4	3.1	-3.1	6.2	-2.7	2.7	-5.4	7.7	-7.7	15.4

資料來源：整理自謝復生（1996）、陳義彥（2000）、黃秀端（2004）、游清鑫（2008）。
說明：1996 年李登輝（國民黨）vs. 彭明敏（民進黨）；2000 年連戰（國民黨）vs. 陳水扁（民進黨）；
　　　2004 年連戰與宋楚瑜（國民黨與親民黨）vs. 陳水扁（民進黨）；2008 年馬英九（國民黨）vs.
　　　謝長廷（民進黨）。

肆、模型檢證：解釋 2008 年總統大選的性別差距

　　一般解釋投票行為主要依循著三種研究途徑，分別為社會學研究途徑 (Sociological Approach)、社會心理學研究途徑 (Socio-Psychological approach) 以及經濟學研究途徑 (Downsian approach)。社會學研究途徑以 Lazarsfeld, Berelson, and Gandet (1948) 為代表，認為人不可能獨立於他人，認為選民的行為受到他們所處的各種社會團體（血緣、社經地位、宗教、居住地區等）成員的影響，因此特別重視社會系絡 (social context) 與社會網絡 (social network) 對於民眾投票行為的影響，社會特徵以及人際網絡關係為影響民眾政治態度與行為的主因。社會心理學研究途徑又稱密西根學派，為首的學者 Campbell 等人 (1960) 假設人的行為主要建立在情感的基礎之上，認為要掌握選民的抉擇，必須先瞭解他們投票前的心理狀態，重視個人的心理因素所造成的影響，其中最重要的三個因素為政黨認同 (party identification)、對於候選人的評價、以及議題取向，而以政黨認同尤其重要，其重要性在於不僅是直接影響民眾的政治態度與行為，政黨認同長期且穩定的特質，同時也會影響短期對於候選人及議題的評估，因而產生間接的影響。但也有學者指出美國的選舉已逐漸由「政黨中心」(party-centered) 轉移成「候選人中心」(candidate-centered) 的競選模式，包含了認知與情感評價所產生的對候選人的整體性評價，提供選民一個過濾投票資訊的捷徑，部分學者甚至認為政黨、議題與候選人對於投票行為是透過一組對候選人的整體評價 (candidate evaluation) 來產生影響 (Markus and Converse 1979; Page and Jones 1979)。經濟學研究途徑以 Downs (1957) 為代表，假設選民以成本／利益的理性計算為投票抉擇的核心考量，強調選民可依理性去判斷利弊得失，而投票行為即為評估預期效用後所做出的決斷，因此，選民通常藉由議題偏好或是回溯性 (retrospective) 的政績表現等，來降低其所必須付出的資訊成本以辨別政黨差異。[6]

---

[6]　這些解釋投票行為的因素，在國內選舉研究中已經有非常完整的討論與運用檢證，相

　　過去台灣的政治態度與行為相關研究，特別是在投票的研究中，受到美國政治行為研究的影響，以政黨認同與候選人因素、議題立場為解釋選民投票行為的「主要因素」，此外，還包括了現任者的施政表現、政治世代、省籍與國族認同等台灣情境之下的獨特因素。[7]性別則往往與教育程度、居住地區等其他社會結構因素被視為「控制變項」。

　　然而，解釋投票的性別差距與一般的投票模型，有著根本意義上的不同。在一般投票模型中，研究旨趣大多聚焦於哪些因素會影響個人的投票行為，而投票性別差距的模型，則將焦點放在為何男女的投票行為不同。再者，哪些因素上的男女差異導致了兩性做出不同的投票抉擇。因此，解釋多數人投票行為的主要因素（政黨、候選人、議題等等），與解釋兩性投票差異的主要因素可能是不一樣的。在某一次選舉當中，影響選民投票行為的關鍵因素，可能對男女同等重要，不管男女都會受到此因素相同影響，在這種情況下，投票的結果仍不會顯現出性別差距。換言之，用以解釋投票性別差異的因素（自變項），本身必須在理論上或經驗上對於兩性有不同的意義，才可能解釋政治行為如投票（因變數）上的差異。

　　依循這個邏輯，若將解釋一般投票行為的因素與投票的性別差距的因素，在理論上作一個區別，可依有性別差異與否，將解釋一般投票行為的社會結構、政黨認同、候選人因素、議題因素以及理性選擇等因素，區分為有性別差異與不具性別差異兩種解釋因素。透過前述解釋性別差距的理論討論，我們可知兩性不僅在社會結構、政黨認同、政策議題等因素具有理論上的差異，這些兩性的差異往往會進一步成為影響投票性別差異的關鍵因素。不具有性別差異的因素則包括候選人因素以及理性選擇因素，這是由於這兩組因素在理論上對投票性別差距的解釋力相對較為有限且不穩定的，很難去明確的指出女性較會受哪些候選人特質的影響，或是女性比

　　關文章可參考陳義彥與黃麗秋（1992）、陳義彥（1994）、盛治仁（2000）、黃秀端（1994；1996）、傅恆德（1996），以及謝復生、牛銘實與林慧萍（1995）。

[7]　一般投票行為的研究可參考吳乃德（1999）、徐火炎（2003）、盛杏湲（2002）、陳陸輝（2003）及劉義周（1994）。

男性更傾向於懲罰表現不佳的現任者。

　　依據上述的討論，我們將解釋一般投票與性別投票的因果推論呈現於圖 5.2。一般投票模型的因果推論以實線方框表示，主要以政黨認同、議題立場、社會結構、候選人因素，及理性選擇因素等因素來解釋投票選擇；性別投票模型的因果推論以虛線方框來表示，主要是以理論上具有性別差異的因素，包含了政黨認同、議題立場、社會結構等因素來做為投票選擇出現性別差異的解釋。

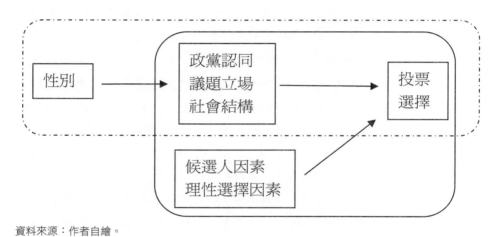

資料來源：作者自繪。

圖 5.2　一般投票解釋與性別投票解釋示意圖

　　2008 年的總統大選，如同往常的選舉，政黨所推派出的候選人被視為選戰的核心，國民黨與民進黨兩大陣營的競選策略，無論是正面候選人形象塑造，或是打擊對手的負面競選廣告，也都將焦點著重於候選人的形象與治理能力。此外，各政黨的認同者一向為政黨的主要訴求對象，而在此次選舉中，經濟議題也是一直被不斷地強調。但不同於往常選舉的是，媒體傳遞出馬英九效應在女性選民當中似乎不斷發酵的訊息，女性選民對馬英九特別鐘愛，包括馬英九個人外貌魅力、溫和的特質、相對清廉的道德形象等等，似乎皆塑造女性對於馬英九的青睞。

　　以下，我們將透過 2008 年總統選舉的例子來比較一般投票模型與性別投票模型。[8] 哪些是影響一般選民投票的主要因素？哪些又是造成性別差距的主因？是否如媒體所顯現出的馬英九個人魅力特別吸引女性選民，而造成女性選民較男性選民更傾向投給馬英九而不投給謝長廷嗎？還是因為男女在議題立場上的差異或重視程度不同，使得女性選民相較於男性選民覺得馬英九的政策立場與之較為相近？還是男女在政黨認同上有所差異，進而影響男女的投票行為呢？

一、變數測量與描述性分析

　　在變項測量上，由於我們想瞭解的是為什麼一般民眾投給馬英九而不投給謝長廷？為什麼女性相較於男性傾向投給馬英九而不投給謝長廷？因此我們的依變項為投票對象，由於只有兩組候選人（不考慮未投票、投廢票等），因此我們將變數重新編碼為投給馬英九為 1、投給謝長廷為 0，依據依變數的性質採用二元勝算對數模型 (Binary Logit Model) 進行分析。

　　在自變數的部分，主要有性別、政黨認同、候選人評估、議題立場等，並以社會結構及一般認為會影響選民投票行為的經濟評估來做為控制變項，以釐清政黨認同、候選人評估、議題立場三者對於一般選民投票及兩性投票差異的影響。

　　在政黨認同的測量上，由於台灣的政黨主要可分為泛藍與泛綠兩大陣營，此外還有一群沒有特定政黨認同的獨立選民，因此我們將政黨認同三分為泛藍、泛綠、中立與無反應；性別與政黨認同的關係，過去國內的研究指出女性有較支持泛藍或無特定政黨的傾向，男性則較傾向支持泛綠。透過表 5.2，我們可以發現在 2008 年選舉中，性別與政黨認同的關係也如

8　本研究主要以「2005年至2008年『選舉與民主化調查』四年期研究規劃 (IV)：2008年總統選舉面訪案」（簡稱TEDS2008P）(NSC96-2420-H-004-017) 中的獨立樣本，來進行一般投票模型與性別投票模型的檢證。執行時間為2008年6月下旬至8月上旬，總計完成的樣本數為1,905份。

同過去的研究，顯示出兩性有著顯著的差異。在男性樣本中，泛藍認同者、泛綠認同者與中立無反應者的比例差距不大，皆約三成；然而，在女性樣本中，政黨認同有較大的差異，以泛藍認同者所佔比例最高，達到38.6%，其次是中立無反應，認同泛綠者則為最低，僅24.8%。透過調整後餘值，我們可發現認同泛綠的女性相較於全體選民顯著較少，反之，男性則相較於全體選民顯著較多，換言之，女性相對來說較不認為自己是泛綠的認同者。

表 5.2　2008 年性別與政黨認同交叉表

	泛藍		泛綠		中立或無反應		總和	
	%	個數	%	個數	%	個數	%	個數
男性	35.4	335	32.6	308	32.0	302	100.0	945
女性	38.6	367	24.8	236	36.5	347	100.0	950
全體	37.0	702	28.7	544	34.2	649	100.0	1,895

資料來源：游清鑫（2008）。
說明：1. df=2, X^2=14.095, p<0.01。
　　　2. 灰底為調整後餘值的絕對值大於 2，顯示該細格相較於全體有顯著差異。

在台灣的研究當中，顯示候選人形象在選舉過程當中扮演相當關鍵性的角色，而候選人整體評估的測量多半採用 Page 與 Jones (1979) 發展出的一套測量候選人評價的情感溫度計 (feeling thermometer)，即詢問受訪者對於候選人感覺的分數，此溫度計不僅是單純對候選人的形象進行評估，而是對於候選人綜合性的評價。因此，本文亦採用尺度為 0~10 的候選人情感溫度計，來測量受訪者對於謝長廷及馬英九的喜歡程度，以 0 表示非常不喜歡，10 表示非常喜歡。性別與候選人偏好的關係，雖然在過去的研究中未得到一致的結論，但一般的輿論以及經由媒體所呈現出結果，似乎女性相較於男性更青睞馬英九，然而這部分尚未經過經驗的檢證。因此，我們透過對平均數進行男女樣本的比較分析（T 檢定）來檢證女性是否真的較偏好馬英九（表 5.3），發現男女對馬英九與對謝長廷的喜歡程度確實有

著明顯的不同，正如同一般輿論以及經由媒體所呈現出結果，相對於男性，女性對於馬英九喜歡程度較高（女－男＝0.39），且較不喜歡謝長廷（女－男＝-0.29）。

　　為了避免在放入模型時二者之間的共線性問題，因此以候選人偏好差異（馬－謝）來處理，尺度因而為-10~10之間，正值代表喜歡馬英九勝於謝長廷，數值越大，意謂著越喜歡馬英九且越不喜歡謝長廷，也就是喜歡馬英九相對於謝長廷的程度越高，負值則反之，0則意謂對兩位候選人的偏好沒有差別。

表 5.3　性別與候選人偏好的 T 檢定

	性別	平均數	標準差	T 值	自由度	顯著性	個數
對謝長廷的喜歡程度 (0~10)	男性	5.18	2.53	2.30	1722	0.022*	887
	女性	4.89	2.75				860
對馬英九的喜歡程度 (0~10)	男性	5.74	2.57	-3.12	1746	0.002**	891
	女性	6.13	2.67				858

資料來源：游清鑫（2008）。
說明：***：$p<0.001$；**：$p<0.01$；*：$p<0.05$（雙尾檢定）。

　　議題立場的部分，在台灣的歷史脈絡下，歷次選舉中被視為重要的議題，主要有四個方面，包括統獨立場、環境保護／經濟發展、維持或是推廣社會福利、改革／安定等四大議題。性別與議題立場的關係，過去的國內研究指出兩性對於議題的重視程度有所差異，女性相較於男性更重視安定、社會內政等議題，男性則較受到國防外交、國家認同等議題的影響。因此，在這議題立場的測量上，本文採用將單一議題的兩種相對立場放在0~10尺度的兩端，來測量在單一議題上選民對不同立場的偏重情形。同樣的，我們透過 T 檢定來檢視男女在議題立場的態度上是否有所差異（表5.4），我們可以發現在改革／安定議題上呈現顯著的性別分歧，女性則較男性更傾向於維持社會的安定，但在「統獨立場」、「環保／經濟議題」與

「社會福利議題」等方面則不具有顯著的性別差異。

表 5.4　性別與議題立場的 T 檢定

	性別	平均數	標準差	T 值	自由度	顯著性	個數
獨立～統一	男性	4.52	2.68	-0.30	1707	0.765	883
(0~10)	女性	4.55	2.43				827
保護環境～經濟發展	男性	5.99	2.71	1.16	1788	0.245	918
(0~10)	女性	5.84	2.71				872
維持社福～推展社福	男性	5.87	3.34	0.25	1765	0.803	904
(0~10)	女性	5.83	3.35				863
改革～安定	男性	6.69	3.16	-5.66	1736	0.000***	903
(0~10)	女性	7.47	2.65				864

資料來源：游清鑫（2008）。
說明：***：p<0.001；**：p<0.01；*：p<0.05（雙尾檢定）。

　　除了三個主要自變項之外，由於在性別投票模型的部分，我們必須探究不同自變項與性別是否有交互作用的影響，也就是男女在某自變項上的差異是否造成投票行為的差異，而透過描述性分析，我們可確知在本次總統大選中，在三個主要自變項上皆具有顯著的性別差異，因此，我們在性別投票模型的部分，加入性別與政黨認同、候選人偏好、議題立場的交互作用項來檢視自變項的性別差異對於投票行為影響。在控制變數的部分，本研究採用婚姻、教育程度、政治世代、有無工作等過去被認為是造成政治態度與行為出現性別差異的社會結構因素，以及對於未來的總體（台灣）與個體（家庭）的經濟評估等變項。變數的詳細測量請見附錄。

二、一般投票模型分析

　　表 5.5 呈現 2008 年總統選舉一般選民的投票模型與性別投票的模型。首先，在一般投票模型的部分，我們可以發現在控制社會結構與經濟評估之後，選民的政黨認同、候選人偏好、統獨立場皆對於投票對象有顯著的

影響，且模型的正確預測率達 94.5%，換言之，如同過去的投票行為研究，2008 年總統大選的選民投票行為主要是受到政黨認同、候選人評估、議題立場的影響。我們進一步來由勝算比 (Exp(B)) 來看自變項與投票行為的關係。當其他條件都不變時，泛藍認同者投給馬英九相對於投給謝長廷的勝算比為中立無反應者的 11.694 倍，而認同泛綠者相較中立無反應者投給馬英九的機率減少 90.6% ([1-Exp(B)]×100%)，換言之，泛藍認同者相對於中立無反應者較傾向投給馬英九、泛綠認同者相對於中立無反應者則較傾向投給謝長廷；在候選人偏好與統獨立場上，喜歡馬英九更勝於謝長廷的程度越高、越偏向統一，則越傾向將票投給馬英九。因此，由一般投票模型，我們可以發現候選人偏好、統獨議題立場、政黨認同這三組自變數，對於選民投票具有各自獨立顯著的影響，對候選人的偏好影響一般選民的投票選擇，而控制候選人因素之後，政黨認同仍對投票有顯著影響。然而，在這個模型當中，我們看不到性別對於選民投票行為的影響。

三、性別投票模型分析

在性別投票模型中，同樣的，我們將性別、政黨認同、候選人偏好、議題立場等因素同時放入模型中，然而，由於解釋投票性別差距的模型要說明的是男女在投票行為出現不一致的情形是受到哪些因素的影響，因此我們必須另外再加入性別與政黨認同、候選人偏好、議題立場的交互作用項，透過對性別與自變項交互作用的觀察，來檢視解釋投票性別差距的主因為何。如同一般投票模型，在同時控制社會結構因素以及經濟評估之後，我們發現政黨認同、候選人偏好、統獨立場對於投票皆具有顯著的解釋力。然而，在性別投票模型中，我們關注的焦點並非在自變項本身，而是性別與自變項的交互作用，對於投票性別差異的解釋與一般投票行為的解釋有所不同。雖然三組自變項對於投票皆有顯著解釋力，然而，議題立場、對候選人的偏好與性別的交互變項並不顯著，只有女性與泛綠政黨認同的交互作用項對投票有顯著的解釋。換言之，雖然三組自變項皆為影響

選民投票行為的關鍵因素，也正如同前述我們所提到的民眾對於候選人的偏好、政策議題的立場在選舉投票中扮演相當重要的角色，然而，這二者可能對於男女是同等重要的，因此性別投票模型呈現出候選人偏好、議題立場與性別的交互變項對於投票沒有顯著的影響，而是政黨認同在性別上的差異解釋了性別投票，男女在政黨認同基本盤的差距為本屆出現性別投票的主因，而非一般所認為由於馬英九效應，或是其議題立場而產生投票的性別差距。

表 5.5　2008 年總統選舉投票的 Logit Model

	一般投票模型			性別投票模型		
	B	S.E.	Exp(B)	B	S.E.	Exp(B)
女性（對照：男性）	0.405	0.285	1.500	-0.238	1.317	0.788
政黨認同（對照：中立及無反應）						
泛藍	2.459	0.485***	11.694	3.897	1.141**	49.235
泛綠	-2.369	0.299***	0.094	-3.317	0.513***	0.036
候選人偏好（馬-謝）	0.637	0.077***	1.891	0.724	0.145***	2.063
獨立～統一 (0~10)	0.184	0.062**	1.202	0.218	0.100*	1.244
保護環境～經濟發展 (0~10)	0.058	0.053	1.060	0.071	0.089	1.073
維持社福～推展社福 (0~10)	0.040	0.043	1.041	-0.019	0.066	0.981
改革～安定 (0~10)	0.007	0.048	1.007	0.018	0.070	1.018
女性×泛藍				-2.040	1.271	0.130
女性×泛綠				1.675	0.651**	5.338
女性×候選人喜歡程度差異				-0.092	0.177	0.912
女性×統獨議題				-0.054	0.133	0.947
女性×環保／經濟				-0.011	0.113	0.989
女性×維持／推廣（社福）				0.125	0.089	1.133
女性×改革／安定				-0.023	0.102	0.977
未來台灣經濟評估（對照：差不多）						
未來台灣經濟會變好	0.912	0.467	2.490	0.911	0.503	2.488
未來台灣經濟會變不好	0.163	0.321	1.178	0.097	0.327	1.101

表 5.5　2008 年總統選舉投票的 Logit Model（續）

	一般投票模型			性別投票模型		
	B	S.E.	Exp(B)	B	S.E.	Exp(B)
未來家庭經濟評估（對照：差不多）						
未來家庭經濟會變好	0.465	0.501	1.592	0.589	0.531	1.803
未來家庭經濟會變不好	0.124	0.351	1.132	0.156	0.358	1.169
教育程度（對照：高中職）						
國中及以下	0.286	0.406	1.332	0.359	0.419	1.432
大專及以上	0.637	0.347	1.891	0.672	0.369	1.959
政治世代（對照：第一代）						
第二代	-0.295	0.632	0.745	-0.388	0.666	0.679
第三代	-0.492	0.630	0.611	-0.523	0.664	0.592
婚姻狀況（對照：未婚）	0.406	0.338	1.500	0.592	0.358	1.807
有工作（對照：無工作）	0.140	0.314	1.150	0.139	0.317	1.149
常數	-1.542	0.952	0.214	-1.423	1.207	0.241
模型資訊	N=1,226，df=18, p<0.001 LR χ^2=1251.224 正確預測率＝94.5% Cox & Snell R^2=0.635			N=1,226，df=25, p<0.001 LR χ^2=1268.266 正確預測率＝94.8% Cox & Snell R^2=0.640		

資料來源：游清鑫（2008）。
說明：1. 依變數以投給馬英九為 1，以投給謝長廷做為對照組。
　　　2. ***：p<0.001；**：p<0.01；*：p<0.05（雙尾檢定）。

伍、結論

　　性別與投票的關係，在歐美國家自 1980 年代以來已累積了不少的討論，然而在台灣過去的研究中卻往往被忽視，性別多半被視為控制變項，或是討論性別與政黨認同的關係，性別與投票行為之間的關係則未見討論。這主要的原因來自於在台灣過去幾次的選舉中投票性別差距的現象並不明顯，然而，當投票性別差距開始受到關注時，往往又會落入媒體不斷強調的候選人形象與特質的討論。因此，本章針對性別差距的概念進行介

紹，並跨國比較歐美的性別投票解釋，再進一步聚焦於台灣的性別研究，以 2008 年總統大選為例來說明一般投票模型與性別投票模型解釋上的差異，試著將性別變項帶入台灣的投票行為研究中，藉以突顯性別投票研究在台灣未來的可發展性。

透過一般投票模型與性別投票模型的比較，我們可以發現政黨認同、候選人偏好、議題立場對於本屆總統選舉的投票行為皆具有相當重要的影響；然而就解釋投票性別差距而言，候選人偏好與議題立場並非解釋的主要因素，政黨認同的性別差距才是解釋性別投票的主因。也就是說，雖然媒體不斷的強調馬英九的個人魅力對於女性選民的吸引力，然而，這種馬英九的效應並非是造成投票性別差距的主要因素，候選人偏好對投票的影響是同時作用在兩性身上的。

在投票開始出現顯著性別差距的此時，除了理論概念的介紹之外，透過兩種模型的比較，同時也指出台灣過去投票研究對於性別觀點的缺乏。美國在 1980 年首次出現性別差距，當時的政治評論者也認為這可能只是一時的短暫現象，但經歷了將近 30 年的時間，性別差距的情形仍明顯的存在，顯示這種現象並非僅是短暫的出現，而是長期的現象。由於本屆選舉是台灣首次有意義的性別投票，因此，雖然我們透過性別投票模型發現政黨的性別差距對於性別投票的影響，但我們無法得知這種情形，是一個短期的現象或是長期的開始，仍需透過未來長時間的觀察以及更深入的討論才能加以定奪。

附錄、變項的測量與處理方式

測量題目	變項	處理方式
	性別	分為兩類： 1. 男性 2. 女性
請問您投票給哪一組候選人？	投票對象	分為兩類： 1. 謝長廷、蘇貞昌 2. 馬英九、蕭萬長
目前國內有幾個主要政黨，包括國民黨、民進黨、新黨、親民黨，以及台灣團結聯盟，請問您有沒有偏向哪一個政黨？請問是哪一個政黨？	政黨認同	依民眾所支持的政黨，分為三類： 1. 認同泛藍（包含國民黨、新黨、親民黨） 2. 認同泛綠（包含民進黨與台灣團結聯盟） 3. 中立或無反應
我們想要請您用 0 到 10 來表示您對這次總統選舉幾個候選人的看法，0 表示您「非常不喜歡」這個候選人，10 表示您「非常喜歡」這個候選人。請問，0 到 10 您會給謝長廷多少？那馬英九呢？	候選人偏好	為 0~10 的量表。數字越大代表越喜歡該候選人，反之越不喜歡。
請問您覺得台灣在未來的一年經濟狀況會變好、還是變不好，或是差不多？	社會總體經濟評估	分為三類： 1. 會變好 2. 差不多 3. 會變不好
請問您覺得您家裡在未來的一年經濟狀況會變好、還是變不好，或是差不多？	個人經濟評估	分為三類： 1. 會變好 2. 差不多 3. 會變不好
我們社會上的人常討論中國統一與台灣獨立的問題，有人主張台灣應該儘快宣布獨立；也有人認為兩岸應該儘快統一；還有人的看法是在於這兩種看法之間。如果主張台灣應該儘快宣布獨立的看法在一邊，用 0 表示；認為兩岸應該儘快統一的看法在另一邊，用 10 表示。請問您比較靠哪裡？	統獨立場	為 0~10 的量表。數字越大代表越傾向統一，反之越傾向獨立。

附錄、變項的測量與處理方式（續）

測量題目	變項	處理方式
就發展經濟與環境保護來看，社會上有人強調保護環境，有人強調發展經濟。如果強調保護環境的看法在一邊，用0表示；強調發展經濟的看法在另一邊，用10表示。請問您比較靠哪裡？	環保／經濟議題	為0~10的量表。數字越大代表越傾向發展經濟，反之越傾向保護環境。
在社會福利方面，有人認為政府只要維持目前的社會福利就好，以免增加人民的納稅負擔；也有人認為政府應該積極推展社會福利，即使因此而加稅也無所謂。如果主張政府只要維持目前的社會福利就好的看法在一邊，用0表示；主張政府應該積極推展社會福利的看法在另一邊，用10表示。請問您比較靠哪裡？	社會福利議題	為0~10的量表。數字越大代表越傾向推展社會福利，反之越傾向維持社會福利。
就整個台灣的發展來看，有人認為大幅度改革是最重要的事，即使犧牲一點社會安定，也是值得的；有人則強調安定最重要，追求改革不應該影響社會安定；如果認為「大幅度改革最重要」的看法在一邊，用0表示；強調「安定最重要」的看法在另一邊，用10表示。請問您比較靠哪裡？	改革／安定議題	為0~10的量表。數字越大代表越傾向安定，反之越傾向改革。
請問您的教育程度是什麼？	教育程度	分為三類： 1. 國中及以下 2. 高中職 3. 大專及以上
請問您是民國幾年出生的？	政治世代	依陳陸輝（2000, 115）的分類方式分為三類： 1. 第一代：西元1942以前出生 2. 第二代：西元1943-1960出生 3. 第三代：西元1961以後出生

附錄、變項的測量與處理方式（續）

測量題目	變項	處理方式
請問您結婚了嗎？	婚姻狀況	分為兩類： 1. 已婚或有婚姻經驗 2. 未婚
請問您目前的職業是什麼？	有無工作	1. 有工作 2. 無工作：包括家管、學生、退休、失業與從未就職者。

資料來源：游清鑫（2008）。

●●●　**參考文獻**　●●●

I. 中文部分

吳乃德，1999，〈家庭社會化和意識型態：台灣選民政黨認同的世代差異〉，《台灣社會學研究》，3: 53-85。

范雲、徐永明，1994，〈被發現的台灣婦女選民〉，轉引自台灣婦女資訊網：http://taiwan.yam.org.tw/womenweb/st/98/st_politics.htm。檢索日期：2009 年 6 月 19 日。

徐火炎，2003，〈台灣政治轉型中的政治疏離〉，2002 台灣選舉與民主化調查國際學術研討會，11 月 1-2 日，台北：政治大學。

盛杏湲，2002，〈統獨議題與台灣選民的投票行為：一九九〇年代的分析〉，《選舉研究》，9(1): 41-80。

盛治仁，2000，〈總統選舉預測探討——以情感溫度計預測未表態選民的應用〉，《選舉研究》，7(2): 75-107。

陳陸輝，2000，〈台灣選民政黨認同的持續與變遷〉，《選舉研究》，7(2): 109-141。

------，2003，〈政治信任、施政表現與民眾對台灣民主的展望〉，《台灣政治學刊》，7(2): 149-188。

陳義彥，1994，〈我國選民投票抉擇的影響因素──從民國 82 年縣市長選舉探析〉，《政治學報》，23: 81-132。

------，2000，《跨世紀總統選舉中選民投票行為科際整合研究》，計畫編號：NSC89-2414-H004-021-SSS，台北：行政院國家科學委員會補助專題研究計畫成果報告。

陳義彥、黃麗秋，1992，《選舉行為與政治發展》，台北：黎明文化。

傅恆德，1996，〈決定投票選擇的結構、心理和理性因素：民國八十五年總統選舉研究〉，《選舉研究》，3(2): 157-185。

游清鑫，2008，《2005 年至 2008 年「選舉與民主化調查」四年期研究規劃 (IV)：2008 年總統選舉面訪案》，計畫編號：NSC96-2420-H-004-017，台北：行政院國家科學委員會補助專題研究計畫成果報告。

游清鑫、蕭怡靖，2003，〈台灣民眾政黨認同的持續與變遷〉，2003 年台灣政治學會年會暨「世局變動中的台灣政治」學術研討會，12 月 13-14 日，台北：東吳大學。

黃秀端，1994，〈經濟投票與選民投票抉擇〉，《東吳政治學報》，3: 97-123。

------，1996，〈決定勝負的關鍵：候選人特質與能力在總統選舉中的重要性〉，《選舉研究》，3(1): 103-136。

------，2004，《2002 年至 2004 年『選舉與民主化調查』三年期研究規劃 (III)：民國九十三年總統大選民調案》，計畫編號：NSC92-2420-H031-004，台北：行政院國家科學委員會補助專題研究計畫成果報告。

黃秀端、趙湘瓊，1996，〈台灣婦女近十年來政治態度之變遷──民國七十二年至八十一年〉，《問題與研究》，35(10): 71-95。

楊婉瑩、劉嘉薇，2006，〈探索性別差距的不同型態──以台灣選民政黨認同為例〉，《東吳政治學報》，23: 115-156。

劉義周，1994，〈台灣選民政黨形象的世代差異〉，《選舉研究》，1(1): 53-73。

謝復生，1996，《總統選舉選民投票行為之科際整合研究》，計畫編號：NSC85-2414-H004-017-Q3，台北：行政院國家科學委員會補助專題研究計畫成果報告。

謝復生、牛銘實、林慧萍，1995，〈民國八十三年省市長選舉中之議題投票：理性抉擇理論之分析〉，《選舉研究》，2(1): 77-92。

II. 外文部分

Abzug, B., and M. Kelber. 1984. *Gender Gap.* Boston: Houghton Mifflin.

Anderson K., and A. Cook. 1985. "Women, Work, and Political Attitudes." *American Journal of Political Science* 29: 606-625.

Campbell, A. et al. 1960. *The American Voter.* New York: John Wiley and Sons Inc.

Chodorow, N. 1978. *The Reprodction of Mothering: Psychoanalysis and the Sociology of Gender.* Berkeley: University of California Press.

Conver, P. J. 1988. "Feminists and the Gender Gap." *Journal of Politics* 50: 985-1010

Cook, E. A., and C. Wilcox. 1991. "Feminism and the Gender Gap—A Second Look." *Journal of Politics* 53(4): 1111-1122.

Cook, E. A., T. G. Jelen, and C. Wilcox. 1992. *Between Two Absolutes: Public Opinion and the Politics of Abortion.* Boulder Co: Westview.

Downs, Anthony. 1957. *An Economic Theory of Democracy.* New York: Harper & Row.

Gilligan, C. 1982. *In a Different Voice: Psychological Theory and Women's Development.* Cambridge, Mass: Harvard University Press.

Inglehart, Ronald, and Pippa Norris. 2003. *Rising Tide: Gender Equality and Cultural Change around the World.* New York: Cambridge University Press.

Jelen T. G. 1988. "The Effects of Gender Role Stereotypes on Political Attitudes." *The Social Science Journal* 25: 353-365.

Jelen T. G., and C. Wilcox. 1991. "The Effects of Employment and Religion on Women's Feminist Attitudes." *International Journal for the Psychology of Religion* 1: 161-171.

Kaufmann, K. M. 2002. "Culture Wars, Secular Realignment, and the Gender Gap in Party Identification." *Political behavior* 24(3): 283-307.

------ 2004. "The Partisan Paradox: Religious Commitment and the Gender Gap in Party Identification." *Public Opinion Quarterly* 68(4): 491-511.

Kaufmann, K. M., and J. Petrocik. 1999. "The Changing Politics of American Men: Understanding the Source of Gender Gap." *American Journal of Political Science* 43: 864-887.

Kenski H. 1988. "The Gender Factor in a Changing Electorate." In *The Politics of the Gender Gap*, ed. Carol M. Mueller. Newbury Park, CA: Sage.

Klein, E. 1984. *Gender Politics: From Consciousness to mass Politics.* Cambridge, MA: Harvard University Press.

Lazarsfeld, Paul F., Bernard Berelson, and Hazel Gaudet. 1948. *The People's Choice.* 3rd ed. New York: Columbia University Press.

Listhaugh O., A. H. Miller, and H. Valen. 1985. "The Gender Gap in Norwegian Voting Behavior." *Scandinavian Political Studies* 8(2): 187-206.

Mansbridge, J. J. 1985. "Myth and Reality: The ERA and the Gender Gap in the 1980 Election." *Public Opinion Quarterly* 49: 164-178.

Markus, Gregory B., and Philip Converse. 1979. "A Dynamic Simultaneous Equation Model of Electoral Choice." *American Political Science Review* 73: 1055-1070.

Mueller, C. M. 1988. "The Empowerment of Women: Polling and the Women's Voting Bloc." In *The Politics of the Gender Gap,* ed. Carol M. Mueller. Newbury Park, CA: Sage.

Norris, Pippa. 1996. "Mobilizing the Women's Vote: The Gender-generation Gap in Voting Behavior. " *Parliamentary Affairs* 49(2): 333-342.

Page, Benjamin I., and Calvin C. Jones. 1979. "Reciprocal Effects of Policy Preferences, Party Loyalties and the Vote." *American Political Science Review* 73: 1071-1089.

Rusciano, F. L. 1992. "Rethinking the Gender Gap: The Case of West German Elections, 1949-87." *Comparatives Politics* 24(3): 335-357.

Smeal, E. 1984. *Why and How Women Will Elect the Next President.* New York: Harper & Row.

Thorson, G. R., and S. J. Stambough. 1994. "Understanding the Gender Gap through the Paradigm of the Michigan Model." Presented at the Annual Meeting of the American Political Science Association, New York.

Wirls, D. 1986. "Reinterpreting the Gender Gap." *Public Opinion Quarterly* 50: 316-330

6 族群、認同與 總統選舉投票抉擇*

鄭夙芬

* 本文原刊載於政大選舉研究中心《選舉研究》期刊（第十六卷第二期），作者由衷地感謝幾位匿名審查人所提供的寶貴意見。

壹、前言

就台灣的族群與認同問題而言，許多研究顯示與其特殊的政治歷史及背景有關（王甫昌 1993；1997a；2003；吳乃德 1993a；張茂桂 1993），由於台灣的族群運動，在過去幾十年來，幾乎是與台灣的政治民主化同時發展的結果，連帶的也使得族群的認同，也出現與政黨發展互相結合的情況。由 1970 年代代表本省政治弱勢族群的「黨外」，與代表外省人政治優勢的國民黨的對抗過程中，黨外通常訴諸本省人弱勢族群的悲情，以爭取民眾的支持；而在民進黨正式成立之後，民進黨代表本省人、國民黨代表外省人的情況，已隱然成形，許多研究都指出，族群與政黨支持有顯著的相關（王甫昌 1994；1997b；1998；吳乃德 1993a；1993b；沈筱綺 1995；耿曙與陳陸輝 2003a；陳陸輝 2000；陳義彥與盛杏湲 2003）。隨著 1990 年代國會全面改選的民主化進程，李登輝當選了首屆直接民選的總統，以及 2000 年的首次中央政權政黨輪替，所謂的「本省人」與「外省人」的優劣地位產生互換，以及兩次政黨的輪替，台灣的族群關係與認同問題，也在變化當中（Chen, Keng, and Chang 2008; 王甫昌 2002；吳乃德 2002），尤其在開放兩岸交流及中國逐漸崛起之後，面對大陸的武力威脅以及經濟吸引，兩岸關係也成為影響台灣政治與認同的另一個新變數（耿曙與陳陸輝 2003b；陳陸輝、耿曙與王德育 2008；黃冠博 2007）。

觀察近年台灣政治情勢的發展，可以發現族群與認同因素在台灣政治及社會發揮相當的影響，同時，認同因素在解釋民眾的政治態度及投票行為時，也佔有相當重要的地位（王甫昌 1998；吳乃德 2002；鄭夙芬 2007）。但所謂的台灣認同，在目前的研究中，真正討論其內涵為何及應該如何測量者並不多見，且也相當分歧（吳乃德 2005）。因此，本文從族群與認同的理論出發，探究所謂的「台灣認同」的內涵，並據此發展應用的測量方式，以探討認同對台灣的選舉與政治生態的影響。

貳、族群與族群認同

關於「族群」（ethnie、ethnic community 或 ethnic group）的定義，Hutchinson 與 Smith (1996) 綜合 Handelman (1977) 和 Schermerhorn (1978) 等人的意見，認為族群是：「一群具有特定名稱的人們，有著共同的祖先傳說、共享的歷史記憶、一種或多種的共同文化、原鄉的連結、以及成員間彼此的團結意識」，強調族群必須有「共同」的名稱、祖先傳說、歷史記憶、文化、原鄉、與團結意識等六種特質，才能明確地及完整地定義「族群」(Hutchinson and Smith 1996, 6-7)。因此，族群成員對於族群的歸屬，除了客觀的條件（如血緣或種族）之外，也可能還有主觀的情感因素（如對光榮歷史的記憶），以此觀點而言，族群是一種相對性的團體認同，除了確定了個人的歸屬，也可以用以區分我——他 (self-other) 的差異，所以族群特質 (ethnicity) 指涉的即是區分我群 (we group) 與他群 (they group)，以及界定族群間關係的差異 (distinctions)，換言之，族群特質即是劃分族群疆界 (boundary) 的根據 (Hutchinson and Smith 1996, 4)。

至於族群認同 (ethnicity identity)，Fearon 認為有二種意義，第一種意義純粹是一種社會分類 (social category)，即用以界定某種特定人群的標籤，以及用以區分其成員身份及其特徵的歸屬；第二種意義則是讓個人特別引以為榮的一種特徵，因而對於某個特定團體產生的歸屬感 (Fearon 1999, 2)。Anderson 認為族群有相當程度是透過「想像」(imagination)，而使得一些即使是素不相識的人，因為具有相同族群意識而產生連結，而認為彼此屬於同一個群體 (Anderson 1991)。此種認同意識的來源，目前主要存在有「原生論」（primordialism 或稱「本質論」essentialism），與「工具論」（instrumentalism 或稱「建構論」constructivism）之爭辯 (Smith 2002, 33-58)。[1]「原生論」強調認同「與地域、血緣、種族、宗教、語言及風俗的原生連繫」(primordial ties)」，而「工具論」則側重認同之當下建構，

---

[1]　請參考：龔維斌、良警宇譯，Anthony D. Smith原著，2002，《全球化時代的民族與民族主義》，北京：中央編譯。

將認同視為「不同利益與處境的團體之社會、政治及文化資源」，是菁英競爭資源及爭取大眾支持時所建構的重要象徵，以及在特定情況下，菁英用以極大化個人理性抉擇偏好的策略 (Hutchinson and Smith 1996, 8-9)。因此，原生論強調的是我群與他群間原生特徵與文化上的差異 (cultural distinctiveness)，建構論則強調認同的社會建構——由傳統及文化抽取元素，建構可以劃定族群疆界 (ethnic boundary) 的一種工具。不論認同是原生的或是建構的，具體而言，「認同」可以說就是一種群體成員據以和其他群體區分的「特徵」或「意識」。

國內在族群與認同方面的相關研究，學者們基本上也是依循西方之理論及研究，來討論此一問題。學者們對於台灣族群認同起源之討論，大致上都不脫離以「省籍」做為區分的本省族群與外省族群分類，或是「原住民／閩南人／客家人／外省人」等四大族群的分類（王甫昌　1993；2003；吳乃德　1993a；施正鋒　2000；張茂桂　1993）；王甫昌則將台灣過去十年來有關台灣族群分類的源起做了有系統的討論及總結，他認為：台灣四大族群的分類中，還包括了「原漢（原住民／漢人）之分」、「省籍（本省人／外省人）之分」、及「閩客（閩南人／客家人）之分」三種族群相對性，個人在此一架構之中都具有「多重身分」，例如客家人（「閩南人／客家人」之分），也同時具有漢人（「原住民／漢人」之分）及本省人（「本省人／外省人」之分）的身份（王甫昌　2003, 57）。

不過如此的分類方式，從族群認同的關鍵在於「區別」(distinction) (Bourdieu 1984) 的角度來看，族群「疆界」在某種程度上，既是「原生」的，又總不免是「建構」的，雖然台灣這四大族群的分類之中，的確包含了「原漢」的不同來源差異，但原生論卻不足以解釋除了原住民之外，其他三大族群的區別，因為無論閩南人、客家人或外省人，都來自「共同來源」或共同祖先的「漢人」；而且原生論的觀點也無法解釋台灣四大族群或本省人／外省人之間的「我群」與「他群」對立意識從何而來。因而對「族群意識」或「族群歸屬」的釐清，其關鍵應該在於「區別」的手段。換言之，究竟根據何種「區別標準」方能引發跨越歷史、超越個體「血緣

聯繫」，形成「想像的」社群的認同感？

　　因此，在族群與認同的研究中，另一個重要問題即是：據以區別（或認同）族群的認同意識是如何產生的？不同族群意識間的主要區別又是什麼？學者們大部份認為台灣的族群分類（或分類想像）以及族群意識的產生，是在台灣近代特殊的歷史文化環境發展出來的，尤其是在政治中具有顯著重要性的省籍（外省人／本省人）之分，更是因為族群運動及現代國家與公民觀念啟發的結果（王甫昌　1993；1997a；2003；吳乃德1993a；張茂桂　1993）。許多研究顯示台灣的認同與台灣特殊的政治歷史及背景有關。在 1970 年代開始的本土性民主化運動，主要是以本省人的弱勢（悲情）族群意識，對抗外省人強調中國法統的威權統治。但在 1980 年代後期，尤其是民進黨成立之後，許多學者認為，由於民進黨對於族群意識的論述，使得台灣的族群關係，開始轉變成以認同層次上的「台灣民族主義」（台灣意識）與「中國民族主義」（中國意識）相對立的階段（王甫昌　2003；吳乃德　2002；徐火炎　1996；施正鋒　2000；張茂桂1993），亦即以台灣為主體意識的認同，相對於代表中國意識的認同。

　　此種「台灣意識」與「中國意識」的抗衡，用以觀察近年台灣政治情勢的變化上，許多研究指出民眾認同的變化，比較傾向往台灣本土意識的方向發展，不再以中國為重心，因而代表台灣本土意識及支持獨立的綠營，與代表大中國意識與在統獨上維持現狀（或較支持統一）立場的藍營，在意識型態上似乎有愈來愈壁壘分明的情勢（盛杏湲　2002；陳陸輝2000；陳文俊　2003）。另方面，相關研究也指出，台灣民眾的認同也存在著地域性、世代及階級上的差異，例如南部民眾較北部民眾有較高的台灣人認同，也較支持獨立，在投票上也逐漸形成北藍南綠的情況（Cheng, Yu, and Liu 2008; Tsai, Cheng, and Huang 2005；徐永明與林昌平　2009；鄭夙芬　2007）；年輕人及年長者的台灣人認同有較高比例的增長，但在統獨立場上，年輕人卻較年長者開放及務實 (Liu and Cheng 2006)；在兩岸交流逐漸密切，經濟環境丕變的情況下，研究也發現台灣意識對民眾對兩岸交流的態度以及投票行為，具有顯著影響，而不同的行業及階級的民眾，

也對於政治有不同的看法（耿曙與陳陸輝　2003b；陳陸輝、耿曙與王德育　2008；黃冠博　2007）。

　　學者的研究結果，指出了一個重點，即台灣民眾認同的核心因素，不再僅是本省或外省族群意識的差異，而主要是表現在對於台灣本土意識的堅持與否，因而誰是台灣人、誰比較愛台灣，以及統獨立場，是選舉時經常被用來做為動員的象徵及口號，尤其是在攸關國家未來走向的總統選舉時，意識型態上的認同與統獨議題更是無法避免的議題。在台灣自 1996年以來，四次的總統直選中，都可以看到此種動員的痕跡或議題的發酵，例如 1996 年總統選舉時的飛彈危機、[2] 2000 年總統選舉前，中共總理朱鎔基對台獨發表的嚴厲言論、[3] 2004 年選舉時的「二二八牽手護台灣」活動、[4] 民進黨推動的「強化國防」與「對等談判」公投、[5] 選舉前夕 319 槍擊事件時，親綠地下電台的「中國人暗殺台灣人總統陳水扁」的言論，以及 2008 年總統選舉時的「一中市場」爭論[6] 與馬英九綠卡事件。[7] 因此，

---

[2]　1996年3月5日至21日，中國大陸政府於台灣總統選舉期間於東南沿海進行飛彈試射及軍事演習，一般認為目的係為干擾台灣的總統選舉（行政院大陸委員會　2009）。

[3]　2000年3月15日，中共國務院總理朱鎔基在北京九屆全國人大三次會議人大閉幕中外記者會上稱，不想干預臺灣總統選舉，但「誰上台都不可搞臺獨，任何形式的臺獨都不能成立，這是我們的底線」，否則，主張臺獨的人「不會有好下場」，並警告臺灣選民「不要一時衝動，以免後悔莫及」（行政院大陸委員會　2009）。

[4]　2004年2月總統選舉期間，泛綠陣營發動「二二八手護台灣運動」，參加者從台灣北部基隆的和平島，到台灣南部屏東昌隆的公路上手牽手一路排開，活動由李登輝前總統擔任總指揮，活動強調全民守護台灣，抗議中國對台部署導彈，估計有超過二百萬人參與（夏啟文　2004）。研究顯示此一運動對陳水扁選情的提昇，的確有所助益(Tsai, Cheng, and Huang 2005)。

[5]　為台灣首次的公民投票，因為引發「公投綁大選」的爭議，二項公投案因投票率都未超過百分之五十，均未能通過（中央選舉委員會　2009）。

[6]　在2008年總統選舉期間，國民黨候選人政見中的「兩岸共同市場」主張，被民進黨陣營指稱即是「一中市場」，並認為將嚴重危害台灣的經濟福祉（林環牆　2007）。

[7]　2008年總統選舉期間，民進黨總統候選人謝長廷揭發國民黨總統候選人馬英九及其家人持有綠卡，馬英九原本聲稱本人及家人都未持有綠卡，但於2008年2月28日舉行記者會，承認其本人與妻子曾持有綠卡，但已放棄20多年。謝長廷陣營認為馬英九的綠卡仍有效，依此質疑馬英九對台灣的忠誠度；馬陣營則仍堅持綠卡已視同失效（Yahoo奇摩新聞編輯中心　2008）。

族群與認同在選舉時的作用究竟為何，是一個得探究的問題，也是本文的主要目的，作者將以此探討其在民眾投票行為上的影響力。

參、資料與台灣意識指標建構

　　族群與認同問題是台灣總統選舉時，一定會出現的議題，也是經常被做為動員或者反動員的口號與象徵，因此本文對投票行為的探討，也主要以過去四次總統直選的資料為根據。本文使用的資料，主要有二個來源，一是1996年的「總統選舉選民投票行為之科際整合研究」及2000年的「跨世紀總統選舉中選民投票行為科際整合研究」；另一個來源為「台灣選舉與民主化調查」（Taiwan's Election and Democratization Study，簡稱TEDS）的2004年總統選舉面訪資料、及2008年總統選舉面訪資料。[8]

　　為了探討族群與認同對民眾投票行為的作用，作者嘗試以「台灣人／中國人認同」及「統獨立場」兩個題目，來建構一個「台灣意識」的指標，主要的原因在於這二個變數，正好捕捉到近年來台灣主體意識與中國意識的抗衡中，最重要的二個爭論點：台灣人 vs. 中國人，以及台灣獨立vs. 中國統一。然而二個測量變數在定義及應用上，目前學界存在不同的看法，需要再加以說明。

8　本文使用的資料共有四筆，係採自政大選舉研究中心1996年「總統選舉選民投票行為之科際整合研究」（NSC85-2414-H004-017 Q3），計畫主持人為謝復生教授；2000年「跨世紀總統選舉中選民投票行為科際整合研究」（NSC 89-2414-H-004-021-SSS），計畫主持人為陳義彥教授，上述兩項計畫資料由國立政治大學選舉研究中心執行並釋出。另外兩筆為「2002年至2004年『選舉與民主化調查』三年期研究規劃 (III)：民國九十三年總統大選調案」(TEDS2004P) (NSC92-2420-H-031-004)及「2005年至2008年『選舉與民主化調查』四年期研究規劃 (IV)：2008年總統選舉面訪案」(TEDS2008P) (NSC96-2420-H-004-017)。「台灣選舉與民主化調查」(TEDS) 多年期計畫總召集人為國立政治大學黃紀教授。TEDS2004P為針對2004年總統選舉執行之年度計畫，計畫主持人為黃秀端教授；TEDS2008P為針對2008年總統選舉執行之年度計畫，計畫主持人為游清鑫教授；詳細資料請參閱TEDS網頁：http://www.tedsnet.org。

　　就「台灣人／中國人認同」的測量，有些學者將之視為是「國家認同」的測量（徐火炎　2004），也有人認為是「族群認同」的測量（吳乃德　2005；沈筱綺　1995；盛杏湲　2002；陳文俊　1995；2003），也有人將之視為「政治認同」（徐永明與范雲　2001），也有人選擇直接將之稱為「台灣人／中國人認同」（Liu and Ho 1999; 陳陸輝與鄭夙芬　2003），此種現象應是來自民眾可能是就政治、血緣或歷史文化等不同的角度來回應此一問題。從認同理論的角度而言，此一測量既有原生的聯繫，也有建構的意識，因而使得其中的意涵相當複雜，且在應用上也較難以解釋其真正代表的意義。雖然對於此一測量方式有相當分歧的認定，但由於在上述所有研究的分析結果中，幾乎都可以看到與這個變數的顯著相關，同時此一測量也對許多政治現象具有解釋力，因而此一測量方式，仍然在許多的調查及研究中持續被沿用。

　　至於「統獨立場」變數，則與國家認同的概念，經常被混為一談，但其實應該有所區別，吳乃德認為「統獨立場可以說是『國家的選擇』，而國家認同則是感情的依附和歸屬。」（吳乃德　1993b, 40）就這個觀點而言，他認為「國家認同」不考慮物質條件，但卻受現實條件的制約；國家的選擇則可能根據現實的物質條件，也可能根據個人的自由意志，所以統獨立場應該同時包括了國家認同及國家選擇兩種不同的態度傾向，他依此概念建構了四類的國家認同者：「中國認同者」、「台灣認同者」、「現實主義者」、「保守主義者」。[9] 後來，吳乃德再提出「『認同』的對象是群體（民族），在民族的疆界和範圍確定之後，才以民族之名要求一個具有主權的國家／政治威權」，據此，他將之前建構的四種國家認同，修正為三種不同的民族認同者：「台灣民族主義者」、「中國民族主義者」及「實

9　吳乃德在1991年的「台灣地區社會意向調查」設計了「有些人說：如果台灣宣佈獨立之後，仍然可以和中共維持和平的關係，那麼台灣應該獨立成為一個新國家」及「有些人說：如果台灣和大陸兩地在經濟、社會、政治各方面的條件相當，那麼兩岸就應該統一」兩道題目來測量民眾的認同傾向，並依此建構了四類的國家認同者：「中國認同者」、「台灣認同者」、「現實主義者」、「保守主義者」，見吳乃德（1993b）。

用主義者。」（吳乃德　2005, 13）這個測量的設計與概念，仍為國內的政治學界所沿用，同時也衍生許多不同的解釋及認同建構方式。[10]

　　台灣人／中國人認同和統獨立場這兩個變數，就學者們的研究結果而言，都指出這兩個變項與台灣民眾的族群意識（認同）有顯著的關聯，但是在應用上卻往往因為使用者的不同而有不同的解釋。若就認同政治 (identity politics) 的觀點來看，認同也被視為是政治動員的主要因素，即社會運動是以何種訴求做為號召 (Woodward et al. 2006, 25)，[11] 以目前台灣的政治情況而言，泛綠陣營的訴求，主要是以台灣本土意識為主體，追求台灣獨立為長程目標。換言之，泛綠陣營的「族群界線」，就在於成員是否認同自己的台灣人身份與是否支持台灣獨立，並以之做為政治運動的號召。然而，因為台灣與中國大陸在血緣、歷史及文化上的密切關係，以及在當前的政治現實中，民眾不得不考慮的「台灣獨立與戰爭的可能性」，使得單獨使用台灣人／中國人認同或統獨立場，似乎又無法完全涵蓋台灣民眾內心感性認同與理性選擇的拉扯。所以除了站在兩端的「認同自己是台灣人且支持獨立」與「認為自己是中國人且支持統一」這兩種民眾，有較確定的認同意識之外，其他認為自己「是台灣人也是中國人」，而在統獨立場上支持「維持現狀」，甚或認同自己是台灣人而支持統一／維持現狀，或認同自己是中國人但支持獨立／維持現狀等不同組合的意見者，認同意識都有其模糊地帶。此種不確定的認同，也反映了台灣當前政治時空下的特殊現象，因此，如何界定「台灣認同」，以區分台灣目前不同群體之間的界線，可能並無法清楚地劃分，作者認為或許可以嘗試以對台灣意識的認同程度做為替代的方式。

　　本文擬從台灣意識的兩個主要內涵著手，建構一個對台灣意識認同程度的指標。指標建構方式是對於「台灣人／中國人認同」問題，回答自己

---

[10]　不同的建構方式請見Chu (2004)、Hsieh (2005)、Niou (2004)、徐火炎（1996）、陳義彥與陳陸輝（2003）。

[11]　請參考：林文琪譯，Kathryn Woodward等原著，2006，《認同與差異》，台北：韋伯文化。

是「台灣人」者為 2 分、「都是」者 1 分、「中國人」者 0 分，分數僅是為了統計的方便，沒有實質的高低意義。在「統獨」問題中，屬於「傾向獨立」者，給予 2 分、「維持現狀」者 1 分、「傾向統一」者 0 分，然後將這兩個題目的答案數值相加，得到一個 0 至 4 分的尺度，0 表示台灣意識最低，4 表示台灣意識最強烈。[12]

	傾向獨立 2	維持現狀 1	傾向統一 0
台灣人 2	4	3	2
都　是 1	3	2	1
中國人 0	2	1	0

此一台灣意識指標的特色，是將認同與選擇分別賦予一個程度上的區別，再藉由二者的加總，作為每位受訪者的認同與選擇之「一致」或「背離」的程度，並以之來代表每位受訪者在台灣意識尺度上的「程度」位置，例如台灣意識為 4 與 0 的受訪者，都是在認同與選擇上很清楚的「一致」者，但是他們在台灣意識尺度上，則分屬於二個極端的位置；而台灣意識程度為 2 的受訪者，可能是認為自己是中國人，在統獨立場上卻傾向獨立；也可能是認為自己是台灣人，但傾向統一，這二種不同的受訪者，他們的感性認同及理性選擇，都是屬於完全背離的，就台灣意識程度而言，他們屬於相同位置的原因，就在於他們的感性認同及理性選擇加總後的程度相同。這樣的建構方式，想嘗試的就是從另一個角度，來看當前台灣民眾在認同意識上的模糊地帶或矛盾情緒，把理性與感性因素同時考慮進來，得到的是台灣意識的「程度」，而不是「類別」。

為了方便模型的運算，本文將 4 與 3 合併為「高度台灣意識」，1 與 0 合併為「低度台灣意識」，2 則為「中度台灣意識」，亦即將民眾的台灣意識由低而高區分出三種程度。依據此一方式建構的台灣意識，自 1996 年到 2008 年四次總統選舉中，民眾台灣意識的分佈如圖 6.1 所示（詳細資料請見附錄一）。

---

[12]　此種建構方式來自鄭凤芬（2007, 40）。

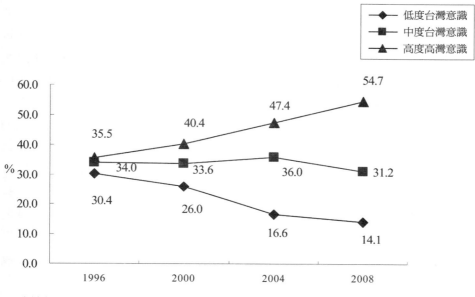

資料來源：謝復生（1996）、陳義彥（2000）、黃秀端（2004）、游清鑫（2008）。

圖 6.1　1996-2008 總統選舉三類台灣意識民眾分佈情況

　　從圖 6.1 中可以發現幾個趨勢：首先，自 1996 年到 2008 年，台灣意識有逐步上升的趨勢。在 1996 年，具有較高台灣意識者，約佔三成五，到了 2008 年已經接近五成五，十二年之內上升的比例達兩成左右。至於台灣意識較低者的比例，在 1996 年約有三成，到了 2008 年卻下降到不及七分之一 (14.1%)。中度台灣意識者，歷年的比例都約在三分之一上下。

　　台灣意識的上昇，就台灣近年來內部與外在的環境來看，其實並不意外。就內部因素而言，隨著台灣政治民主化及台灣本土化運動的發展，支持台獨及倡導台灣本土意識都不再是禁忌，李登輝也於 1988 年成為第一位所謂的台灣籍總統，在他執政的 12 年間 (1988-2000)，台灣意識及「台灣優先」價值觀也逐漸深植於台灣社會。同時在民主化及本土化的過程中，教育的方式及內容也隨著變化，兩岸統一不再是唯一的考慮，台灣自主也是選項，歷史及文化教材也不再以中國為重心，有關台灣的教材也佔

一定的比例。教育與社會氛圍的本土化趨勢，對於台灣意識的提昇，可能也產生一定的效果。就來自台灣外部的刺激而言，兩岸關係及台灣國際定位問題，也會對台灣意識有所觸發。台灣自 1987 年開放民眾赴大陸探親之後，開啟兩岸的交流，官方也透過民間管道開始進行事務性的會談。然而在雙方交流活動的過程中所發生的一些事件，以及大陸對於台灣國際地位的排擠，嚴重地傷害了雙方的互信與情感。例如 1994 年發生的千島湖事件、[13] 1995 年因李登輝訪美而引發的飛彈試射、[14] 1999 年李登輝的「特殊國與國關係」（一般稱為「兩國論」）談話、[15] 1999 年台灣 921 大地震時大陸的作為、[16] 2000 年台灣統選舉前大陸對台灣的強硬談話、[17] 2002 年陳水扁總統的「一邊一國」主張、[18] 2003 年 SARS 事件時大陸代表在

---

[13] 大陸對於24位台灣人在1994年3月31日於浙江被強盜殺害的事件，試圖以意外事件來掩飾，讓當時的總統李登輝指責大陸政府像強盜一樣，這樣的政權應該被人民唾棄（行政院大陸委員會　2009）。

[14] 由於美國允許李登輝訪問美國，大陸在當年七月及八月連續在台灣海峽發動飛彈試射，引起台灣民眾的不安與恐慌，美國也派航空母艦經過台灣海峽表示關切（行政院大陸委員會　2009）。

[15] 1999年7月9日李登輝總統在總統府接受「德國之聲」總裁魏里希偕其亞洲部主任克納伯及記者西蒙嫚索的專訪時表示，中華民國自一九九一年修憲以來，已將兩岸關係定位在「國家與國家，至少是特殊的國與國關係」，而非一合法政府、一叛亂團體，或一中央政府、一地方政府的「一個中國」內部關係（行政院大陸委員會　2009）。

[16] 1999年9月21日台灣發生規模7.3的大地震，造成二千餘人死亡及超過萬人受傷，同時也對台灣造成巨大的損害，國際社會也紛紛伸出援手，許多國家立刻派出救難隊來協助救災，並送來了許多的物資及經費來支援安置及重建工作。當台灣人民遭受此一重大災害之時，大陸方面雖有表達關心及提供援助，但卻也藉機重申台灣是大陸的一部份，代表台灣感謝國際對台灣的援助、要求國際援助台灣須知會大陸、國際紅十字會捐輸必須經由大陸紅十字會等種種作為，使得台灣民眾對於大陸當局作法相當反感（陳義彥等 2000, 81-89）。

[17] 同註3。

[18] 2002年8月3日第二十九屆世界臺灣同鄉會聯合會在東京召開。陳水扁總統在總統府透過視訊直播方式致開幕詞時強調，「臺灣是我們的國家，臺灣不是別人的一部分，不是別人的地方政府，也不是人家的一省，不可成為第二個香港或澳門，由於臺灣是主權獨立，臺灣和對岸的中國是『一邊一國』，需要分清楚，中共未放棄對台動武，且在國際上進行打壓，對台灣人民的感情有極大的傷害。」（行政院大陸委員會 2009）。

WHO 會議對台灣的羞辱、[19] 以及 2005 年的反分裂法，[20] 讓許多台灣民眾深切感受到台灣與中國大陸的差異與距離，反而加深了「我群」(Taiwan)與「他群」(China) 的區別；而大陸不斷在國際上打壓台灣的生存空間，台灣長期孤立於國際社會所帶來的挫折，會讓民眾產生台灣自我定位的心理需求。

　　在上述的內外因素所造成的氛圍之下，使得台灣意識的議題，誠如前言，在 1996 年到 2008 年的四次總統選舉之中，往往成為重要的議題與策略。研究即顯示以李登輝為第一位台灣人總統的「李登輝情結」，[21] 對1996 年的選舉有最大的解釋力（徐火炎　1998, 59）；2000 年選舉時，民進黨在選戰中除了主打黑金議題之外，也以國民黨過去對台灣民主化及本土化的打壓做為訴求，強調民進黨對台灣民主化的貢獻和愛台灣的本土意識，成功地達到政黨輪替 (Tsai, Cheng, and Huang 2005)；2004 年民進黨也運用台灣認同的議題及公民投票的題目，得到了民眾的支持 (Tsai, Cheng, and Huang 2005)；而 2008 年馬英九雖然贏得勝選，但選舉期間的綠卡事件及一中市場爭議，引發對馬英九的誠信與認同質疑，也曾對其選情有所衝擊（中評電訊　2008）。因此，經過四次大規模及全國性的總統選舉，

19　在2003年5月的世界衛生組織 (WHO)年會期間，大陸代表對我方不友善的態度，經過媒體新聞的不斷播放與報導，引起台灣政府及人民強烈的憤慨（游清鑫、盛杏湲與鄭夙芬　2003, 11-21）。

20　《反分裂國家法》第六條為：國家採取下列措施，維護臺灣海峽地區和平穩定，發展兩岸關係：（一）鼓勵和推動兩岸人員往來，增進瞭解，增強互信；（二）鼓勵和推動兩岸經濟交流與合作，直接通郵通航通商，密切兩岸經濟關係，互利互惠；（三）鼓勵和推動兩岸教育、科技、文化、衛生、體育交流，共同弘揚中華文化的優秀傳統；（四）鼓勵和推動兩岸共同打擊犯罪；（五）鼓勵和推動有利於維護臺灣海峽地區和平穩定、發展兩岸關係的其他活動。國家依法保護臺灣同胞的權利和利益。其第八條則為：「台獨」分裂勢力以任何名義、任何方式造成臺灣從中國分裂出去的事實，或者發生將會導致臺灣從中國分裂出去的重大事變，或者和平統一的可能性完全喪失，國家得採取非和平方式及其他必要措施，捍衛國家主權和領土完整。依照前款規定採取非和平方式及其他必要措施，由國務院、中央軍事委員會決定和組織實施，並及時向全國人民代表大會常務委員會報告（行政院大陸委員會　2009）。

21　徐火炎（1998）認為「李登輝情結」是指民眾對李登輝總統是第一個台灣人總統所衍生的與所投射的種種情感態度。

對於台灣意識的催化，也應有一定的影響力。

肆、台灣意識與總統選舉

　　以下將進一步檢視民眾台灣意識高低與其投票對象之間的關聯性。從表 6.1 至 6.4 中可以發現：在 1996 到 2008 年的總統選舉中，整體的趨勢而言，相對於全體民眾，台灣意識高者，對泛綠候選人的支持情況顯著偏高，但是對泛藍候選人的支持程度顯著偏低。相反地，台灣意識較低者，對於泛藍候選人的支持程度顯著偏高，但對於泛綠候選人的支持程度顯著偏低。至於具中度台灣意識民眾，除了 2000 年之外，其他三次選舉，都顯著有較支持泛藍候選人的傾向。

　　就個別選舉而言，1996 年時有四組候選人，雖然陳履安自認為是代表中立的候選人，但嚴格而言，以其長期以來皆在國民黨政府中擔任要職的形象與身份，仍然與李登輝、林洋港等二組候選人一樣，應被視為泛藍的候選人。李登輝當時聲勢如日中天，並以第一位台灣人民選總統做為號召，得到六成以上不論何種台灣意識程度民眾的支持，但從調查資料中仍然可以看出，也有將近三成 (28.3%) 的高台灣意識民眾，將票投給了代表泛綠的彭明敏與謝長廷，而投給林洋港 (3.5%) 與陳履安 (4.5%) 這二組比例則顯著偏低。

表 6.1　1996 年台灣意識與總統選舉投票抉擇

台灣意識	投票對象				樣本數
	陳履安、王清峰	李登輝、連戰	彭明敏、謝長廷	林洋港、郝柏村	
低	9.7%	66.8%	3.6%	19.8%	247
中	11.6%	66.9%	10.2%	11.3%	275
高	4.5%	63.7%	28.3%	3.5%	311
總計	8.4%	65.7%	15.0%	10.9%	833

資料來源：謝復生（1996）。

說明：1. 表內數字為橫列百分比。2. 卡方值 =105.515；自由度 =6；$p<0.001$。

2000 年選舉雖然有五組候選人，但李敖與許信良支持率太低，選舉主要仍是連戰、宋楚瑜與陳水扁三組候選人的競爭。在一個泛藍勢力分裂的選舉中，固然民進黨可以收漁翁之利，但從調查資料中，可以明顯看到具有高度台灣意識的民眾，有將近七成 (69.1%) 表示投給了陳水扁與呂秀蓮；而宋楚瑜及張昭雄則得到一半以上 (53.6%) 台灣意識較低者的支持。因此，台灣意識與民眾投票行為的關連，已經開始顯現。

表 6.2　2000 年台灣意識與總統選舉投票抉擇

台灣意識	投票對象					樣本數
	宋楚瑜、張昭雄	連戰、蕭萬長	李敖、馮滬祥	許信良、朱惠良	陳水扁、呂秀蓮	
低	53.6%	23.2%	0.5%	0.5%	22.2%	194
中	32.9%	21.8%	0.0%	0.0%	45.3%	243
高	14.6%	15.6%	0.0%	0.6%	69.1%	314
總計	30.6%	19.6%	0.1%	0.4%	49.3%	751

資料來源：陳義彥（2000）。
説明：1. 表內數字為橫列百分比。
　　　2. 卡方值 =123.647；自由度 =8；$p<0.001$。
　　　3. 本表中回答投票給李敖、馮滬祥與許信良、朱惠良二組候選人的受訪者人數非常少，通常在進行卡方檢定時，數字太小的細格超過四分之一時，應列為缺失值或與其他選項合併，但為重現當年總統選舉的完整情勢，本文仍將之保留。若只保留三組主要候選人，卡方檢定的結果仍然顯著（卡方值 =119.651；自由度 =4；$p<0.001$），特此説明。

2004 年的選舉，在陳水扁執政表現不佳，泛藍的連戰及宋楚瑜又整合成功，甚至有「一加一大於二」的期待，選舉聲勢一路高於陳水與呂秀蓮，然而在最後仍以不到二個百分點的差距落敗，固然是泛藍支持者很難接受的結果，但也不能不歸功於在選舉期間民進黨在台灣意識議題上的操作，319 槍擊案之所以能夠發揮泛綠大團結或中間選民的「同情」，應該仍是受到台灣意識的影響。從表 6.3 即可以看出台灣意識的作用：高與低台灣意識者，投票抉擇呈現二極化的情況。在意識型態上代表台灣的陳水扁與呂秀蓮，得到 80.5% 高台灣意識者的支持；而意識型態上較向中國的連戰與宋楚瑜，則囊括了 82.6% 低台灣意識者的支持，但在高台灣意識者

佔較多數的情況下，連戰與宋楚瑜即使得到較多的中度台灣意識者的支持
(65.8%)，仍然無法挽回局面。

表 6.3　2004 年台灣意識與總統選舉投票抉擇

台灣意識	投票對象		樣本數
	陳水扁、呂秀蓮	連戰、宋楚瑜	
低	17.4%	82.6%	219
中	34.2%	65.8%	406
高	80.5%	19.5%	625
總計	54.4%	45.6%	1,250

資料來源：黃秀端（2004）。
說明：1. 表內數字為橫列百分比。2. 卡方值 =359.087；自由度 =2；$p<0.001$。

　　2008 年的選舉，和 2004 年的選舉一樣，是典型的藍綠對決，但民進
黨八年執政表現不佳，而且兩位候選人支持程度差距甚大，民進黨候選人
謝長廷從一開始就居於劣勢的。不過謝長廷的選戰策略一直是緊扣台灣意
識，以綠卡及一中市場主打馬英九的認同問題，試圖以台灣意識達成「逆
轉勝」的目的，[22] 雖然結果仍是敗選，但從調查資料中，仍然可以看出意
識型態的差異：相較於台灣意識者中等及較低者對馬英九及蕭萬長的高度
支持，台灣意識者較高者，有將近六成 (58.7%) 還是表示將票投給了謝長
廷與蘇貞昌這組候選人，這些民眾一定程度地代表了民進黨的基本盤，但
失去將近四成高台灣意識者的支持，以及幾乎無法得到中度台灣意識者的
認同，是民進黨未來必須仔細思考的問題。

---

[22] 民進黨在2008年總統大選時，打出「逆中求勝」的訴求，於2008年2月3日於台中成立
「青年逆轉總部」，並於同年3月16日於台北縣舉辦「316百萬擊掌逆轉勝」活動（郝
雪卿　2008；黃旭昇　2008）。

表 6.4　2008 年台灣意識與總統選舉投票抉擇

台灣意識	投票對象		樣本數
	謝長廷、蘇貞昌	馬英九、蕭萬長	
低	3.8%	96.2%	209
中	16.3%	83.7%	435
高	58.7%	41.3%	727
總計	36.9%	63.1%	1,371

資料來源：游清鑫（2008）。
說明：1. 表內數字為橫列百分比。2. 卡方值 =326.121；自由度 =2；*p*<0.001。

　　如果換個角度來看四次總統選舉中，各組候選人的支持結構（見圖 6.2），可以更清楚地看出台灣意識的作用（詳細資料請見附錄二）。首先，從這張圖中，我們可以看到泛綠候選人的支持，大部份都來自高台灣意識的民眾；反之，泛藍候選人得到高台灣意識民眾的支持比例，顯著地偏低，尤其在 2004 年及 2008 年此種典型藍綠對決的選舉中，台灣意識的作用更為明顯。換言之，高台灣意識者是泛綠候選人的支持基礎，而且這種情形有逐年加強的傾向，從 1996 年的彭明敏及謝長廷的支持者中，有 70.4% 是高台灣意識者，到 2008 年謝長廷及蘇貞昌的支持者中，已有高達 84.4% 是高台灣意識者。

　　泛藍候選人的支持基礎，雖然比較平均地是中度及台灣意識較低者，不過在勝選的 1996 年及 2008 年，李登輝及馬英九都是普遍得到各種程度台灣意識者的支持；但從圖 6.2 中也可以看出，幾組意識型態上有較鮮明中國意識色彩的泛藍候選人，如林洋港及李敖，雖然在選舉時得票率很低，在調查資料中表態支持他們的人數也很少，但仍顯示他們的支持大部或全部都來自台灣意識較低者；較走中間路線的陳履安與王清峰、連戰與蕭萬長，較均勻地得到不同程度的台灣意識者的支持；而試圖以副手張昭雄的本省籍身份，平衡本身形象的宋楚瑜，得到高台灣意識者的支持仍然偏低 (20.0%)，他們的支持主要還是以低台灣意識者的 45.2% 最高。

　　不過民進黨在選戰中的支持，大部分來自高台灣識者的情況愈來愈明

顯的結果，也突顯出民進黨的困境，尋求勝選必須擴大其支持基礎，極端的路線或許可以固守基本盤，但也會導致部份中度及台灣意識較低者的擔憂，反而縮小了本身的支持基礎，如何在強調本土意識的同時，同時兼顧社經發展與民眾心理層面的安定，應是民進黨未來的一大挑戰。

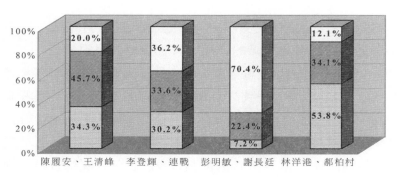

1996年

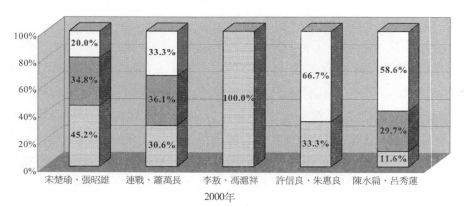

2000年

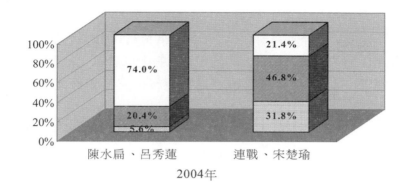

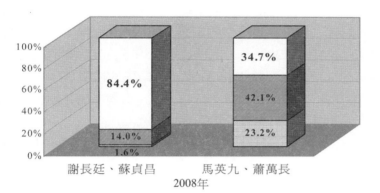

資料來源：謝復生（1996）、陳義彥（2000）、黃秀端（2004）、游清鑫（2008）。

圖 6.2　1996-2008 總統選舉候選人支持結構

伍、族群、認同與投票

　　上述的分析指出，台灣意識在過去四次總統選舉中的重要性。以往研究上也指出省籍在政治上的不平等問題，是早期台灣族群運動的起源。而台灣的認同問題，到近年來逐漸轉換成台灣意識與中國意識的對立，也因而代表台灣本土意識的綠營，與代表中國意識立場的藍營，二者之間主要的區別是在意識型態上的差異，就此一觀點來看，政黨偏好也是一種認

同，本土意識就是其區分界限。由於本文主要關切的議題是台灣認同問題，接下來將以順序勝算對數模型 (ordered logit model) 來加以檢驗相關變數的作用。為了模型的檢約，因此僅納入在認同議題上較重要的省籍與政黨偏好變數，以與台灣意識指標進行比較（模型變數建構表請見附錄三）。

從表 6.5 中可以發現：政黨偏好仍然比台灣意識指標更具解釋力，在四次選舉中都相當顯著，顯示在投票抉擇上，政黨偏好仍是一個相當有效的解釋變數，不過這也可能與依變項的投票對象，在模型中僅能分為泛藍與泛綠候選人的對立，若民眾回答了本身的政黨偏好，有較高的比例投給自己所偏好的政黨之候選人是合理的結果。但表 6.5 也顯示，在控制其他變數之後，具有較高台灣意識者，對於民進黨的支持度，顯著高於台灣意識較低者；而且這種傾向，除了在 2000 年有略降的情況之外，基本上是呈現逐漸增高的趨勢，因此，就投票行為而言，台灣意識指標也是一個好的解釋變數。

另外，從表 6.5 也可以發現，在控制其他變數之後，省籍的作用就不太顯著了，僅有在 2000 年及 2008 年，本省閩南籍的民眾比大陸各省市籍民眾在總統選舉中對民進黨有較高的支持度。這樣的結果，似乎也證明了台灣的認同問題，的確已經不完全是省籍的問題，而是與意識型態的差異較為相關。同時，此一發現也給予學者們主張的「台灣族群關係，已由省籍的不平等，轉變為意識型態上的台灣與中國意識的抗衡」之說法，一個經驗數據上的佐證。

陸、小結與討論

台灣認同是近年來台灣政治上最重要的議題之一，許多研究都顯示族群衝突與認同差異，也是台灣社會的主要分歧。在台灣早期的民主化運動中，強調的是省籍間的政治不平等，近年來則轉變為台灣意識與中國意識

表 6.5　對泛綠總統候選人投票抉擇之勝算對數模型：1996-2008

	1996			2000			2004			2008		
	係數	（標準誤）	Exp(B)	係數	（標準誤）	Exp(B)	係數	（標準誤）	Exp(B)	係數	（標準誤）	Exp(B)
台灣意識（低＝0）												
中	0.479	(0.473)	1.614	0.455	(0.291)	1.577	0.610	(0.327)	1.840	1.981	(0.538)***	7.247
高	1.057	(0.446)*	2.879	0.878	(0.286)**	2.405	1.541	(0.321)***	4.667	2.728	(0.508)***	15.300
政黨偏好（泛藍＝0）												
泛綠	5.107	(0.561)***	165.226	4.894	(0.380)***	133.539	6.722	(0.429)***	830.386	6.403	(0.401)***	603.838
中立	2.827	(0.595)***	16.901	2.792	(0.344)***	16.307	3.417	(0.303)***	30.481	2.962	(0.364)***	19.338
省籍（大陸各省＝0）												
客家人	-0.635	(0.739)	0.530	0.473	(0.538)	1.605	0.561	(0.475)	1.753	1.216	(0.715)	3.374
閩南人	-0.418	(0.634)	0.658	1.532	(0.465)***	4.627	0.454	(0.390)	1.575	1.733	(0.652)**	5.655
常數	-5.096	(0.760)***	0.006	-4.665	(0.550)***	0.009	-4.471	(0.480)***	0.011	-7.784	(0.858)***	0.000
樣本數	830			747			1220			1341		
G²(LR χ²)	332.269			486.049			1085.711			1154.210		
自由度	6			6			6			6		
p值	<0.001			<0.001			<0.001			<0.001		
正確預測率	90.0%			82.8%			89.0%			90.4%		
-2對數概似值	368.774			549.245			594.490			618.517		
Nagelkerke R²	0.578			0.638			0.788			0.787		

資料來源：謝復生（1996）、陳義彥（2000）、黃秀端（2004）、游清鑫（2008）。

說明：1. 依變項：1＝泛綠總統候選人，0＝非泛綠總統候選人。

　　　2. *** p<0.001, ** p<0.01, *p<0.05。

的對立，此種變化符合認同理論中，認同是菁英在不同的社會情境下建構出來，以達到特定目標的工具，其在政治上的作用，往往是為了取得執政權或建立國家。認同作為族群成員據以區分我群與他群的特徵或意識，因而台灣認同的內涵及其對台灣的選舉與政治生態的影響，是本文主要探討的問題。

本文以當前台灣意識與中國意識對立中，兩個重要的概念「台灣人 vs. 中國人」與「台灣獨立 vs. 中國統一」，建構一個高中低三種程度的台灣意識指標，此種建構方式主要是由於現存調查資料中，有關台灣人／中國人認同的測量，其意涵上包括了族群的原生聯繫，也代表了政治上的建構，因而在應用上，可能較難以解釋其背後真正代表的意義，同時也無法涵蓋台灣民眾在面臨統獨問題時，感性認同與理性現實的拉扯與矛盾。正因為台灣與中國之間這種歷史與政治上的糾葛，使得台灣認同的意識究竟為何更不易區分。因此本文中的台灣意識指標，試圖從概念上涵蓋台灣意識的內容，但以三種程度作為區分，以探討台灣意識在過去四次總統選舉上的作用，及做為區分政治族群的適用性。

分析的結果顯示，由於近年台灣本土意識的抬頭，以及中國大陸在國際上對我們的孤立與排擠，再加上選舉的催化，使得台灣意識有逐年增加的情況，由 2008 年總統選舉後的調查資料分析結果發現，已有一半以上 (54.7%) 的民眾，可以被歸類為高台灣意識者。同時，資料也顯示，台灣意識在台灣政治歷史上的四次總統直選中的確有其作用：台灣意識高者，顯著地較支持泛綠候選人，對泛藍候選人的支持程度顯著偏低。相對地，台灣意識較低者，顯著地較支持泛藍候選人，但對於泛綠候選人的支持程度顯著偏低，而且高與低台灣意識者，投票抉擇也有二極化的情況。

就支持的結構而言，在四次選舉中，代表台灣本土意識的泛綠政黨，以及被認為較偏向中國意識的泛藍政黨，其支持基礎也有明顯的差異：高台灣意識者對泛藍候選人的支持比例，顯著地偏低，但泛綠候選人的支持，則大部份都來自高台灣意識的民眾，且有逐年增高的情況，在 2008 年的選舉中，謝長廷及蘇貞昌的支持結構中，有高達八成五左右 (84.4%)

是來自高台灣意識者。分析結果也顯示形象上有較鮮明中國意識色彩（如李敖及陳履安），或者在省籍上求取平衡（如林洋港與郝柏村，及宋楚瑜與張昭雄）的候選人，得到台灣意識較低民眾的支持也較高。這樣的結果除了說明台灣意識在選舉中所發揮的作用之外，同時也指出民進黨過度訴求極端路線的結果，反而窄化了其支持基礎，如果不能在思維及政策上有所修正，未來的路可能會更難行。

　　就政黨偏好、省籍與台灣意識三個變數的比較而言，分析結果顯示：政黨偏好的解釋力比台灣意識指標好，顯示政黨偏好仍是一個好的解釋變項，但這也可能是因為民眾依自己的政黨偏好，投給所好的政黨之候選人可能性較高。不過，模型也顯示，在控制其他變數之後，具有較高台灣意識者，對於民進黨的支持度，顯著高於台灣意識較低者，而且基本上這種傾向有呈現逐漸增高的趨勢。反而是在控制其他變數之後，省籍的作用就不太顯著了，僅有在 2000 年及 2008 年，本省閩南籍的民眾比大陸各省市籍民眾在總統選舉中對民進黨有較高的支持度。來自經驗數據的支持，讓我們能較有信心地認為台灣的認同問題，省籍可能不再是主要因素，而已被意識型態上的差異所取代。

　　認同在本質上即是一種區分的意識，但就台灣與中國在血緣、歷史及政治上的糾葛，很難釐清出台灣民眾的認同意識，基於此種認知，本文所建構的台灣意識指標，即是以台灣目前二個主要意識型態差異為基礎，將台灣意識分為高中低三種程度，或許較能符合目前台灣民眾在認同上各種情緒交纏的現況。此一指標應用在四次總統選舉的資料分析上，結果也顯示有一定的解釋力，但此一指標基本上對於高或低台灣意識者的投票抉擇解釋力較佳，但較無法完全捕捉中度台灣意識者的支持模式，這或許也正好代表了民眾認同上的不確定與矛盾心態，但也可能是指標仍需改進，是筆者未來可以再努力的方向。

附錄一、1996-2008總統選舉三類台灣意識民眾分佈情況

	1996[1]		2000[2]		2004[3]		2008[4]	
	次數	(%)	次數	(%)	次數	(%)	次數	(%)
低	353	(30.4)	258	(26.0)	275	(16.6)	249	(14.1)
中	395	(34.0)	334	(33.6)	595	(36.0)	550	(31.2)
高	412	(35.5)	401	(40.4)	785	(47.4)	965	(54.7)
合計	1,159	(100.0)	993	(100.0)	1,655	(100.0)	1,764	(100.0)

資料來源：謝復生（1996）、陳義彥（2000）、黃秀端（2004）、游清鑫（2008）。

說明：[1] 總樣本數為 1,396 份。
　　　[2] 總樣本數為 1,181 份。
　　　[3] 總樣本數為 1,823 份。
　　　[4] 總樣本數為 1,905 份。

附錄二、1996-2008總統選舉候選人支持結構

1996 年

台灣意識	投票對象				樣本數
	陳履安、王清峰	李登輝、連戰	彭明敏、謝長廷	林洋港、郝柏村	
低	34.3%	30.2%	7.2%	53.8%	247
中	45.7%	33.6%	22.4%	34.1%	275
高	20.0%	36.2%	70.4%	12.1%	311
總計（樣本數）	100.0% (70)	100.0% (547)	100.0% (125)	100.0% (91)	833

資料來源：謝復生（1996）。

說明：1. 表內數字為直行百分比

　　　2. 卡方值 =105.515；自由度 =6；$p<0.001$。

2000 年

台灣意識	投票對象					樣本數
	宋楚瑜、張昭雄	連戰、蕭萬長	李敖、馮滬祥	許信良、朱惠良	陳水扁、呂秀蓮	
低	45.2%	30.6%	100.0%	33.3%	11.6%	194
中	34.8%	36.1%	0.0%	0.0%	29.7%	243
高	20.0%	33.3%	0.0%	66.7%	58.6%	314
總計（樣本數）	100.0% (230)	100.0% (147)	100.0% (1)	100.0% (3)	100.0% (370)	751

資料來源：陳義彥（2000）。

說明：1. 表內數字為直行百分比。

　　　2. 卡方值 =123.647；自由度 =8；$p<0.001$。

　　　3. 本表中回答投票給李敖、馮滬祥與許信良、朱惠良二組候選人的受訪者人數非常少，通常在進行卡方檢定時，數字太小的細格超過四分之一時，應列為缺失值或與其他選項合併，但為重現當年總統選舉的完整情勢，本文仍將之保留。若只保留三組主要候選人，卡方檢定的結果仍然顯著（卡方值 =119.651；自由度 =4；$p<.001$），特此說明。

附錄二、1996-2008總統選舉候選人支持結構（續）

2004 年

台灣意識	投票對象		樣本數
	陳水扁、呂秀蓮	連戰、宋楚瑜	
低	5.6%	31.8%	219
中	20.4%	46.8%	406
高	74.0%	21.4%	625
總計 （樣本數）	100.0% (680)	100.0% (570)	1,250

資料來源：黃秀端（2004）。
說明：1. 表內數字為直行百分比。
　　　2. 卡方值 =359.087；自由度 =2；$p<0.001$。

2008 年

台灣意識	投票對象		樣本數
	謝長廷、蘇貞昌	馬英九、蕭萬長	
低	1.6%	23.2%	209
中	14.0%	42.1%	435
高	84.4%	34.7%	727
總計 （樣本數）	100.0% (506)	100.0% (865)	1,371

資料來源：游清鑫（2008）。
說明：1. 表內數字為直行百分比。
　　　2. 卡方值 =326.121；自由度 =2；$p<0.001$。

附錄三、1996-2008總統選舉候選人支持結構

變數名稱	測量題目	編碼方式
台灣意識	1. 請問您認為自己是「台灣人」、「中國人」或者都是？ 2. 關於台灣和大陸的關係，你比較偏向哪一種？	由兩題建構為台灣意識高、中、低三類： 1. 低度台灣意識：「中國人且偏向統一」、「中國人且偏向維持現狀」、「都是且偏向統一」。 2. 中度台灣意識：「臺灣人且偏向統一」、「都是且偏向維持現狀」、「中國人且偏向獨立」。 3. 高度台灣意識：「臺灣人且偏向維持現狀」、「臺灣人且偏向獨立」、「都是且偏向獨立」。
投票對象	1996年 1. 總統選舉有沒有去投票？ 2. 投給那位總統候選人？	合併為泛綠候選人與非泛綠候選人： 0. 非泛綠候選人（陳履安、李登輝、林洋港） 1. 泛綠候選人（彭明敏） 遺漏值：忘了、拒答等，以及未投票。
	2000年 1. 請問這次的總統選舉您有沒有去投票？ 2. 請問您是投給哪一組候選人？	合併為泛綠候選人與非泛綠候選人： 0. 非泛綠候選人（宋楚瑜、連戰、李敖、許信良） 1. 泛綠候選人（陳水扁） 遺漏值：忘了、投廢票、不知道、拒答以及未投票。
	2004年 1. 在這一次舉行的總統大選中，有很多人去投票，也有很多人因各種原因沒有去投票，請問您有沒有去投票？ 2. 請問您投票給哪一組候選人？	合併為泛綠候選人與非泛綠候選人： 0. 非泛綠候選人（連戰、宋楚瑜） 1. 泛綠候選人（陳水扁、呂秀蓮） 遺漏值：忘了、投廢票、不知道、拒答以及未投票。
	2008年 1. 在這次總統大選。請問您有沒有去投票？ 2. 請問您投票給哪一組候選人？	合併為泛綠候選人與非泛綠候選人： 0. 非泛綠候選人（馬英九、蕭萬長） 1. 非泛綠候選人（馬英九、蕭萬長） 遺漏值：忘了、投廢票、不知道、拒答以及未投票。

變數名稱	測量題目	編碼方式
政黨認同	1. 目前國內有幾個主要政黨，請問您有沒有比較偏向哪一個政黨？（回答沒有偏向者，續問第2、3題） 2. 那相對來說，請問您有沒有稍微偏向哪一個政黨? 3. 請問是哪一個政黨？	合併為泛藍、中立與泛綠三類： 1. 泛藍：國民黨、親民黨以及新黨 2. 中立：沒有政黨偏向 3. 泛綠：民進黨、台聯
省籍	請問您的父親是本省客家人、本省閩南人、大陸各省市人還是原住民？	1. 客家人 2. 閩南人 3. 大陸各省市人 9. 其他：包含原住民、華僑、拒答以及不知道。

資料來源：謝復生（1996）、陳義彥（2000）、黃秀端（2004）、游清鑫（2008）。

●●●　參考文獻　●●●

I. 中文部分

Yahoo 奇摩新聞編輯中心，2008，〈一周大事〉，Yahoo 奇摩新聞網站：http://tw.
　　news.yahoo.com/article/url/d/a/080203/35/szbl.html。檢索日期：2009 年 6 月 13
　　日。

中央選舉委員會，2009，〈中央選舉委員會公投公報〉，中央選舉委員會網站：
　　http://210.69.23.135/CECData/013/001-001/R01-001.pdf。檢索日期：2009 年 6
　　月 12 日。

中評電訊，2008，〈綠卡戰奏效？謝陣營民調：馬謝差距只剩 10%〉，中國評論新
　　聞網網站：http://www.chinareviewnews.com/doc/1005/5/9/9/100559908.html?co
　　luid=7&kindid=0&docid=100559908。檢索日期：2009 年 6 月 17 日。

王甫昌，1993，〈省籍融合的本質——一個理論論與經驗的探討〉，載於《族群關
　　係與國家認同》，張茂桂等著，台北：業強出版社。

------，1994，〈族群同化與動員——台灣民眾政黨支持之分析〉，《中央研究院民
　　族學研究所集刊》，77: 1-34。

------，1997a，〈台灣民主政治與族群政治的衝突〉，載於《民主的鞏固或崩潰：
　　台灣二十一世紀的挑戰》，游盈隆主編，台北：月旦。

------，1997b，〈族群意識、民族主義、與政黨支持：1990 年代台灣的族群政治〉，
　　《台灣社會學研究》，2: 1-45。

------，1998，〈台灣族群政治的形成與表現：一九九四年台北市長選舉結果之分
　　析〉，載於《民主、轉型？台灣現象》，殷海光先生學術基金會主編，台北：
　　桂冠。

------，2002，〈族群接觸機會？還是族群競爭？本省閩南人族群意識內涵與地區
　　性差異模式之解釋〉，《台灣社會學》，4: 11-74。

------，2003，《當代台灣社會的族群想像》，台北：群學出版有限公司。

行政院大陸委員會，2009，〈兩岸關係大事記〉，行政院大陸委員會網站：http://
　　www.mac.gov.tw/mlpolicy/cschrono/scmain.htm。檢索日期：2009 年 6 月 11 日。

吳乃德，1993a，〈省籍意識、政治支持和國家認同：台灣族群政治理論的初探〉，
　　載於《族群關係與國家認同》，張茂桂等，台北：業強。

------，1993b，〈國家認同和政黨支持——台灣政黨競爭的社會基礎〉，《中央研究

院民族學研究所集刊》，74: 33-61。

------，2002，〈認同衝突和政治信任：現階段台灣族群政治的核心難題〉，《台灣社會學》，4: 75-118。

------，2005，〈麵包與愛情：初探台灣民眾認同的變動〉，《台灣政治學刊》，9(2): 5-29。

沈筱綺，1995，〈族群政治與台灣民主〉，台灣政治學會第二屆年會學術研討會，12 月 23-24 日，台北：台灣大學。

林文琪譯，Kathryn Woodward 等原著，2006，《認同與差異》，台北：韋伯文化。

林環牆，2007，〈兩岸共同市場＝一中市場〉，自由時報電子報網站：http://www.libertytimes.com.tw/2007/new/aug/8/today-o3.htm。檢索日期：2009 年 6 月 12 日。

施正鋒，2000，《台灣人的民族認同》，台北：前衛出版社。

夏啟文，2004，〈藍綠各辦二二八紀念活動各有打算〉，大紀元網站：http://www.epochtimes.com/b5/4/2/28/n475279.htm。檢索日期：2009 年 6 月 11 日。

徐火炎，1996，〈台灣選民的國家認同與黨派投票行為：1991 至 1993 年間的實證研究結果〉，《台灣政治學刊》，1: 85-127。

------，1998，〈李登輝情結的政治心理與選民的投票行為〉，《選舉研究》，5(2): 35-71。

------，2004，「台灣結、中國結與台灣心、中國心：台灣選舉中的政治符號」，《選舉研究》，11(2): 1-41。

徐永明、林昌平，2009，〈「南方政治」的再檢驗：總統選票的分量迴歸分析〉，《選舉研究》，16(1): 1-35。

徐永明、范雲，2001，〈「學作」台灣人：政治學習與台灣認同的變遷軌跡，1986-1996〉，《台灣政治學刊》，5: 3-63。

耿曙、陳陸輝，2003a，〈日常語言、族群意識與政黨認同：台灣 2001 立委選舉的個案分析〉，2003 年台灣政治學會年會暨「世局變動中的台灣政治」學術研討會，12 月 13-14 日，台北：東吳大學。

------，2003b，〈兩岸經貿互動與台灣政治版圖：南北區塊差異的推手？〉，《問題與研究》，42(6): 1-27。

郝雪卿，2008，〈長昌中台灣青年逆轉總部成立　勝選就跳海〉，天空新聞網站：http://n.yam.com/cna/politics/200802/20080203441191.html。檢索日期：2009

年 6 月 21 日。

張茂桂，1993，〈省籍問題與民族主義〉，載於《族群關係與國家認同》，張茂桂
　　等著，台北：業強出版社。

盛杏湲，2002，〈統獨議題與台灣選民的投票行為〉，《選舉研究》，9(1): 41-80。

陳文俊，1995，〈統獨議題與選民的投票行為——民國八十三年省市長選舉之分
　　析」，《選舉研究》，2(2): 99-136。

------，2003，〈藍與綠——台灣選民的政治意識型態初探〉，《選舉研究》，10(1):
　　41-80。

陳陸輝，2000，〈台灣選民政黨認同的持續與變遷〉，《選舉研究》，7(2): 109-
　　141。

陳陸輝、耿曙、王德育，2008，〈兩岸關係與 2008 年台灣總統大選：經濟交流、
　　武力威脅與選民投票取向〉，「政經轉型與民主發展——兩岸新政府人事、政
　　策與互動取向」研討會，4 月 12-13 日，台北：政治大學。

陳義彥，2000，《跨世紀總統選舉中選民投票行為科際整合研究》，計畫編號：
　　NSC89-2414-H004-021-SSS，台北：行政院國家科學委員會補助專題研究計
　　畫成果報告。

陳義彥等，2000，《「大陸政策與兩岸關係」專案研究報告》，台北：行政院大陸
　　委員會委託研究報告。

陳義彥、盛杏湲，2003，〈政治分歧與政黨競爭：2001 年立委選舉的分析〉，《選
　　舉研究》，10(1): 7-40。

陳義彥、陳陸輝，2003，〈模稜兩可的態度還是不確定的未來：台灣民眾統獨觀
　　的解析〉，《中國大陸研究》，46(5): 1-20。

陳陸輝、鄭夙芬，2003，〈訪問時使用語言與民眾態度間關聯性之研究〉，《選舉
　　研究》，10(2): 135-158。

游清鑫，2008，《2005 年至 2008 年「選舉與民主化調查」四年期研究規劃 (IV)：
　　2008 年總統選舉面訪案》，計畫編號：NSC96-2420-H-004-017，台北：行政
　　院國家科學委員會補助專題研究計畫成果報告。

游清鑫、盛杏湲、鄭夙芬，2003，《「民眾對當前兩岸關係之看法」民意調查報
　　告》，台北：行政院大陸委員會委託研究報告。

黃旭昇，2008，〈民進黨北縣擊掌逆轉勝　長昌總部 HIGH 翻天〉，大紀元網站：
　　http://www.epochtimes.com/b5/8/3/16/n2047317.htm。檢索日期：2009 年 6 月

21 日。

黃秀端，2004，《2002 年至 2004 年「選舉與民主化調查」三年期研究規劃 (III)：民國九十三年總統大選民調案》，計畫編號：NSC92-2420-H031-004，台北：行政院國家科學委員會補助專題研究計畫成果報告。

黃冠博，2007，〈當理性遇上感性：台灣民眾兩岸交流態度的解析〉，政治大學東亞研究所碩士學位論文。

鄭夙芬，2007，〈深綠選民之探索〉，《問題與研究》，46(1): 33-61。

謝復生，1996，《總統選舉選民投票行為之科際整合研究》，計畫編號：NSC85-2414-H004-017-Q3，台北：行政院國家科學委員會補助專題研究計畫成果報告。

龔維斌、良警宇譯，Anthony D. Smith 原著，2002，《全球化時代的民族與民族主義》，北京：中央編譯。

II. 外文部分

Anderson, Benedict Richard O'G. 1991. *Imagined Communities*: *Reflections on the Origin and Spread of Nationalism.* Rev ed. London and New York: Verso.

Bourdieu, Pierre 1984. *Distinction: A Social Critique of the Judgement of Taste.* Richard Nice, Trans. Cambridge, MA : Harvard University Press.

Chen, Lu-huei, Shu Keng, and Ya-wen Chang. 2008. "An Exploratory Study of Origins of Taiwan Identity." Presented at the Annual Meeting of the American Political Science Association, Boston, USA.

Cheng, Su-feng, Ching-hsin Yu, and Chia-wei Liu. 2008. "South versus North? Taiwan's Changing Party System." Presented at the Annual Meeting of the 2008 American Political Science Association, Boston, USA.

Chu, Yun-han, 2004. "Taiwan's National Identity Politics and the Prospect of Cross-Strait Relations." *Asian Survey* 44(4): 484-512.

Fearon, Jarnes D. 1999. "What Is Identity? (As We Now Use the Word)." November 3. http:www.stanford.edu/~jfearon/papers/iden1v2.pdf (June 1, 2009).

Handelman, Don. 1977. "The Organisation of Ethnicity." *Ethnic Groups* 1(2): 197-200.

Hutchinson, John, and Anthony D. Smith. 1996. "Introduction." In *Ethnicity,* eds. Hutchinson, John, and Anthony D. Smith. Oxford and New York: Oxford University Press.

Hsieh, John Fuh-sheng, 2005. "The Uneasy Status Quo in the Cross-Strait Relations." 「台灣民意與兩岸關係」學術研討會，9 月 24 日，台北：政治大學。

Liu, I-chou, and Ho Szu-yin. 1999. "The Taiwanese/Chinese Identity of the Taiwan People." *Issue and Studies* 35(3): 1-34.

Liu, I-chou, and Su-feng Cheng. 2006. "Identity that Beyond Identity: Forming a State-Nation or a Nation-State in Taiwan?" Presented at the Annual Meeting of the 2006 American Political Science Association, Philadelphia, USA.

Niou, Emerson. 2004. "Understanding Taiwan Independence and Its Polity Implications." *Asian Survey* 44(4): 555-567.

Schermerhorn, Richard A. 1978. *Comparative Ethnic Relations*: *A Framework for Theory and Research.* Chicago: University of Chicago Press.

Tsai, Chia-hung, Su-feng Cheng, and Hsin-hao Huang. 2005. "Do Campaigns Matter? The Effect of the Campaign in the 2004 Taiwan Presidential Election." *Japanese Journal of Electoral Studies* 20: 115-135.

政黨認同與投票抉擇：以 1996、2000、2004、2008 等四屆總統選舉為例

包正豪

目次

壹、前言

　　自 1950 年代行為學派研究興起後，當代政治行為科學研究領域當中，選舉與投票行為研究可謂顯學。而投票行為研究長期發展的結果，對於社會科學，特別是政治學理論與方法論的建構，其貢獻不僅在個體層次上對大眾政治行為有深入的解析，同時在總體層次上，對民主體系的實際運作也產生更精確的解釋。就當代選民投票行為研究而言，學界所關心的，包括選民的投票動機、選民的投票決定過程、選民的投票取向、選民的投票結果，以及選民的選舉參與等主要論題。這些論題的研究焦點大半都是在於探討選民態度與行為之間的關係。而實證研究結果指出，選民的政治態度與其本身的政治行為呈現顯著關係 (Campbell et al. 1960; Milbrath and Goel 1977; Miller and Shanks 1996; Stone and Schaffner 1988)。

　　在各類政治態度面向當中，「政黨認同」(party identification) 是一項重要的心理態度。其被視為一種個人心理上的依附，是個人價值觀念與信仰體系當中關鍵的一環。這種歸屬感的存在並不侷限於正式黨員，甚至不需要持續的政黨支持 (Campbell et al. 1960, 121-23)。透過「政治社會化」(political socialization) 的學習歷程，最初始於年幼時期學習父母的政黨認同，而後於成長過程當中，在學校、職場、同儕團體，乃至於傳播媒體等政治社會化場域當中持續獲得政黨偏好與認同的訊息，逐漸形成自身的政黨認同。根據 Angus Campbell 等人 (1960, 166) 的研究指出，政黨認同是典型的一輩子的承諾 (life-long commitment)，只有在重大社會變動之際，才會發生全國性的變遷。由是可知，其具有長期穩定特質。而因為這項特質，使得政黨認同在於解釋選民投票行為上，具有關鍵重要的影響，儼然成為選舉研究的核心概念與最重要變數之一。[1]

　　選舉及投票行為的分析，因此長期以來為民主國家政治學研究所關注

---

[1]　政黨認同相關研究甚多，近年國內外重要相關研究論文，請參閱國內學者吳重禮與許文賓（2003）、陳陸輝（2000）、陳陸輝與耿曙（2008）等三篇文章，有依研究主題分類，臚列選舉研究中運用政黨認同相關概念進行之重要研究。

的焦點，而台灣亦不例外。自 1990 年代起，國內政治學界便開始探索政黨認同在台灣選民投票行為當中所扮演的角色與影響力（何思因　1991；1994；徐火炎　1991；1992a；1993；陳陸輝　2000；2006；陳陸輝與耿曙 2008；陳義彥與蔡孟熹　1997；鄭夙芬、陳陸輝與劉嘉薇　2006）。而相關研究結果均指出，就台灣選民而言，政黨認同對選民投票抉擇仍深具影響力。然而縱使如此，就實務面而言，台灣社會普遍流行的認知，卻依然認為選舉當中候選人的因素才是影響選民投票抉擇，繼而決定選舉結果的最重要因素。事實上，自 1996 年首度總統大選起，歷屆總統選舉之參選人莫不以「全民總統」自居（或為競選口號），試圖跨越既有政黨窠臼與限制，期能獲取多數選票而當選總統寶座。而調查研究結果亦顯示跨黨派投票的情形確實存在。有鑑於此，選民政黨認同與投票抉擇之間的關係值得更進一步的思索與討論，以期釐清選民在決定投票對象之際，政黨認同到底扮演多麼重要的角色。

貳、文獻檢閱

探討政黨認同的學術著作甚多，囿於作者個人能力與篇幅，無法關注所有運用政黨認同的研究。為使研究聚焦，本文將集中探討政黨認同相關研究的核心議題，即為政黨認同的穩定與變遷，以及影響選民政治行為（特別是投票抉擇）的問題。

一般來說，在討論政黨認同概念的時候，必然會提及美國密西根大學調查研究中心 (Survey Research Center, SRC) 之 Angus Campbell 等人於 1960 年所出版之《美國選民》(*The American Voter*) 一書所提出的「漏斗狀因果模型」(funnel of causality)。但事實上，政黨認同與投票行為之間的關係，早於 1952 年就被提出。Campbell A. 與 R. Kahn (1952) 所著《人民如何選出總統？》(*How People Elect a President?*)，以全國性調查資料做總統選前與選後之分析，便點出政黨認同在選民投票行為上的重要性。但受限

於資料，兩者之間相關影響討論較少，僅能就所得資料提出臆測。而後 Campbell、Gurin 與 Miller (1954) 再度針對選民投票行為進行深入研究，主張對選民投票行為的研究必須著重於動態分析，亦即重視選民的心理、期待，以及對團體的忠貞等心理變數的影響。該研究發現，政黨認同、候選人取向、議題取向等三因素為影響選民投票抉擇之最重要因素，但並未探討三者之間的重要性先後順序。即便如此，該研究將研究焦點轉向個體層次的分析，探究選民個人內在動機與態度對政治行為的影響，可謂投票行為研究之轉捩點。

　　承續前述研究，Campbell 等人 (1960) 嘗試發展更為周延的理論來解釋選民投票行為。渠等建構社會心理學研究途徑 (social psychological approach) 的分析架構（即前述漏斗狀因果模型），其強調個人內在的人格特質、價值體系和政治態度會形塑其政治意見、投票行為和政治參與。該研究以 1952 和 1956 兩次美國總統大選調查資料為主，輔以 1948 年總統選舉調查資料，進行分析。研究結果指出，影響選民投票行為的因素可區分為長期和短期等兩類因素。政黨認同被認為是影響投票抉擇之長期且穩定的「心理依附」(psychological attachment) 因素。此外，政黨認同本身對於選民其他政治態度的形成有重大影響。主要是因為政黨認同就如同一副有色眼鏡，使選民對相同的現實世界有不同的評價與看法，於是短期因素如選舉期間所關注的政策議題和候選人的表現等，都將受到政黨認同的影響而使不同政黨認同的選民針對相同政治現實做出不同的詮釋與評價。政黨認同因而成為密西根學派 (Michigan School) 整個分析概念架構的重心。

　　自「漏斗狀因果模型」建立以後，以政黨認同為選民自我認知特質之一，具有長期且穩定的效應，用以解釋個人政治態度與投票行為形成的觀點，為後續研究者所普遍運用，並有相當研究發現支持論證 (Abramson 1983; Converse 1964; Goldberg 1966; Kelly and Mirer 1974; Milbrath and Goel 1977; Miller and Shanks 1996; Niemi and Weisberg 1993; Rosenstone and Hansen 1993)。不過，政黨認同是「長期且穩定的心理依附」，這樣的論證並非未受質疑。事實上，自 1970 年代起，即有研究發現政黨認同對選

民投票抉擇的影響力，以及對政治行為的相關解釋力有日趨降低的趨勢 (Burnham 1970; Watternberg 1984; 1998)。同時政黨認同亦非長期穩定 (Thomassen 1976)。更有研究者另闢蹊徑，以 Downs (1957)「理性抉擇研究途徑」(rational choice approach) 的觀點來質疑政黨認同是選民心理依附的論證，而認為選民的投票抉擇主要取決於其他短期政治經濟因素的影響，並對政黨認同的意涵提出新的概念詮釋（吳重禮與許文賓　2003, 105）。[2] 然而，即便有此爭議論戰，在現實政治世界當中，民眾往往還是依賴政黨認同簡化複雜的政治現象。因此，政黨認同對於民眾的政治態度仍具有重要的指引作用（陳陸輝與耿曙　2008, 91）。

　　實際開始測量政黨認同概念並運用於台灣選舉投票行為研究，則首見於劉義周（1987），其透過固定樣本連續訪談法 (panel study) 蒐集的資料，分析討論 1986 年立委選舉前後選民政黨認同的分布變化情形。其初步結論顯示台灣選民在選前選後的政黨認同並不穩定一致，但政黨認同對於投票抉擇有顯著影響存在。不過 1986 年，國內有實質政治影響力的合法政黨僅有國民黨而已，民進黨雖於當年立委選前成立，卻未為當局合法承認。縱使民進黨係承襲「黨外」勢力之組織整合，然就當時時空環境下，於調查研究進行時，願意誠實表態之民進黨（黨外）支持者實屬有限，對研究分析結果不無影響。然值台灣政黨體系變遷伊始之際，運用政黨認同概念並研究其與選舉投票行為之關係，在本土學術研究上有領先意義。俟後，何思因（1994）以 1989 和 1992 與陳陸輝（2000）以 1992、1995、1998 等年之立委選舉實證資料，探討台灣選民政黨變遷情形。前者發現民進黨成為合法政黨後，不但選民政黨認同表態比例增加，政黨認同對投票抉擇的影響亦有顯著影響。[3] 後者以較長時間跨距進行資料研究分

2　之所以研究者挑戰以往所發展的政黨認同概念，係由於政黨認同意涵的預設立場與不確定因素所導致。而質疑政黨認同意涵之研究者所提出之補充修正頗多，包括「當前投票意向」、「回顧性投票」、「前瞻性投票」、「理性學習模式」、「集體政黨認同」等等，請參閱吳重禮與許文賓（2003）有詳細之歸納說明與整理。

3　何思因（1994）之研究係以政黨偏好代替政黨認同作為變數名稱，但測量的標的仍指向類似民眾對於政黨所持有的心理感情的概念，類似對政黨長期承諾的認同。

析，並從政治世代 (political generation) 的角度切入探討選民政黨認同的變遷，得到民進黨認同者比例持續成長，而國民黨認同者比例穩定的結論。至於政黨認同與投票抉擇關係則依然顯著。

　　前述研究所探討的研究標的，均在 2000 年政黨輪替之前。然是年總統選舉結果終結國民黨半世紀的執政，2004 年國親兩黨整合卻遭民進黨擊敗，與 2008 年國民黨重返執政等重大政治變化，導致台灣政黨體系的劇烈變動，對國內選民之政黨認同勢必有所影響。不過，盛杏湲（2009）與陳光輝（2009）的研究均發現，縱使國內政黨勢力快速變化，但選民的政黨認同仍為穩定，約有三分之二的選民維持其既有政黨認同方向不變。變遷的部份則主要維持在議題立場相近的藍綠陣營內部，從小黨移向大黨（盛杏湲　2009；陳光輝　2009），或是往無政黨傾向移動（陳光輝 2009）。[4]

　　綜合上述討論，國內有關政黨認同穩定與變遷的研究，泰半以歷屆立委選舉之實證資料作為研究標的。就台灣政治發展現實而言，自 1996 年總統直接民選之後，政治權力主要集中於總統之手。總統位置之誰屬，亦緊密牽動政黨勢力之發展，而對政黨體系產生影響。有鑒於此，本研究將聚焦於 1996 至 2008 四次總統大選，[5] 透過較長時間跨距的橫斷面分析，來探討台灣選民政黨認同穩定與變遷的整體趨勢；並同時檢證在歷屆總統選舉當中，選民政黨認同與其投票抉擇之間的相關情形，是否與過往以立委選舉實證資料為分析基礎所作之研究結果相同，呈現顯著相關狀態？

4　盛杏湲（2009）與陳光輝（2009）均採固定樣本連續訪問法進行研究。前者以政黨偏好，後者以政黨傾向做為變數名稱，但測量的標的與註3何思因（1994）相同，仍指向類似民眾對於政黨所持有的心理感情的概念，類似對政黨長期承諾的認同。

5　本文運用國立政治大學選舉研究中心「總統選舉選民投票行為之科際整合研究」，計畫主持人為謝復生教授；「跨世紀總統選舉中選民投票行為科際整合研究」，計畫主持人為陳義彥教授；以及台灣選舉與民主化調查 (Taiwan's Election and Democratization Study, TEDS) 之「2002年至2004年『選舉與民主化調查』三年期研究規劃 (III)：民國九十三年總統大選民調案」，計畫主持人為黃秀端教授；「2005年至2008年『選舉與民主化調查』四年期研究規劃 (IV)：2008年總統選舉面訪案」，計畫主持人為游清鑫教授，等四項研究計畫之資料。

參、政黨認同與各政黨認同者人口結構之變遷趨勢分析

　　根據密西根學派的學者所主張，政黨認同是一種長期而穩定的心理依附。因此，就理論而言，透過調查研究選民的政黨認同時，應可觀察到穩定的趨勢。不過下表 7.1 的數據顯示，自 1996 年總統選舉以來，國民黨認同者的比例暴起暴落，波動幅度甚高。自 1996 年的 46.4%，於 2000 年陡降至 15.5%，幾乎有 2/3 的國民黨認同者，在 2000 年轉向其他政黨或改變其政黨立場為中立。而後又於 2004 與 2008 分別以 5% 和 15% 的幅度成長。新黨認同者則似曇花，1996 年尚有 10.3% 的認同者，四年後卻僅有不到 1% (0.6%) 的受訪者表示自己是新黨認同者。親民黨的發展亦呈現類似軌跡，從 2000 年的橫空出世 (12.3%)，經過四年後，1/3 的親民黨認同者轉向，2008 年更只剩下 1% 的認同者。台灣團結聯盟則是於四年內（2004 年到 2008 年），就流失超過 3/4 的認同者（2.6% 跌到 0.7%）。唯獨民進黨於 2000 年執政時，迅速增加約 9% 的認同者後（1996 年的 18.8% 增加到 2000 年的 27.6%）認同民進黨的選民比例就一直維持在接近三成左右。

表 7.1　1996 至 2008 選民政黨認同變遷情形（以政黨區分）

政黨認同	1996		2000		2004		2008	
	次數	百分比	次數	百分比	次數	百分比	次數	百分比
國民黨	584	46.4	183	15.5	379	20.8	670	35.2
民進黨	236	18.8	326	27.6	523	28.7	530	27.8
新黨	130	10.3	7	0.6	9	0.5	14	0.7
親民黨			145	12.3	158	8.7	19	1.0
台灣團結聯盟					47	2.6	14	0.7
中立無反應	308	24.5	520	44.0	707	38.8	659	34.6
總計	1,258	100.0	1,181	100.0	1,823	100.0	1,905	100.0

資料來源：謝復生（1996）；陳義彥（2000）；黃秀端（2004）；游清鑫（2008）。所有數據係筆者自行計算所得。

　　選民政黨認同這樣的趨勢變化，無論是政黨間合縱連橫和各政黨興起沒落的原因，或是結果，都彰顯這段期間內台灣的政黨體系處於動態變動的情況（陳陸輝與耿曙　2008, 91-2）。然而誠如盛杏湲（2009）與陳光輝（2009）的研究所指出的，台灣選民的政黨認同之變遷其實是侷限在議題相近的政黨聯盟內部，由小黨轉向大黨或是轉向中立。因此，這樣的劇烈變化若放在較大的框架（跳脫個別政黨而改以藍綠勢力區分）下來檢視，則有不同的面貌。就下表 7.2 的數據，可以明顯看出 2000 年總統選舉是政黨認同變遷的關鍵分水嶺。原本 1996 年泛藍認同者佔絕對優勢的情形(56.7%)，在 2000 年民進黨贏得總統選舉後，陡然流失半數認同者，而同時間泛綠之認同者增幅約為 9%。而於 2000 年選舉之後，可以觀察到泛綠認同者的比例穩定維持三成左右。至於泛藍認同者的數量有漸次回升趨勢，而於 2008 年國民黨重回執政後爬升到 36.9%。而配合表 7.1 數據可以發現，泛藍陣營內新黨與親民黨，以及泛綠陣營內台灣團結聯盟等小黨政黨認同者的快速消退，輔以國民黨與民進黨認同者的成長，確實側面呼應前述盛杏湲（2009）與陳光輝（2009）的研究發現。[6]

　　前述政黨認同之變遷係發生於 1996 至 2008 的 12 年間，若依循傳統密西根學派對政黨認同之定義，要指稱台灣選民的政黨認同是一種長期而穩定的心理依附，頗為牽強。但若輔以 Key (1955, 16) 所發展的「關鍵性選舉」(critical election) 理論，台灣在 2000 年總統選舉後造成「明顯而持續性的政黨選民重組」(sharp and durable electoral realignment between parties)，新的選民結構蔚然成形，而主要呈現在民進黨／泛綠選民的陡然增長和後續的穩定。至於泛藍選民的政黨認同變遷則頗類其侯後修正 (Key 1959, 199) 的「漸進性重組」(secular realignment) 理論。該理論主張選民的政黨依附感會漸進性的移轉。特定類別選民的政黨依附感趨向同質化

6　由於本研究所使用的是橫斷面，而非固定樣本連續訪問的實證資料，因此無法直接推斷各政黨之間的認同者比例變化確實就是來自議題相近的政黨。但輔以盛杏湲（2009）與陳光輝（2009）以固定樣本連續訪問法分析所得之研究發現，從經驗上來看，這樣的推斷應屬合理。

表 7.2　1996 至 2008 選民政黨認同變遷情形（以藍綠區分）

政黨認同	1996		2000		2004		2008	
	次數	百分比	次數	百分比	次數	百分比	次數	百分比
泛藍	714	56.7	335	28.4	547	30.0	702	36.9
泛綠	236	18.8	326	27.6	570	31.2	543	28.5
中立無反應	308	24.5	520	44.0	707	38.8	659	34.6
總計	1,258	100.0	1,181	100.0	1,823	100.0	1,905	100.0

資料來源：同前表 7.1。
說明：藍綠政治勢力之歸類，係將國民黨、新黨、親民黨等議題立場相近之政黨認同者合併於泛藍一
　　　類；泛綠則是將民進黨與台灣團結聯盟兩個議題立場相近的政黨認同者合併於泛綠一類。

(political homogeneity) 的過程，提供至政治領袖動員選民而形塑新政黨認同。若將此處所提的「政黨」理解成為「黨內派系」，回顧國民黨威權政體民主化與黨內分裂的長期過程（自 1988 年起），可以觀察到原本社會支持基礎廣泛的國民黨，因為省籍、教育程度、年齡，以及統獨立場等等特質的分野，經過持續的選舉動員，使得原本國民黨的認同者，雖然仍「披著國民黨外衣」，實質上卻已經形成不同政治支持群體，而替新的政黨認同結構打下基礎。所以，國民黨裂解成泛藍各政黨的過程並非一夕之間發生，而是漸進轉換的。同時，即便裂解成為新政黨後，泛藍新政黨支持者的政黨認同並不穩固，而是將新政黨視為「正統國民黨」(Pao 2005)。因此，當原本造成分裂的原因逐漸消失後，國民黨回復「正統形象」後，自國民黨分裂出去的新政黨支持者，便逐漸開始回流認同支持國民黨。表 7.1 及表 7.2 數據所顯示的國民黨認同持續上揚與新黨和親民黨認同者的急速消退趨勢，即可為之佐證。[7]

　　前述討論係以橫斷面資料檢視歷屆總統大選後國內各政黨與藍綠勢力認同的變化趨勢。然根據社會學研究途徑 (sociological approach) 的觀點，政治態度往往取決於個人社會特徵。吳重禮與許文賓（2003, 115-17）分析 2001 年立委選舉調查資料後發現，屬於某種性質的團體成員擁有高度的同

_____

[7]　見表7.2說明。

質性，相較於其他團體，成員彼此間的政治態度頗為類似。有鑒於此，依循同樣的假設，本研究將以歷屆總統選舉調查結果為資料，進一步依據選民基本資料，包括性別、年齡、教育程度、居住地區、省籍，以及統獨立場等六個變數，將受訪者做不同區分，以檢證不同特徵的社會群體在政黨認同上的差異。[8] 附錄表 1 為 1996-2008 歷屆總統選舉中選民個人基本資料與政黨認同之雙變數交叉分析。藉由卡方檢定，在 95% 信心水準下，前述六個人口基本變數，歷屆調查資訊都顯示多數人口基本變數與政黨認同顯著相關，且其數據呈現結果與研究假設相當契合。[9]

實證資料顯示（以下所有相關數據，請參閱附錄表 1），性別變數除於 2008 年與政黨認同有顯著相關外，其餘歷次選舉調查當中，性別並無法作為區分選民類別的變數。在年齡方面，除 2008 年選舉與政黨認同無顯著相關外，前三屆選舉的資料均顯示顯著相關。細究其分布狀態，可以發現自 2000 年關鍵性選舉之後，民進黨認同者的年齡層分布相當平均，但於年輕選民（20 至 29 歲間）的比例略略高出其他年齡層。反觀國民黨部分，30 歲以上的受訪者較傾向認同國民黨。年齡層愈高者，認同國民黨的比例就愈高，而以 60 歲以上的年長選民最認同國民黨。至於從國民黨分裂出來的泛藍其他政黨（新黨和親民黨），則主要是 40 歲以下（20 歲到 39 歲）的較年輕選民比較認同的對象。

在教育程度方面，值得關注的是，民進黨認同者的教育程度結構原本於 1996 年是傾向高教育程度較認同民進黨 (33.6%)，但於 2000 年之後，其分布結構則轉向較低教育程度者，特別是小學及以下程度者，均在六成

8　統獨立場雖非個人社會特徵，而是一項政治心理態度，但盛杏湲（2000）、盛杏湲與陳義彥（2003）的研究發現，統獨立場有明顯的族群差異，而選民極易被該項議題所動員。而自1991年統獨議題正式出現政治檯面後，幾乎主宰其後的台灣政治，且影響力持續維持穩定。徐火炎（1992b；1998）亦有類似研究發現。鑑此，統獨立場實為重要的社會分歧結構，故而將其納入本研究之選民基本資料中，同時進行分析。

9　本研究所採用的六個變數當中，性別變數僅於2008年總統選舉當中對政黨認同有顯著影響，係女性選民較傾向支持國民黨的緣故。而在1996、2000、2004等三次總統選舉當中，性別對政黨認同的影響均不顯著。至於年齡部分，僅2008年選舉資料的檢定結果顯示不顯著，其他三屆則均為顯著。其他四個變數則在歷屆都呈現顯著相關。

上下（2000年59.8%，2004年58.0%，2008年61.2%）。國初中程度者亦維持在五成左右（2000年48.0%，2004年55.4%，2008年53.9%）。新黨及親民黨認同者的教育程度普偏較高，基本呈現學歷愈高，愈認同兩黨的趨勢。國民黨認同者的教育程度結構相當不穩定。1996年時，呈現學歷愈低愈認同國民黨的趨勢。2000與2004年則呈現各教育程度平均散佈，2000年約在二成五到三成間，2004年則普遍都在三成以上。2008年新黨與親民黨認同者回流後，則呈現教育程度愈高者愈認同國民黨的趨勢。

在居住地區方面，實證資料顯示，台灣社會普遍流行「北藍南綠」和「南方政治」等等認知，並非空穴來風。選民的政黨認同確實某種程度受到居住地區的影響。就民進黨而言，除開台北縣市與基隆市在2000年後維持四成上下的認同程度外，其他縣市部份則是有愈南方的縣市居民愈認同民進黨的傾向（高屏澎地區最高，而後雲嘉南次之，中彰投再次之，桃竹苗更次之，後山地區的宜花東則是民進黨認同者最少的區域）。而此一結構趨勢相當穩定，歷經四屆總統大選並無改變，至多是愈到後期的選舉，這樣的態勢愈加明顯而已。

在省籍方面，則明顯與經驗認知相符，大陸各省市籍選民認同民進黨者明顯偏低，但卻有相當比例認同新黨及親民黨（超過四成以上，2000年選舉更接近六成）。跨時距整體來看，隨著「正朔效應」（即以國民黨為泛藍正統的認知）的不斷擴大，大陸各省市選民逐漸傾向國民黨認同。類似大陸各省市選民的政黨認同趨勢同樣發生在客家籍選民身上，只是幅度比例未若大陸各省市選民來得大。換言之，相當數量的客家籍選民傾向認同親民黨（約為兩成上下，但逐年減少），但整體而言還是以國民黨認同居多數。值得注意的是，自2000年選舉後，民進黨客家籍認同者的比例就穩定維持在接近四成的數字。至於閩南籍選民部份，則普遍認同民進黨（2000年59.0%，2004年60.8%，2008年52.0%）。

最後，有關統獨立場方面，傾向台灣獨立的選民普遍認同民進黨。事實上，自2000年總統選後，具有台灣獨立傾向的選民開始彙集認同於民進黨，比例從2000年的77.6%，攀升到2000年的88.3%，而在2008年維

持在 82.3% 的水準。反觀傾向統一立場的選民則較不支持民進黨，而是在國民黨與新黨或親民黨間擺盪，且略傾向國民黨（實證資料顯示持統一立場選民認同國民黨的比例均高過認同新黨或親民黨）。至於傾向維持現狀的選民之政黨認同則與有明確統獨立場者不同。跨時性資料顯示，傾向維持現狀的選民之政黨認同對象並不穩定。1996 年時，國、民兩黨認同者各有 46.8% 和 47.5%，新黨認同者僅 5.7%。2000 年時則民進黨認同者過半數 (52.9%)，餘下為國民黨 (24.2%) 與親民黨 (22.9%) 各半。2004 年時，國、民兩黨認同者約略相等 (42.0% vs. 40.0%)，親民黨略為下降 (17.9%)。到 2008 年時，國民黨佔 2/3 (66.7%)，而民進黨僅佔 1/3 (33.3%)。而若以藍綠政治立場區分，大致可以歸納出，傾向維持現狀選民的藍綠政黨認同是五五比四五的趨勢。基本上是泛藍認同者略佔優勢的局面，但並不穩定。

綜上所述，自 1996 年起到 2008 年間，台灣選民政黨認同的變遷趨勢，基本上是泛綠（主要是民進黨）認同的穩定局面，而泛藍政黨之間則逐漸趨向國民黨認同的動態穩定態勢。自附錄表 1 的交叉分析，初步檢視各人口變數與政黨認同的關係，而能透過不同人口變數之間的區隔，勾勒出各政黨認同者的特性。但對政黨認同與投票抉擇之間的關係，則待進一步討論。

兩者之間的關係，若以社會學研究途徑出發，個人社會特徵左右「社會計算」(social calculus) 結果，為決定投票取向的關鍵因素，其影響程度可能勝過於政黨認同的效應。但社會心理學途徑則強調個人對特定社會團體的歸屬感，所形成固定的價值體系及政治信念，特別是政黨認同，會影響投票抉擇。（吳重禮與許文賓　2003, 108-09）。鑑此，本研究將進一步透過迴歸分析來檢證，以期釐清政黨認同和選民社會特徵，孰為較具影響力之變數。由於依變數投票抉擇之各項選項之間並無順序關係，根據依變數的性質與分類數目，本研究設定以「多元勝算對數模型」(multinominal logit model) 來進行 1996 與 2000 年總統選舉的資料檢定與分析，並以「二元 Logistic 迴歸模型」(binary logistic regression model) 處理 2004 與 2008

年的資料檢定與分析。[10]

肆、政黨認同與投票抉擇之間關係的實證分析

　　本文之另一研究目的旨在釐清政黨認同與投票抉擇之間的關係，因此在樣本選擇上僅採計有政黨認同之個案，而排除中立選民，期能清楚呈現不同政黨認同者的投票抉擇受政黨認同之影響程度。在分析模型當中，依變數部份，1996 至 2008 共計四次總統選舉，歷屆參選人數不一，除獨立候選人合併為單一變數外，餘者均依總統候選人所屬政黨分類。準此，1996 年的依變數（投票抉擇）區分為「國民黨籍候選人」、「民進黨籍候選人」、「新黨籍候選人」，以及「獨立候選人」等四類，並以獨立候選人作為對照組。2000 年則區分「國民黨籍候選人」、「民進黨籍候選人」以及「親民黨籍候選人」等三類，其中獨立候選人（李敖、許信良兩組）因個案數過少，為避免產生估計不穩的情形而影響分析，以遺漏值處理，而以親民黨籍候選人為對照組。2004 和 2008 則較為單純，均為二分類之「國民黨籍候選人」和「民進黨籍候選人」，並以後者為對照組。至於自變數方面，將年齡與教育程度重新編碼還原為「連續變數」(continuous variable)，其餘變數因屬於「質化變數」(qualitative variable)，故以虛擬變數 (dummy variable) 登錄處理。[11]

---

[10]　一般線性迴歸分析的依變數必須為計量資料，若依變數為質化資料且為二分類變數 (binary variable)，應以二元Logistic迴歸分析來處理。但當依變數為質化資料且為二分類以上的變數時，則以多元勝算對數模型來處理為佳。就本研究所處理之資料而言，1996與2000的投票抉擇分別為四個和三個，2004與2008則均為兩個。因此分別採用兩種迴歸分析方法處理。

[11]　除年齡與教育程度分別改為年紀和受教育年限的連續變數外，其他自變數分別為性別（以女性為對照組）、居住地區（北中南三分類，以中部為對照組）、省籍（本省客家、本省閩南、大陸各省市三分類，以大陸各省市人為對照組）、政黨認同（1996年區分為國民黨、民進黨、新黨三分類，以新黨為對照組；2000年區分為國民黨、民進黨、親民黨三分類（新黨納入親民黨），以親民黨為對照組；2004和2008年則僅區分

　　附錄表 2 到表 5 分別為 1996、2000、2004、2008 五個社會人口變數、統獨立場與政黨認同對投票抉擇分析模型的分析結果。整體而言，四個模型的「準決定係數」(pseudo coefficient of determination, pseudo R^2) 的值均超過六成以上。1996 年為 0.643，2000 年為 0.717，2004 年為 0.921，而2008 年則為 0.893。亦即各模型分別可解釋 64.3%、71.7%、92.1%，以及89.3% 的變異量。初步檢視四個模型各變數之機率比（log odds，即為表中Exp (β) 的數據），政黨認同變數均顯現出相當大而顯著的估計值，表示政黨認同是影響選民投票抉擇的重要因素。以下便就各模型分別說明實證分析結果。

　　附錄表 2 為 1996 年的模型分析結果。有關政黨認同變數部份，由於未放入模型的虛擬變數是新黨認同者，因此在模型中的國民黨認同和民進黨認同等兩個虛擬變數的詮釋都要和新黨認同者做比較。對照組新黨認同者的估計值設為 0，其機率比為 1。就投票抉擇是國民黨對獨立候選人這組而言，是指「投給國民黨候選人相對於投給獨立候選人的相對機率」。就附錄表 2 數據顯示，國民黨認同的機率比是 35.80。這表示國民黨認同者「投給國民黨候選人相對於投給獨立候選人的相對機率」是新黨認同者的 35.80 倍。同樣的詮釋邏輯，可知民進黨認同者是新黨認同者的 5.33倍。這樣的數據呈現出，在投票抉擇為國民黨相對於獨立候選人的情形下，最支持國民黨的是國民黨認同者，其次為民進黨認同者，最不支持的是新黨認同者。至於投票抉擇是民進黨對獨立候選人這組，國民黨認同者「投給民進黨相對於獨立候選人的相對機率」是新黨認同者的 3.47 倍，但民進黨認同者則是新黨認同者的 142.72 倍。可知，在投票抉擇為民進黨相對於獨立候選人的情形下，最支持民進黨的是民進黨認同者，其次為國民黨認同者，最不支持的是新黨認同者。最後一組是投票抉擇為新黨對獨立候選人這組，國民黨認同者「投給新黨相對於獨立候選人的相對機率」是

　　為泛藍和泛綠兩組，以泛綠為對照組），以及統獨立場（傾向統一、傾向獨立、維持現狀三分類，以維持現狀為對照組）。

新黨認同者的 0.24 倍，但民進黨認同者則是新黨認同者的 0.19 倍。可知，在投票抉擇為新黨相對於獨立候選人的情形下，最支持新黨的是新黨認同者，其次為國民黨認同者，最不支持的是民進黨認同者。

　　附錄表 3 是 2000 年總統選舉的分析結果，政黨認同變數的對照組是親民黨，就投票抉擇第一組（國民黨對親民黨）而言，國民黨認同者「投給國民黨候選人相對於投給親民黨候選人的相對機率」是親民黨認同者的 127.04 倍，民進黨認同者則是親民黨認同者的 133.45 倍。換言之，最不支持親民黨的是民進黨認同者。投票抉擇第二組（民進黨對親民黨）部分，國民黨認同者是親民黨認同者的 14.50 倍，民進黨認同者則是親民黨認同者的 1,566.80 倍。意即在投票抉擇是民進黨對親民黨時，最支持民進黨的是民進黨認同者，其次是國民黨認同者，最不支持民進黨的是親民黨認同者。

　　2004 年總統選舉的模型分析結果則呈現於附錄表 4，政黨認同變數的對照組是泛綠政黨認同。就投票抉擇是國民黨對民進黨狀況而言，泛藍政黨認同者「投給國民黨候選人相對於投給民進黨候選人的相對機率」是泛綠政黨認同者的 2,138.42 倍。2008 年的分析結果（請見附錄表 5）顯示，就投票抉擇是國民黨對民進黨狀況而言，泛藍政黨認同者「投給國民黨候選人相對於投給民進黨候選人的相對機率」是泛綠政黨認同者的 571.71 倍。

　　整體來說，四屆總統選舉的模型檢定結果顯示，除上開政黨認同變數的影響外，其他自變數與投票抉擇之間的關係，多無顯著差異。即便個別自變數與依變數投票抉擇之間有顯著差異，其機率比估計值亦遠不如政黨認同來得明顯。社會人口變數中與投票抉擇之間關係較明顯的，僅有 2000 年分析模型當中的省籍變數。就投票抉擇是民進黨對親民黨的狀況而言，本省閩南人「投給民進黨候選人相對於投給親民黨候選人的相對機率」是大陸各省市人的 17.66 倍。至於另一政治心理變數，統獨立場變數的影響，則僅在 2008 年的分析模型當中較明顯。是年資料分析結果顯示，傾向統一較諸維持中立的選民投給國民黨相對於投給民進黨的相對機率是

12.55 倍。

　　另一值得討論的是社會人口變數裏的居住地區。依前節所討論的，在政黨認同的分布上，台灣政治確實有「北藍南綠」或「南方政治」的現象。但若以投票抉擇來看，正如吳重禮與許文賓（2003, 117）所檢驗之結果，前述立論，未必站得住腳。事實上，四個模型當中，僅有 2004 年模型的居住地區和投票抉擇之關係顯著，而其分布正好與一般流行認知相符，即北部地區選民投給國民黨的相對機率是中部地區選民的 2.53 倍，南部選民則是中部選民的 7.33 倍。但其他三個模型裡的居住地區和投票抉擇之間的關係無顯著差異。

　　綜觀上述實證分析，可以發現，對於有政黨認同的選民而言，過往研究當中被認為具備強大解釋力的省籍和統獨立場等變數對於投票抉擇的影響並無顯著差異，而所有其他的社會人口變數，對於投票抉擇的影響亦不穩定。惟獨政黨認同在四屆總統選舉當中均有顯著差異。同時確實呈現有政黨認同者傾向投給本身所屬的政黨候選人的趨勢。換言之，與過往諸多以立委選舉為資料範圍之研究的發現相類似，政黨認同確實為影響選民投票抉擇的重要變數。

伍、結論與建議

　　自威權政體民主轉型以後，台灣政治局勢與政黨體系變動甚鉅。肇始於民進黨的成立，而後是國民黨內部派系鬥爭，乃至於不斷分裂，新生政黨由是繁衍而出。而經歷過四次總統選舉的競爭考驗，政黨之間的合縱連橫，而逐漸整合回歸於以國、民兩黨為主軸的政黨體系。在政黨體系的動態變遷過程當中，隨著舊有政黨的勢力消長和新生政黨的興起與沒落，台灣選民的政黨認同亦隨之變化。

　　根據前文之分析，2000 年總統選舉可視為選民政黨認同變遷的關鍵性選舉。是屆選舉結果，民進黨籍候選人陳水扁以 39.3% 的相對多數當選，

國民黨黯然交出長達半世紀的中央執政權。俟後自國民黨分裂而出的親民黨與奉前總統李登輝為精神領袖的台灣團結聯盟旋即相繼成立，台灣政黨體系大變。反映於選民政黨認同的是，民進黨認同者的急速增加而後穩定於三成左右，迄今未改。同屬泛綠政黨的台灣團結聯盟，其認同者未曾超過3%。事實上，數據顯示，台灣團結聯盟的成立對民進黨幾無影響。反觀泛藍政黨內部勢力消長則急遽變化。2000年總統選舉敗選使得國民黨認同者迅速流失，有近三分之二的原國民黨認同者轉向新成立的親民黨或改變其政黨認同為中立。但伴隨2004年總統選舉和2008年立委選舉國民黨與親民黨的整合，以及2008年總統選舉國民黨籍候選人馬英九以58.45%的壓倒性多數贏回失去八年的中央執政權後，泛藍政黨認同者逐漸回歸於國民黨認同。換言之，台灣選民的政黨認同隨著政黨體系與選舉競爭結果而變遷。在可預見之將來，台灣應會維持兩黨政黨體系，而國、民兩黨將在後續各類選舉當中激烈競爭，試圖爭取選民支持而贏得選戰。無疑地，釐清政黨認同者的基本社會特徵與政治態度，並確定影響政黨認同者投票抉擇的因素，裨益兩黨擬定選舉動員策略、規劃競選議題，以及分配競選資源。由於蘊含重要理論意涵與實際政治參考價值，本文乃嘗試以政黨認同為研究焦點，分析不同政黨間認同者的基本特質差異，以及其與投票抉擇之間的關係。

　　總體而言，綜合本研究之發現，可歸納以下結論。就不同政黨間認同者的基本特徵而言，性別未能做為區辨不同政黨認同者的變數。其他社會人口變數當中，民進黨認同者的年齡層分布平均，但年輕選民（20至29歲）部分略為突出；而年齡愈長者愈傾向成為國民黨認同者。在教育程度方面，則是高教育程度者傾向認同國民黨（特別是泛藍其他政黨認同者回歸國民黨認同後），而國中以下程度的低教育程度者傾向認同民進黨。居住地區方面，確有「南方政治」的影子，愈是處於台灣南部的縣市居民，愈傾向認同民進黨。省籍方面，大陸各省市者明顯拒絕認同民進黨。統獨立場分野上面，藍綠分佔統一與獨立兩端，維持現狀者則略為傾向認同國民黨。由是可知，透過社會人口變數的切割，各政黨認同者的特徵可以被

描繪出來。

　　至於政黨認同與投票抉擇之間的關係，根據前述分析歸納，長期來看，就台灣選民的投票行為而言，政黨認同才是投票抉擇的最關鍵因素。社會學研究途徑所指稱的「社會特徵影響力超過政黨認同」的現象，並未獲實證分析結果支持。反觀社會心理學研究途徑強調政黨認同在投票抉擇上之長期而穩定的影響，則獲得某種程度的佐證。實證分析數據顯示，擁有特定政黨認同的選民較諸其他政黨認同者，投票支持本身所屬政黨的相對機率，遠高過投給其他政黨。其明顯偏高與顯著的機率比，幾可以推論政黨認同者的投票抉擇是可以被輕易預測的。只要選民表態是特定政黨的認同者，其投票抉擇幾乎是不言可喻。易言之，可以將有政黨認同之選民視為其所屬政黨之鐵票。

　　儘管本文之研究結果得到部分佐證，但無庸諱言地仍有諸多值得改進的地方。首先在於政黨認同與獨立選民的認定問題。為使研究聚焦，本文之研究對象設定為政黨認同有明確表態的選民，但就政黨認同者比例的快速變遷情形來看，其中被排除於研究範圍之外的獨立選民，不無可能是暫時隱藏其政黨認同傾向的「暫時性」獨立選民，若能以固定樣本連續訪問法對受訪者做長期追蹤，釐清受訪選民在各次調查當中的政黨認同變化情形，應可鎖定這些實際上仍擁有政黨認同的選民，而將其納入分析模型當中。然囿於資料性質，無法進行。其次，本研究顧及有效分析樣本數之限制，為避免分類過多導致影響模型分析適合度，故並未考慮「黨性強度」因素，將政黨認同者再細部區分「強烈政黨認同者」、「中度政黨認同者」，以及「弱政黨認同者」來分析，以期獲得更為詳實的研究結果，亦為研究限制之一。

附錄

表1　1996-2008 歷屆總統選舉中選民個人基本資料與政黨認同之交叉分析

		1996			2000			2004			2008	
		國民黨	民進黨	新黨	國民黨	民進黨	親民黨[a]	國民黨	民進黨[b]	親民黨[a]	國民黨[c]	民進黨[b]
性別												
男性	n	320	123	70	92	165	79	182	309	87	335	308
	%	62.4	24.0	13.6	27.4	49.1	23.5	31.5	53.5	15.1	52.1	47.9
女性	n	264	113	60	91	161	73	196	261	81	367	236
	%	60.4	25.9	13.7	28.0	49.5	22.5	36.4	48.5	15.1	60.9	39.1
合計	n	584	236	130	183	326	152	378	570	168	702	544
	%	61.5	24.8	13.7	27.7	49.3	23.0	33.9	51.1	15.1	56.3	43.7
年齡												
20至29歲	n	117	75	52	23	83	38	70	157	40	155	117
	%	48.0	30.7	21.3	16.0	57.6	26.4	26.2	58.8	15.0	57.0	43.0
30至39歲	n	165	69	47	37	72	49	86	131	56	177	110
	%	58.7	24.6	16.7	23.4	45.6	31.0	31.5	48.0	20.5	61.7	38.3
40至49歲	n	105	47	19	47	86	36	104	116	45	155	114
	%	61.4	27.5	11.1	27.8	50.9	21.3	39.2	43.8	17.0	57.6	42.4
50至59歲	n	80	23	2	33	37	16	47	88	17	112	104
	%	76.2	21.9	1.9	38.4	43.0	18.6	30.9	57.9	11.2	51.9	48.1
60歲及以上	n	116	22	9	43	48	13	71	78	11	103	99
	%	78.9	15.0	6.1	41.3	46.2	12.5	44.4	48.8	6.9	51.0	49.0
合計	n	583	236	129	183	326	152	378	570	169	702	544
	%	61.5	24.9	13.6	27.7	49.3	23.0	33.8	51.0	15.1	56.3	43.7

性別統計：
- 1996：N=950，df=2，$\chi^2=0.486$
- 2000：N=661，df=2，$\chi^2=0.108$
- 2004：N=1,116，df=2，$\chi^2=3.346$
- 2008：N=1,246，df=1，$\chi^2=9.714^{**}$

年齡統計：
- 1996：N=948，df=8，$\chi^2=58.641^{***}$
- 2000：N=661，df=8，$\chi^2=33.244^{***}$
- 2004：N=1,117，df=8，$\chi^2=35.504^{***}$
- 2008：N=1,246，df=4，$\chi^2=7.662$

表1　1996-2008 歷屆總統選舉中選民個人基本資料與政黨認同之交叉分析（續）

		1996			2000			2004			2008		
		國民黨	民進黨	新黨	國民黨	民進黨	親民黨[a]	國民黨	民進黨[b]	親民黨[a]	國民黨[c]	民進黨[b]	
教育程度													
小學及以下	n	204	53	6	49	98	17	75	120	12	78	123	
	%	77.6	20.2	2.3	29.9	59.8	10.4	36.2	58.0	5.8	38.8	61.2	
國、初中	n	108	38	12	31	48	21	54	92	20	77	90	
	%	68.4	24.1	7.6	31.0	48.0	21.0	32.5	55.4	12.0	46.1	53.9	
高中、職	n	162	70	45	52	88	52	117	186	61	234	152	
	%	58.5	25.3	16.2	27.1	45.8	27.1	32.1	51.1	16.8	60.6	39.4	
專科	n	73	36	29	22	41	29	68	72	35	123	66	
	%	52.9	26.1	21.0	23.9	44.6	31.5	38.9	41.1	20.0	65.1	34.9	
大學及以上	n	37	38	38	28	49	33	65	99	40	190	110	
	%	32.7	33.6	33.6	25.5	44.5	30.0	31.9	48.5	19.6	63.3	36.7	
合計	n	584	235	130	182	324	152	379	569	168	702	541	
	%	61.5	24.8	13.7	27.7	49.2	23.1	34.0	51.0	15.1	56.5	43.5	

1996：N=949　df=8　χ^2=104.286*** 　2000：N=658　df=8　χ^2=24.560** 　2004：N=1,116　df=8　χ^2=27.593*** 　2008：N=1,243　df=4　χ^2=46.964***

		1996			2000			2004			2008		
		國民黨	民進黨	新黨	國民黨	民進黨	親民黨[a]	國民黨	民進黨[b]	親民黨[a]	國民黨[c]	民進黨[b]	
居住地區													
北北基	n	124	73	56	47	104	73	123	190	75	246	154	
	%	49.0	28.9	22.1	21.0	46.4	32.6	31.7	49.0	19.3	61.5	38.5	
桃竹苗	n	107	29	28	32	12	13	53	52	23	127	56	
	%	65.2	17.7	17.1	56.1	21.1	22.8	41.4	40.6	18.0	69.4	30.6	
中彰投	n	137	35	25	27	50	21	66	99	26	140	90	
	%	69.5	17.8	12.7	27.6	51.0	21.4	34.6	51.8	13.6	60.9	39.1	

1996：N=949　df=10　χ^2=65.105*** 　2000：N=661　df=10　χ^2=51.158*** 　2004：N=1,114　df=10　χ^2=26.931** 　2008：N=1,246　df=5　χ^2=86.128**

表 1　1996-2008 歷屆總統選舉中選民個人基本資料與政黨認同之交叉分析（續）

		1996			2000			2004			2008	
		國民黨	民進黨	新黨	國民黨	民進黨	親民黨[a]	國民黨	民進黨[b]	親民黨[a]	國民黨[c]	民進黨[b]
雲嘉南	n	122	51	5	36	64	22	53	91	16	63	107
	%	68.5	28.7	2.8	29.5	52.5	18.0	33.1	56.9	10.0	37.1	62.9
高屏澎	n	79	48	16	34	78	16	65	119	17	80	126
	%	55.2	33.6	11.2	26.6	60.9	12.5	32.3	59.2	8.5	38.8	61.2
宜花東	n	14	0	0	7	18	7	18	18	10	47	10
	%	100.0	0.0	0.0	21.9	56.3	21.9	39.1	39.1	21.7	82.5	17.5
合計	n	583	236	130	183	326	152	378	569	167	703	543
	%	61.4	24.9	13.7	27.7	49.3	23.0	33.9	51.1	15.0	56.4	43.6
		N=948 df=6 $\chi^2=$127.780***			N=658 df=6 $\chi^2=$107.615***			N=1,103 df=6 $\chi^2=$179.901***			N=1,240 df=3 $\chi^2=$134.596***	
省籍												
本省客家	n	101	27	15	40	33	20	49	63	19	85	52
	%	70.6	18.9	10.5	43.0	35.5	21.5	37.4	48.1	14.5	62.0	38.0
本省閩南	n	401	204	56	115	282	81	234	478	74	438	475
	%	60.7	30.9	8.5	24.1	59.0	16.9	29.8	60.8	9.4	48.0	52.0
大陸各省市	n	79	6	57	27	8	49	78	19	64	157	8
	%	55.6	4.2	40.1	32.1	9.5	58.3	48.4	11.8	39.8	95.2	4.8
原住民及其他	n	2	0	0	1	0	2	14	2	9	20	5
	%	100.0	0.0	0.0	33.3	0.0	66.7	56.0	8.0	36.0	80.0	20.0
合計	n	583	237	128	183	323	152	375	562	166	700	540
	%	61.5	25.0	13.5	27.8	49.1	23.1	34.0	51.0	15.0	56.5	43.5

表 1　1996-2008 歷屆總統選舉中選民個人基本資料與政黨認同之交叉分析（續）

		1996			2000			2004			2008	
		國民黨	民進黨	新黨	國民黨	民進黨	親民黨[a]	國民黨	民進黨[b]	親民黨	國民黨[c]	民進黨[b]
統獨立場												
傾向統一	n	238	35	83	71	45	68	106	37	59	171	29
	%	66.9	9.8	23.3	38.6	24.5	37.0	52.5	18.3	29.2	85.5	14.5
維持現狀	n	140	142	17	76	166	72	232	221	99	459	229
	%	46.8	47.5	5.7	24.2	52.9	22.9	42.0	40.0	17.9	66.7	33.3
傾向獨立	n	151	50	29	19	97	9	31	294	8	58	270
	%	65.7	21.7	12.6	15.2	77.6	7.2	9.3	88.3	2.4	17.7	82.3
合計	n	529	227	129	166	308	149	369	552	166	688	528
	%	59.8	25.6	14.6	26.6	49.4	23.9	33.9	50.8	15.3	56.6	43.4
		N=885 df=4 χ^2=139.891***			N=623 df=4 χ^2=88.536***			N=1,087 df=4 χ^2=301.684***			N=1,216 df=2 χ^2=298.855***	

資料來源：謝復生（1996）；陳義彥（2000）；黃秀端（2004）；游清鑫（2008）。所有數據係筆者自行計算所得。

說明：1. [a] 含新黨認同者；[b] 含台灣團結聯盟認同者；[c] 含新黨及親民黨認同者。n 為個案數；% 為橫列百分比；N 為有效分析樣本數；df 為自由度（degrees of freedom）；χ^2 為 value of Chi-square 而緊接其後的 * 表示顯著水準，*p<0.05；**p<0.01；***p<0.001，顯著者水準係探雙尾檢定（level of significance for two-tailed test），即不預設顯著者之方向性。

2. n 為固案數，即不預設顯著者之方向性。χ² 為 value of Chi-square 而緊接其後的 * 表示顯著者水準之方向性。

表 2　社會人口變項、統獨立場與政黨認同對投票抉擇之多元勝算對數模型（1996 年總統選舉）

參數估計值	投票抉擇：國民黨 vs. 獨立候選人				投票抉擇：民進黨 vs. 獨立候選人				投票抉擇：新黨 vs. 獨立候選人			
	β估計	標準誤差	顯著性	Exp(β)	β估計	標準誤差	顯著性	Exp(β)	β估計	標準誤差	顯著性	Exp(β)
截距	0.28	1.44	0.846		-3.97	2.11	0.061		1.88	1.58	0.234	
男性	1.16	0.39	0.003	3.18	0.32	0.48	0.503	1.38	0.46	0.44	0.288	1.59
年紀	0.03	0.02	0.077	1.03	0.02	0.02	0.311	1.02	0.05	0.02	0.026	1.05
受教育年限	-0.18	0.06	0.006	0.84	-0.05	0.08	0.522	0.95	-0.13	0.07	0.077	0.88
北部	0.10	0.53	0.845	1.11	1.12	0.69	0.108	3.06	-0.90	0.57	0.114	0.41
南部	0.44	0.55	0.426	1.55	1.06	0.70	0.130	2.89	-1.65	0.67	0.013	0.19
本省客家	1.05	0.67	0.118	2.85	0.91	1.12	0.419	2.48	-0.86	0.74	0.245	0.42
本省閩南	0.12	0.52	0.810	1.13	1.17	0.96	0.223	3.24	-0.63	0.51	0.216	0.53
國民黨認同	3.58	0.52	0.000	35.80	1.25	1.24	0.317	3.47	-1.43	0.53	0.008	0.24
民進黨認同	1.67	0.57	0.003	5.33	4.96	1.12	0.000	142.72	-1.67	0.63	0.008	0.19
傾向統一	-0.89	0.50	0.077	0.41	-1.25	0.62	0.043	0.29	0.75	0.61	0.218	2.11
傾向獨立	-1.10	0.49	0.026	0.33	-2.92	0.60	0.000	0.05	0.03	0.62	0.956	1.03
樣本數							697					
卡方值							717.6					
顯著性							0.000					
自由度							33					
Pseudo R² (Cox & Snell)							0.643					

資料來源：謝復生（1996）。所有數據係筆者自行計算所得。

表 3　社會人口變項、統獨立場與政黨認同對投票抉擇之多元勝算對數模型（2000 年總統選舉）

參數估計值	投票抉擇國民黨 vs. 親民黨				投票抉擇民進黨 vs. 親民黨			
	β估計	標準誤差	顯著性	Exp（β）	β估計	標準誤差	顯著性	Exp（β）
截距	-6.68	1.49	0.000		-8.56	1.88	0.000	
男性	-0.25	0.39	0.510	0.78	0.09	0.45	0.837	1.10
年紀	0.03	0.02	0.078	1.03	0.03	0.02	0.119	1.03
受教育年限	0.10	0.06	0.092	1.10	0.09	0.07	0.173	1.10
北部	-0.45	0.56	0.420	0.64	-0.67	0.65	0.300	0.51
南部	0.41	0.59	0.485	1.51	0.68	0.67	0.312	1.97
本省客家	0.38	0.56	0.503	1.46	1.20	0.93	0.197	3.31
本省閩南	1.31	0.50	0.008	3.70	2.87	0.83	0.001	17.66
國民黨認同	4.84	0.64	0.000	127.04	2.67	0.74	0.000	14.50
民進黨認同	4.89	0.76	0.000	133.45	7.36	0.79	0.000	1,566.80
傾向統一	-0.01	0.40	0.982	0.99	0.06	0.51	0.904	1.06
傾向獨立	0.43	0.64	0.495	1.54	1.08	0.67	0.107	2.94
樣本數	538							
卡方值	679.6							
顯著性	0.000							
自由度	22							
Pseudo R^2(Cox & Snell)	0.717							

資料來源：陳義彥（2000）。所有數據係筆者自行計算所得。

表 4 社會人口變項、統獨立場與政黨認同對投票抉擇之二元 Logistic 迴歸模型（2004 年總統選舉）

	投票抉擇為國民黨 vs. 民進黨			
	β 估計	標準誤差	顯著性	Exp（β）
男性	0.81	0.48	0.089	2.25
年紀	-0.00	0.02	0.918	1.00
受教育年限	0.13	0.06	0.050	1.13
傾向統一	1.26	0.72	0.077	3.54
居住地區				
北部	0.93	0.51	0.067	2.53
南部	1.99	0.67	0.003	7.33
省籍				
本省客家	-1.76	0.89	0.049	0.17
本省閩南	-0.76	0.75	0.306	0.47
統獨立場				
傾向獨立	0.34	0.55	0.545	1.40
泛藍政黨認同	7.67	0.60	0.000	2,138.42
常數	-6.17	1.67	0.000	0.00
樣本數	933			
卡方值	1081.0			
顯著性	0.000			
自由度	10			
Pseudo R^2 (Nagelkerke)	0.921			

資料來源：黃秀端（2004）。所有數據係筆者自行計算所得。

表 5　社會人口變項、統獨立場與政黨認同對投票抉擇之二元 Logistic 迴歸模型（2008 年總統選舉）

	投票抉擇為國民黨 vs. 民進黨			
	β估計	標準誤差	顯著性	Exp（β）
男性	-0.49	0.35	0.159	0.61
年紀	0.03	0.02	0.112	1.03
受教育年限	0.11	0.06	0.071	1.12
居住地區				
北部	-0.18	0.40	0.647	0.83
南部	0.05	0.51	0.925	1.05
省籍				
本省客家	-0.48	0.96	0.615	0.62
本省閩南	-1.61	0.89	0.069	0.20
統獨立場				
傾向獨立	0.34	0.55	0.545	1.40
傾向獨立	1.53	0.40	0.000	4.60
泛藍政黨認同	6.35	0.41	0.000	571.71
常數	-4.25	1.67	0.011	0.01
樣本數	1,040			
卡方值	1,115.2			
顯著性	0.000			
自由度	10			
Pseudo R^2 (Nagelkerke)	0.893			

資料來源：游清鑫（2008）。所有數據係筆者自行計算所得。

●●● **參考文獻** ●●●

I. 中文部分

何思因，1991，〈影響我國選民投票抉擇的因素〉，《東亞季刊》，23(2): 39-50。

------，1994，〈台灣地區選民政黨偏好的變遷：1989-1992〉，《選舉研究》，1(1): 39-52。

吳重禮、許文賓，2003，〈誰是政黨認同者與獨立選民？以 2001 年台灣地區選民政黨認同的決定因素為例〉，《政治科學論叢》，18: 101-140。

徐火炎，1991，〈政黨認同與投票抉擇：台灣地區選民的政黨印象、偏好與黨派投票行為之分析〉，《人文及社會科學集刊》，4(1): 1-57。

------，1992a，〈民主轉型過程中的政黨重組：台灣地區選民的民主價值取向、政黨偏好與黨派投票改變之研究〉，《人文及社會科學集刊》，5(1): 216-263。

------，1992b，〈選舉競爭與社會分歧結構的變遷〉，《人文及社會科學集刊》，6(1): 37-74。

------，1993，〈選民的政黨取向、政黨認同與黨派投票抉擇：第二屆國大代表選舉選民的投票行為分析〉，《國家科學委員會研究彙刊：人文及社會科學》，3(2): 144-166。

------，1998，〈台灣的選舉與政治分歧結構：政黨競爭與民主化〉，載於《兩岸基層選舉與政治社會變遷》，陳明通、鄭永年主編，台北：月旦出版社。

盛杏湲，2000，〈統獨議題與台灣選民的投票行為：1990 年代的分析〉，《選舉研究》，9(1): 41-80。

------，2009，〈台灣選民政黨偏好的持續與變遷：定群追蹤資料的應用〉，「台灣選舉與民主化調查：2008 年立法委員選舉」國際學術研討會，1 月 17-18 日，台北：台灣大學。

盛杏湲、陳義彥，2003，〈政治分歧與政黨競爭：2001 年立法委員選舉的分析〉，《選舉研究》，10(1): 7-40。

陳光輝，2009，〈台灣民主與選舉化調查受訪者藍綠支持的維持與變動〉，「台灣選舉與民主化調查：2008 年立法委員選舉」國際學術研討會，1 月 17-18 日，台北：台灣大學。

陳陸輝，2000，〈台灣選民政黨認同的持續與變遷〉，《選舉研究》，7(2): 109-139。

------，2006，〈政治信任的政治後果——以2004年立法委員選舉為例〉，《台灣民主季刊》，3(2): 39-62。

陳陸輝、耿曙，2008，〈政治效能感與政黨認同對選民投票抉擇的影響——以2002年北高市長選舉為例〉，《台灣民主季刊》，5(1): 87-118。

陳義彥，2000，《跨世紀總統選舉中選民投票行為科際整合研究》，計畫編號：NSC89-2414-H004-021-SSS，台北：行政院國家科學委員會補助專題研究計畫成果報告。

陳義彥、蔡孟熹，1997，〈新世代選民的政黨取向與投票抉擇〉，《政治學報》，29: 63-91。

黃秀端，2004，《2002年至2004年「選舉與民主化調查」三年期研究規劃 (III)：民國九十三年總統大選民調案》，計畫編號：NSC92-2420-H031-004，台北：行政院國家科學委員會補助專題研究計畫成果報告。

游清鑫，2008，《2005年至2008年「選舉與民主化調查」四年期研究規劃 (IV)：2008年總統選舉面訪案》，計畫編號：NSC96-2420-H004-017，台北：行政院國家科學委員會補助專題研究計畫成果報告。

劉義周，1987，〈選民的政黨偏好〉，載於《轉型期社會中的投票行為——台灣地區選民的科技整合研究》，雷飛龍等編，台北：行政院國家科學委員會。

鄭夙芬、陳陸輝、劉嘉薇，2006，〈2004年總統選舉中的候選人因素〉，《台灣民主季刊》，2(2): 31-70。

謝復生，1996，《總統選舉選民投票行為之科際整合研究》，計畫編號：NSC85-2414-H004-017-Q3，台北：行政院國家科學委員會補助專題研究計畫成果報告。

II. 外文部分

Abramson, P. R. 1983. *Political Attitudes in America: Formation and Change*. San Francisco: W. H. Freeman and Company Press.

Burnham, W. D. 1970. *Critical Elections and the Mainsprings of American Politics*. New York: W. W. Norton and Co.

Campbell A., and R. Kahn. 1952. *How People Elect a President*. Ann Arbor: University of Michigan Press.

Campbell A., G. Gurin, and W. Miller. 1954. *The Voter Decides*. Evanston, IL: Row,

Peterson.

Campbell, A. et al. 1960. *The American Voter*. New York: John Wiley and Sons.

Converse, P. E. 1964. "The Nature of Belief Systems in Mass Publics." In *Ideology and Discontent*, ed. D. E. Apter. New York: Free.

Downs, Anthony. 1957. *An Economic Theory of Democracy.* New York: Harper and Row.

Goldberg, A. S. 1966. "Discerning a Causal Pattern Among Data on Voting Behavior. " *American Political Science Review* 60(4): 913-922.

Kelly, S. Jr. and T. W. Mirer. 1974. "The Simple Act of Voting." *American Political Science Review* 68(2): 572-591.

Key, V. O. Jr. 1955. "A Theory of Critical Election." *Journal of Politics* 17(1): 3-18.

------. 1959. "Secular Realignment and the Party System." *Journal of Politics* 21(2): 198-210.

Milbrath, L., and M. L. Goel. 1977. *Political Participation*. Chicago: Rand McNally.

Miller, W. E., and M. J. Shanks. 1996. *The New American Voters*. Cambridge, MA: Harvard University Press.

Niemi, G. R., and H. F. Weisberg, eds. 1993. *Classics in Voting Behavior*. Washington, DC: Congressional Quarterly Press.

Pao, Cheng-Hao. 2005. "Regime Transformation in Asia: Contrasting Experiences in Taiwan and Singapore." Ph. D. diss. The University of Hull, UK.

Rosenstone, S. J., and J. M. Hansen. 1993. *Mobilization, Participation, and Democracy in America*. New York: Macmillan.

Stone, W. F., and P. E. Schaffner. 1988. *The Psychology of Politics*. 2nd ed. New York: Springer-Verlag.

Thomassen, J. 1976. "Party Identification as A Cross-National Concept: Its Meaning in the Netherlands." In *Classics in Voting Behavior*, eds. R. G. Niemi, and H. F. Weisberg. Washington, D.C.: Congressional Quarterly Press.

Watternberg, M. P. 1984. *The Decline of American Political Parties, 1952-1980*. Cambridge: Harvard University Press.

------. 1998. *The Decline of American Political Parties, 1952-1996*. Cambridge: Harvard University Press.

8 政黨形象與台灣選民的投票行為：1996-2008年總統選舉的實證分析

林聰吉、游清鑫

壹、前言

　　過去有關投票行為的文獻，主要是由三個研究傳統所構成：強調基本人口特徵的社會學理論、以政黨認同為核心概念的社會心理學理論，以及發展出以議題與候選人評價為投票依據的經濟學（或稱理性選擇）理論(Dalton and Wattenberg, 1993)。

　　起自 1980 年代的我國投票行為研究，也大致沿襲上述三個理論傳統。早期的論著指出，男性、本省籍、年齡大者、自營商與工人階級，較傾向支持黨外以及隨後成立的民進黨（林佳龍 1989；胡佛、游盈隆 1984）。解嚴以後，透過激烈的選舉競爭，民眾得以藉由政治社會化的過程，逐漸形成政黨認同。研究發現，自 1990 年代起，具政黨認同者的比例逐漸提升（陳陸輝 2000），而民眾政黨認同的趨向，已被證明與投票對象有高度相關（何思因 1994；徐火炎 1991；2002）。此外，針對不同選舉的研究，候選人因素與若干政策議題，也被認為是影響我國選民投票行為的因素之一（盛杏湲 2002；鄭夙芬、陳陸輝與劉嘉薇 2005）。

　　自 1987 年正式宣告解嚴迄今，我國競爭性的政黨體系已有超過二十年的發展歷史；除了國民黨、民進黨之外，尚有新黨、親民黨、台灣團結聯盟等具選舉實力的小黨。藍綠兩陣營各小黨的出現固然源自於大黨內部派系分裂、魅力型領袖的出走等因素，而小黨勢力隨後的消褪也與選舉制度的限制、政經環境的變化等密不可分。然而，政黨體系的變遷與投票行為的走向應是互為因果，若非部份民眾的政治支持動搖，政治精英大概也沒有分裂大黨的條件，而使得甫成立的小黨隨即能在全國性的選舉中得到席次。另一方面，正因為新政黨的成立，讓原本對舊政黨不滿的民眾在選舉中有其他的支持目標，因而其政黨的效忠，也有轉移的機會。

　　既然政黨體系與投票行為息息相關，因此我們不禁要問：究竟是那些決定投票行為的因素，影響台灣民眾在選舉中的支持對象，進而左右了政黨體系的持續與變遷？相對於政黨認同是一種長期且穩定的心理依附，政策議題與候選人條件等短期因素，應是改變選民投票意向，造成政黨勢力

消長的主因。不過，有別於傳統文獻所重視的這些變項，本文擬以政黨形象 (party image) 來觀察我國選民的投票行為。

　　相較於政黨認同、政策議題或者候選人條件，政黨形象應是介於長短期因素之間的變項（Trilling 1975; 蔡佳泓　2007）。理論上，民眾對於政黨形象的認知，不如政黨認同來得持續而穩定，政治精英的作為透過媒體的詮釋，應可在一定時間內，強化或改變民眾對政黨既有的印象。然而，民眾腦海中的政黨形象，又難以像對於政策議題或候選人的看法，可藉由特定的單一選舉即可在短期內成型。因此，嘗試以政黨形象這個介於長期與短期之間的因素，做為解釋選民投票行為的變項之一，在台灣目前的政治背景中，或許可彌補傳統西方理論的不足。

　　本文首先將釐清政黨形象的概念，並討論適合測量我國政黨形象的題目。其次則回顧自 1990 年代中期以來，民眾對於國內兩個主要政黨形象的看法。最後，將檢視政黨形象與選民投票行為的關係，並探討其對台灣民主發展的影響。

貳、政黨形象：概念與測量

　　廣義而言，政黨形象應被視為心理學者所提出之刻板印象 (stereotype) 的一種。所謂刻板印象就是個人對其他人或社會團體的簡化印象與信念 (Oskamp 1977, 124)。對於生活在社會群體中的個人而言，刻板印象是必要且有其實用價值的。此類存在於個人腦海中的認知圖或者認知捷徑，可以幫助人們簡化日常生活中繁複的資訊，以便有效地掌握對於外在世界的瞭解。

　　借用到政治學的研究領域，政黨形象即係指民眾對特定政黨的刻板印象，而透過這個認知圖像，民眾就能有效地整合並理解和政治事務相關的資訊。與政黨認同相似，政黨形象的塑造也是由政治社會化的學習與經驗過程而來。不過，相較於政黨認同較傾向強調個人的情感面，政黨形象則

同時包含了情感、認知與評價三個面向。由於側重於情感面，使得政黨認同被認為是一種長期穩定且不易改變的心理依附；相對地，因為政黨形象又兼具了認知與評價等其他元素，使得它被認為是一種較易被改變的態度 (Richardson 1988; Trilling 1975)。當然，民眾腦海中政黨形象的轉變也並非在短期內就一蹴可及，必須在一定的時間內，透過政黨的表現、傳播媒體的詮釋、人際間的政治討論等因素交互影響，才能逐漸改變民眾所持有的政黨形象。

有關政黨形象的測量，過去學界並無定論，綜合各家文獻，大約可分為三種方式。首先，承襲以情感溫度計來測量民眾對候選人形象的看法，若干學者也使用不同等距尺度的情感溫度計，來測量民眾所持的政黨形象 (Craig 1985; Nie, Verba, and Petrocik 1976)。其次，則是提出「喜歡」與「不喜歡」等答案選項，以瞭解受訪者對特定政黨的偏好程度 (Matthews and Prothro 1964; Trilling 1975; 1976)。第三則是希望民眾以不同的形容詞來描繪心目中的政黨圖像，此種測量方式又可分為兩類。第一類為開放式的問卷，直接要求受訪者分別用正面與負面的詞彙來形容特定的政黨 (Bastedo and Lodge 1980; Sanders 1988; Wattenberg 1982)；第二類則採結構式的題目，在問卷中提供特定的形容詞做為選項，以瞭解受訪者對政黨的看法（徐火炎 1991；游盈隆 1996）。有些研究也同時採用上述兩種以上的測量方式（Wattenberg 1984; 蔡佳泓 2007；劉義周 1994）。此外，除了問卷調查法，焦點團體訪談法也是學者瞭解政黨形象的另一種選擇（游清鑫 2002；鄭夙芬 2004）。

上述第一與第二種測量方式，無論是使用情感溫度計或者詢問偏好程度，其測量皆是著重於民眾的情感面向，此與政黨形象兼具情感、認知、評價等三種面向的基本假設不盡相符。相對地，第三種測量方式則較能兼顧這些與態度有關的面向。此外，政黨形象既然是刻板印象的一種，其對政黨的圖像應是具體的，而非僅止於喜歡或不喜歡的抽象感受；因此，要求受訪者以具體的詞彙來描繪政黨，應是測量政黨形象的較佳方式。基於上述理由，本文擬採用第三種問卷題目，其中又以結構式的問法較符合研

究需要。主因在於開放式的問卷是由受訪者自由發揮，提出各種形容特定政黨的詞彙，在進行量化資料處理時較為不易；相較之下，以固定答案供受訪者選擇的結構式問卷，應是較好的方式。

參、研究問題與資料來源

　　本文主要研究問題有二：第一、台灣民眾腦海中的國民黨與民進黨形象為何？政黨形象是呈現穩定或變遷的面貌？第二、選民心中的政黨形象，是否會影響其投票行為？

　　如前文述及，政黨形象若有所變遷，也必須透過各類因素的交互影響，經過一段時間後才得以成型。因此，為了解答第一個研究問題，本文將利用不同年度的調查資料，進行長期的縱斷面分析。此種方式也有助於解答第二個問題。藉由不同年度、多個案的探討，將能重覆驗證政黨形象對選民投票行為的影響，以強化研究發現的可信度。至於觀察的焦點將僅止於國民黨、民進黨兩個國內的主要政黨。儘管自 1990 年代中期以來，若干具選舉實力，且在不同選舉獲得席次的小黨陸續出現，但是其實力往往難以持續，歷經一、二次選舉後就有所消褪，因此無法納入長期的觀察。

　　本文所採用的資料，來自四筆分別針對 1996、2000、2004、2008 年總統選舉的全國性面訪調查。1996 年的資料為游盈隆教授所主持之「民意、選舉與台灣的大眾政治：一九九六年台灣總統選民的研究」（國科會計畫編號：NSC85-2414-H031-004-Q3）；2000 年資料則取材自黃秀端教授主持的「公元二千年總統大選選民投票行為研究」（國科會計畫編號：NSC89-2414-H031-009-SSS）；至於 2004 與 2008 年的資料來自「台灣選舉與民主化調查」(Taiwan's Election and Democratization Study, TEDS) 針對兩次總統選舉所執行的研究計畫，前者為黃秀端教授主持的「民國九十三年總統大選民調案」（國科會計畫編號：NSC92-2420-H031-004），後者為游

清鑫教授主持的「2008年總統選舉面訪案」（國科會計畫編號：NSC96-2420-H-004-017）。

　　有關政黨形象的測量，則採用下列三道題目：「您認為國民黨（民進黨）是代表台灣人利益的政黨，還是代表中國人利益的政黨？」、「您認為國民黨（民進黨）是代表有錢有勢者的政黨，還是代表一般民眾利益的政黨？」、「您認為國民黨（民進黨）是清廉的政黨，還是與黑金掛勾的政黨？」。以上為2004與2008年的題目內容，至於較早執行的1996、2000年問卷則在第三道題目的行文上略有不同，其內容為「您認為國民黨（民進黨）是不是與黑金掛勾的政黨？」。

　　選擇這三道題目的原因在於，長期以來「台灣人 vs. 中國人」、「平民大眾 vs. 有錢有勢」、「清廉 vs. 黑金」等，就被廣泛使用於台灣各類的政治動員。回顧台灣的政治發展，自戒嚴時期開始，「民主 vs. 反民主」即是反對人士最常分別賦予民進黨（黨外）、國民黨的政治標籤。然而，隨著民主改革的陸續完成，「民主 vs. 反民主」的兩黨鮮明形象已有所消褪。為了創造新議題以吸引選民，民進黨於1991年提出「台獨公投黨綱」，自此「台灣人或中國人」，以及「愛不愛台灣」、「是不是賣台」等與國族動員有關的論辯，就充斥於島內的選舉競爭，而且迄今不衰。此外，在2000年首次政黨輪替之前，國民黨在長期執政後，所衍生出的特權、貪腐等負面形象，也屢屢被一般大眾所提及。綜合上述，我們便不難理解民進黨在1990年代所提出強化並對比上述政黨形象的各種口號，例如1993年縣市長選舉標榜「清廉、勤政、愛鄉土」，以對應國民黨貪腐、特權、不愛台灣的刻板印象；2000年的總統選舉，民進黨又強調是一場「台灣人對抗中國人」、「平民對抗貴族」、「清廉對抗黑金」的戰爭。

　　國民黨當然也瞭解民進黨持續於各項選舉，所提出這些對比政黨形象口號的政治背景。因此，1990年代初期，李登輝在鞏固自己黨內的領導地位後，即逐漸強調國民黨的本土化轉型。2000年失去中央執政權力，國民黨就嘗試以遷移中央黨部、黨主席下鄉等方式改變其貴族特權的形象；而馬英九獲得黨內提名，並進而在2008年入主總統府，部分也歸功於個人

長期累積的清廉形象。相對地，陳水扁在執政期間貪腐的傳聞不斷，當然也可能重挫民進黨既有的平民、清廉形象。綜合上述，「台灣人 vs. 中國人」、「平民大眾 vs. 有錢有勢」、「清廉 vs. 黑金」，一直是近十餘年來區分兩大黨定位的對比形象；所以採用上述三道題目，應較能測量出台灣民眾心目中的政黨形象。而隨著時序遞嬗，兩大黨表現不一，政黨形象是否有所改變？也得以從歷經兩次政黨輪替，橫跨 12 年的四筆調查資料得到解答。

肆、民眾心目中的國民黨與民進黨形象

　　以下本文即以三組不同的對比詞彙，來瞭解選民心目中的政黨形象。首先，就代表台灣人或中國人利益而言，表 8.1 顯示出國、民兩黨截然不同的形象。從 1996 年到 2008 年，民眾認為國民黨代表台灣人或者中國人利益的比率都逐漸攀升；代表台灣人的百分比由 16.4%、18.9%、32.4% 到 38.7%，相同地，代表中國人的利益亦由 15.1%、24.3%、33.8%，上升到 36.0%。相對地，同時覺得國民黨既代表台灣人也代表中國人利益的受訪者卻一路下滑，自 1996 年的 48.6%、2000 年的 32.3%、2004 年的 10.5%，到 2008 年僅剩 8.2%，12 年之間計下降近四成。

　　國民黨此一形象的改變和十餘年來該黨路線調整的訴求有所相符。詳言之，李登輝在 1996 年以前以及就任首位民選總統之初，為了整合黨內不同政治勢力，並要顧及中國的反應，在「國統綱領」的架構下，一直強調島上民眾既是台灣人也是中國人；而且，若未來兩岸政治、經濟、社會等皆能達到同一水準，則統一將是終極目標。因此，在這個時期有近五成的受訪者認為國民黨既代表台灣人也代表中國人的利益，並不令人意外。然而，隨著李登輝執政後期「兩國論」的發表，急欲突顯台灣為主權國家的企圖，使兩岸關係緊張。李登輝此一將國民黨推近台灣人光譜一端的目的之一，應是不讓民進黨在統獨與國族認同的議題上，擁有絕對的主導

權。自此，在台灣民眾普遍要求國家主權呼聲日盛，為了選舉競爭勝選的考量，強調國民黨已是本土政黨，台灣維持現狀的不統不獨立場，還有自己是台灣人等，皆成為往後國民黨歷屆領導人的主張。此一政黨路線的改變可能導致認為國民黨代表台灣人利益的民眾逐年攀升。當然，國民黨在戮力轉型之餘，也在日趨激烈的政黨競爭中，不斷面臨民進黨各種有關「賣台」、「親中」等指控，這可能是造成國民黨是代表中國人利益的印象，亦在部分民眾心目中逐漸升高的原因。

　　相較於受訪者對國民黨印象逐年傾向於兩極化，民進黨代表台灣人利益的形象鮮明，始終佔據多數人的腦海，且有逐漸升高的走向。由最早的63.6%、63.7%、71.4% 到最近的 75.5%，12 年間計提高了 12 個百分點。相對地，認為民進黨代表中國人利益者極低，四次調查皆僅介於 0.9% 至

表 8.1　民眾心目中的政黨形象（台灣人 vs. 中國人）

	1996	2000	2004	2008
您認為國民黨是代表台灣人利益的政黨，還是代表中國人利益的政黨？				
臺灣人	16.4%	18.9%	32.4%	38.7%
中國人	15.1%	24.3%	33.8%	36.0%
兩者都有	48.6%	32.3%	10.5%	8.2%
兩者皆非	無	無	4.8%	4.5%
無反應	19.9%	24.5%	18.5%	12.6%
您認為民進黨是代表台灣人利益的政黨，還是代表中國人利益的政黨？				
臺灣人	63.6%	63.7%	71.4%	75.5%
中國人	1.2%	0.9%	2.3%	1.6%
兩者都有	11.7%	13.6%	3.8%	2.8%
兩者皆非	無	無	5.6%	6.6%
無反應	23.5%	21.8%	16.9%	13.5%
樣本數	1,406	1,409	1,823	1,905

資料來源：游盈隆（1996）；黃秀端（2000）；黃秀端（2004）；游清鑫（2008）。
說明：1.「無」表示該年度無此答案選項。
　　　2.「無反應」包括「不知道」、「拒答」、「沒意見」等答案選項。

2.3% 之間。此外，認為民進黨同時代表台灣人和中國人利益的受訪者也遠較國民黨少，且亦大幅滑落，比率為 11.7%、13.6%、3.8%、2.8%。自成立之初，民進黨就自我標榜為本土政黨，此一大纛始終高懸於歷次重大選戰；因此在 1996 年首筆調查，即有六成四的民眾覺得民進黨是代表台灣人利益的政黨。隨著陳水扁政府在掌握中央執政權後，推動各項和統獨、族群有關的議題，例如廢除「國統綱領」、教科書去中國化、入聯公投等，皆可能讓更多人有了民進黨代表台灣人利益的刻板印象；同時，也讓原本還認為民進黨兼具台灣人和中國人利益的看法因而下降。

　　表 8.2 以代表有錢有勢者，或是一般民眾利益，來判定兩黨的形象。在四次的調查中，國民黨代表有錢有勢者利益的刻板印象，始終佔有高度百分比，其數據依次分別為 43.7%、60.5%、50.2%、47.5%。然而，覺得

表 8.2　民眾心目中的政黨形象（有錢有勢 vs. 一般民眾）

	1996	2000	2004	2008
您認為國民黨是代表有錢有勢者的政黨，還是代表一般民眾利益的政黨？				
有錢有勢	43.7%	60.5%	50.2%	47.5%
一般民眾	10.3%	7.2%	22.7%	28.0%
兩者都有	28.8%	17.7%	8.4%	8.3%
兩者皆非	無	無	2.7%	3.5%
無反應	17.2%	14.6%	16.0%	12.7%
您認為民進黨是代表有錢有勢者的政黨，還是代表一般民眾利益的政黨？				
有錢有勢	2.8%	8.4%	16.0%	18.9%
一般民眾	54.4%	51.7%	52.1%	51.1%
兩者都有	19.4%	19.4%	8.8%	7.9%
兩者皆非	無	無	4.7%	7.1%
無反應	23.4%	20.5%	18.4%	15.0%
樣本數	1,406	1,409	1,823	1,905

資料來源：游盈隆（1996）；黃秀端（2000）；黃秀端（2004）；游清鑫（2008）。
說明：同表 8.1。

國民黨代表一般民眾利益者卻在近兩次的調查中大幅升高，從 1996 年、2000 年的 10.3%、7.2%，到 2004、2008 年的 22.7%、28.0%。由此可知，雖然始終有半數左右的受訪者一直將國民黨與權貴階級劃上等號，但是認為國民黨與平民大眾站在一起的受訪者，也在 2000 年以後攀升，這可能與前述國民黨在 2000 年交出中央執政權後，刻意改變權貴形象，拉近與民眾距離的努力有關。

　　相較之下，社會大眾對於民進黨的看法卻呈現相反的趨勢。在橫跨 12 年的資料中，認為民進黨是代表一般民眾利益者，皆維持在五成四到五成一之間。而認為民進黨代表有錢有勢者利益的比率，在前二次調查極低，僅有 2.8%、8.4%，但是在 2000 年民進黨執政後的兩次調查卻上升至

表 8.3　民眾心目中的政黨形象（清廉 vs. 黑金）

	1996	2000	2004	2008
您認為國民黨是清廉的政黨，還是與黑金掛勾的政黨？				
清廉	13.5%	5.3%	13.3%	20.5%
與黑金掛勾	57.4%	71.9%	50.0%	43.5%
兩者都有	無	無	0.0%	0.0%
兩者皆非	無	無	0.1%	0.0%
無反應	29.1%	22.8%	36.6%	36.0%
您認為民進黨是清廉的政黨，還是與黑金掛勾的政黨？				
清廉	41.5%	32.9%	29.7%	17.3%
與黑金掛勾	24.5%	36.6%	29.0%	44.9%
兩者都有	無	無	0.1%	0.0%
兩者皆非	無	無	0.1%	0.0%
無反應	34.0%	30.5%	41.1%	37.8%
樣本數	1,406	1,409	1,823	1,905

資料來源：游盈隆（1996）；黃秀端（2000）；黃秀端（2004）；游清鑫（2008）。
説明：1.「無」表示該年度無此答案選項。
　　　2.「無反應」包括「不知道」、「拒答」、「沒意見」等答案選項。
　　　3. 1996、2000 年的問卷，是以「不是與黑金掛勾」取代「清廉」選項。

16.0%、18.9%。由上可知，儘管對國民黨具負面印象，以及對民進黨具正面印象的民意，在四次選舉的民調，平均皆各有五成左右；但是，相對於近年來認同國民黨正面形象者有所增加，對民進黨持負面形象者卻上揚。此一結果是否與 2000 年第一次政黨輪替後，國民黨的改革作為，以及民進黨執政成績有關？值得納入更多資料做進一步的分析。

　　表 8.3 指出，兩黨在清廉或與黑金掛勾二種對比形象的民意趨向。很明顯地，民眾對國民黨的負面形象遠高於正面形象，儘管此一看法在近年已有改善的趨勢。在不同的答案選項下，1996、2000 年回答國民黨不是與黑金掛勾的受訪者分別僅為 13.5% 與 5.3%；2004 年、2008 年認為國民黨清廉的民眾亦只有 13.3%、20.5%。相反地，四次調查中，覺得國民黨與黑金掛勾的比率則分別是 57.4%、71.9%、50.0%、43.5%。在民進黨方面，儘管整體而言，其在貪腐／清廉光譜的正面評價高於國民黨，但是民意的縱斷面則呈現相左的趨勢；易言之，社會大眾對民進黨的正面形象呈現下滑，負面形象則有上升的走向。在四次調查中，認為民進黨不是與黑金掛勾或者清廉者，分別為 41.5%、32.9%、29.7%、17.3%；反之，覺得民進黨與黑金掛勾的比率分佔 24.5%、36.6%、29.0%、44.9%。在最近 2008 年的資料，認為民進黨與黑金掛勾的受訪者百分比，已高於國民黨。

伍、政黨形象與投票抉擇

　　由上述的實證資料可知，在 1996-2008 年期間，選民腦海中對國民黨與民進黨的印象，顯然發生了改變。而究竟政黨印象是否會成為左右選民投票行為的因素？則是下文討論的重點。本節將先以傳統理論所強調的各類變項，來建構四個年度總統大選的投票行為模型。其次，則在原有模型中加入與政黨形象有關的變項，以瞭解政黨形象是否可以成為解釋選民投票抉擇的因素之一。由於各年度總統候選人的數目不一，1996、2000 年將採多元對數分析，2004、2008 年則採二元對數分析。

　　表 8.4 至表 8.6 分別以 1996 至 2008 年四次總統選舉，選民的投票對象為依變項，並皆以民進黨所提名的候選人為對照組。在自變項方面，包括性別、省籍、年齡、教育程度四個人口變項、政黨認同，以及理性選擇理論所強調的議題與候選人因素。由於歷次總統選舉提出的議題不一，因此本文以過去被證實長期影響台灣選民政治態度與行為的統獨議題，做為檢測民眾是否將政策立場納入投票考量的變項。候選人評價則是指受訪者對各總統候選人的喜好程度。另外，模型中也加入施政評價，其係指選民對於執政黨在過去執政期間，整體表現績效的滿意程度，此一變項可用來檢視回溯性投票是否發生在我國的總統選舉。

　　表 8.4 至表 8.6 的發現顯示，傳統理論所強調的各種變項，皆在不同的程度上左右了台灣選民的投票抉擇。首先，政黨認同在各年度不同的模型中，皆呈現顯著的影響力；相對於無政黨認同者，泛綠認同者會傾向於投票給民進黨的總統候選人，反之，泛藍認同者則會選擇國民黨候選人。此外，相對於無政黨認同者，泛藍認同者對林洋港、宋楚瑜的支持也達到統計上的顯著水準，這可能肇因於兩人雖以獨立候選人參選，但本身仍深具藍營色彩有關。相較於林、宋兩人，陳履安雖也出身國民黨，不過其形象較為中立，因此泛藍民眾的支持雖然亦呈正相關，但在統計上並未達到顯著水準。

　　表 8.4 至表 8.6 的發現也指出，候選人評價是左右總統選舉的重要因素。在所有的模型中，選民對國民黨或獨立候選人的評價皆呈顯著的正相關，對民進黨候選人的評價則是顯著的負相關。相對於其他選舉制度，在單一選區的競爭中，候選人個人的條件往往較易成為選民投票的參考，尤其是總統選舉此類攸關國家未來領導人的重大政治抉擇，候選人因素在選舉競爭中的突顯，更是不可避免。

　　在政策立場方面，自 1991 年民進黨通過「台獨公投黨綱」之後，統獨爭論就成為台灣政治場域歷久不衰的議題。研究指出，統獨議題在 1990 年代的各項主要選舉，皆發揮顯著的影響力（盛杏湲 2002）。不過，表 8.4 至表 8.6 的證據顯示，統獨議題在總統選舉中確有其效果，但影響力已

有衰微的走向；相對於主張維持現狀者，傾向獨立的選民在 1996 年，與投票支持李登輝、林洋港有負相關，在 2000 年與選擇宋楚瑜也有負相關。至於在其他模型，統獨議題對民眾的投票抉擇並未呈現顯著的效果。1996 年國民黨仍持兩岸終極統一的立場，因此主張獨立者不支持國民黨提名的李登輝應是可以理解。而當時林洋港為新黨所公開支持，且競選副手又是反台獨色彩濃厚的郝柏村，所以主張獨立者當然也傾向不支持林洋港。2000 年三組主要候選人皆強調維護台灣利益與主權獨立的決心，但宋楚瑜的外省人背景，可能是使傾向獨立的選民為之卻步的原因。值得注意地，儘管統獨或者與其有高度相關的國族認同、族群議題一再於歷次總統選舉中被挑起，但是統獨議題對投票抉擇的影響，已不像 1990 年代時有效。經濟環境的惡化及其相關議題的興起、兩岸關係的變化等，可能都是統獨議題在 2004、2008 近兩次選舉，未見統計上顯著影響力的原因。

　　除了 2000 年因無相關題目可納入分析外，施政評價變項在其餘三個年度皆呈現顯著的影響力；愈肯定執政黨施政績效的選民，愈會投票給執政黨所提名的候選人；反之，則愈傾向選擇反對黨的候選人。此一結果證明回溯性投票，確實在我國的總統選舉中有其實質的效果。民眾在選擇下任總統的時候，會將執政黨過去任內的表現納入考慮，這毋寧將對掌權者形成壓力。就政黨政治而言，回溯性投票的出現，也是一項有利民主發展的正面因素。最後，在人口變項方面，相較於上述各種政治態度，整體而言，前者的影響力顯然小了許多。性別、年齡並未在任一年度達到統計上的顯著水準，省籍則僅與 1996 年投票給林洋港、2008 年投票給馬英九呈現顯著的正相關。教育程度則是人口變項中較具效果者，但其與投票抉擇的關聯性在各年度不一。綜合上述發現可知，傳統社會學理論所強調的人口變項，已難以有效地做為解釋台灣選民投票行為的因素。

　　除了上述投票行為理論傳統上所強調的變項之外，政黨形象是否也是一個足以左右選民投票抉擇的因素呢？這是本文所關切的焦點。為了解答此一問題，表 8.7 至表 8.9 將國、民兩黨共計六個與政黨形象有關的題目，納入模型分析。綜合各年度發現可知，加入政黨形象的相關變項後，所有

表 8.4　影響選民投票抉擇的因素 (1996)

	陳履安／彭明敏		李登輝／彭明敏		林洋港／彭明敏	
	β	(S.E.)	β	(S.E.)	β	(S.E.)
社會人口變項						
性別（女=0）						
男	-0.083	(0.311)	0.021	(0.244)	0.185	(0.318)
省籍（本省籍=0）						
外省籍	0.810	(0.715)	0.452	(0.681)	1.455*	(0.695)
年齡（36-50 歲=0）						
20-35 歲	0.429	(0.364)	0.046	(0.287)	0.223	(0.365)
51 歲以上	-0.577	(0.527)	0.186	(0.356)	-0.942	(0.492)
教育程度（國中、高中／職=0）						
小學（含）以下	-0.077	(0.502)	0.304	(0.344)	0.227	(0.485)
大專（含）以上	0.138	(0.350)	-0.745*	(0.294)	-0.105	(0.359)
政黨認同（無政黨認同=0）						
泛藍	0.707	(0.450)	0.896*	(0.377)	1.397**	(0.450)
泛綠	-1.317**	(0.418)	-1.900***	(0.302)	-1.370**	(0.481)
統獨立場（維持現狀=0）						
傾向統一	0.291	(0.540)	0.243	(0.459)	0.577	(0.513)
傾向獨立	-0.644	(0.448)	-0.822*	(0.351)	-1.683***	(0.459)
候選人評價						
李登輝	0.135	(0.141)	0.634***	(0.117)	0.094	(0.147)
彭明敏	-0.710***	(0.165)	-0.583***	(0.126)	-0.493**	(0.167)
陳履安	0.597***	(0.165)	-0.159	(0.139)	-0.200	(0.182)
林洋港	-0.008	(0.173)	0.245	(0.140)	0.777***	(0.180)
施政評價	-0.064	(0.157)	0.722***	(0.127)	-0.290	(0.159)
截距	0.073	(0.565)	2.134***	(0.435)	0.367	(0.548)
N			1,093			
Pseudo R^2			0.598			
LR Chi-square			796.967			
df			45			
-2 Log likelihood			1,326.450			
P			0.000			

資料來源：游盈隆（1996）。

說明：1. 候選人評價、施政評價數值愈高，表示評價愈正面。

　　　2. ***：$p<0.001$; **：$p<0.01$; *：$p<0.05$。

表 8.5　影響選民投票抉擇的因素 (2000)

	宋楚瑜／陳水扁		連戰／陳水扁	
	β	(S.E.)	β	(S.E.)
社會人口變項				
性別（女=0）				
男	-0.490	(0.261)	-0.119	(0.272)
省籍（本省籍=0）				
外省籍	0.642	(0.478)	-0.437	(0.554)
年齡（36-50 歲=0）				
20-35 歲	0.249	(0.316)	-0.268	(0.346)
51 歲以上	-0.450	(0.401)	-0.366	(0.407)
教育程度（國中、高中／高職=0）				
小學（含）以下	-0.131	(0.395)	-0.128	(0.416)
大專（含）以上	0.820*	(0.327)	1.232***	(0.344)
政黨認同（無政黨認同=0）				
泛藍	1.955***	(0.375)	2.673***	(0.376)
泛綠	-1.385***	(0.391)	-2.102***	(0.450)
統獨立場（維持現狀=0）				
傾向統一	-0.108	(0.323)	0.108	(0.352)
傾向獨立	-0.959*	(0.383)	0.078	(0.348)
候選人評價				
連戰	-0.096	(0.075)	0.945***	(0.102)
陳水扁	-0.925***	(0.099)	-0.775***	(0.096)
宋楚瑜	1.137***	(0.093)	-0.180*	(0.071)
截距	-0.892	(0.738)	-0.149	(0.789)
N	1,080			
Pseudo R²	0.838			
LR Chi-square	1,428.527			
df	26			
-2 Log likelihood	797.074			
P	0.000			

資料來源：黃秀端（2000）。
說明：同表 8.4。

表 8.6　影響選民投票抉擇的因素 (2004、2008)

	2004 連戰／陳水扁			2008 馬英九／謝長廷		
	β	(S.E.)	Exp (β)	β	(S.E.)	Exp (β)
社會人口變項						
性別（女=0）						
男	0.272	(0.268)	1.313	-0.402	(0.254)	0.669
省籍（本省籍=0）						
外省籍	0.742	(0.514)	2.100	2.745**	(1.019)	15.568
年齡（36-50 歲=0）						
20-35 歲	0.035	(0.340)	1.036	-0.272	(0.330)	0.762
51 歲以上	0.162	(0.408)	1.176	-0.188	(0.397)	0.828
教育程度（國中、高中／高職=0）						
小學（含）以下	-0.655	(0.418)	0.519	0.969*	(0.435)	2.634
大專（含）以上	0.613	(0.332)	1.845	0.567	(0.311)	1.762
政黨認同（無政黨認同=0）						
泛藍	2.583***	(0.358)	13.236	2.061***	(0.426)	7.850
泛綠	-2.389***	(0.403)	0.092	-2.314***	(0.285)	0.099
統獨立場（維持現狀=0）						
傾向統一	-0.304	(0.354)	0.738	0.890	(1.266)	2.435
傾向獨立	-0.423	(0.344)	0.655	-0.106	(0.567)	0.900
候選人評價						
陳水扁	-0.805***	(0.097)	0.447	-------	-------	-------
連戰	0.556***	(0.090)	1.744	-------	-------	-------
謝長廷	-------	-------	-------	-0.620***	(0.084)	0.538
馬英九	-------	-------	-------	0.671***	(0.081)	1.957
施政評價	-0.413**	(0.132)	0.662	-0.356**	(0.127)	0.700
常數	1.031	(0.563)	2.804	0.019	(0.518)	1.019
N	1,258			1,346		
Pseudo R²	0.873			0.861		
LR Chi-square	1,330.481			1,352.568		
df	13			13		
-2 Log likelihood	403.631			437.412		
P	0.000			0.000		

資料來源：黃秀端（2004）；游清鑫（2008）。
說明：同表 8.4。

模型原有顯著的變項大致不變，而各年度整體的解釋變異量皆有增加；至於政黨形象則在 2000、2004、2008 年有若干題目達到統計上的顯著水準。若深入探討，表 8.7 至表 8.9 的結果有以下意含。理論上，民眾腦海中的政黨形象與政黨認同、議題立場、候選人評價、施政評價等政治態度應皆有所關聯。例如，我們很難想像泛綠認同或是傾向台獨的民眾會對國民黨的形象給予普遍的好評；而馬英九所以能獲得黨內高度支持，代表國民黨角逐 2008 年總統，主因之一也在於寄望以馬英九個人的條件，來改變長期以來選民對國民黨負面的刻板印象；陳水扁八年的主政成績，也會讓民眾對執政前後的民進黨有所比較，進而調整對該黨既有的印象。不過，儘管政黨形象與上述各類政治態度有所關聯，但表 8.7 至表 8.9 的結果顯示，在控制這些政治態度變項後，政黨形象仍有其顯著的效果。此一發現意味政黨形象對於選民的投票抉擇仍有其獨立的影響力。

然而，政黨形象與投票行為的關係也不宜被高估。表 8.7 至表 8.9 顯示，政黨形象的作用，只有在兩黨候選人被相互比較時，才會突顯出來。在本文以民進黨候選人為對照組的分析中，若被比較者為獨立候選人，則與民進黨形象有關的變項，皆未達統計上顯著的效果。相較於政黨認同、候選人評價、施政評價等幾乎在所有模型皆呈現其影響力，政黨形象似乎在黨對黨的競爭，才有機會自選民的腦海中被喚起。

此外，政黨形象預測力的有限性，也可以從另一個角度觀之。雖然政黨形象在 2000、2004、2008 三個年度皆呈現顯著效果，但其影響程度不一；用來測量兩黨形象的六道題目，僅有部分達到統計上的顯著水準。詳言之，在 2000 年的分析，相對於無反應者，認為民進黨與黑金掛勾的選民，傾向於投票給國民黨的連戰。2008 年亦僅有一項，亦即認為國民黨代表台灣人利益者，會傾向投給國民黨的馬英九。2004 年則有三項與政黨形象有關的指標達到統計上顯著的水準；認為民進黨代表一般民眾利益，或者認為國民黨與黑金掛勾者，皆傾向不支持國民黨的連戰，反之，認為民進黨與黑金掛勾的選民，則較會投票給連戰。上述結果可能是因為各年度選舉競爭的焦點不同，所以左右選民投票抉擇的政黨形象面向，也有所不

同。而若僅以統計上顯著的頻率來觀察，政黨是否具備清廉形象，應是較能左右民眾投票抉擇的指標。

表 8.7   政黨形象與影響選民投票抉擇的因素 (1996)

	陳履安／彭明敏		李登輝／彭明敏		林洋港／彭明敏	
	β	(S.E.)	β	(S.E.)	β	(S.E.)
社會人口變項						
性別（女=0）						
男	-0.147	(0.324)	0.130	(0.257)	0.144	(0.332)
省籍（本省籍=0）						
外省籍	0.782	(0.718)	0.357	(0.687)	1.536 *	(0.697)
年齡（36-50 歲 =0）						
20-35 歲	0.638	(0.381)	0.060	(0.301)	0.370	(0.385)
51 歲以上	-0.370	(0.543)	0.186	(0.365)	-0.754	(0.5050
教育程度（國中、高中／職=0）						
小學（含）以下	0.155	(0.526)	0.073	(0.363)	0.512	(0.521)
大專（含）以上	0.025	(0.363)	-0.772 *	(0.307)	-0.190	(0.373)
政黨認同（無政黨認同=0）						
泛藍	0.739	(0.463)	0.906 *	(0.388)	1.289 **	(0.461)
泛綠	-1.268 **	(0.436)	-1.514 ***	(0.317)	-1.534 **	(0.502)
統獨立場（維持現狀=0）						
傾向統一	0.222	(0.571)	0.320	(0.491)	0.690	(0.547)
傾向獨立	-0.765	(0.479)	-0.529	(0.383)	-1.673 **	(0.489)
候選人評價						
李登輝	0.140	(0.146)	0.588 ***	(0.120)	0.057	(0.151)
彭明敏	-0.623 ***	(0.166)	-0.526 ***	(0.128)	-0.395 *	(0.168)
陳履安	0.566 **	(0.169)	-0.167	(0.142)	-0.222	(0.184)
林洋港	-0.062	(0.177)	0.208	(0.143)	0.790 ***	(0.185)
施政評價	0.025	(0.165)	0.616 ***	(0.132)	-0.206	(0.169)
政黨形象						
國民黨形象						
（其他=0）						
臺灣人	-0.373	(0.435)	-0.010	(0.340)	-0.716	(0.464)

表 8.7　政黨形象與影響選民投票抉擇的因素 (1996)（續）

	陳履安／彭明敏		李登輝／彭明敏		林洋港／彭明敏	
	β	(S.E.)	β	(S.E.)	β	(S.E.)
中國人	-0.831	(0.470)	-0.032	(0.355)	-0.273	(0.445)
（其他=0）						
有錢有勢	0.371	(0.438)	-0.400	(0.336)	0.608	(0.442)
一般民眾	-0.279	(0.943)	0.359	(0.674)	-0.626	(0.950)
（其他=0）						
清廉	0.903	(1.086)	0.547	(0.789)	1.308	(0.9930)
黑金	0.772	(0.734)	-0.882	(0.518)	0.615	(0.705)
民進黨形象						
（其他=0）						
臺灣人	0.249	(0.466)	-0.144	(0.378)	-0.054	(0.466)
中國人	-0.502	(0.000)	18.401	(6774.359)	-0.302	(10956.375)
（其他=0）						
有錢有勢	0.823	(0.913)	-0.195	(0.838)	-0.630	(1.046)
一般民眾	-0.043	(0.462)	-0.172	(0.375)	-0.032	(0.451)
（其他=0）						
清廉	-0.496	(0.575)	-0.035	(0.473)	-0.039	(0.575)
黑金	0.234	(0.637)	0.878	(0.540)	0.366	(0.642)
截距	-0.727	(0.770)	2.648	(0.536)	-0.470	(0.740)
N			1,093			
Pseudo R²			0.648			
LR Chi-square			898.141			
df			81			
-2 Log likelihood			1,276.562			
P			0.000			

資料來源：游盈隆（1996）。

說明：1. 候選人評價、施政評價數值愈高，表示評價愈正面。

2. 政黨形象變項中「其他」包括「兩者都有」、「兩者皆非」、「無反應」等選項。

3. ***：p<0.001; **：p<0.01; *：p<0.05。

表 8.8　政黨形象與影響選民投票抉擇的因素 (2000)

	宋楚瑜／陳水扁		連戰／陳水扁	
	β	(S.E.)	β	(S.E.)
社會人口變項				
性別（女=0）				
男	-0.508	(0.267)	-0.033	(0.283)
省籍（本省籍=0）				
外省籍	0.714	(0.493)	-0.365	(0.569)
年齡（36-50 歲=0）				
20-35 歲	0.196	(0.327)	-0.251	(0.360)
51 歲以上	-0.420	(0.409)	-0.378	(0.417)
教育程度（國中、高中／職=0）				
小學（含）以下	-0.086	(0.409)	-0.109	(0.439)
大專（含）以上	0.791*	(0.339)	1.209**	(0.359)
政黨認同（無政黨認同=0）				
泛藍	1.9499***	(0.385)	2.763***	(0.391)
泛綠	-1.359**	(0.399)	-1.955***	(0.464)
統獨立場（維持現狀=0）				
傾向統一	-0.184	(0.334)	0.061	(0.363)
傾向獨立	-0.924*	(0.392)	0.096	(0.364)
候選人評價				
連戰	-0.086	(0.080)	1.042***	(0.114)
陳水扁	-0.959***	(0.104)	-0.781***	(0.101)
宋楚瑜	1.168***	(0.097)	-0.193*	(0.076)
政黨形象				
國民黨形象				
（其他=0）				
臺灣人	0.108	(0.379)	-0.266	(0.398)
中國人	0.396	(0.353)	-0.370	(0.383)
（其他=0）				
有錢有勢	-0.322	(0.382)	0.241	(0.383)
一般民眾	-0.340	(0.620)	0.267	(0.646)

表 8.8　政黨形象與影響選民投票抉擇的因素 (2000)（續）

	宋楚瑜／陳水扁		連戰／陳水扁	
	β	(S.E.)	β	(S.E.)
（其他=0）				
清廉	-0.412	(0.788)	-1.465	(0.855)
黑金	0.101	(0.524)	-1.035	(0.571)
民進黨形象				
（其他=0）				
臺灣人	0.023	(0.338)	0.315	(0.351)
中國人	0.623	(1.898)	-1.185	(2.134)
（其他=0）				
有錢有勢	-0.207	(0.529)	-0.808	(0.579)
一般民眾	0.057	(0.340)	-0.087	(0.362)
（其他=0）				
清廉	0.156	(0.475)	0.459	(0.519)
黑金	0.356	(0.463)	1.178*	(0.516)
截距	-1.047	(0.821)	-0.571	(0.881)
N	1,080			
Pseudo R²	0.843			
LR Chi-square	1,447.635			
df	50			
-2 Log likelihood	796.799			
P	0.000			

資料來源：黃秀端（2000）。
說明：同表 8.7。

表 8.9　政黨形象與影響選民投票抉擇的因素 (2004、2008)

	2004 連戰／陳水扁			2008 馬英九／謝長廷		
	β	(S.E.)	Exp (β)	β	(S.E.)	Exp (β)
社會人口變項						
性別（女=0）						
男	0.187	(0.290)	1.206	-0.419	(0.268)	0.658
省籍（本省籍=0）						
外省籍	0.649	(0.559)	1.914	2.439*	(1.086)	11.464
年齡（36-50 歲=0）						
20-35 歲	0.065	(0.361)	1.067	-0.392	(0.346)	0.676
51 歲以上	-0.002	(0.443)	0.998	-0.216	(0.424)	0.806
教育程度（國中、高中／高職=0）						
小學（含）以下	-0.784	(0.449)	0.456	0.821	(0.464)	2.274
大專（含）以上	0.558	(0.354)	1.746	0.697*	(0.328)	2.009
政黨認同（無政黨認同=0）						
泛藍	2.686***	(0.389)	14.680	2.102***	(0.453)	8.185
泛綠	-1.865***	(0.430)	0.155	-2.144***	(0.300)	0.117
統獨立場（維持現狀=0）						
傾向統一	-0.367	(0.378)	0.693	0.536	(1.508)	1.709
傾向獨立	-0.334	(0.366)	0.716	-0.026	(0.591)	0.975
候選人評價						
陳水扁	-0.702***	(0.105)	0.496	------	-------	-------
連戰	0.465***	(0.098)	1.592	------	-------	-------
謝長廷	-------	-------	------	-0.587***	(0.091)	0.556
馬英九	-------	-------	------	0.617***	(0.085)	1.854
施政評價	-0.389**	(0.143)	0.678	-0.257	(0.138)	0.773
政黨形象						
國民黨形象						
（其他=0）						
臺灣人	0.006	(0.426)	1.006	1.128*	(0.453)	3.091
中國人	-0.383	(0.464)	0.682	0.177	(0.451)	1.194

表 8.9　**政黨形象與影響選民投票抉擇的因素** (2004、2008)（續）

	2004 連戰／陳水扁			2008 馬英九／謝長廷		
	β	(S.E.)	Exp（β）	β	(S.E.)	Exp（β）
（其他=0）						
有錢有勢	-0.076	(0.529)	0.927	-0.850	(0.520)	0.427
一般民眾	0.224	(0.600)	1.251	-0.751	(0.608)	0.472
（其他=0）						
清廉	0.250	(0.604)	1.284	1.239	(0.663)	3.453
黑金	-1.220*	(0.512)	0.295	0.388	(0.529)	1.475
民進黨形象						
（其他=0）						
臺灣人	0.692	(0.437)	1.998	-0.610	(0.484)	0.543
中國人	0.698	(0.915)	2.010	17.207	(7445.794)	29706408.856
（其他=0）						
有錢有勢	-0.327	(0.598)	0.721	0.336	(0.541)	1.400
一般民眾	-1.213*	(0.507)	0.297	0.083	(0.496)	1.087
（其他=0）						
清廉	0.400	(0.531)	1.492	-0.549	(0.593)	0.577
黑金	1.161*	(0.535)	3.192	-0.123	(0.487)	0.885
常數	1.254	(0.617)	3.506	0.515	(0.646)	1.673
N		1,258			1,346	
Pseudo R^2		0.873			0.861	
LR Chi-square		1,330.481			1,352.568	
df		13			13	
-2 Log likelihood		403.631			437.412	
P		0.000			0.000	

資料來源：黃秀端（2004）；游清鑫（2008）。
說明：同表 8.7。

陸、結論與反思：變動中的政黨形象、投票行為與台灣的民主化

自反對運動崛起的民進黨，在台灣威權統治時期，就與執政的國民黨，分別形成鮮明的民主、反民主的形象。隨著民主化進程的開展，當對抗威權統治已從政治議程上消褪，對兩大政黨的形象，也必然有不同面向的詮釋。本文嘗試以「台灣人 vs. 中國人」、「平民大眾 vs. 有錢有勢」、「清廉 vs. 黑金」三個不同的面向，來觀察自 1990 年代中期迄今，民眾腦海中對國民黨與民進黨的印象。

研究結果指出，兩大黨的形象在過去十餘年間，有其持續的一面，也有其變遷的一面。原本近半數的民眾認為國民黨兼具代表台灣人與中國人的利益，但近年來的趨勢卻逐漸走向兩極化。上述兼具兩者利益的百分比下降，認為國民黨代表台灣人、中國人利益的民眾，卻由原本的各約一成五，上升至各約分佔三成九、三成六。民進黨的形象則較為一致，仍被多數人認為是代表台灣人利益的政黨，且民眾同意的比率持續升高。其次，儘管多數民意還是維持長期以來，對於國民黨、民進黨分別代表有錢有勢、一般民眾利益的刻板印象，但是近年來已有改變，社會大眾對國民黨、民進黨的正面、負面印象分別逐漸提高。無獨有偶地，政黨形象的第三個面向也與第二個面向呈現類似的趨勢。國民黨傳統上與黑金掛勾的形象，仍為半數以上的台灣民眾所認定，但其比率有所下滑，2008 年的調查已降至 43.5%。反之，認為民進黨與黑金掛勾的受訪者，雖在前三個年度的調查維持在二成五至三成七之間，但 2008 年的數據卻超過國民黨，已上升到 44.9%。

其次，究竟政黨形象是否會左右選民的投票行為？根據本文的實證分析，答案應是肯定的。儘管在理論上政黨形象與各種長短期的政治態度均具有關聯性，但是在一併放入統計模型後，政黨形象仍顯示出其對選民投票抉擇可發揮獨立的影響力。不過，政黨形象的效果必須視各別選舉而定。證據指出，當選民同時考慮並比較政黨提名的候選人，此時政黨形象

就較能產生效果，左右民眾的投票意向。此一結果與心理學者所提出刻板印象的作用頗為吻合。詳言之，政黨形象做為民眾腦海中刻板印象的一種，可以提供認知圖或認知捷徑，為選民簡化外界繁複的政治資訊，以決定投票的對象。此外，更進一步而言，若政黨對決的選舉競爭傾向於突顯出政黨形象的影響力，那麼我們可以預期：政黨形象或許會在未來全國性的選舉中扮演更重要的角色。畢竟在我國區域立法委員選舉改為單一選區相對多數決制度後，若無太大的變化，在可預期的未來幾年，兩黨制的形成可能難以避免。無論是立委或總統選舉，在多數的案例，兩大黨所提名的候選人將是選區中的主要競爭者，而政黨形象也較能發揮作用，成為選民投票抉擇時的重要參考線索。

　　除了政黨形象與投票行為的關係之外，如果把本文的研究結果置於台灣政治發展的系絡中，進行較為宏觀面的檢視，究竟上述發現會對我國民主化的進程帶來何種啟示呢？首先，透過 12 年調查資料的累積，我們可以清楚地看出：相較於政黨認同被認為是長期穩定的心理態度，政黨形象則是一個較為短期且較易變動的因素。限於篇幅，本文未能探討形塑政黨形象的變項為何。但是，我們可以合理地假設，政黨認同、政治精英個人的形象與作為、政黨整體的表現等，都可能是造成政黨形象持續與變遷的原因。正因為政黨形象的變動性，也提醒政治人物對自己的言行不可不慎。以多數台灣民眾所甚為重視的政治清廉為例，傳統以來標榜清廉形象，並以打倒黑金為主要訴求之一，在 2000 年首次締造政黨輪替的民進黨，經過八年執政之後，民意已有大幅落差，近四成五的民眾認定民進黨是與黑金掛勾的政黨。由此可知，民進黨自黨外時期所累積的清廉形象，都可以在短短數年中改變。此一前車之鑑意味：正面形象的形塑得來不易，但其毀壞卻可能在短期內就造成，以後的政治人物應引以為戒。

　　其次，本文所採用三種測量政黨形象的面向，其研究發現也值得吾人深思。第一道有關詢問各別政黨是「代表台灣人利益或者中國人的利益？」是與長期在國內政治佔有一席之地的統獨、國族認同或族群議題有高度相關。如前文分析指出，在這道題目，民眾對國民黨究竟代表台灣人

或者中國人利益的看法，是愈趨兩極化；至於對民進黨的印象，則是多數人認為其代表台灣人的利益，且已逐年攀升到七成五左右。回顧過去兩岸的情勢，從兩蔣時代互不往來的敵對狀態，到 1990 年代初期開啟談判之門，但在李登輝於 1999 年發表「兩國論」後，兩岸交往又陷入停滯；陳水扁主政時期兩岸關係降至冰點，馬英九上台後又急速為兩岸關係加溫，近一年以來，台灣與中國在各方面的交往，皆已達到前所未有的盛況。馬政府若持續與對岸積極交往的政策，其陸續效應將如何影響台灣民眾的各項政治態度？實值得觀察。申言之，兩岸在累積一定程度的互動經驗後，台灣民眾對中國是呈現更多正面或負面的看法，勢將牽動選民未來的投票意向。因此，究竟是國民黨兼具代表台灣人與中國人利益的形象，或者民進黨高度代表台灣人利益的形象，得以吸引多數選民在往後各項選舉的青睞？仍有待後續更多的研究。

　　近年來研究民主化的文獻，對於民主治理品質的議題頗為關注。本文所納入詢問政黨「代表有錢有勢或者一般民眾的利益？」、「清廉或者與黑金掛勾？」的兩道題目，可以用來檢視政黨是否反映民意以及政治清廉兩項與民主治理有關的指標。大抵而言，多數民眾對國民黨在這兩項指標的表現，是抱持負面的印象，儘管近年已略有改善。而一向在兩項指標擁有多數正面評價的民進黨，卻逐漸走下坡。此一結果顯示：台灣民眾對於兩個主要政黨的表現並不滿意。尤有甚者，根據其他實證資料，大多數台灣民眾對政黨是抱持不信任的態度。2003 年 TEDS 將政黨與立法院、法院等機構一併列入，並詢問各機構受信任的程度。調查發現，受訪者回答對政黨不信任與信任的百分比分別為 59.4%、26.4%。

　　傳統上，政黨被認為在政治體系中，扮演政府與民眾之間的中介角色，政黨具有政治社會化、政治溝通、政治甄補、利益表達、利益匯集等功能。然而，上述的各項實證資料卻顯示：台灣民眾對政黨表現既不滿意，更缺乏信任，因而政黨在我國政治體系是否得以扮演好中介性的角色？實令人憂心。事實上，相較於傳統西方民主，新興民主國家政黨的地位尤其重要。如果政黨在政治體系的正當性 (legitimacy) 不被多數社會大

眾認可，意味政黨體系可能難以制度化，這也將危及民主鞏固的前景 (Dix 1992; Mainwaring and Scully 1995; 1998)。因此，台灣民眾若持續對主要政黨抱持負面的印象，是否會有礙於我國民主鞏固的進程，實值得後續的觀察。

附錄

　　有關本研究統計分析所使用的各類態度變項，因橫跨不同的選舉，且各年度研究團隊成員不盡相同，所以題目內容亦難以完全相符。除政黨形象已於文中表列，不再贅述之外，其餘政治態度變項於各年度的具體題目內容臚列如下：

一、政黨認同

　　就國民黨、民進黨、新黨這三個主要政黨而言，請問在感情上您比較傾向接受那個政黨？(1996)

　　目前國內有四個常聽到的政黨，分別是國民黨、民進黨、新黨、親民黨。國內這幾個主要政黨，各有各的支持者。請問您是哪一黨的支持者？(2000)

　　目前國內有幾個主要政黨，包括國民黨、民進黨、親民黨、新黨、建國黨，以及台灣團結聯盟，請問您是否（台：咁有）偏向哪一個政黨？(2004)

　　目前國內有幾個主要政黨，包括國民黨、民進黨、新黨、親民黨，以及台灣團結聯盟，請問您有沒有（台：咁有）偏向哪一個政黨？(2008)

二、統獨立場

　　國內對於臺灣的前途問題有很多爭論，有人認為未來臺灣獨立比較好；也有些人認為未來兩岸統一比較好。請問您的意見是怎樣？(1996)

　　國內對於臺灣的前途問題有很多爭論，有人認為未來臺灣獨立比較好；也有些人認為未來兩岸統一比較好。請問您的意見是怎樣？(2000)

　　關於台灣和大陸的關係，這張卡片上有幾種不同的看法：1、儘快統一；2、儘快獨立；3、維持現狀，以後走向統一；4、維持現狀，以後走向獨立；5、維持現狀，看情形再決定獨立或統一；6、永遠維持

現狀，請問您比較偏向哪一種？(2004)

關於台灣和大陸的關係，這張卡片上有幾種不同的看法：1、盡快（台：卡緊）統一；2、盡快（台：卡緊）獨立；3、維持現狀，以後走向統一；4、維持現狀，以後走向獨立；5、維持現狀，看情形再決定獨立或統一；6、永遠維持現狀，請問您比較偏向哪一種？(2008)

三、候選人評價

請問這四組候選人的作風或一些作法是否讓您引以為傲（感到光榮）？(1996)

我們想要知道您對幾位政治人物感覺的分數，從0分到10分都可以。非常喜歡是10分，非常不喜歡是0分，普通沒感覺是5分。請問您給下列各組候選人幾分？(2000)

我們想要知道您對幾位政治人物感覺的分數，從0分到10分都可以。非常喜歡是10分，非常不喜歡是0分，普通沒感覺是5分。(2004)

我們想要請您用0到10來表示您對這次總統選舉幾個候選人的看法，0表示您「非常不喜歡」這個候選人，10表示您「非常喜歡」這個候選人。(2008)

四、施政評價（2000年無相關題目）

您對李登輝總統這六年來的整體施政表現是否滿意？(1996)

請問您對陳水扁擔任總統四年期間的整體表現，您覺得是非常滿意、有點滿意、不太滿意、還是非常不滿意？(2004)

請問您對陳水扁擔任總統期間的整體表現，您覺得是非常滿意、有點滿意、不太滿意、還是非常不滿意？(2008)

●●● **參考文獻** ●●●

I. 中文部分

何思因，1994，〈台灣地區選民政黨偏好的變遷：1989-1992〉，《選舉研究》，1(1): 39-52。

林佳龍，1989，〈威權侍從政體下的台灣反對運動〉，《台灣社會研究季刊》，2(1): 117-43。

胡佛、游盈隆，1984，〈選民的黨派抉擇：態度取向及個人背景的分析〉，《政治學報》，13: 1-59。

徐火炎，1991，〈政黨認同與投票抉擇：台灣地區選民的政黨印象、偏好與黨派投票行為之分析〉，《人文及社會科學集刊》，4(1): 1-57。

------，2002，〈台灣政黨版圖重劃：民進黨、國民黨與親民黨的「民基」比較〉，《東吳政治學報》，14: 83-134。

盛杏湲，2002，〈統獨議題與台灣選民的投票行為：一九九〇年代的分析〉，《選舉研究》，9(1): 41-80。

陳陸輝，2000，〈台灣選民政黨認同的持續與變遷〉，《選舉研究》，7(2): 109-141。

黃秀端，2000，《公元二千年總統大選選民投票行為研究》，計畫編號：NSC89-2414-H031-009-SSS，台北：行政院國家科學委員會補助專題研究計畫成果報告。

------，2004，《2002年至2004年「選舉與民主化調查」三年期研究規劃（III）：民國九十三年總統大選民調案》，計畫編號：NSC92-2420-H031-004，台北：行政院國家科學委員會補助專題研究計畫成果報告。

游盈隆，1996，《民意與台灣政治變遷》，台北：月旦出版社。

------，1996，《民意、選舉與台灣的大眾政治：一九九六年台灣總統選民的研究》，計畫編號：NSC85-2414-H031-004-Q3，台北：行政院國家科學委員會補助專題研究計畫成果報告。

游清鑫，2002，〈政黨認同與政黨形象：面訪與焦點團體訪談的結合〉，《選舉研究》，9(2): 85-115。

------，2008，《2005年至2008年「選舉與民主化調查」四年期研究規劃 (IV)：2008年總統選舉面訪案》，計畫編號：NSC96-2420-H-004-017，台北：行政

院國家科學委員會補助專題研究計畫成果報告。

劉義周，1994，〈臺灣選民政黨形象的世代差異〉，《選舉研究》，1(1): 53-73。

蔡佳泓，2007，〈政黨形象的測量尺度初探〉，《政治學報》，43: 101-121。

鄭夙芬，2004，〈台灣民眾眼中的政黨——一個焦點團體研究法應用實例之初探〉，《選舉研究》，11(2): 185-206。

鄭夙芬、陳陸輝、劉嘉薇，2005，〈2004 年總統選舉中的候選人因素〉，《台灣民主季刊》，2(2): 31-70。

II. 外文部分

Bastedo, Ralph W., and M. Lodge. 1980. "The Meaning of Party Labels." *Political Behavior* 2(3): 287-308.

Craig, Stephen C. 1985. "The Decline of Partisanship in the United States: A Reexamination of the Neutrality Hypothesis." *Political Behavior* 7(1): 57-78.

Dalton, Russell J., and Martin P. Wattenberg. 1993. "The Not So Simple Act of Voting." In *Political Science: The State of the Discipline II*, ed. Ada W. Finifter. D.C.: American Political Science Association.

Dix, Robert H. 1992. "Democratization and the Institutionalization of Latin American Political Parties." *Comparative Political Studies* 24(4): 488-511.

Mainwaring, Scott, and Timothy R. Scully. 1995. "Introduction: Party Systems in Latin America." In *Building Democratic Institutions: Party Systems in Latin America*, eds. S. Mainwaring, and T. R. Scully. Stanford, CA: Stanford University Press.

------ 1998. "Party Systems in the Third Wave." *Journal of Democracy* 9(3): 67-81.

Matthews, Donald R., and James W. Prothro. 1964. "Southern Images of Political Parties: An Analysis of White and Negro Attitudes." *Journal of Politics* 26(1): 82-111.

Nie, Norman H., S. Verba, and John R. Petrocik. 1976. *The Changing American Voter*. Cambridge, MA: Harvard University Press.

Oskamp, Stuart. 1977. *Attitudes and Opinion.* Englewood Cliffs, NJ: Prentice-Hall.

Richardson, Bradley M. 1988. "Constituency Candidates vs. Parties in Japanese Voting Behavior." *American Political Science Review* 82(3): 705-712.

Sanders, Arthur. 1988. "The Meaning of Party Images." *The Western Political Quarterly*

41(3): 583-599.

Trilling, Richard J. 1975. "Party Image and Electoral Behavior." In *American Electoral Behavior*, ed. S. Kirkpatrick. Beverly Hill, CA: Sage.

------ 1976. *Party Image and Electoral Behavior.* New York: John Willy.

Wattenberg, Martin P. 1982. "Party Identification and Party Images: A Comparison of Britain, Canada, Australia, and the United States." *Comparative Politics* 15: 23-40.

------ 1984. *The Decline of American Political Parties, 1952-1980.* Cambridge, MA: Harvard University Press.

經濟與福利議題對台灣選民投票行為的影響：2008年總統選舉的探索

盛杏湲

目次

壹、前言

　　經濟與福利議題在大多數工業民主國家都是最重要的政治分歧，然而在台灣過去的研究發現，此項議題未成為凸顯的政治分歧。在台灣民主轉型之前，經濟的高度發展相當程度地解決了財富累積與財富分配問題，因此經濟議題對選民的影響有限（朱雲漢　1994）。在民主轉型期，因應社會經濟的變化，貧富差距逐漸擴大，經濟與福利議題被許多政治菁英所提出，即便如此，這些議題對選民投票行為的影響，卻仍低於改革或安定議題與統獨議題，即便在有些選舉年顯現出較重要的影響，但跨不同的選舉年卻並不見得呈現相同的結果（Hsieh and Niou 1996a; 1996b; Sheng 2007; Tasi 2008; Wang 2001; 王鼎銘　2003；朱雲漢　1994；徐火炎　1998；盛杏湲、陳義彥　2003）。

　　在 2001 年的立委選舉，台灣選民不因民進黨在經濟上的表現欠佳，而在選舉中對之加以懲罰，即便是年經濟成長率大幅下滑至 -2.17%，創歷史的低點，而失業率也首次達到 4.57%，創歷史的高點（行政院主計處 2009a；2009b），但民進黨的得票率為 38.7%，創下民進黨立委選舉得票率的高點。也許是因為當時民進黨輔上任不久，選民願意給民進黨更多機會，也許是選民並未將經濟衰退歸因於民進黨的執政，也或許是在台灣政治的舞台上，統獨議題與改革或安定議題，較之經濟議題更為凸顯。然而在 2008 年總統選舉時，面臨世界金融風暴，台灣經濟面臨嚴峻的考驗，不僅經濟成長率大幅衰退，失業率大幅提昇，貧富不均的情況也更形惡化。[1] 那麼，一個有意義的研究問題就在於：究竟經濟與福利議題對台灣選民的投票行為是否有影響？如果有影響，如何影響？如果沒有影響，可能的原因何在？

　　本研究所採用的資料是「台灣選舉與民主化調查」(TEDS) 研究小組

---

[1]　2007年第四季經濟成長率6.35%，2008年第一季6.25%，第二季4.56%，第三季-1.05%，第四季-8.36%，2008年全年經濟成長率0.12%，而2009年經濟成長率預估-2.97%（行政院主計處 2009a）。

在2008年所蒐集的資料：[2] 主要資料是2008年總統選舉資料 (TEDS2008P)，資料蒐集的時間點係在 2008 年 6-8 月，在總統選舉之後；此外本研究也輔以 2008 年立委選舉資料 (TEDS2008L)，該筆資料蒐集的時間點係在 2008 年 1-3 月，時間正好是在總統選舉之前，因此得以對選民投票當時的心理與環境作較佳的掌握。

　　本文對經濟與福利議題是否影響選民投票行為的探索，首先從工業民主國家中對於經濟與福利議題的重要性開始談起，接著談台灣選民對經濟與福利議題的立場，以及他們對主要政黨在議題上的認知。接著將從選民個人的角度觀察，是否認為對他個人而言，經濟或福利問題是重要議題。如果是重要議題，那麼接著就要探索該項議題是如何對選民的投票產生影響。

貳、經濟、福利議題與政治分歧

　　在多數工業民主國家裡，主要的政治分歧往往在於左右（或自由／保守）意識型態，其所涉及的爭論焦點在於政府對於社會經濟生活的干預究竟應該多大、政府應該對於人民基本生活的照顧要到甚麼程度、社會福利的範圍應該要多大或多小，此一分歧往往形塑於一國的工業革命或經濟大蕭條時期 (Dalton 1996; Lipset and Rokkan 1967)，譬如美國在 1930 年代經濟大蕭條時，Roosevelt 的新政政策使得經濟上的弱勢者投票給民主黨，而有錢階級投票給共和黨，此一分歧至今仍然左右著美國的政黨競爭。一如

2　本文使用的資料係採自「2005年至2008年『選舉與民主化調查』四年期研究規劃 (III)：2008年立法委員選舉面訪案」(TEDS2008L) (NSC96-2420-H-002-025)，以及「2005年至2008年『選舉與民主化調查』四年期研究規劃 (IV)：2008年總統選舉面訪案」(TEDS2008P) (NSC96-2420-H-004-017)。「台灣選舉與民主化調查」(TEDS) 多年期計畫總召集人為國立政治大學黃紀教授，TEDS2008L為針對2008年立委選舉之年度計畫，計畫主持人為朱雲漢教授，TEDS2008P為針對2008年總統選舉之年度計畫，計畫主持人為游清鑫教授；詳細資料請參閱TEDS網頁：http://www.tedsnet.org。

美國，大多數民主國家的政黨都可以在此一左右光譜上標上一個位置，偏左的政黨強調政府的積極介入人民的經濟生活與較多的社會福利，而偏右的政黨強調政府的介入應較為有限與較少的社會福利，此一分歧主要是以階級作為主要的區隔，Dalton (1988; 1996) 與 Inglehart (1990) 等人將此分歧稱為舊政治分歧，以別於新政治分歧。

Inglehart (1990) 認為物質與後物質 (post-materialism) 為新政治分歧，他認為以物質（尤其是階級）作為主要分隔的左右意識型態，因為二次世界大戰以後的富裕，年輕富裕的一代，因為物質的豐盛，不再像他們的上一代那麼擔心物質問題——如經濟的穩定與發展、國防安全、社會秩序等問題，轉而注重較佳的生活品質——如環保、反核、言論自由、在社區議題或政治上有發言權等。Inglehart (1990) 注意到此一價值觀念的變遷不盡然會表現在選民的投票行為，或者表現在新政黨的出現或選票的獲取上面，因為政黨制度在這些國家久已成形，因此並不見得會在每一個國家出現因後物質主義而形成的生態政黨或新左派政黨，或者即使出現也不見得能掌握許多選票。但是此一新政治分歧表現在兩個重要方面：第一，舊有政黨調整政策立場，將後物質主義的若干主張，譬如環保、反核、婦女權益等納入其政策主張內；第二，許多標榜環保、反核、婦女權益等新興的社會運動出現。

有關於左右政治分歧是否已經逐漸失去其影響力，以及新的政治分歧是否出現如 Inglehart 所主張的那樣發揮重要的影響力，政治學者們的見解並不全然相同，譬如雖然有相當多學者強調階級投票的降低，因而主張舊政治分歧逐漸失去其舊有的影響力 (Dalton 1988; 1996; Inglehart 1983; 1990)。然而，無可否認的，舊政治分歧仍是多數國家最重要的政治分歧，尤其是當國家有重要的問題發生時，例如經濟不景氣或國家安全遭受威脅時，則舊政治分歧的影響力將更形凸顯。

參、選民在經濟與福利議題的立場與對政黨議題立場的認知

　　台灣過去在國民黨發展經濟的策略下，經濟成長率在 1960、1970 年代平均維持在 8%-10%，在 1970 年代中期逐漸下滑，在 2000 年以來的 10 年，平均經濟成長率大約在 5.27%（行政院主計處　2009a）。在經濟的高度成長下，財富分配的距離加大，同時社會結構與價值觀的變遷，也導致個人亟需政府權力的介入來保障個人與家庭的福利，因此大約自 1990 年代初期起，種種社會福利的主張，諸如：老人年金、殘障保護、失業救濟、全民健保、國民年金等等，屢屢出現在政黨與候選人的政見與政府的施政計畫中。與此同時，在經濟快速發展的過程中，也帶來了嚴重的環境污染，在過去國民黨以經濟發展為導向的政策下，環境保護相對上被犧牲，1980 年代中期開始，陸續發生的環保抗爭事件，凸顯了環保議題在台灣逐漸受到重視。

　　經濟與福利議題雖然逐漸被政治菁英與選民重視，但台灣民眾對「左右」意識型態的詞彙還很陌生，無法準確用之標示其立場，也無法藉以認知政黨的立場，因此本研究試圖從 TEDS 的兩組測量題目來掌握民眾對經濟與福利議題的立場，以及其對各政黨立場的認知。[3] 問卷措辭如下：

　　　　經濟／環保議題：「就經濟發展與環境保護來看，社會上有人強調保護環境，有人強調發展經濟。如果強調保護環境的看法在一端，用 0 代表；強調發展經濟的看法在一端，用 10 代表。那麼您的位置比較靠哪裡？（並續問各黨的位置靠哪裡？）。」

　　　　社會福利議題：「在社會福利方面，有人認為只要維持目前的社會福利就好，以免增加人民的納稅負擔；也有人認為政府應該積極推展社會福利，即使因此而加稅也無所謂。如果主張政府只要維持目前

---

[3]　此兩組測量題目參酌政治大學選舉研究中心的測量題目，在2000年及之前的資料，係選舉研究中心蒐集，唯社會福利議題的題目跨不同的時間點並不一致，現僅以與TEDS測量題目相同的年度加以統計。

的社會福利的看法在一邊，用 0 代表；主張政府應該積極推展社會福利的看法在另一邊，用 10 代表。那麼，您的位置比較靠哪裡？（並續問政黨的位置在哪裡？）」

表 9.1 與表 9.2 的數據顯示選民在經濟／環保議題與社會福利議題的立場，以及選民認知到的政黨立場。從表 9.1 看來，選民在經濟／環保議題的立場上有往經濟發展的方向移動，雖然移動的幅度不大，同時，就選民的眼光看來，國民黨仍舊是相當強調經濟發展，而相對上較輕環境保護的政黨，即便它的立場有往環境保護的方向移動。而民進黨在執政之前的反核立場，以及它在地方執政的縣市長趕走有嚴重污染環境之虞的外商投資，使它被視為是較重視環境保護，而不那麼重視經濟發展，因此民眾對它的印象是略偏環境保護 (4.6)。然而民進黨執政之後立場逐漸往經濟發展的方向移動，此一印象與它在核四議題上的妥協，以及在許多重大爭議性的環保議題上，民進黨並未堅持環保的立場有關 (Ho 2005)，因此就選民看來，其立場往重視經濟發展的方向移動，所以兩個政黨的立場愈為接近。

表 9.1　選民在經濟／環保議題上的立場與其認知到的政黨立場 (1997-2008)

	選民	國民黨	民進黨
1997	4.4	6.9	4.6
1998	5.3	7.3	5.1
2000	5.3	7.2	5.2
2001	6.2	7.2	5.7
2004	5.7	7.1	5.6
2008	5.9	6.8	5.5

資料來源：劉義周（1998）、劉義周（1999）、陳義彥（2000）、黃紀（2001）、劉義周（2004）、游清鑫（2008）。

從表 9.2 得知，在社會福利議題上，選民的立場是較偏向政府應較積極的推動社會福利，至於選民認知到的國民黨的立場是從愈往積極推動社會福利的方向走，從 2000 年的 4.8 移動到 2008 年的 5.7。有趣的是，民進

黨的方向相反，從 2000 年的 6.5 移動到 2008 年的 5.4，也就是從積極的推動社會福利的立場，往不那麼強調積極推動的立場移動，之所以兩黨立場逐漸接近，可能是民進黨 2000 年以後因為身為執政黨必須為財政負責，因此不像在野時那麼毫無顧忌。民進黨在野時期，1992 年立委選舉時提出福利國的主張，1993 年縣市長選舉時提出老人年金主張，民進黨當選的縣市長確實實現了競選諾言，發給老人每月 3000 元，但隨即因財政問題而未能持續，但此舉確實造成民眾認為民進黨照顧社會福利的印象。在 2000 年總統大選時，陳水扁提出「333 安家福利專案！」簡單俐落的競選宣示，[4] 確實讓民眾留下深刻的印象。但在陳水扁當選之後，在經濟發展掛帥下，陳水扁在上任後不久即表態：「經濟發展是第一要務，…原先要作的福利政策，將要暫緩實施；但是經濟發展卻無法暫緩。」（聯合報，2000 年 9 月 17 日，版 1）。此外民進黨為了彰顯強調經濟發展的形象，在執政後不久的工時案力主一週工時 44 小時，與國民黨兩週 84 小時工時的立場爭執不下。一項民意調查顯示，民進黨自從執政之後，與大企業愈走愈近，有 42% 的民眾認為民進黨是一個向資方靠攏、為有錢人說話的政黨，比執政之前大幅增加了 31%（聯合報，2002 年 7 月 29 日，版 3）。

國民黨過去在強調經濟發展的策略下，給民眾的印象是雖然重視軍公教福利，但對一般社會福利卻不那麼強調 (Fell 2005)，但是自 1990 年代初期開始感受到民進黨的選舉壓力，在 1996 年總統選舉前一年開始推動全

表 9.2 選民在社會福利議題上的立場與其認知到的政黨立場 (2000-2008)

	選民	國民黨	民進黨
2000	5.6	4.8	6.5
2004	6.3	5.6	6.0
2008	5.9	5.7	5.4

資料來源：陳義彥（2000）、黃紀（2001）、劉義周（2004）、游清鑫（2008）。

---

4 內容包括65歲以上老人每月3000元、3歲以下兒童醫療免費、首次購屋低利年息3%。

民健保，並與其它政黨聯手推動各種福利法案，不讓其它政黨專美於前。[5] 在 2008 年總統選舉時，選民對國民黨與民進黨在社會福利的認知位置互換，國民黨比民進黨還強調積極的社會福利（雖然二者差距有限）。這應該與 2008 年國民黨候選人馬英九所提出的政見中，相當強調社會福利的立場有關。一支支競選文宣廣告，諸如：「民進黨讓農保縮水，馬蕭一定幫你要回來！老農津貼由 5000 加 1000 ！」「快樂社福餐」[6]「馬蕭提供失業給付，從現在投保薪資的 60% 提高至 70%」，使國民黨在社會福利的立場讓選民印象深刻。這使得選民認知到的兩黨在社會福利議題的立場幾乎相同。

綜合而論，從選民的眼光看來，兩個主要政黨在經濟與福利議題的立場差距愈來愈小，除了執政在野的角色互換，也與選舉策略也關，除此之外，2008 年立委選舉制度改為單一選區與比例代表混合制，是否此也促使兩黨的議題立場往中間靠攏，並影響到緊接著的總統選舉，值得後續的觀察。

根據 Carmines 與 Stimson (1986) 的說法，某一議題要成為重要議題的第一個步驟是政治菁英將議題凸顯，而一般大眾認知到此一議題，並認知到不同的政治菁英站在不同的立場。然而由上述分析得知國民黨與民進黨在經濟與社會福利議題的立場多是強調經濟發展，也多是強調更多的社會福利，也因此經濟與福利議題對選舉的影響，應該不會表現在選民與政黨在議題立場上的位置遠近或方向是否相同，[7] 而由於 2007 年以來的金融海嘯，使得一般民眾對自己經濟生活懷著不安，對政府在經濟問題的處理能

---

[5]　譬如通過於1995年的老農津貼法案原本非國民黨的政策，但國民黨農業地區立委感受到選民的壓力而透過各種方式爭取國民黨在老農津貼上的支持，使該法案因兩黨聯手推動而通過。且每到選舉，各黨競相提出加碼競選支票，因此老農津貼從3000元，經三次加碼到2007年已調漲到6000元，同時老人年金亦是各黨聯手推動，2002年通過發給65歲老人3000元，2003年修改放寬得請領的範圍。

[6]　內容包括一生享用兩次兩百萬零利率房貸、落實國民年金保險、提供五歲兒童免費學前教育、積極推動社區守門人行動、免費補助方式全面提供弱勢學童營養午餐。

[7]　Downs (1957) 提出趨近性理論，而Rabinowitz與MacDonald (1989) 提出方向性理論。

力就愈為重視，也因此經濟與福利議題對選舉的影響，極可能會表現在選民對政黨在經濟議題上過去表現的回顧，以及對未來經濟問題處理能力的前瞻。當選民認為執政黨的經濟表現欠佳，則傾向投票給反對黨；而對於執政黨與在野黨（及其候選人）未來經濟表現的期待，也會影響選民將票投給較有能力處理經濟問題的政黨或候選人。

肆、選民對經濟與福利議題的感受與對政黨表現的評估

　　選民認知到議題的重要性，是議題投票的第一項條件，因此以下首先去探索選民是否認知到經濟與福利議題，且感受到該議題是重要的。本研究採用 TEDS2008P 中詢問選民的開放式問題：「在今年三月的選舉中，對您個人而言，您認為最重要的議題是甚麼？」接著再問：「那其次呢？」得到的結果如表 9.3 所示，有將近半數 (46.9%) 的民眾認為對他個人而言，最重要的議題是經濟議題，如果將最重要與次重要的合併計算，則有超過半數 (58.3%) 的民眾認為經濟議題是重要議題（最重要或次重要議題）；而相對上而言，僅有 5.2% 的民眾認為社會福利是重要議題；而也僅有 0.7% 的民眾認為環境保護是重要議題。至於過去一向相當重要的統獨與兩岸關係議題，只有大約 20.5% 的民眾認為對他個人而言是重要議題；[8]改革或安定議題僅有 19.3% 的民眾，至於政黨政治或政治人物的能力與操守等議題，僅有大約 9.8% 的民眾認為對他個人而言是重要議題。從選民的意見得知，他們非常傾向認為經濟議題重要，也許因為經濟的不景氣、

---

[8]　然而，如果我們問的是針對國家最重要的政治問題時，措辭如下：「在今年三月的選舉中，您認為當時我們國家面臨最重要的政治問題是甚麼？」接著再問：「第二重要的政治問題是甚麼？」得到的結果是：統獨與兩岸關係的相關議題仍是一般民眾感受到的最重要或次重要的政治問題，大約35.7%的民眾認為是第一或第二重要的政治問題，而在經濟發展問題方面，有大約26.0%的民眾感受到經濟發展是我國面對的第一或第二重要的政治問題（參閱附錄）。

失業率的提升，民眾很輕易可以從大眾傳播媒體以及自己或周遭家人、親友得知企業裁員、倒閉、失業、放無薪假等訊息，因此相當多民眾認為經濟問題是最重要議題，而這也構成民眾去以經濟議題來投票的先決條件。

表 9.3　民眾認為對個人而言最重要與次重要的議題

議題	最重要		最重要與次重要	
	樣本數	%	樣本數	佔總樣本數 %
經濟	894	46.9	1,110	58.3
社會福利	30	1.6	100	5.2
環境保護	5	0.3	13	0.7
統獨	62	3.2	130	6.8
兩岸關係	132	7.0	261	13.7
外交國防	36	1.9	105	5.5
改革或安定	92	4.9	366	19.3
政治人物或政黨	114	6.0	187	9.8
其它	10	0.5	47	2.5
未答	530	27.8		
合計	1,905	100.0		

資料來源：游清鑫（2008）。

　　那麼，選民如何認知主要政黨在經濟相關議題的處理能力呢？在此項問題上係採用 TEDS2008LC 一系列的對國民黨與民進黨處理各項問題的比較。研究結果如表 9.4 所示，在經濟發展問題上，認為國民黨較好的比例超過半數 (52.5%)，認為民進黨較好的比例僅有 6.7%；在縮小貧富差距上，認為國民黨較好的比例有 37.8%，相對上而言，認為民進黨較好的比例僅有 10.3%；至於在環境保護上，民眾認為國民黨較好的僅有 15.3%，而認為民進黨較好的有 28.5%；在社會福利問題上，認為國民黨較好的佔 21.1%，而認為民進黨較好的佔 27.4%。綜合而論，在經濟發展與縮小貧富問題的處理上，大多數民眾認為國民黨的處理能力較好；而在環境保護與社會福利議題上，大多數民眾認為民進黨的處理能力較好。

　　此外，民眾在評估政黨處理問題的能力時，主要政治領導人（總統）

表 9.4　民眾比較國民黨與民進黨在經濟相關議題上的處理能力

	經濟發展 %	縮小貧富差距 %	環境保護 %	社會福利 %
國民黨好很多	18.9	10.1	4.0	6.0
國民黨好一些	33.6	27.7	11.3	15.1
民進黨好一些	5.0	8.5	22.8	20.3
民進黨好很多	1.7	1.8	5.7	7.1
兩個政黨都不錯	5.9	5.3	14.6	13.6
兩個政黨都不好	19.6	26.1	18.7	19.5
其他及無反應	15.3	20.6	22.8	18.3
合計	100.0	100.0	100.0	100.0

資料來源：朱雲漢（2008）。

在職期間的表現往往是不可少的重要衡量指標，民眾極可能會以總統的表現當作是該黨的政績或敗績。因此我將陳水扁擔任總統八年與李登輝擔任總統十二年的政績相比，結果如表 9.5 所示，在經濟問題上，有 21.6% 的民眾認為陳水扁在經濟問題的表現最不好，而有 11.5% 的民眾認為李登輝在經濟問題的表現上最好。相對的，在社會福利上，有 15.5% 的民眾認為陳水扁表現的最好的地方是社會福利，而相對上僅有 1.4% 的民眾認為李登輝在社會福利的表現最好。需要提醒讀者的是在 1996 年測量李登輝的表現時，問卷題目是開放式的，而在 2008 年測量陳水扁的表現時，問卷題目是半開放式的，因此 1996 年時受訪者的答案較為多元分歧，然而即便如此，相對上民眾對李登輝在經濟上的表現仍是肯定，而對其在社會福

表 9.5　民眾認為李登輝、陳水扁擔任總統期間表現的最好與最不好的地方

	李登輝		陳水扁	
	最好	最不好	最好	最不好
經濟問題	11.5	1.9	1.8	21.6
社會福利	1.4	1.7	15.5	0.7
樣本數	1,396		1,905	

資料來源：謝復生（1996），游清鑫（2008）。
說明：1996 年對李登輝表現的測量題目為開放式問題，2008 年對陳水扁的測量題目為半開放式問題。

利上的表現不滿意；相反的，民眾對陳水扁在經濟的表現不滿，但較肯定其在社會福利的表現。

顯然民眾對兩個政黨在經濟與福利議題的整體觀感還頗為穩定，因此我們可以推論：民眾認為國民黨較長於經濟發展，而民進黨較長於社會福利，那麼，民眾在作投票決定時是否會回顧或前瞻這兩個政黨在這兩個議題上的表現？更仔細說，民眾是否會因為回顧民進黨在過去經濟的表現欠佳而懲罰它？而對國民黨過去在經濟的表現較好而對之有所期待而投票給它？民眾是否會因為回顧民進黨在過去社會福利的表現較佳而投票給它？而對國民黨過去在社會福利的表現較差而不投票給它？這是下文要處理的問題。

伍、選民回顧與前瞻政府經濟表現與能力

有關經濟對選舉的影響，政治學界對此議題的討論由來已久，經濟投票的主要假設是經濟的繁榮有利於執政黨，否則有利於在野黨，選民在經濟狀況好時會投票支持執政黨，否則會支持在野黨 (Lewis-Beck 1990)。Fiorina (1978; 1981) 認為選民會回顧政黨過去的表現，而非未來的表現來投票，如果執政黨表現好就會投票給執政黨；反之，投票給在野黨。Fiorina 的觀點符合大多數經濟投票所謂的「獎懲機制」(Anderson 2007)。此一觀點事實上修正了 Downs (1957) 的觀點，Downs 認為選民會前瞻不同政黨對他所能提供的效用，而決定去投票給能提供他最大效用的政黨。而究竟選民是回顧政黨過去的表現，或比較政黨的競選承諾與能力而前瞻未來的表現，提供了一般分析經濟投票的第一個面向。此外，選民究竟是荷包型 (pocket) 投票或社會經濟型 (sociotropic) 投票提供了分析經濟投票的第二個面向，前者指選民衡量自己的經濟狀況來決定投票 (Campbell et al. 1960)；至於社會經濟型指選民根據總體經濟的情況來投票，但誠如 Kinder 與 Kiewiet (1981) 指出的，社會經濟型投票並非利他主義，而是因

為認為經濟的繁榮有利於自己的經濟利益。

　　過去學者對於經濟投票的檢視，有從個體的角度 (Campbell et al. 1960; Kinder and Kiewiet 1981; Fiorina 1978; 1981)，有從總體的角度 (Kramer 1983)，也有合併個體與總體的資料 (Markus 1988)。Markus 以個體資料為分析的焦點，一方面掌握個人的經濟狀況，也掌握年度的總體經濟資料，如此得以避免個人作總體經濟評估時可能受到自己主觀經濟狀況產生的扭曲，結果他發現總體經濟情況對個人的投票，不僅有直接的影響，也有透過對個人的經濟狀況而產生的間接影響。此顯示，個人經濟的考量，很難真的超脫總體經濟的影響。

　　台灣過去針對經濟投票的研究，得到的結果並不一致，有時經濟因素對投票造成影響，但有時又不會造成影響，顯示每一次的選舉有不一樣的特色，以下首先回顧這些研究。黃秀端（1994）針對 1992 年台北縣立委選舉的經濟投票研究，發現雖然個人與國家整體經濟與投票有關係，但是當將其它因素，譬如政黨表現滿意度、政黨情感接受度一起放入模型檢證時，經濟因素對投票的影響消失。黃秀端解釋之所以經濟因素不具影響力，可能是因為兩黨對經濟問題的態度不明顯，且選民並不認為經濟問題是當時最需要解決的問題，其它的因素，譬如統獨議題與國家前途問題才是影響投票的重要因素。Hsieh、Lacy 與 Niou (1998) 針對 1996 年總統選舉，發現前瞻型的經濟投票確實存在，選民會評估候選人在未來的經濟表現來決定投票，但回顧型的經濟投票卻並不那麼凸顯。

　　在 2001 年民進黨執政一年半後的首次立委選舉，當時國家經濟面臨重大的衰退，經濟成長率是 -2.17，而失業率是 4.57%，因此不由得讓人好奇，選民是否會因此懲罰民進黨，王柏燿（2004）針對是年選舉研究，發現經濟投票存在，但是經濟因素對投票的影響並不十分穩定，他指出當將選民個人與國家經濟因素一起放入模型時，發現選民的經濟狀況愈佳，愈傾向投票給執政黨，而其它經濟因素不存在顯著影響，亦即只顯示出荷包回顧型的經濟投票（王柏燿　2004, 184）。但是若將個人的經濟因素剔除，僅考量國家經濟因素時，則選民無論對國家經濟的表現評估愈佳，或

對國家經濟的展望愈佳，都傾向投票給執政黨，亦即回顧與前瞻的社會經濟型投票都存在（王柏燿 2004, 187）。

此外，在經濟因素對地方選舉的影響方面，黃智聰與程小綾（2005）以 1989 到 2001 年的四屆縣市長選舉為研究對象，使用總體資料檢視地方與全國的經濟因素對選舉結果的影響。研究發現顯示，雖然地方上的失業率變化並不影響選舉結果，但全國性的失業率指標對縣市長選舉的結果有影響，若全國性的失業率提升，則對與總統同黨的執政的縣市長選情有不利的影響。

陸、變數測量、模型建構與解釋

過去針對選民對個人自己與國家整體經濟狀況的判斷，常使用四個測量題目：

1. 請問您覺得台灣現在的經濟狀況與一年前相比，是比較好、還是比較不好，或是差不多？
2. 請問您覺得台灣在未來的一年經濟狀況會變好、還是變不好，或是差不多？
3. 請問您覺得您家裡現在的經濟狀況與一年前相比，是比較好（台：卡好）、還是比較不好（台：卡壞），或是差不多？
4. 請問您覺得您家裡在未來的一年經濟狀況會變好、還是變不好，或是差不多？

然而，由於大多數調查的訪問時間是在選後，因此這樣的測量題目與解讀必須更為謹慎，尤其在 2008 年的總統選舉，是年總統選舉在 3 月，而訪問時間在 6-8 月，由於從總統選舉到實際訪問的時間間隔 3-5 個月，因此當受訪者在回答訪問題目時，他已經不是在面對「投票決定時」的情境，而是在選後的情境，這可能產生幾個問題：

第一，經濟狀況可能產生變化：在金融海嘯肆虐下，台灣的經濟每下

愈況，每晚一個月經濟的前景就更黯淡，企業倒閉更多，失業率也更高，無論國家整體或個人經濟生活都可能有所轉變；第二，受訪者已經知道是誰當選，此與選前無法確定當選人的考量不一樣；第三，新政府已經上台，因此當他將「現在」與一年前相比或與一年後相比，這個「現在」已非選前作投票決定時的「現在」，且執政與在野正好互換，因此無法判斷出選民的回顧或前瞻究竟是基於舊政府還在朝時，或新政府已上台時的考量；第四，更嚴重的是若新政府上台後的表現，讓選民覺得競選支票極可能跳票時，其對未來的判斷就更悲觀，這與選前對新政府的樂觀期待有所不同。[9] 也因此，本研究對經濟狀況的評估並不用這四個測量題目，而是採用如下的測量方式：

1. 回顧舊政府經濟表現的評價：針對受訪者回答陳水扁政府表現好的與不好的部分加以整理，測量題目是：「整體而言，您認為陳水扁擔任總統期間，做得最好的地方是甚麼？」以及「整體而言，您認為陳水扁擔任總統期間，做得最不好的地方是甚麼？」然後針對受訪者回答陳水扁政府表現在經濟與福利方面好的與不好的加以整理（參見表 9.5），建構四個二分變數：是否覺得陳水扁經濟表現得好，是否覺得陳水扁經濟表現得不好，是否覺得陳水扁社會福利表現得好，是否覺得陳水扁社會福利表現得不好。每一個變數皆以二分變數的方式處理。

2. 前瞻候選人經濟表現的評價：就受訪者認為我們國家面臨的最大政治問題的答案（參閱附錄），若回答是經濟問題，則進一步就其認為是哪一個總統候選人最有能力處理，分為三類：認為馬英九最有能力處理，認為謝長廷最有能力處理，以及其它選項。由於回答社會福利是國家面臨的重要政治問題的受訪者人數僅有 19 人，因此無法做成前瞻馬英九或謝長廷處理社會福利的變數。由於僅有 19

9　馬英九執政前兩個月聲望直線下滑，從就職時的六成六滿意度，上任一個月剩五成滿意，上任兩個月時滿意度降至四成，不滿意度也攀升到四成三（聯合報，2008年8月27日，版1）。

個人認為社會福利是重要政治議題，因此以社會福利議題來投票的選民自然不會很多。

以下將進行建構模型以估計選民回顧與前瞻政府的經濟表現，以及選民在經濟與福利議題上的立場對其投票行為的影響，並控制一般認為對選民投票行為有重要影響的變數：政黨認同、候選人喜好差異程度、[10] 省籍、統獨議題立場、[11] 與改革／安定議題的立場。[12] 由於依變數為投票對象，係二分變數，因此估計模型採二元線性對數模式 (Binary Logistic Regression Model)，以投給謝長廷為 1，投給馬英九為 0。

從表 9.6 的模型估計結果得知，一如預期的，認同泛綠、較喜好謝長廷的、閩南籍與客家籍相對於大陸省籍、在統獨光譜上愈偏向獨立的，愈傾向投票給謝長廷，然而改革／安定議題沒有任何影響力，此與在 2000 年到 2008 年國民黨與民進黨執政與在野的角色互換，一向以強調保守安定的國民黨於在野期間並不再強調安定，在幾次的群眾運動中扮演重要的角色，至於一向強調改革的民進黨在執政之後有一些無法改革的難處，兩黨的形象與過去不同，也導致民眾不再以改革／安定來認定兩個主要政黨，自然此一議題不再成為影響民眾政黨偏好的因素（盛杏湲　2009）。

此外，選民在經濟／環保與社會福利議題的立場，均未影響其投票行為，可能的原因是經濟議題在經濟狀況嚴峻，無論政黨、候選人或一般民眾都十分強調經濟發展的狀況下，政黨在議題的立場愈趨接近，因此並不

---

[10] 測量方式係就受訪者對兩個總統候選人0-10的喜歡程度，將謝長廷的分數減去馬英九的分數。

[11] 測量方式係受訪者對下列問題的回答：我們社會上的人常討論中國統一與台灣獨立的問題，有人主張台灣應該儘快宣佈獨立；也有人主張兩岸應該儘快統一；還有人的看法是在於這兩種看法之間。如果主張台灣應該儘快宣佈獨立的看法在一邊，用0表示；主張應該儘快統一的看法在另一邊，用10表示。那麼，請問您的位置比較靠哪裡？

[12] 測量方式係受訪者對下列問題的答案：就整個台灣的發展來看，有人認為大幅度（台語：範圍）改革是最重要的事，即使犧牲一點社會安定，也是值得的；有人則強調安定最重要，追求改革不應該影響社會安定；如果認為「大幅度改革最重要」的看法在一邊，用0表示；強調「安定最重要」的看法在另一邊，用10表示。那麼，請問您比較靠哪裡？

表 9.6　台灣選民的經濟投票模型（二元洛基線性對數模式）

	B	Robust SE	Exp (B)
回顧陳水扁經濟與社會福利表現			
認為陳水扁經濟表現好	0.49	0.85	1.63
認為陳水扁經濟表現不好	-0.48	0.29 $	0.62
認為陳水扁社會福利表現好	0.25	0.34	1.29
認為陳水扁社會福利表現不好	0.39	0.96	1.48
前瞻候選人經濟表現			
認為馬英九可以處理好經濟問題	-0.90	0.41 *	0.41
認為謝長廷可以處理好經濟問題	1.29	0.78 #	3.62
議題立場			
統獨議題立場	-0.28	0.09 **	0.76
（0-10，10 為盡快統一）			
改革或安定議題立場	-0.01	0.06	0.99
（0-10，10 為強調安定）			
社會福利議題立場	0.03	0.05	1.03
（0-10，10 為最強調福利）			
經濟或環保議題立場	0.04	0.06	1.04
（0-10，10 強調經濟發展）			
候選人喜好差距	0.61	0.10 ***	1.84
（-10 至 10，10 為極端喜好謝長廷）			
政黨認同（中間 =0）			
泛藍	-2.02	0.44 ***	0.13
泛綠	2.30	0.28 ***	9.93
省籍（外省籍 =0）			
閩南籍	2.95	0.61 ***	26.46
客家籍	3.28	0.50 ***	19.08
常數項	-2.66	0.91 **	
N		1,334	
Pseudo R^2		0.76	
Wald Chi-square		193.53***	

資料來源：游清鑫（2008）。

說明：1. 依變數為二分變數，1 表投給謝長廷，0 表投給馬英九。

　　　 2. *** 表 p<0.001；** 表 p<0.01；* 表 p<0.05；$ 表 p<0.1；# 表 p=0.101。

顯示出選民在議題上的立場會影響其投票對象。同時，一如前述，在兩黨都愈來愈強調社會福利的狀況下，選民認知的兩黨在社會福利上的立場幾乎已沒有差距，自然不會以此來決定其投票行為。

在本研究主要的經濟評估的變數對投票行為的影響上，認為陳水扁政府經濟表現不好的，估計值為 -0.48，表示認為陳水扁政府經濟表現不好的，愈傾向投票給馬英九。同時，若認為馬英九可以處理好經濟問題的，估計值為 -0.90，愈傾向投票給馬英九；至於認為謝長廷可以處理好經濟問題的，估計值為 1.29，其 p 值為 0.101，接近顯著邊緣，由於認為謝長廷可以處理好經濟問題的受訪者人數較少，因此標準誤較大，不易達到顯著水準，因此如果用一個較寬鬆的標準看待，我們可以說認為謝長廷可以處理好經濟問題的，較傾向投票給謝長廷。

從上述統計結果得知，在經濟的面向上，選民確實會因為陳水扁經濟表現的好壞而決定投票對象，同時選民也會因為前瞻候選人可能有的經濟能力而決定其投票對象，因此回顧型與前瞻型經濟投票都存在。且比較起這三個變數的估計值大小，發現前瞻型經濟投票的重要性高於回顧型經濟投票。但是在社會福利的面向上，兩個變數（認為陳水扁社會福利表現好的，與認為陳水扁社會福利表現不好的），都沒有達到顯著水準，表示選民對陳水扁的社會福利的表現無論是正面評價或負面評價的，對其投票抉擇都沒有影響。這極可能是選民在面對總體經濟狀況艱困的情況下，會以經濟考量，而非以社會福利考量來決定投票對象。換言之，經濟的不景氣對於對經濟處理能力較佳的國民黨選情較為有利，而即便相對上選民認為民進黨在社會福利表現較佳，但此並不會反映到其投票行為上。

為了更進一步檢視選民對政黨（與候選人）經濟表現的回顧與前瞻對其投票的影響力大小，筆者將三個變數：認為陳水扁經濟的表現不好、認為馬英九有能力處理經濟問題、認為謝長廷有能力處理經濟問題，進一步在控制相關條件後，[13] 計算其投票給謝長廷的機率，結果如表 9.7 所示。

---

[13]　受訪者投票給謝長廷機率的計算，乃是根據模型中所估計出的每一個變數的係數值，

表中第一列第一欄細格中數據 0.11 的解讀是：認為陳水扁經濟表現不好的，且認為謝長廷有能力處理好經濟問題的泛藍認同者，其投票給謝長廷的機率是 0.11。從表中數據充分顯示出政黨認同是影響選民投票的非常重要的因素，這在藍綠選舉競爭激烈的情況下是我們不意外的結果。然而，值得注意的是就泛綠的認同者而言，若認為陳水扁的經濟表現不好，且認為謝長廷較有能力處理經濟問題，則投給謝長廷的機率是 0.91；然而若選民認為陳水扁的經濟表現不好，且認為馬英九有能力處理經濟問題，則投票給謝長廷的機率陡降至 0.52，也就是說他有大約一半的機率會投給馬英九。同時，若沒有表態認為陳水扁的經濟表現好或不好，但認為謝長廷有能力處理經濟問題的，則投票給謝長廷的機率是 0.94，然而，若認為馬英九較有能力處理經濟議題，則投給謝長廷的機率陡降至 0.64。此顯示，即便在藍綠政黨競爭激烈的狀況下，泛綠認同者可能因為評估政黨的經濟表現，轉而支持敵對陣營的候選人。但這個情況只在泛綠認同者，對泛藍認同者而言，其投票給謝長廷的機率都極低，這可能受到選舉時民進黨的聲勢低靡，而馬英九的聲勢相對上較高的影響。

此外，就選民的回顧與前瞻來看，若比較認為陳水扁經濟處理「不好」者與「沒有不好」者投給謝長廷的機率的差異，以及比較認為「馬英九」或「謝長廷」誰有能力處理經濟問題，在投給謝長廷機率的差異，則可以發現似乎後者的差異高於前者，因此可以推論，選民對候選人經濟處理能力的前瞻，比對陳水扁經濟表現的回顧，對其投票行為的影響更大。可能的原因是在經濟衰退嚴重，經濟情況前景嚴峻的狀況下，選民對候選人經濟表現的期待更甚於對舊政府經濟表現的回顧。

本研究對於變數的測量是在一個比較「簡陋」(humble) 的條件下，亦即並未能就所有的民眾就陳水扁在經濟與福利的表現作全面性的評估，也

然後控制其它變數在一個平均的狀況（統獨立場＝4.53，改革或安定立場＝7.07，經濟／環保立場＝5.91，社會福利立場＝5.86，候選人喜好差距＝-0.886，省籍控制在閩南籍），然後依序計算當受訪者是泛藍、泛綠、是否認為陳水扁經濟表現不好、馬英九有能力處理經濟、謝長廷有能力處理經濟、或沒有提到經濟問題）的機率。

無法對主要候選人在經濟與福利的能力作全面評估，而是針對那些認為經濟是主要問題的選民，然後續問是馬英九或謝長廷誰較有能力處理。然而即便如此，我們仍能看到選民對馬英九與謝長廷在經濟問題處理能力的評估，確實對其投票行為有重要的影響，筆者認為如果可以有更全面而有效的測量，則經濟議題對投票的影響效果可能會更為凸顯。然而，使用目前的測量方式的好處是確實篩選出了重視經濟發展與社會福利的受訪者，當然選民需要感受到經濟與福利對他們是重要議題，才會以此來投票，這也是 Campbell 等人 (1960) 提到的對議題投票的先決條件：第一是選民認知到該議題，第二是感受到該議題是重要的，第三是意識到某一政黨比另一政黨在該議題上更能代表自己的立場，只不過筆者將第三項條件修正為感受到某一政黨比另一政黨「更有能力處理」該項議題上。

表 9.7　選民回顧與前瞻政府經濟表現與投謝長廷的機率

回顧	前瞻	政黨認同	
是否認為陳水扁經濟表現不好	認為謝長廷或馬英九有處理經濟議題的能力	泛藍	泛綠
是	謝長廷較有能力	0.11	0.91
是	馬英九較有能力	0.01	0.52
是	受訪者未表明	0.04	0.73
未表達	謝長廷較有能力	0.17	0.94
未表達	馬英九較有能力	0.02	0.64
未表達	受訪者未表明	0.05	0.81

資料來源：游清鑫（2008）。
說明：表中數字為投謝長廷的機率。

柒、結論

　　台灣民主轉型以來，政黨競爭的主要分歧一向在於改革／安定議題與統獨議題，而經濟與福利議題對選民的政黨選擇的影響力較為有限，然而在 2008 年，政治改革達到一定的程度，統獨經民進黨執政後證實是只能說不能作的議題，而在金融海嘯的衝擊下，經濟前景更形艱困，財富分配不均更形嚴重，那麼，一般民主國家的分歧焦點——經濟與福利議題，在台灣是不是到了一個蓄勢待發的階段？本研究的發現顯示此一議題並未發展成一立場議題 (position issue)，而成為一個崇向性議題 (valence issue)，這是因為主要政黨在此議題的立場趨於一致，既強調經濟發展，也強調社會福利，但選民對兩個政黨在經濟與福利議題的處理能力有不同的觀點，亦即認為國民黨較長於經濟成長，而民進黨較長於社會福利。而在 2008 年受到經濟嚴重衰退的影響，因此選民比較會以經濟發展，而非以社會福利來決定投票對象。換言之，經濟的不景氣對於國民黨選情較為有利，而即便相對上選民認為民進黨在社會福利表現較佳，但並不會反映到其投票行為上。

　　同時值得注意的是選民對於舊政府經濟表現的評估與對候選人未來經濟表現能力的前瞻，會影響其投票行為，亦即回顧型與前瞻型經濟投票都存在：選民會回顧陳水扁政府對經濟的不佳表現而予以懲罰；同時也會前瞻馬英九與謝長廷對經濟議題的處理能力而決定如何去投票。此顯示即便在藍綠壁壘分明的狀況下，經濟議題對選民投票抉擇仍有不容忽視的影響力。

附錄、民眾認為最重要的政治議題

最重要問題	第一重要		第一或第二重要	
	樣本數	%	樣本數	佔總樣本數 %
改革或安定	273	14.4	384	20.2
統獨、兩岸關係	515	27.0	680	35.7
經濟發展	281	14.7	494	26.0
社會福利	4	0.2	19	1.0
環境保護	2	0.1	6	0.3
社會秩序	18	0.9	58	3.1
政治人物或政黨	66	3.4	84	4.4
未答	745	39.1		
合計	1,905	100.0		

資料來源：游清鑫（2008）。

●●●　**參考文獻**　●●●

I. 中文部分

王柏燿，2004，〈經濟評估與投票抉擇〉，《選舉研究》，11(1): 171-95。

王鼎銘，2003，〈政策認同下的投票效用解釋：空間投票理論在不同選舉制度間的比較〉，《選舉研究》，10(1): 171-206。

朱雲漢，1994，〈政黨競爭、衝突結構與民主鞏固：二屆立委選舉的政治效應分析〉，民主化、政黨政治與選舉學術研討會，7 月 8 日，台北：台灣大學。

------，2008，《2005 年至 2008 年「選舉與民主化調查」四年期研究規劃 (III)：2008 年立法委員選舉面訪案》，計畫編號：NSC96-2420-H-002-025，台北：行政院國家科學委員會補助專題研究計畫成果報告。

行政院主計處，2009a，〈重要經濟指標表〉，行政院主計處網站：http//www.dgbas.gov.tw。檢索日期：2009 年 5 月 10 日。

行政院主計處，2009b，〈台灣地區失業率按總計、男、女　分〉，行政院主計處網站：http://win.dgbas.gov.tw/dgbas04/bc4/manpower/w_103uemr_a.asp。檢索日期：2009 年 5 月 10 日。

徐火炎，1998，〈台灣的選舉與政治分歧結構：政黨競爭與民主化〉，載於《兩岸基層選舉與政治社會變遷》，陳明通、鄭永年主編，台北：月旦出版社。

盛杏湲，2009，〈台灣選民政黨偏好的持續與變遷：定群追蹤資料的應用〉，台灣選舉與民主化調查計畫學術研討會，1 月 17-18 日，台北：台灣大學。

盛杏湲、陳義彥，2003，〈政治分歧與政黨競爭：2001 年立委選舉的分析〉，《選舉研究》，10(1): 7-40。

陳義彥，2000，《跨世紀總統選舉中選民投票行為之科際整合研究》，計畫編號：NSC89-2414-H004-021-SSS，台北：行政院國家科學委員會補助專題研究計畫成果報告。

游清鑫，2008，《2005 年至 2008 年「選舉與民主化調查」四年期研究規劃 (IV)：2008 年總統選舉面訪案》，計畫編號：NSC96-2420-H-004-017，台北：行政院國家科學委員會補助專題研究計畫成果報告。

黃秀端，1994，〈經濟情況與選民投票抉擇〉，《東吳政治學報》，3: 97-123。

黃紀，2001，《台灣選舉與民主化調查：民國九十年立法委員選舉全國大型民意調查研究》，計畫編號：NSC90-2420-H-194-001，台北：行政院國家科學委員會補助專題研究計畫成果報告。

黃智聰、程小綾，2005，〈經濟投票與政黨輪替〉，《選舉研究》，12(2): 45-78。

劉義周，1998，《台灣民眾政治態度之變遷：一九九七年調查計畫》，計畫編號：NSC87-2414-H-004-009，台北：行政院國家科學委員會補助專題研究計畫成果報告。

------，1999，《選區環境條件與選民行為：一九九八年立法委員選舉之科際整合研究》，計畫編號：NSC88-2414-H-004-017，台北：行政院國家科學委員會補助專題研究計畫成果報告。

------，2004，《2002 年至 2004 年「選舉與民主化調查」三年期研究規劃 (IV)：民國九十三年立法委員選舉大型面訪案》，計畫編號：NSC93-2420-H-004-005-SSS，台北：行政院國家科學委員會補助專題研究計畫成果報告。

謝復生，1996，《總統選舉選民投票行為之科際整合研究》，計畫編號：NSC85-2414-H004-017-Q3，台北：行政院國家科學委員會補助專題研究計畫成果報告。

II. 外文部分

Anderson, C. J. 2007. "The End of Economic Voting? Contingency Dilemma and the Limits of Democratic Accountability." *Annual Review of Political Science* 10: 271-96.

Campbell, Angus et al. 1960. *The American Voter*. New York: John Wiley & Sons, Inc.

Carmines, Edward G., and James A. Stimson. 1986. "On the Structure and Sequence of Issue Evolution." *American Political Science Review* 80: 902-21.

Dalton, Russell J. 1988. *Citizen Politics in Western Democracies*. Chatham, N. J.: Chatham House.

------. 1996. "Political Cleavage, Issues, and Electoral Change." In *Comparing Democracies*, eds. Lawrence LeDuc, Richard G. Niemi, and Pippa Norris. London: Sage Publications.

Downs, A. 1957. *An Economic Theory of Democracy*. New York: Harper and Row.

Fell, Dafydd. 2005. *Party Politics in Taiwan: Party Change and the Democratic*

Evolution of Taiwan. London and New York: Rouledge.

Fiorina, M. P. 1978. "Economic Retrospective Voting in American National Elections: A Micro-Analysis." *American Journal of Political Analysis* 22(2): 426-33.

------. 1981. *Retrospective Voting in American National Elections*. New Haven: Yale University.

Ho, Ming-sho. 2005. "Weakened State and Social Movement: The Paradox of Taiwanese Environmental Politics after the Power Transfer." *Journal of Contemporary China* 14(43): 339-52.

Hsieh, John Fuh-Sheng, and Emerson M. S. Niou. 1996a. "Issue Voting in the Republic of China on Taiwan's 1992 Legislative Yuan Election." *International Political Science Review* 1: 13-27.

------. 1996b. "Salient Issues in Taiwan's Electoral Politics." *Electoral Studies* 15: 219-35.

Hsieh, John Fuh-Sheng, Dean Lacy, and Emerson M. S. Niou. 1998. "Retrospective and Prospective Voting in a One-party Democracy." *Public Choice* 97: 383-99.

Inglehart, Ronald. 1983. "Changing Paradigms in Comparative Political Behavior." In *Political Science: The State of the Discipline*, ed. Ada W. Finifter. Washington, D. C.: The American Political Science Association.

------. 1990. *Cultural Shift: In Advanced Industrial Society*. Princeton, New Jersey: Princeton University Press.

Kinder, D. R., and D. R. Kiewiet. 1981. "Sociotropic Politics: The American Case." *British Journal of Political Science* 11: 129-61.

Kramer, Gerald H. 1983. "The Ecological Fallacy Revisited: Aggregate-versus Individual Level Findings on Economics and Elections, and Sociotropic Voting." *American Political Science Review* 77: 92-111.

Lewis-Beck, Michael S. 1990. *Economics & Elections: The Major Western Democracies*. Ann Arbor: The University of Michigan Press.

Lipset, Seymour Martin, and Stein Rokkan. 1967. "Cleavage Structure, Party Systems, and Voter Alignments." In *Consensus and Conflict: Essays in Political Sociology*, ed. Seymour Martin Lipset. New York: Transactions Books.

Markus, Gregory B. 1988. "The Impact of Personal and National Economic Conditions on the Presidential Vote: A Pooled Cross-Sectional Analysis." *American Journal of Political Science* 32(1): 137-54.

Rabinowitz , George, and Stuart Elaine MacDonald. 1989. "A Directional Theory of Issue Voting." *American Political Science Review* 83(1): 93-121.

Sheng, Shing-Yuan. 2007. "Issues, Political Cleavage and Party Competition in Taiwan: From the Angles of the Elites and the Public." Presented at the Annual Meeting of American Political Science Association, Chicago.

Tsai, Chia-Hung. 2008. "Making Sense of Issue Position, Party Image, Party Performance, and Voting Choice: A Case Study of Taiwan's 2004 Legislative Election." *Journal of Asian and African Studies* 43(6): 615-41.

Wang, Ding-Ming. 2001. "The Impact of Policy Issues on Voting Behavior in Taiwan: A Mixed Logit Model." *Journal of Electoral Studies* 8(2): 95-123.

10 形象與能力：2008年總統選舉中的候選人因素

劉嘉薇、鄭夙芬、陳陸輝

目 次

壹、前言

　　2008年總統選舉締造了台灣政治史上的二次政黨輪替，往民主鞏固邁進了一步。本次選舉的兩位總統候選人可都說是政治上的明星，也是他們黨內的一時之選，國民黨候選人馬英九以良好的形象在政壇中著稱，而其能力卻經常受到對手質疑；民進黨候選人謝長廷的人氣雖不如馬英九，但其以反對「一黨獨大」以及質疑馬英九在兩岸政策中的執行能力為訴求，最後仍然獲得民進黨基本盤的選票，整體選舉結果馬英九獲得58.45%的選票，謝長廷得到41.55%的選票，相差票數超過220萬票，[1]這場結果差距懸殊的選舉除了受到民進黨執政成績不佳與一連串反貪腐運動所塑造的執政黨負面形象影響，是否有來自候選人自身的因素？

　　在台灣歷次選舉中，選民政黨認同皆為解釋選民投票行為的重心之一，在此背景之下，候選人自身的因素又能扮演何種角色，亦即候選人因素的著力點在何處。根據政治大學選舉研究中心「重要政治態度分布趨勢圖」中的「台灣民眾政黨偏好分佈」這一項趨勢中（附錄一），2007年十二月民眾的政黨認同有19.8%偏向民進黨，35.0%偏向國民黨，以民眾的政黨認同而言，國民黨領先民進黨甚多。雖選民政黨認同對一場選舉的勝負有重要影響，但在政黨認同的分佈中其實有更多的中立和不表態選民，若以2007年十二月來看，這類選民佔了42.2%，因此超過四成的選民便是候選人極力爭取的對象，而爭取的方法，便是以候選人本身的特質得到選民的青睞，進而轉化為選票。這是候選人在選民既定的政黨認同之外，另外開拓一條獲取選票的道路。

　　候選人因素在選民投票行為中既然佔有一席地位，2008年總統選舉中的兩位總統候選人皆非現任者，因此選民較不會以候選人過去的政績判斷其優劣，因此候選人特質重要性便將提升。曾經有媒體整理馬英九與謝長廷形象與能力的比較（附錄二），它對馬英九的形象描述為「溫文有禮、

---

[1]　請參考中央選舉委員會（2008）。

謙抑自持，較少辛辣言詞」以及「兩次北市選舉，擅打正面形象，風行草偃式選戰，欠缺逆風劣勢戰局經驗」，對謝長廷的形象描述則為「機鋒深藏、辯才無礙，語言擅暗喻嘲諷」以及「立委有敗選經驗，但擅打從無到有、逆境向上的選戰，知名一役為高雄市長選戰打敗吳敦義，2006年選舉台北市長選戰輸得漂亮」；但該媒體對馬英九的能力評價則為「為自己辯護能力較弱，遇攻擊和指責只能止血，難以轉成正數」，相對地，對謝長廷能力的評價則為「常能將負面因素或危機扭轉成正面因素或轉機，如把司法案轉成悲情牌」。雖上述候選人特質僅為媒體的整理，但亦不難看出社會較偏好馬英九的形象，但相對較欣賞謝長廷的能力。

　　至於整體民眾是否如是認知，有待進一步分析釐清，本研究以候選人因素中的兩大支柱——形象與能力為分析重點，前者為選民對候選人情感的總結，後者為對候選人的理性評估；此外我們也將控制其他分析選民投票行為常見的變數（政黨認同、議題投票、選民個人背景等），深掘探究形象、能力這些候選人因素對2008年總統選舉結果是否具有舉足輕重的影響。

貳、候選人因素與投票行為

　　候選人的形象與能力一直是選舉中重要的候選人因素，形象可說是選民對於候選人整體感受的印象，而能力是選民對候選人做事的評估。在2008年總統選舉中，兩位總統候選人馬英九與謝長廷都是政壇上的明星，但其個人條件受到選民青睞進而得到選票支持的因素是否相同，需要進一步釐清。

　　早期投票行為的研究以政黨認同為核心，認為它是影響選民投票行為最重要的因素 (Campbell, Gurin, and Miller 1954; Campbell et al. 1960)。雖然 Campbell 等人的書中，強調候選人因素的重要，也提到候選人因素是艾森豪可以在1950年代贏得選舉的重要關鍵，但 Campbell 等人，對於候

選人因素的注意和分析卻很少，而且美國早期投票行為的研究，也很少單獨對候選人因素進行分析。隨著時代以及政治社會環境的改變，影響選民投票抉擇因素的研究，也更趨多元。Wattenberg (1991) 認為，隨著政黨認同者比例的下降以及民眾對於政黨的態度趨向中立（冷漠），使得美國選舉政治走向以候選人為中心的政治型態 (candidate-centered politics)。Kilburn (2005) 也發現選民透過傳播媒體認識候選人，形成對候選人的印象，並將之作為對候選人優劣的判斷標準，亦即候選人特質（道德、領導力等等）影響他們對候選人的認知，再進一步影響他們對候選人的評估。

　　以下從候選人因素的不同面向談起，主要集中在候選人的形象與能力。除了這些個別獨立面向對選民投票行為有所影響，我們更關心何者影響較大。再者，形象與能力是否是可以切割的兩個面向，形象可能來自於選民對候選人能力的感受，而選民對候選人能力的評估雖不至於完全來自其形象，但亦或多或少受到候選人形象牽連。以下從選民對候選人的形象與能力談起，接著從選民對於資訊處理模式帶出情感溫度計與形象的關連，最後將政黨認同加入討論，說明其與候選人因素的互動關連。

一、候選人形象與能力

　　在影響選民投票行為的因素中，形象是選民對候選人印象的總結，涵蓋較多的情感層面，能力意指選民對候選人各項政策的表現評估，涵蓋較多的理智層面。過去有關候選人因素的研究，雖沒有完全以形象或能力為其變數名稱，但其分類大抵可以歸入形象與能力兩大類別中。本文將分析台灣民眾在投票抉擇中是否分別深受他們對候選人在情感上喜好程度與現實中的對候選人能力評估的影響。

　　Abelson、Fiske 以及 Taylor 等社會心理學家的參與，以結構性問卷詢問民眾對於候選人特質的題目，在 1980 年才出現在「（美國）國家選舉研究」(National Election Study, NES) 中。這些候選人特質方面的題目，試圖建構一個對照理想候選人與實際候選人的測量。有關候選人特質測量是以

候選人特質四個面向的九個特質，分別是：1. 能力 (competence) 面向：包括學識、聰明才智兩個特質；2. 效率 (effectiveness) 面向：包括領導能力、激勵人心及能做事等三個特質；3. 廉正 (integrity) 面向：品德與誠實兩個特質；4. 移情 (empathy) 面向：同情心及關心平民百姓兩個特質 (Miller and Shanks 1996; Kinder 1986)。Barker、Lawrence 與 Tavits (2006) 亦將候選人因素分為德行 (virtue)、憐憫或同情 (compassion)，以及能力 (competence)。其中德行包括誠實和廉潔，憐憫和同情則為候選人是否關心選民 (cares about people like me)，最後的能力包括聰明和經驗。另一方面，Campbell (1983) 討論候選人形象對選民投票行為的影響，作者以候選人的領導力、受信賴能度以及個人特質驗證形象投票在選舉中的重要性，而且他強調選民除了喜不喜歡候選人，喜歡的程度更有解釋力。[2]

再者，Miller 與 Shanks (1996, 416-17) 亦認為依照社會心理學家的觀點，選民對候選人的評價與個人特質有關，可能代表了對該候選人許多正負面印象的累積。這些印象其實是由對現任者過去多年的表現，或是對挑戰者或現任者在競選時，許多引起選民注意到候選人的片段情節所構成的。因而選民對候選人特質的評估結果，可能對選民判斷該候選人未來會是成功或失敗的總統上，有重要的影響。即使這些評估個人的標準，對於政府或政治實際上的活動、目標或責任，也許毫無關聯。

在台灣過去的研究中，候選人的因素一直是選民決定投票支持給特定候選人的重要因素（胡佛、游盈隆　1983；陳義彥　1986）。自 1990 年代開始，有關選民對候選人的評價的測量，漸漸使用結構性的問卷，分別詢問選民對於候選人的能力與廉正等面向的評價，再討論這些評價對其投票行為的影響（Hawang 1997; 陳世敏　1989；陳義彥　1994；梁世武　1994；黃秀端　1996；傅明穎　1998；游清鑫　2003；鄭夙芬　1992；1993）。

雖然發展測量不同候選人在不同選舉中特質的努力仍持續著，但對於

2　候選人彼此之間特質的差異（相減）為測量重點，若能以候選人特質差距來進行投票抉擇者，Campbell (1983) 稱其為「形象理性」(image rationalization)。

候選人與投票決定之間關係的研究結果，使得學者們大致上都可以同意對候選人專業能力及人格特質的評估，在投票的決定上的確扮演重要的角色 (Flanigan and Zingale 1998; Luttbeg and Gant 1995; Miller and Shanks 1996; Niemi and Weisberg 1993)。本研究以形象與能力分別代表兩種選民對候選人的因素，便是要觀察兩者之間的競逐關係，何者對選民投票行為的影響更大，亦為本研究將進一步釐清與探究的範圍。

二、資訊處理模式與情感溫度計

　　除了候選人特質之外，學者們也致力於對候選人的評估與投票決定之間關係的研究，因此最簡單的模型是以候選人特質，做為整體候選人評估的指標，也就是以情感溫度計來做為特質或影響因素的解釋 (Niemi and Weisberg 1993, 143)。

　　有關選民資訊處理的過程以及政治判斷結果的相關解釋模型，以「記憶 (memory-based) 模式」以及「即時資訊處理 (on-line information processing) 模式」的相關討論最多。以民眾對候選人的評價為例，記憶模式係指民眾在接受到有關候選人資訊時，先不作任何判斷，而只是存放在記憶裡。一旦需要他對候選人進行判斷時，他會先由記憶中尋找有關候選人的所有印象，然後具以歸納而作成評估 (Hastie 1986)。而即時資訊處理系統係指民眾競選期間接收到與候選人相關的資訊時，即依照資訊來判斷他對該候選人應該持正面或是負面（或是喜歡還是不喜歡）的評價，然後即時更新他對該候選人的評價。隨著資訊不斷的進入，他對候選人的評價不斷更新，等到民意調查詢問他，或是他進入投票所，要投下寶貴一票時，他就依照最後對該候選人評價的好壞，來表達他對該候選人的評價。至於是哪些資訊造成他最後的評價，也許他都無法記得 (Lodge 1995)。

　　選民對候選人形象的感受經常涉及選民對候選人的印象，這種印象的形成涉及了認知的過程，因而若能找到認知過程主要的認知捷徑，便能更接近選民對候選人形象形成的過程，心理學家和政治學家都致力於這個捷

徑的找尋，（選民對候選人的）情感溫度計可說是目前瞭解選民對候選人
形象形成重要的過程總結。以下說明情感溫度計的測量及其相關運用。

心理學家對候選人評估的研究集中在其評估的過程，他們認為一般的
公民大部份是「認知貧乏者 (cognitive miser)」，都是以有限的資訊來作政
治的判斷及決定，因此最簡單的模型是以候選人特質，做為整體候選人評
估的指標，也就是以情感溫度計來做為特質或影響因素的解釋 (Niemi and
Weisberg 1993, 143)。Weisberg 與 Rusk (1970) 認為情感溫度計 (feeling
thermometer) 是一項測量選民對候選人感覺的工具之一，它以一個題目詢
問受訪者對於候選人冷熱感覺的程度，該項冷熱程度的測量從 0 到 100，
以這項方法對於候選人感覺的測量，通常都有較大的變異，而且總結了選
民對候選人的整體感覺。

Lodge 與 Stroh (1995) 對於候選人評估，則發展了以「印象
(Impression-based)」為基礎的模型——「印象趨動 (Impression-driven)」模
型。印象趨動模型強調人們的判斷是基於個人注意的所有資訊及個人由先
前經驗的推論而來的，當人們暴露於相關資訊時，對於資訊的選擇是無意
識的，他們只是單純地吸收他們認為最有影響力的資訊，然後在長期記憶
中，在該候選人名下，儲存所有對該候選人的整體態度，此一整體態度的
形成，可以說是一種「算總帳」的評估方式，所以人們可以說出對候選人
正面或負面的印象總結，但可能說不出確實的喜歡或不喜歡之原因，這並
不是因為選民缺乏聰明才智，而是人們對於候選人一般形象的形成過程，
比較像是一種有效率的對競選訊息進行處理的程序。

國內學者研究情感溫度計對投票抉擇的作用也都將其視為一個對於整
體形象的總結，盛治仁（2000）運用對候選人的情感溫度計 (feeling
thermometer) 預測選舉，以候選人的特質作為主要的預測變數。他從情感
溫度計的設計預測未表態選民的投票傾向，首先找出未表態選民的特質，
情感溫度計的回答率通常比其他政治態度高，因此也成功預測了較多選民
的投票意向。此外，鄭夙芬、陳陸輝與劉嘉薇（2005）亦發現不論各種候
選人特質或能力的測量，終究不比情感溫度計對候選人整體印象的感受，

因而情感溫度計是以最少的題數得到較大的解釋力，且由於情感溫度計總括選民對候選人的長期記憶，因而是一個兼具涵蓋性卻又簡單的解釋。

亦有學者除了探討情感溫度計對投票的影響，也關注情感溫度計的來源。黃秀端（2005）以候選人形象、候選人情感溫度計解釋 2004 年總統選舉投票行為，她以候選人魄力、清廉度、誠實有信用、瞭解民眾需要、以及親和力代表候選人在人民心中的評價。研究發現喜歡特定候選人的選民，確實比較會投給他／她所喜歡的候選人。而選民情感溫度計的來源包括候選人形象、政黨喜好程度、對候選人未來四年主導國家發展放心的程度，亦即情感溫度計涵括其他更多候選人因素的面向。

整體而言，學界經常以情感溫度計作為選民對於候選人整體形象喜好程度的總結，這種總結方式便是選民對候選人的形象評價，而且因為它是「算總帳」的方式，適足以代表各種形象感受的總和，作為形象的測量相當妥切。

三、政黨認同與候選人因素的互動關連

除了候選人因素，政黨、意識型態、議題都在選民投票行為中佔有一席之地。Weisberg 與 Rusk (1970) 也認為選民對候選人的評價往往離不開候選人所屬政黨（和政黨意識型態）。[3] Weisberg 與 Rusk (1970) 分析各種候選人評價的面向，他認為選民對候選人的評價來自於他們所認知到的政治事實，這些事實不外乎來自於候選人所屬政黨、候選人對議題的看法、候選人政治上的意識型態、候選人人格等等。

同樣地，Campbell (1983) 認為有強烈政治意識型態的選民，較不會依賴形象投票，相對地，政治意識型態上較中立或不表態的選民則較依賴形象投票。Barker、Lawrence 與 Tavits (2006) 研究發現認同民主黨的選民以

---

[3]　Kilburn (2005) 亦從中發現對於政黨的整體評價與投票對象密切相關，喜歡民主黨的選民，傾向投給民主黨，反之，喜歡共和黨的選民，傾向投給共和黨。

候選人的同情或憐憫特質進行投票抉擇者較多，他們重視候選人關懷弱勢的特質，而認同共和黨的選民則比較看重候選人外在的德行特質，值得一提的是，Barker、Lawrence 與 Tavits (2006) 曾在 2000 年美國總統的研究中將候選人的聰明與經驗亦納入德行的範圍，同樣較受共和黨認同者的青睞而影響其投票抉擇。整體而言，選民對將自己所認知的候選人特質連結到投票抉擇，而不同政黨認同者對候選人因素中的形象和能力亦有差別的重視程度。以上這些研究都說明了政黨、意識型態與候選人因素都需要多重考慮，才能對選民投票抉擇有較佳的解釋。

最後，根據 Luttbeg 與 Gant (1995) 對美國投票行為的觀察，他們認為，美國選民由於政黨認同衰退，議題及候選人形象在投票行為中的角色也更加重要。不過，由於本研究重點在於討論選民對候選人的形象、能力的認知與評價，因此，有關議題與政黨認同部分，僅作為控制因素。

參、研究設計

在眾多影響選民投票決定的候選人因素中，選民對候選人的形象感受，以及對候選人的能力評估可說是兩大支柱。不論國內外對於候選人因素對投票行為的影響也都獲致類似的結論。對於候選人與投票決定之間關係的研究結果，使得學者們大多認為候選人對於自身能力與形象的提升，有助於選民的偏好 (Flanigan and Zingale 1998; Luttbeg and Gant 1995; Miller and Shanks 1996; Niemi and Weisberg 1993)。國內的研究亦咸認為候選人的因素是選民投票抉擇的重要因素（Hawang 1997; 胡佛、游盈隆　1983；陳義彥　1986；1994；陳世敏　1989；梁世武　1994；傅明穎　1998；黃秀端　1996；游清鑫　2003；鄭夙芬　1992；1993）。以上這些研究結論便是 Wattenberg (1991) 所揭櫫選舉政治走向以候選人為中心的型態。

本研究使用由游清鑫教授主持的「2005 年至 2008 年『選舉與民主化調查』四年期研究規劃 (IV)：2008 年總統選舉面訪案」(NSC96-2420-H-

004-017)，資料，針對 2008 年總統選舉進行分析，變數之間的關係如圖 10.1 研究架構圖所示。選民對候選人能力評估為 0 到 10 的測量，選民對候選人形象感受亦以選民對候選人的整體喜好程度進行評估，同樣為 0 到 10 的測量。

本研究認為，候選人因素有助於選民進行投票抉擇，選民對候選人的評價高，愈有可能投給該位候選人，亦即在本研究，選民對候選人形象感受分數愈高，愈有可能投給該位候選人；同樣地，選民對候選人的能力評估分數愈高，亦較可能投給該位候選人，以上候選人形象與能力對選民投票抉擇的影響，在架構圖中以箭號表示。除了形象與能力對投票對象各自的解釋，選民對候選人能力和形象的評估比較，亦可能有助於對投票行為的解釋。

再者，文獻上指出不同政黨認同者，會各自依照候選人形象或能力進行投票抉擇，Barker、Lawrence 與 Tavits (2006) 研究發現認同民主黨的選民以候選人特質進行投票抉擇者較多，而認同共和黨的選民則比較看重候選人外在的表現，說明了政黨認同與候選人因素都需要同時考慮，才能對選民投票抉擇有較佳的解釋。因此我們除了再次檢證過去研究所揭示政黨認同對投票抉擇的影響，還將進一步釐清，不同政黨認同者是否有偏向以能力或偏向以形象做出投票抉擇的動向，亦即民進黨、國民黨的認同者是否各自較偏向以候選人形象或候選人能力進行投票抉擇，政黨認同與候選人因素（形象、能力）之間的交互影響對投票對象的解釋同樣受到本研究關注。

最後，其他對投票抉擇可能產生影響的因素，本研究亦將納入控制，包括族群意識、性別、省籍、教育程度、年齡、居住地區以及職業，所有變數的問卷題目與重新編碼方式皆置於附錄三。

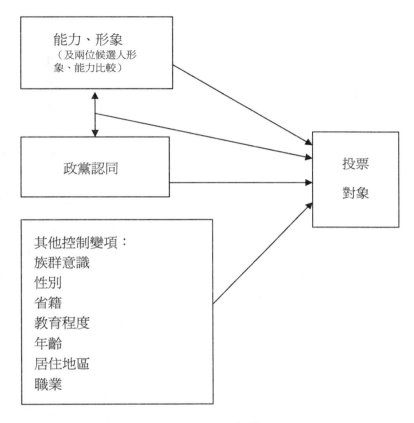

圖 10.1 研究架構圖

肆、研究發現

候選人因素對於選民投票抉擇是否有長足的影響，包括候選人形象與候選人能力都是受到關注的面向。以下的資料分析中，我們先從選民對兩組候選人的能力評價和喜好程度的分佈開始說明，再進一步根據架構圖進行模型設定，解釋 2008 年總統選舉如何受到候選人因素的影響。

不論是選民對候選人的能力評價或喜好程度，TEDS2008P 都提供了

一套共同的測量標準來衡量選民心目中的候選人，這一套尺度便是最小值為 0，最大值為 10 的測量尺度，選民認為能力較好的候選人，其值愈高，同樣地，選民愈喜歡的候選人，其值亦愈高。整體而言，對於兩組候選人喜好程度表態的人數略多於對能力評價的人數，可見喜好程度對選民而言較容易產生感受，能力評價值基於對候選人的政策表現，需要有較多的瞭解才能判斷，因此能表態的選民比例稍低。

除了選民對候選人能力評價和喜好程度能夠表態的多寡比例，兩位候選人在能力和受喜好程度的表現更可能影響選民的投票抉擇，表 10.1 說明了謝長廷 (5.76) 與馬英九 (5.75) 在能力的表現上幾乎旗鼓相當，而馬英九 (5.93) 受選民喜好程度卻略勝謝長廷 (5.03) 一籌。除此之外，馬謝形象的比較中，平均而言，馬英九的能力略低於謝長廷（馬能力減謝能力平均差異為 -0.01），但在兩人形象比較方面，平均而言，馬英九略高於謝長廷（馬形象減謝形象平均差異為 0.89）。

整體而言，從候選人因素來看，在兩位總統候選人能力不相上下，不過選民對馬英九能力評價的標準差稍高，可見選民對馬英九的能力如何，意見較為分歧。然而，從兩組候選人受選民喜好程度卻有所懸殊的狀況來看，不難看出最終馬英九勝選的端倪。當然，一場選舉的勝負並非僅有候選人因素決定，因而接續的分析中，我們將控制其他重要影響投票抉擇的因素，並檢視候選人因素的影響是否依然存在，甚至與其它因素交互影

表 10.1　選民對 2008 年總統候選人能力評價與喜好程度

	N	平均數	標準差
謝能力評價 (0~10)	1,708	5.76	2.20
馬能力評價 (0~10)	1,729	5.75	2.34
謝喜好程度 (0~10)	1,747	5.03	2.64
馬喜好程度 (0~10)	1,748	5.93	2.63
馬謝能力比較 (-10~10)	1,697	-0.01	3.56
馬謝形象比較 (-10~10)	1,730	0.89	4.41

資料來源：游清鑫（2008）。

響，進一步對投票抉擇產生更深層的作用。

　　既然選民投票決定受到種種因素影響，我們將進一步控制其他影響因素，以二元對數 (binary logit) 模型檢視候選人因素是否在其它因素皆存在時，仍與選民投票抉擇發生密切關聯。從表 10.2 模型一來看，依變數投謝長廷的選民設定為 1，投馬英九的選民設定為 0，作為對照組，再者，本研究控制了重要的政治分歧，也就是統獨議題，以及影響投票抉擇不可不提及的政黨認同。再者，社會學派所重視的個人背景因素象徵個人所處的社會位置，都需納入考慮，包括選民的族群認同、性別、省籍、教育程度、年齡、居住地區以及職業。

　　在控制了這些因素之後，候選人因素的影響力持續發酵，愈喜歡馬英九的選民愈傾向投給馬英九，愈喜歡謝長廷的民眾也愈傾向投給謝長廷。然而，選民對兩位候選人的能力評價卻與其投票抉擇沒有明顯關聯，這可能是兩組候選人能力評價相當，選民幾乎無法區辨那位候選人能力較佳，因而候選人能力的影響力不敵選民對他們的喜好程度，當然也可能是對選民而言，能力的重要性本身即不及形象的重要性。如果說能力代表選民的理智，而喜好程度代表選民的情感，我們大致可以說，2008 年總統選舉的候選人因素中，選民以形象成分抉擇的理由超越能力成分。

　　在其它控制變數方面，主要的政治分歧統獨議題中，偏向獨立的民眾相較於選擇非獨立（偏向統一和維持現狀）的民眾，較偏向投給謝長廷；政黨認同為泛綠者，相對於泛藍、中立或無反應的民眾，偏向投給謝長廷，反之，偏向投給馬英九。在所有控制的變數中，統獨態度和政黨認同對選民投票抉擇有顯著的影響，整體而言，本研究所納入的變數解釋已有六成以上的解釋力，且候選人因素在控制統獨議題與政黨認同後仍不失其影響力，說明了在議題、政黨認同和候選人因素三家爭鳴的勢態下，候選人因素仍深具影響。

　　雖然我們從表 10.2 已得知候選人因素的影響，但候選人因素中的形象因素與能力因素之間的比較是否會對投票抉擇有其他新的影響，這是過去的文獻所關注的，候選人的能力表現經常幫助選民型塑對於候選人的喜好

表 10.2　2008 年總統選舉候選人因素二元對數模型（模型一）

	B	S.E.	Exp(B)
謝長廷能力評價 (0~10)	0.11	0.09	1.111
馬英九能力評價 (0~10)	-0.07	0.10	0.932
謝長廷喜好程度 (0~10)	0.55***	0.09	1.735
馬英九喜好程度 (0~10)	-0.73***	0.09	0.484
施政滿意度 (1~4)	0.57**	0.18	1.776
統獨議題（對照組：偏向統一、維持現狀）			
偏向獨立	0.89***	0.24	2.446
政黨認同（對照組：泛藍、中立或無反應）			
泛綠	2.52***	0.26	12.369
族群認同（對照組：中國人、都是）			
台灣人	0.41	0.26	1.511
男性（對照組：女性）	0.17	0.24	1.190
省籍（對照組：大陸各省市人、客家人）			
閩南人	0.53	0.31	1.707
教育程度（對照組：高中職及專科）			
國中以下	0.14	0.33	1.154
大學以上	-0.14	0.30	0.866
年齡（對照組：1943~1960 年出生）			
1942 年前出生	-0.15	0.56	0.860
1961 年後出生	0.32	0.33	1.373
居住地區（對照組：非南部）			
南部	0.23	0.25	1.259
職業（對照組：白領）			
藍領	0.09	0.28	1.093
常數	-3.09***	0.73	0.046
樣本數		1,337	
自由度		16	
p 值		<0.001	
R^2		0.614	
-2LLR		506.315	

資料來源：同表 10.1。

說明：1.***: $p<0.001$; **: $p<0.01$; *: $p<0.05$。

　　　2. 依變數的編碼方式為：1 投馬蕭，0 投謝蘇。

程度，但喜好程度卻不見得幫助選民判斷候選人能力，兩者之間看似獨立，卻又難分難捨的關係引發本研究的好奇，形象與能力兩者共同的作用，會影響選民投票抉擇嗎？因而本研究在表 10.3 的模型中也依照架構圖設定了候選人形象與能力兩者的比較關係。

再者，不同政黨認同者是否會分別依照候選人形象或能力來判斷呢？美國選民有此傾向，台灣選民又如何呢？或者從另一角度來思考，當選民依照候選人形象、能力判斷時，還會受到政黨認同左右嗎？因而本研究在表 10.3 的模型中也依照架構圖設計了候選人因素與選民政黨認同的比較關係。

表 10.3 模型二和模型三的模型設定控制了表 10.2 既有的控制變數，模型二還包括候選人形象與能力的比較，包括馬謝形象的比較和馬謝能力的比較。模型三更新增了候選人因素（比較）與選民政黨認同的交互作用，亦即完全依照研究架構圖的設計進行設定。在模型二中，唯有選民對於兩位候選人形象的比較，對其投票抉擇有所影響，反之，選民對於候選人能力的比較無助於投票抉擇，這樣的結果無異於表 10.2，即使在選民對候選人的形象、能力比較之後，仍逕以形象作為判斷標準。進一步看到模型三，馬英九與謝長廷形象的比較亦有助於解釋選民投票行為，依舊顯著影響選民投票抉擇，選民在馬謝形象的比較下，認為馬英九形象愈高者，亦愈可能投給馬英九。反之，選民對於馬謝兩人能力的比較，反而無助於對於投票行為的解釋。在其它控制變數方面，統獨議題的影響力不減，泛綠選民政黨認同的影響依然存在。

再者，接下來的重頭戲是：當選民依照候選人因素抉擇時，還會顧及本身的政治意識型態嗎？具體來說，不同政黨認同的選民是否比較重視候選人形象或比較重視候選人能力呢？答案是否定的，因為所有政黨認同候選人因素的交互作用皆不顯著。不論藍綠選民，他們不會特別依照形象或依照能力投票，不論藍綠選民，都可能因為候選人形象較佳而投給該位候選人，候選人能力對藍綠選民而言，都同樣不受到重視。從另一角度解釋，因為所有政黨認同與候選人因素的交互作用皆不顯著，因此不論選民

表 10.3 2008 年總統選舉候選人因素二元對數模型

	模型二			模型三		
	B	S.E.	Exp(B)	B	S.E.	Exp(B)
形象能力比較						
馬謝形象比較	-0.65***	0.08	0.521	-0.73***	0.10	0.480
馬謝能力比較	-0.09	0.07	0.913	-0.15	0.10	0.857
施政滿意度 (1~4)	0.51**	0.18	1.661	0.52**	0.18	1.683
統獨議題（對照組：偏向統一、維持現狀）						
偏向獨立	0.90***	0.24	2.472	0.93***	0.24	2.545
政黨認同（對照組：泛藍、中立或無反應）						
泛綠	2.47***	0.25	11.792	2.52	0.26	12.465
族群認同（對照組：中國人、都是）						
台灣人	0.40	0.25	1.488	0.39	0.26	1.478
男性（對照組：女性）	0.17	0.24	1.181	0.17	0.24	1.184
省籍（對照組：大陸各省市人、客家人）						
閩南人	0.55	0.31	1.734	0.54	0.31	1.714
教育程度（對照組：高中職及專科）						
國中以下	0.19	0.33	1.211	0.12	0.33	1.133
大學以上	-0.14	0.29	0.866	-0.17	0.30	0.842
年齡（對照組：1943~1960 年出生）						
1942 年前出生	-0.22	0.56	0.806	-0.27	0.56	0.763
1961 年後出生	0.29	0.32	1.331	0.21	0.33	1.238
居住地區（對照組：非南部）						
南部	0.24	0.25	1.273	0.24	0.26	1.268
職業（對照組：白領）						
藍領	0.07	0.28	1.069	0.06	0.28	1.061
政黨認同與候選人因素交互作用（對照組：泛藍、中立或無反應）						
泛綠民眾對馬謝能力比較	--	--	--	0.16	0.15	1.170
泛綠民眾對馬謝形象比較	--	--	--	0.24	0.16	1.265
常數	-3.71***	0.60	0.024	-3.65***	0.61	0.026
樣本數		1,337			1,337	
自由度		14			16	
p 值		<0.001			<0.001	
R²		0.613			0.615	
-2LLR		510.542			504.083	

資料來源：同表 10.1

說明：***: $p<0.001$; **: $p<0.01$; *: $p<0.05$。

多麼喜愛那位候選人，都有可能因為選民的黨派色彩，最終只投給他所認同政黨的候選人，即便他多麼喜愛馬英九，但因為他認同民進黨，所以不投馬英九；反之不論選民多麼喜愛謝長廷，但因為他認同國民黨，所以不投謝長廷。值此，我們幾乎沒有發現台灣選民既考慮候選人因素，又考慮自身政黨認同者，通常單一因素就決定了投票抉擇，此處的單一因素便是候選人因素或政黨認同「其中之一」。

伍、結論與討論

　　民主政治的重要特質在於競爭，政黨在民主政治中競爭人民的支持，候選人個人亦在選舉中競爭人民的選票，尤其在傳播媒體日益發達後，候選人更能藉由媒體直接訴諸選民，並非一定需要透過政黨這個機制或框架與選民接觸，因而候選人在選民心目中良好的形象和能力，便是候選人開拓個人選票的利基，相對之下，因為候選人因素而掙得的選票，不易被政黨吸收，且對於在政黨偏好保持中立的選民較具有拉攏的作用。

　　本文從影響選民投票行為的形象因素和能力因素出發，在2008年總統選舉中，選民抉擇的思路多依賴他們對候選人的形象感受，他們偏好以候選人形象決定投票對象，相對之下，認為馬英九能力愈高的選民，沒有明顯投給馬英九的傾向；同樣地，認為謝長廷能力愈高的選民，也沒有明顯投給謝長廷的趨勢，候選人能力評估作用可說是微乎其微。

　　至於候選人能力較不受重視，形象較受到青睞的這種趨勢，對於不同政黨認同的選民是否無異？的確是，透過交互作用的分析，不論是認同國民黨、民進黨或中立不表態的民眾，他們之間以形象或能力決定投票對象的情況並無不同，可見重形象、輕能力的現象普遍存在選民中，不因政黨認同而異，亦即影響不同政黨認同選民投票抉擇的候選人因素相同。換言之，當選民以政黨認同作為投票抉擇的判準時，泛藍認同者傾向投給馬英九，泛綠認同者傾向投給謝長廷，泛藍認同者很難因為謝長廷形象好而投

給他，泛綠認同者同樣很難因為馬英九形象好而投給他，這也說明了候選人因素對選民投票抉擇有獨立的影響，不受政黨認同的干擾。

　　整體而言，選民對候選人的形象感受或情感溫度計是投票抉擇的主要成因，形象是整體印象，匯聚了選民對於候選人的觀感，而「候選人能力」卻沒有這項匯聚的功能。相較之下，政黨認同是影響投票抉擇中政黨因素的綜合體，而候選人形象則是候選人因素的綜合體，兩者同時也是選民資訊不足，或接收資訊過於複雜時最佳的過濾器和認知捷徑。選民在此認知過程中，他們對候選人的形象感受沒有被政黨認同稀釋，兩者各有其解釋力，因而我們比較可以確定：候選人因素的影響不因藍綠極度分野的政黨認同而動搖。此一發現顯示候選人形象是中立選民在藍綠意識型態圍攻下得以選擇的空間，同時也提供候選人一個值得努力經營的方向，更提供選舉研究一塊以「候選人為中心」的沃土。

附錄一

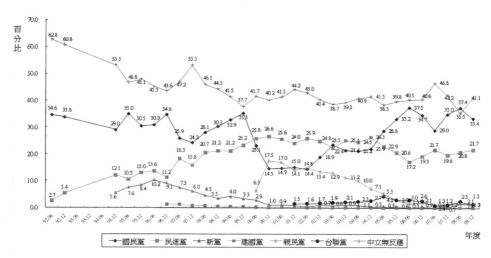

資料來源：國立政治大學選舉研究中心（2009）。

附錄二

馬英九與謝長廷戰力對照表

溫文有禮，謙仰自持，較少辛辣言詞。	人格特質	機鋒深藏，辯才無礙，語言善暗喻嘲諷。
一方平民無行政職務，仰賴黨機器，及前市府團隊為班底的競選團隊。	組織資源與團隊	一介平民亦無行政職務，但謝系立委戰鬥力強並可望有機執政黨的行政奧援。
台北市長、法務部長、政務委員、國民黨主席。	行政資歷及政治資歷	行政院長、高雄市長、民進黨主席、立委。
兩次北市長選舉，擅打正面形象，風行草偃式選戰，逆境劣勢戰局欠缺經驗。	選戰經驗及戰法特色	立委有敗選經驗，但善打從無到有，逆境向上的選戰，知名一役為98年高雄市長敗吳敦義，去年台北市長選戰輸得漂亮。
為自己辯護能力較弱，遇攻擊及指摘只能止血，難以轉成正數。	論述能力及危機應變能力	常能將負面因素或危機扭轉成正面因素成轉機，如把司法案轉成悲情牌。
在「一中」即中華民國定位下與中國大陸進行廣泛交流，及三通。質疑中共民主化進程要求平反六四事件。組兩岸經貿應順應經濟潮流全面開放。論述及主張一致。	兩岸定位及經貿主張	從「憲法一中」撤守，轉變為主張修憲修掉「一中」，但同意兩岸應儘速三通，否則對台灣不利。
馬的核心陣營黨內人緣欠缺，無法與人推心置腹，王金平成重要成敗關鍵。	潛在司法案件搗亂危機	與蘇貞昌及新潮流慘烈廝殺，能否化敵為友仍要時間證明。
已被起訴特別費案如一審判決有罪可能重創馬英九。另有黨產出售傳是敵手下一步攻擊箭靶。	內部人和	高捷弊案尚未被起訴，但選戰期間仍可能發酵。 製表／黃國樑

資料來源：黃國樑（2007）。

附錄三

	問卷題目	重新編碼方式
投票對象	請問您投票給哪一組候選人？	馬英九（對照組） 謝長廷 遺漏值：拒答、不知道、投廢票、忘了
主要自變數		
能力	接著，我們想要請您用 0 到 10 來表示您對這次總統選舉兩位候選人能力的看法，0 表示您覺得他「能力非常差」，10 表示您覺得他「能力非常好」。 請問，0 到 10 您會給謝長廷多少？那馬英九呢？	0 到 10 的測量，分數愈高，能力愈好。 遺漏值：很難說、無意見、不知道、拒答
形象	接著，我們想要請您用 0 到 10 來表示您對這次總統選舉幾個候選人的看法，0 表示您「非常不喜歡」這個候選人，10 表示您「非常喜歡」這個候選人。 請問，0 到 10 您會給謝長廷多少？那馬英九呢？	0 到 10 的測量，分數愈高，形象愈好。 遺漏值：很難說、看情形、無意見、不知道、拒答
控制變數		
施政滿意度	請問您對陳水扁擔任總統期間的整體表現，您覺得是非常滿意、有點滿意、不太滿意、還是非常不滿意？	重新編碼為 1~4 的尺度，分數愈高愈滿意。
統獨議題	關於台灣和大陸的關係，這張卡片上有幾種不同的看法：1. 儘快統一 2. 儘快獨立 3. 維持現狀，以後走向統一 4. 維持現狀，以後走向獨立 5. 維持現狀，看情形再決定獨立或統一 6. 永遠維持現狀，請問您比較偏向哪一種？	偏向獨立：2、4 非偏向獨立（對照組），包括： 偏向統一：1、3 維持現狀：5、6
政黨認同	目前國內有幾個主要政黨，包括國民黨、民進黨、新黨、親民黨，以及台灣團結聯盟，請問您有沒有偏向哪一個政黨？那相對來說，請問您有沒有稍微向哪一個政黨？請問是哪一個政黨？	將三題答案合併 泛綠：民進黨、台聯 非泛綠（對照組），包括： 泛藍：國民黨、親民黨、新黨 中立或無反應
族群意識	在我們社會上，有人說自己是「台灣人」，也有人說自己是「中國人」，也有人說都是。請問您認為自己是「台灣人」、「中國人」，或者都是？	台灣人 非台灣人（對照組），包括：中國人、都是 遺漏值：不知道、拒答

附錄三（續）

	問卷題目	重新編碼方式
性別	訪員自行勾選	女性（對照組） 男性
省籍	請問您的父親是本省客家人、本省閩南（台：河洛）人、大陸各省市人，還是原住民	本省閩南人 非本省閩南人（對照組），包括：大陸各省市人、客家人 遺漏值：不知道、拒答
教育程度	請問您的教育程度是什麼？	大學以上 高中職、專科（對照組） 國初中以下 遺漏值：很難說、看情形、無意見、不知道、拒答
年齡	請問您是民國幾年出生的？（如受訪者無法回答出生年，則改問現在幾歲，並換算成出生年填入，即 97 －年齡＝出生年）	1942 年前出生 1943-1960 年出生（對照組） 1961 年後出生 遺漏值：拒答
居住地區	問卷封面、訪員自填	南部：雲林縣、嘉義縣市、台南縣市、高雄縣市、屏東縣、澎湖縣 非南部（對照組），包括： 北部：基隆、台北縣市、桃園縣、新竹縣市、苗栗縣 中部：台中縣市、彰化縣、南投縣 東部：宜蘭縣、花蓮縣、台東縣 遺漏值：不知道、拒答
職業	請問您的職業是？ 失業或退休者，以其之前的職業為職業	白領：民意代表、行政主管、企業主管及經理人員、專業人員、技術員及助理專業人員 藍領（對照組）：事務工作人員、農、林、漁、牧工作人員、技術工及有關工作人員、機械設備操作工及組裝工、非技術工及體力工、軍人、家管 遺漏值：拒答

資料來源：游清鑫（2008）。

●●●　**參考文獻**　●●●

I. 中文部分

中央選舉委員會，2008，〈第 12 任總統（副總統）選舉〉，中央選舉委員會網站：
　　http://210.69.23.140/menu_main.asp?titlec= 第 %2012 任總統（副總統）選舉 &
　　pass1=A2008A0000000000aaa%20%20&pdf=A200800http://esc.nccu.edu.tw/
　　newchinese/data/attitude.htm。檢索日期：2009 年 4 月 30 日。

胡佛、游盈隆，1983，〈選民的投票取向：結構與類型的分析〉，《政治學報》，
　　11: 225-78。

梁世武，1994，〈一九九四年台北市長選舉之預測：「候選人形象指標」預測模式
　　之驗證〉，《選舉研究》，1(2): 97-129。

盛治仁，2000，〈總統選舉預測探討——以情感溫度計預測未表態選民的應用〉，
　　《選舉研究》，7(2): 75-107。

陳世敏，1989，〈候選人形象與選民投票行為〉，載於《台灣地區選民的投票行
　　為——一個理論模式的探索》，雷飛龍等，計畫編號：NSC 79-0301-H-004-12，
　　台北：行政院國家科學委員會補助專題研究計畫成果報告。

陳義彥，1986，〈我國投票行為研究的回顧與展望〉，《思與言》，23(6): 557-85。

------，1994，〈我國選民投票抉擇的影響因素——從民國 82 年縣市長選舉探析〉，
　　《政治學報》，23: 81-132。

國立政治大學選舉研究中心，2009，〈重要政治態度分佈趨勢圖〉，國立政治大學
　　選舉研究中心網站：http://esc.nccu.edu.tw/newchinese/data/attitude.htm。檢索
　　日期：2009 年 4 月 30 日。

傅明穎，1998，〈北市選民的候選人評價與投票決定〉，《台灣政治學刊》，3:
　　195-243。

游清鑫，2003，〈探索台灣選民心目中理想的候選人：以二○○○年總統選舉為
　　例〉，《東吳政治學報》，17: 93-120。

------，2008，《2005 年至 2008 年「選舉與民主化調查」四年期研究規劃 (IV)：
　　2008 年總統選舉面訪案》，計畫編號：NSC96-2420-H-004-017，台北：行政
　　院國家科學委員會補助專題研究計畫成果報告。

黃秀端，1996，〈決定勝負的關鍵：候選人特質與能力在總統選舉中的重要性〉，
　　《選舉研究》，3(1): 103-35。

------，2005，〈候選人形象、候選人情感溫度計、與總統選民投票行為〉，《臺灣民主季刊》，2(4): 1-30。

黃國樑，2007，〈馬英九與謝長廷戰力對照表〉，聯合新聞網：http://mag.udn.com/mag/vote2007-08/storypage.jsp?f_MAIN_ID=357&f_SUB_ID=3350&f_ART_ID=66373。檢索日期：2009 年 04 月 30 日。

鄭夙芬，1992，〈候選人形象與選民的投票行為〉，載於《台灣地區選民投票行為之研究 —— 從第二屆國大代表選舉探討》，陳義彥等，計畫編號：NSC 81-0301-H-004-1005，台北：行政院國家科學委員會補助專題研究計畫成果報告。

------，1993，〈候選人形象與選民投票行為的關聯性分析〉，載於《選舉行為與台灣地區的政治民主化—從第二屆立法委員選舉探討》，陳義彥等，計畫編號：NSC82-0301-H-004-034-B2，台北：行政院國家科學委員會補助專題研究計畫成果報告。

鄭夙芬、陳陸輝、劉嘉薇，2005，〈2004 年總統選舉中的候選人因素〉，《台灣民主季刊》，2(2): 31-70。

II. 外文部分

II. 外文部分

Barker, David C., Adam B. Lawrence, and Margit Tavits. 2006. "Partisanship and the Dynamics of 'Candidate Centered Politics' in American Presidential Nominations." *Electoral Studies* 25(3): 599-610.

Campbell, Angus, Gerald Gurin, and Wallen E. Miller. 1954. *The Voter Decides.* Evanston, Ill.: Row, Peterson.

Campbell, Angus et al. 1960. *The American Voter*. New York: John Wiley and Sons.

Campbell, James E. 1983. "Candidate Image Evaluations: Influence and Rationalization in Presidential Primaries." *American Politics Research* 11(3): 293-313.

Flanigan, William H., and Nancy H. Zingale. 1998. *Political Behavior of the American Electorate*. 9th ed. Washington, D.C.: C. Q. Press.

Hawang, Shiow-duan. 1997. "The Candidate Factor and Taiwan's 1996 Presidential

Election." *Issues & Studies* 33(4): 45-76.

Hastie, Reid. 1986. "A Primer of Information-Processing Theory for the Political Scientist." In *Political Cognition*, eds. Richard R. Lau, and David O. Sears. Hillsdale, NJ: Lawrence Erlbaum Associates, Inc.

Kilburn, H. Whitt. 2005. "Does the Candidate Really Matter?" *American Politics Research* 33(3): 335-56.

Kinder, Donald R. 1986. "Presidential Character Revisited." In *Political Cognitions*, eds. Richard R. Lau, and David O. Sears. Hillsdale, N.J.: Lawrence Erlbaum.

Lodge, Milton, and Patrick Stroh. 1995. "Inside the Mental Voting Booth: An Impression-Driven Process Model of Candidate Evaluation." In *Explorations in Political Psychology*, eds. Shanto Iyengar, and William J. McGuire. Durham and London: Duke University Press.

Lodge, Milton. 1995. "Toward a Procedural Model of Candidate Evaluation." In *Political Judgment: Structure and Process*, eds. Milton Lodge, and Kathleen M. McGraw. Ann Arbor: University of Michigan Press.

Luttbeg, Norman R., and Michael M. Gant. 1995. *American Electoral Behavior: 1952-1992*. 2nd ed. Itasca, IL: F. E. Peacock Publisher, Inc.

Miller, Warren E., and J. Merrill Shanks. 1996. *The New American Voter.* Cambridge, MA: Harvard University Press.

Niemi, Richard G., and Herbert F. Weisberg. 1993. *Controversies in Voting Behavior.* Washington D.C.: CQ Press.

Wattenberg, Martin P. 1991. *The Rise of Candidate-Centered Politics: Presidential Elections of the 1980s*. Cambridge: Harvard University Press.

Weisberg, Herbert F., and Jerrold G. Rusk. 1970. "Dimensions of Candidate Evaluation." *American Political Science Review* 64(4): 1167-85.

11 兩岸關係與2008年台灣總統大選：認同、利益、威脅與選民投票取向*

陳陸輝、耿曙、王德育

目次

* 本文原刊載於政大選舉研究中心《選舉研究》期刊（第十六卷第二期），作者由衷地感謝幾位匿名審查人所提供的寶貴意見。

壹、研究問題

當前兩岸關係的局面，基本屬「政治疏離、經濟融合」，[1]且台灣當前的內在民意結構與外在三邊局勢，大致均能維持穩定，[2]因此，論藍綠陣營執政，目前「政治疏離」的現狀似將繼續維持。另方面，兩岸密切的經濟交流，卻可能成為衝擊兩岸現狀的力量。根據國內相關學者的看法，「認同面」屬於根深蒂固的力量，而「利益面」的變化，將不斷衝擊改變兩岸互動的格局，但這樣的日趨擴大的影響，也因此引發「認同」與「利益」的相互拮抗，成為與形塑兩岸未來的力量（Keng, Chen, and Huang 2006; 吳乃德　2005；耿曙、劉嘉薇與陳陸輝　未定）。有鑒於此，本研究即從感性認同與理性自利兩個角度出發，分析民眾的台灣意識以及對於兩岸的經貿互動的預期，對其在 2008 年總統選舉的投票行為所可能產生的影響。

若從歷史宏觀的角度來看，在當前兩岸關係的研究中，台灣民眾的意見與偏好對於兩岸互動的影響力，已逐漸受到重視（Leng 1996; 吳玉山 1999；耿曙　未定）。台灣在民主化過程中，政治菁英須透過選舉動員以爭取執政機會，對於商界力量的蓬勃發展以及民間興起的多元力量也必須加以考量。在各種勢力的角力之下，政府不再是政策上的完全行為者，政策的走向不但要考量黨內派系與在野政黨的挑戰，同時必須接受台灣民意的檢核。在諸多議題中，攸關兩岸交流與未來關係的問題尤為重要。此一議題不但與台灣的經濟發展息息相關，更與選舉政治的選戰訴求密不可分，因此台灣民眾對於兩岸關係的民意看法，其重要性不言而喻。換言之，根據「選票極大化模式」，[3]各政黨大陸政策的位置需反映民眾的需求。當民眾需求出現重要變化，各政黨立場當隨之移動，並順勢牽動兩岸

1　參考吳玉山（1997, 159）。

2　有關內部民意結構，請參考陳義彥與陳陸輝（2003）、陳陸輝與周應龍（2004）。至於外在國際環境，則見Wu (2005)。

3　參考吳玉山（1999, 180-92）的討論。

關係現況與發展。

　　兩個政治實體間的經濟互動，會在一定程度上影響彼此的政治關係，[4]
因此，兩岸經貿的頻密交流，自然可能逐步促成兩岸的政治統合（Keng
2003；耿曙　2005；耿曙與林琮盛　2005）。就「利益層面」觀察，兩岸
經貿交往持續擴大似乎意味著民間統合聲音將持續壯大，但就實際情況看
來，目前政治疏離的態勢則並未扭轉。不過，從近年台灣的民意分佈趨勢
可以發現，「感性層面」的本土認同比例持續增加。因此，不論在兩岸之
間或是在國內藍綠政黨之間，彼此猜忌且缺乏信心的情況下，兩岸關係也
成為總體選舉的關鍵議題，民眾的感性認同以及理性計算下對於兩岸互動
的立場與評估，自然成為影響其投票抉擇的重要關鍵。綜合上述，本研究
將從「理性自利」與「感性認同」兩個角度切入，運用調查研究的資料，
分析兩岸關係中的「理性」與「感性」因素，究竟在 2008 年總統選舉中
扮演何種角色。

貳、文獻檢閱：理性與感性的對話

　　「理性自利」與「感性認同」為晚近政治學中兩個不同的理論取向，
人們不論是在私生活領域中的行為，或是於政治社會公領域中的公共行
動，往往都同時受到情感價值和利益物質所推動，而且這兩個行為動機經
常混雜難辨（吳乃德　2005）。民眾在兩岸關係上的「理性自利」與「感
性認同」等兩個因素，對民眾的投票行為，又會有何影響？以下將先對
「理性」與「感性」的相關理論進行整理爬梳，其次則就「理性」與「感
性」在兩岸經貿關係運用上作出具體概念的陳述。

---

[4]　參考吳玉山（1997, 119-69）、魏鏞（2002）、耿曙與林瑞華（2004）的討論。

一、兩岸關係變與常：理性與感性

族群身份認同在 1980 年代以前，一直扮演著支持民主運動動員的力量，但當台灣走向民主化之際，在形塑島嶼上的政治競爭時，國家認同卻遠比族群認同顯得顯眼許多，當兩岸的分治分立的現狀在短期內無法解決，則國家認同的議題仍將是重要的政治議題 (Hsieh 2005)。「理性」與「感性」將如何運用於兩岸經關係上，是一個相當值得持續討論的主題。在台灣政治競爭的空間分析中，「社會經濟正義」與「國家認同」是政黨競爭策略上的兩個重要面向 (Lin, Chu, and Hinich 1996)。在現今兩岸經貿交流的議題上，台商前往大陸投資究竟是「佈局全球」還是「出賣台灣」的爭議，輔以政黨選舉動員與競爭的需求，讓國家認同與經濟利益的相關議題益發重要。在此次總統選舉中，國民黨候選人馬英九與蕭萬長提出的「兩岸共同市場」的政見，旋即遭受民進黨提名人謝長廷與蘇貞昌批評為「一中市場」。民進黨在後續的競選廣告中，也對於「承認大陸學歷」以及「一中市場」就是「開放大陸勞工來台」與「開放大陸農產品來台」，而對國民黨候選人提出嚴厲的抨擊。此一「理性自利」的計算，在選戰的操作中，實與「台灣意識」糾葛不清。

在有關兩岸互動的相關討論中，吳玉山以「大小政治實體」模式分析兩岸在政治上「抗衡」或「扈從」的策略選擇，將兩岸經貿關係視為兩岸關係發展中極重要的變數，論述「經濟合作、政治疏離」的兩岸關係結構（吳玉山　1997）。其後吳玉山（1999）進一步將台灣的大陸政策選擇出「統一與獨立」的認同選項和「經濟與安全」利益考量等兩個面向，吳乃德（2005）則從麵包（理性）與愛情（感性）的比喻出發，描繪左右兩岸關係的（大陸）經濟利益吸引與台灣認同此兩種力量。Keng、Chen 與 Huang (2006) 則進一步具體操作化上述兩種因素，以實證研究加以檢證。因此，放在台灣的選舉政治的脈絡下，以「選票極大化」的思維出發，各政黨為極大化其選票，勢必於「認同」與「利益」兩維架構中游移與尋求突破，以找出最足以吸引選民的位置。

　　吳玉山對於兩岸關係結構之論述，無疑切中「1990年代中後期，兩岸關係不再為政治菁英所完全決定」之重點，然可惜的是，其處理的重點仍在於現實政治勢力的操作，其並未深入處理台灣民眾對於兩岸交往態度所持之立場可能產生的實際效果。僅以民意調查資料中「兩岸交流開放速度為剛好」的多數比例，作為民眾在利益軸線上常態分配的基礎，此則略顯不足。耿曙與陳陸輝（2003）在分析兩岸經貿互動下的政治效果時發現：兩岸互動情況的確影響台灣的民意結構。其從「經濟利害」入手，經由「地域代表」制度的轉化而體現各區域的「政治傾向」之研究途徑，本研究將其歸為服膺「理性」層面之著作。其關懷「經濟利益」對政治態度所造成的結果，充分掌握了「社會經濟正義斷裂」影響「政治競爭」此一面向，但受限於所運用的資料，使其在「認同層面」的討論略顯不足，且其並未處理「認同」對於主體進行選擇時造成的「限制框架」。

　　吳乃德（2005）討論台灣民眾民族認同的變動時發現，過去的十年間中國民族認同穩定衰退、台灣民族認同勃興並趨於穩定。然而就「此時此地而言」儘管面對彼岸強大的物質利益拉力，感性認同的吸引力目前則仍佔上風。在「台灣民族主義者」、「中國民族主義者」以及「實用主義者」三類台灣民眾中，對於當前「實用主義者」佔最多數的情況，吳乃德認為：處於全球化趨勢下，物質與制度的滿足可能遠比認同重要，當然更不排除這樣的情況是由於處於兩岸複雜環境中，而使這些人暫不願意在兩個民族認同之間作抉擇。[5] 其言下之意則是認為台灣由於特殊的歷史情況，造成原有的中國民族認同衰退，新的感情認同需要時間建立、尚未普及。本研究將之歸類於以「感性」論述為主體之代表佳作。後續的 Keng、Chen 與 Huang (2006) 的研究，亦支持其看法。上述兩種不同的研究思路

5　此分類方式是將「如果台灣獨立之後仍然可以和中國維持和平的關係，請問你是不是贊成台灣獨立？」以及「如果兩岸在政治、經濟和社會的發展大致相當，你是不是贊成中國統一？」聯立處理。同意第一個問題者而不同意第二個問題者為「台灣民族主義者」，而同意第二個問題但不同意第一個問題者，為「中國民族主義者」，對於兩個問題都同意者則定義為「實用主義者」。

給予本研究深刻啟發，「理性」與「感性」因素是我們民眾政治態度不可或缺的重要面向。不過，除了經濟吸引與台灣意識外，本研究認為，兩岸潛在的戰爭威脅的因素，也不可忽略。特別是一旦台灣宣布獨立，是否會立刻面對中共的武力威脅，是關心兩岸政治互動的另一個重要觀察點，當然，從某個角度而言，戰爭的風險仍是廣義理性考量的一環（耿曙、劉嘉薇與陳陸輝　未定）。

在台灣面臨來自國際產業競爭壓力而採取外移策略時，產業外移至的中國大陸一方面是台灣經濟競爭對手中的後起之秀，另一方面仍對台灣國家安全具有威脅性。台灣民眾在面對利益與情感交織的兩岸經貿交往議題時，「理性」與「感性」因素又將如何左右其政治行為？在面對兩岸經貿日益依賴的條件下，民眾各自理性盤算經貿交往的結果將會為己帶來機會抑或造成損害？另一方面，台灣民眾在政治社會化過程所形的「政治傾向」(political orientation) 亦將拉扯著台灣民眾對於兩岸交往的走向。據此，吾人認為民眾所持之兩岸經貿交往立場將在「理性」與「感性」這兩條軸線上展開。並從此一角度，分析他們對於民眾投票決定的可能影響。

二、民意結構中的理性與感性

在分析民眾對各項政策議題所採取立場的研究中，「理性選擇」(rational choice theory) 與「符號政治」(symbolic politics) 是兩個重要的解釋面向。Sears 將基於理性抉擇來解釋政治行為的相關文獻歸類為「自我利益」(self-interest)；而將因為情緒與認同等情感面向上而動員或喚起的政治行為或政治態度稱之為「符號政治」(Sears 2001)。

理性選擇理論基於「自利」與「理性」的預設 (assumption)，循著演繹邏輯研究政治現象。理性選擇學派假定：人是理性的個體，將有意識地計算以最小的成本去追求「自我利益最大化」(self-interest maximization)。換言之，理性選擇理論強調人在政治活動中是有理性的，會在若干行動方案中選擇獲利最大或是受損最小的方案。在政治行為的研究中，學者們運

用「空間模型」(spatial model) 將民眾或是政黨在不同議題上所持的立場納入分析，考量選民自身與各政黨或是候選人在重要議題上相對位置的遠近或是方向，以解析選民為何支持特定政黨或是候選人。當然，相同的模型也可用來解析在不同的民意分佈與選舉制度之下，不同政黨採取趨同或是分殊的議題立場 (Downs 1957)。Hardin (1995) 的主張則較為特殊，在討論理性抉擇與認同之間的關係時，他認為群體認同是經協調整理出來的，並且依據自我利益來決定。個人對某個特定團體認同或者提供服務的前提是，個人奉獻時對自我利益造成的損失可以從其認同的團體得到彌補或更大的利益好處。而所有對國家族群等團體關係的認同及奉獻，皆可歸因於某種程度上的自我利益為主的誘因。個人對群體的認同並非原生的，也不是因為對群體利益的關心超乎個人自身利益考量而去認同該群體，而是因為感到認同是有利的。換言之，任何認同的選擇都是深思熟慮後的行動，或者說是有目的的行動，同時個人因為他們在群體生活中所認知到的利益，進而創造出對該群體的認同感，認同實乃是利益彙集，而非是預存的或是透特定歷史境況下共同的社會化過程而得。

與上述觀點相對的則是符號政治的論述，此一研究為 Edelman (1964; 1971) 首先提出。Edelman 認為，一般大眾憂慮其所處環境為充滿威脅且複雜但卻又無力改變，因此，必須藉著依附一些由政治菁英所提出的政治迷思或是儀式等政治符號，來簡化複雜的政治世界，並減緩其內在焦慮與不安。政治菁英藉著提供政治敵人、團體認同或是對領袖的依附，來減輕一般民眾的壓力，並將民眾的精力，轉而投注到群眾暴力或是政治順從上。上述符號政治的解釋途徑後來由 Sears、Hensler 與 Speer (1979) 發揚光大，Sears 等人所定義的符號政治，強調的是早年社會化時所形成的，具有情感成分且是符號性的態度。當民眾在成年以後遇到重大事務或是需要採取政治行動時，以一些政治符號，像美國的「族群融合」或是「黑白地位」等這類存在已久的符號，來啟動如族群態度或是偏見等「既存的傾向」(predispositions)，而做出習慣性的反應。民眾對於議題立場態度將決定於

其成長過程中已然形成的既有的政治定向，[6] 外來資訊內含的相同符號將喚起 (evoke) 並觸動 (activate) 個人記憶中相同的符號節點，此間過程是情感反射且無意識的 (Sears 1993; Sears and Allen 1984; Sears and Funk 1991; Sears, Hensler, and Speer 1979; Sears and Kinder 1985; Sears and Lau 1983; Sears et al. 1978; Sears et al. 1980)。此外，Sears 與 Funk (1991) 也對自利行為做出定義，他們認為，自利行為係目標導向的行為，自利必須滿足幾個要件，即利益是中短期的、且是關於物質性的、並且利益是關於個人自身的。而理性計算是一種極大化個人利益的手段，同時極大化個人利益本身就是理性行動的誘因。

　　從上述有關「理性自利」與「符號政治」理論基礎的討論中，我們發現：就「理性自利」而言，其主要內涵在於物質需求層面上的、透過理性計算自身條件且是短程或中程因素，相對於「符號政治」中討論的政治認同因素，「理性自利」的考量是較容易變動的。就「符號政治」而言，其主要內涵在於長期社會化後所獲得的情感上的認同或是態度等「政治定向」，自然是相對穩定的。在 Sears 等人 (Sears and Allen 1984; Sears et al. 1978; Sears et al. 1980) 一系列的研究中均發現：當民眾在決定是否支持特定政策時，有關符號政治的政治認同等因素，往往是壓過理性計算的自利考量。因此，應用其研究發現到兩岸相關議題對於民眾投票行為影響的討論，應該可以提出相當的啟發。就本研究的台灣意識而言，其屬於長期政治社會化的重要政治傾向，因此，應歸類於符號政治的認同因素。至於兩岸經濟交流的利益吸引，其目標明確，且屬於短期或是中期的物質性利益，當歸類於理性利益部分。比較特別的是兩岸互動過程中可能產生的安全威脅，因為以目前現況而言，一旦台灣宣布獨立，恐將立刻引起中國大陸的軍事攻擊，徹底摧毀吾人眼前的生活方式。由於理性原則強調「趨利避害」，因此有關戰爭威脅的考量，也將通過這樣的考量發揮其影響（耿

6　就美國而言，政治的既存立場包含了諸如政黨認同、政治意識型態（自由主義或保守主義）、種族偏見等。詳可參閱Sears (1993, 120)。

曙、劉嘉薇與陳陸輝　未定）。綜合上述，本研究將納入上述有關兩岸關係的兩大類因素，討論其對民眾在總統選舉投票決定的影響。

參、研究方法、研究資料與研究假設

　　本研究所運用資料，係陳陸輝（2008）在 2008 年總統選舉之前所執行的國科會研究計畫之電話訪問案。[7] 該研究運用調查研究法，以結構性的問卷，探討台灣民眾的台灣意識、對於兩岸經貿交流獲利與受害的認知以及台灣獨立是否會引起大陸武力犯台等因素，對於其投票行為的影響。該研究於 2008 年 3 月 1 日至 4 日，由政治大學選舉研究中心以台灣地區（不含金門、馬祖）年滿 20 歲以上的成年人為電話訪問對象。抽樣的方式係以「中華電信住宅部 96 年版電話號碼簿」為母體清冊，以等距抽樣法抽出電話樣本後，再以電腦選取亂數的方法，隨機修正最後二碼或四碼以求接觸到所有可能未登錄電話的住宅用戶。在進行電話訪問時，當電話接通後再由訪員按照（洪式）戶中抽樣的原則，抽出應受訪的對象。該研究一共訪問成功 1,470 位受訪者，以 95% 信心水準估計，最大隨機抽樣誤差為正負 2.56% 之內。

　　為使樣本具有代表性而符合母體結構，該研究針對樣本之「性別」、「年齡」、「教育程度」及「地理區域」分佈進行樣本代表性檢定。若樣本代表性檢定未通過，即利用上述四個變數採取「多變數反覆加權法」(raking) 進行加權，直到樣本分佈與母體分佈（台灣地區年滿 20 歲以上的成年民眾）無顯著差異為止。其中，性別、年齡、教育程度及地理區域之權值是依據民國 96 年內政部出版之《中華民國台閩地區人口統計（民國九十五年）》。樣本的人口學基本變數的分佈，請參考附錄一。

7　該研究計畫編號NSC95-2414-H-004-051-SSS，感謝國科會提供該研究經費及游清鑫教授與鄭夙芬教授對該計畫之協助及參與。

該研究中有關台灣意識的測量，係利用以下四個題目進行測量：

1. 最近社會上經常有人說：「我們一定要愛台灣這塊土地」，請問您認為有沒有必要強調這種說法？（選項：「根本沒必要」、「不太有必要」、「有點必要」以及「非常有必要」四項）
2. 最近社會上經常有人說：「我們一定要以身為台灣人為榮」，請問您認為有沒有必要強調這種說法？（選項：「根本沒必要」、「不太有必要」、「有點必要」以及「非常有必要」四項）
3. 有人說：「愛台灣就要說台灣自己的語言」，請問您同不同意這種說法？（選項：「非常不同意」、「不太同意」、「有點同意」以及「非常同意」四項）
4. 有人說：「愛台灣就要支持本土政權」，請問您同不同意這種說法？（選項：「非常不同意」、「不太同意」、「有點同意」以及「非常同意」四項）

這四個項目從「愛台灣這塊土地」、「以台灣人為榮」、「說台灣自己的語言」以及「支持本土政權」等四個角度，涵蓋「土地」、「人民」、「語言」以及「政權」等不同面向，民眾愈表示同意或是認為有強調必要者，其台灣意識程度愈強。本研究希望透過這樣的題組，可以建構與捕捉民眾的「台灣意識」。此外，我們也以民眾對於兩岸經貿交流的態度，以及預期完全開放兩岸經貿交流後，選民預期台灣經濟以及個人經濟是否獲利抑或受害，建構理性自利的「兩岸經貿開放利益」指標。此外，我們也將民眾對於台灣宣布獨立後，大陸會不會攻打台灣的評估，納入解釋變數。[8] 此兩大類變數中，台灣意識、政黨認同屬於感性認同，另方面，經貿利益與台獨致武，則屬於理性自利部分。我們假設：民眾的台灣意識愈高，愈傾向支持民進黨候選人。當民眾預期兩岸經濟開放將獲利以及「台獨將引

---

[8] 上述變數的具體測量方式以及指標建立的方式，請參考附錄二的詳細說明。

起兩岸戰爭」，則傾向支持國民黨候選人。受限於電話訪問的問卷長度，該研究雖納入上述理性與感性考量的變數，不過，在一般選舉研究的候選人因素以及政府施政表現等因素並未納入。本文認為：在選前民眾對於經濟發展的渴望以及預期兩岸大幅開放的經貿利得，與總統選舉期間國民黨候選人提出的「兩岸共同市場」具有一定程度的連結。本研究也控制民眾政黨認同、統獨立場以及「台灣人／中國人」身份認同等因素，故在模型的估計上，應該具有一定的穩健性 (robustness)。

肆、資料分析與討論

　　根據上述分析框架所進行之資料檢測與分析，本研究主要發現如下。首先，台灣意識是台灣選舉政治中重要的因素，而有關民眾在台灣意識的分佈上，我們可以檢視表 11.1。台灣民眾對於要不要強調「我們一定要愛台灣這塊土地」這種說法上，有接近五分之一 (19.6%) 認為「非常有必要」，此外，認為「有點必要」強調者為 17.4%，兩者合計將近四成 (37.0%) 的民眾認為有強調的必要。此外，認為「根本沒必要」接近四分之一 (23.1%)，而認為「不太有必要」的比例，剛好四成 (40.0%)，兩者合計超過六成 (63.1%) 的民眾認為沒有強調的必要。至於是否要強調「以身為台灣人為榮」的說法上，認為「非常有必要」的比例為五分之一 (20.6%)，而認為強調這個說法「有點必要」者為 23.3%，兩者合計也接近超過四成 (43.9%)。至於認為「根本沒必要」超過七分之一 (16.0%)，認為「不太有必要」的比例則是四成，兩者合計有超過五成六 (56.1%) 的民眾認為沒有強調的必要。

　　就「愛台灣就要說台灣自己的語言」的說法上，有 16.7% 的受訪者表示非常同意，另有 22.8% 的受訪者表示同意，兩者合計約有接近四成 (39.5%) 的受訪者同意這個說法。至於表示非常不同意的比例約四分之一 (25.2%)，也有超過三分之一 (35.4%) 的比例表示不太同意，兩者合計約有

六成的比例表示不同意「愛台灣就要說台灣自己的語言」的說法。就「愛台灣就要支持本土政權」的這個說法上，表示非常同意者接近兩成 (18.8%)，「有點同意」的為 22.7%，兩者合計有超過四成 (41.5%) 的民眾同意「愛台灣就要支持本土政權」的說法。至於非常不同意這個說法的比例超過四分之一 (27.8%)，而表示不太同意的比例超過三成 (30.6%)，兩者合計有接近六成 (58.4%) 的民眾不同意這種說法。

從表 11.1 的初步分析看來，民眾對於上述四個面向上，表示同意或是認為應該強調的比例，大約在四成上下，其中，認為要強調「我們一定要愛台灣這塊土地」這種說法的比例較低，僅三成七，而認為要強調「以身為台灣人為榮」的說法上的比例較高，接近四成四。為了進一步檢視四個項目在因素分析與信度檢定的結果，我們發現：若欲將四個變數結合為一個因素，則四個項目因素負荷量皆在 0.7 以上。將此四個項目進行內在一致性檢定的信度分析時，其 Cronbach's α 為 0.84。因此，本研究將表 11.1 中的四項題目按照其同意程度分別給予 1 分到 4 分，加總後取其平均值，成為一個台灣意識的量表。相關的中央趨勢、離散程度與信度檢定結果，請參考附錄二的表 2。該量表的平均數為 2.31，標準差為 1.03，我們在解釋民眾投票行為時，即以此量表進行分析。我們預期，台灣意識愈高者，愈傾向支持民進黨提名候選人。

表 11.1　民眾台灣意識的分佈

	根本沒必要／ 非常不同意	不太有必要／ 不太同意	有點必要／ 有點同意	非常有必要／ 非常同意	（樣本數）
強調愛台灣土地	23.1	40.0	17.4	19.6	(1,385)
強調以台灣人為榮	16.0	40.1	23.3	20.6	(1,360)
說自己語言	25.2	35.4	22.8	16.7	(1,344)
支持本土政權	27.8	30.6	22.7	18.8	(1,300)

資料來源：陳陸輝（2008）。該研究於 2008 年 3 月初執行，訪問成功樣本數為 1,470 份。
說明：表中所列為橫列百分比（括號內為有效樣本數），各項數據包含表態的「無反應」比例。

此外，民眾對於兩岸經貿交流的態度如何，也是討論重點。在近年台

表 11.2　民眾對兩岸經貿交流的立場與開放後經濟變化評估的次數分配表

	更加管制	維持現狀	更加開放	（樣本數）
兩岸經貿政策	41.4	0.3	58.2	(1,263)
	更差	差不多	更好	
開放經貿台灣經濟變化	32.0	19.9	48.1	(1,262)
開放經貿個人經濟變化	26.7	49.4	23.9	(1,322)

資料來源：同表 11.1。
說明：同表 11.1。

灣經濟發展停滯，失業率攀高的情況下，開放與大陸經貿交流，似乎成為解決此一困境的途徑之一。展望經濟交流將會讓民眾獲益或是受害，勢必影響他們對於兩岸經濟交流應否完全開放的立場。表 11.2 先詢問受訪者對於兩岸經貿政策的立場，接著我們探詢他對預期兩岸經貿完全開放後，對於台灣以及個人經濟將帶來利益或是傷害。從表 11.2 中可以發現：主張兩岸經貿政策應該更加開放者的比例接近六成，不過，認為應該更加管制者也有四成多。在 2008 年總統選舉中，國民黨正副總統候選人馬英九與蕭萬長提出「兩岸共同市場」的政見，本研究也請民眾評估，兩岸經貿「完全開放」後，他們認為台灣經濟以及個人經濟情況的可能變化。從表 11.2 可以發現：有接近三分之一的民眾認為台灣經濟會變得更差，另有兩成左右表示會差不多，此外，有接近五成表示會變得更好。就受訪者個人經濟情況的評估，有超過四分之一表示會變得更差、有將近五成表示差不多，另有不及四分之一表示會變得更好。因此，民眾對於自己的經濟情況認知似乎是獲利與受害各佔四分之一，另有一半覺得是「維持平盤」，而對開放大陸經濟交流的印象，主要出現在對於總體經濟層面影響的認知。

　　上述三個題目，涉及民眾對於兩岸經貿是否應該進一步開放或是管制、對台灣整體經濟的影響以及對其個人經濟影響的認知，本研究將其重新編碼，並進一步合併建構為「兩岸經貿開放利益」的指標，其 Cronbach's α 為 0.84。因此，本研究將表 11.2 中的三項題目按照其認為兩岸應該更加開

放或是經貿獲利的程度分別給予 1 分到 3 分，加總後取其平均值，成為一個「兩岸經貿開放利益」的指標。相關的中央趨勢、離散程度與信度檢定結果，請參考附錄二。該指標的平均數為 2.09，標準差為 0.75，我們在解釋民眾投票行為時，即以此指標進行分析。本研究也預期，愈傾向支持兩岸經貿開放以及預期開放後個人或是台灣經濟將獲利者，愈傾向支持國民黨候選人。

除了經濟上的誘因之外，中國大陸的武力威脅，也是另外一項重要因素。從表 11.3 中可發現：認為台灣宣布獨立後，中共一定不會攻打台灣的比例約六分之一 (17.5%)，而認為不太會的比例超過四分之一 (28.3%)，兩者合計約有四成六比例 (45.8%) 的民眾認為台灣宣布獨立中國大陸不會攻打台灣。至於認為一定會的比例約兩成多 (21.3%)、可能會的比例約三分之一 (32.8%)，兩者合計約有超過五成四 (54.2%) 的比例，認為中國大陸會攻打台灣。因此，本研究在後續的分析中，將觀察認為台灣宣布獨立後，中國大陸不會攻打台灣者，在投票對象上，是否更傾向支持民進黨提名候選人。

表 11.3　宣布台灣獨立後中共是否動武的民眾認知分佈

一定不會	不太會	可能會	一定會	（樣本數）
17.5	28.3	32.8	21.3	(1,228)

資料來源：同表 11.1。
說明：同表 11.1。

初步檢視民眾在台灣意識、經貿開放利益以及武力威脅的認知後，我們進一步分析上述因素對於民眾在 2008 年總統選舉的投票傾向是否具有顯著影響。除了上述三個因素外，本研究也將民眾的性別、政治世代、教育程度、省籍、政黨認同、台灣人／中國人自我認定以及統獨立場等自變數一併納入分析。在性別上，我們以男性為對照組，觀察女性在投票傾向上是否較不支持民進黨。在政治世代上，我們認為民眾投票行為會受到其所處的生活經驗、集體記憶以及歷史座標的影響，因此，我們將以政治世

代的編碼方式，將選民區分為第一代（1942年出生）、第二代（1943年到1960年）與第三代（1961年到1979年）以及第四代（1980年以後出生），其中，第四代在其成年時期正經歷2000年的政黨輪替，本研究將觀察其投票行為是否與其他世代具有顯著差異。[9] 在教育程度上，我們以小學教育程度為對照組，檢視大專以及中學教育程度是否在投票傾向上，較不支持民進黨。省籍變數則以大陸各省為對照組，觀察本省閩南以及本省客家在投票支持上，是否較傾向支持民進黨。政黨認同、台灣人自我認定以及統獨立場，我們假設民進黨認同者、台灣人認同者以及具有獨立傾向者，較傾向支持民進黨。統計模型中的依變數將觀察民眾是否投票支持民進黨提名人（編碼為1），而以支持國民黨提名人為對照組（編碼為0）。由於模型中的依變數為二分類，獨立變數又至少有一個連續變數，因此，本研究使用「成長曲線迴歸模型」(logistic regression model)。[10]

從表11.4中的第一個模型，我們發現，民眾的台灣意識、兩岸經貿開放利益、性別、教育程度、政黨認同以及台灣人認同等變數，對於其投票行為具有顯著影響。具體而言，控制其他變數之後，台灣意識愈高、認同泛綠政黨、具台灣人認同者，較傾向支持民進黨候選人，而在兩岸經貿上主張開放以及預期獲利者、女性、中學以及大專以上教育程度者，較傾向支持國民黨提名候選人。由於模型一中的許多變數並不顯著，為求模型的簡約 (parsimonious)，本研究以「概似比卡方檢定」(likelihood ratio chi-square test, LR χ^2 test) 的方式，檢定（的虛無假設為）刪除變數的估計值皆為0，檢定結果發現（無法拒絕虛無假設，故所有刪除變數的係數估計）皆為0，表示我們可以將這些變數省略以求儉約，模型二為新的估計結果。[11] 模型二的結果與模型一相似，不過，原先顯著的台灣人認同變得不顯著，其餘變數的估計以及顯著情況與模型一相似。從模型二中我們可以

---

[9]　有關民眾政治世代的劃分與討論，請參考陳陸輝（2000）的討論。

[10]　有關質變數 (qualitative variables)的計量分析方法，請參考黃紀（2000）的討論。

[11]　相關討論以及程序，請參考Long (1997, 93-7)。

發現：經濟誘因與政治認同是左右民眾投票方向的兩類重要變數。其中，控制其他變數後，預期兩岸經貿交流將獲利者每增加一單位，投給民進黨相對於國民黨的勝算比變為原先的 0.39 倍。不過，當民眾台灣意識每增加一單位，其投給民進黨相對於國民黨候選人的勝算比，就增加為原先的 3.55 倍。此外，控制其他變數之後，泛綠認同者與無政黨傾向者相對於泛藍者，更傾向支持民進黨提名的候選人。不過，女性、中學以及大學教育者相對於其他背景選民，更傾向支持國民黨候選人。因此，2008 年的總統選舉中，除了感性的認同因素外，民眾的理性思維因素，出現了重要的影響。雖然武力威脅與否並未主宰民眾的投票思考，不過，預期兩岸開放對於台灣經濟或是個人經濟是否將會獲利抑或受害，成為重要的因素。此外，民進黨的候選人則仍然需要小學教育程度的基層民眾以及台灣意識與政黨認同的幫助，方得以穩住基本盤。相對而言，除了理性自利的計算外，國民黨獲得女性以及中學以上教育程度者的選票挹注，方得以勝選。

表 11.4　台灣意識、經貿交流利益與武力威脅對總統投票意向之影響

	模型一			模型二		
	估計係數	標準誤	Exp(B)	估計係數	標準誤	Exp(B)
台灣意識						
意識鮮明	1.17***	0.28	3.21	1.27***	0.27	3.55
經貿利得						
開放獲利	-1.05***	0.26	0.35	-0.95***	0.25	0.39
戰爭風險						
獨立不致動武	0.09	0.34	1.09	0.05	0.33	1.05
性別						
女性	-0.71*	0.35	0.49	-0.78*	0.34	0.46
世代歸屬						
第一代：1942	1.68$	0.94	5.38			
第二代：1943-1960	0.57	0.55	1.77			
第三代：1961-1979	0.73$	0.43	2.07			

表11.4　台灣意識、經貿交流利益與武力威脅對總統投票意向之影響（續）

	模型一			模型二		
	估計係數	標準誤	Exp(B)	估計係數	標準誤	Exp(B)
教育程度						
大學教育	-1.46*	0.72	0.23	-2.04***	0.61	0.13
高中教育	-1.95**	0.70	0.14	-2.35***	0.61	0.10
族群身份						
本省閩南	-0.47	0.60	0.62			
本省客家	-0.11	0.67	0.89			
政黨認同						
認同泛綠	5.30***	0.53	200.97	5.11***	0.48	165.92
無政黨傾向	2.75***	0.52	15.72	2.62***	0.48	13.71
身份認同						
自認台人	2.44*	1.15	11.46	0.66$	0.35	1.94
雙重認同	1.88	1.17	6.53			
統獨立場						
傾向獨立	0.29	0.40	1.33			
傾向統一	0.15	0.51	1.16			
常數	-4.93**	1.59	0.01	-2.67*	1.11	0.07
模型資訊						
樣本數		822			822	
G^2(LR χ^2)		787.43			778.61	
df		17			9	
擬似 R^2		.854			.848	
P		<0.001			<0.001	

資料來源：陳陸輝（2008）。

說明：1. 依變數為民眾在 2008 年的投票意向，1 為支持「民進黨提名的謝長廷與蘇貞昌」；0 為支持「國民黨提名的馬英九與蕭萬長」。

　　　2. $: $p<0.10$; *: $p<0.05$; **: $p<0.01$; ***: $p<0.001$（雙尾檢定）。

伍、結論

　　國內學者在討論兩岸關係變化時，運用調查研究資料進行實證分析並不多見。本研究試圖操作化「台灣意識」以及民眾的「兩岸經貿開放利益」等概念，檢驗他們對於民眾政治行為的影響。本研究的分析結果，與相關理論預期相當一致，也顯示類似「理性」、「感性」架構用來分析台灣選舉政治與兩岸議題時，應該具有相當的參考價值。

　　根據本文研究發現，影響台灣民眾在 2008 年總統選舉的諸多因素中，有關兩岸的經濟互動以及台灣意識，扮演著顯著的角色。本研究結果顯示：當民眾支持兩岸經貿交流更加開放以及預期完全開放後，台灣經濟或是其個人經濟將會變得更好時，愈傾向支持國民黨候選人。顯示理性自利的考量，相當程度左右民眾的投票行為。不過，當選民的台灣意識愈強，則愈傾向支持民進黨的候選人。民眾認同泛綠政黨以及自認為台灣人者，也較傾向支持民進黨候選人。因此，感性因素在這次選舉中也扮演重要角色。此外，認為台灣獨立將不會引起大陸武力犯台者，雖較傾向支持民進黨候選人，不過，該係數估計並不顯著。本研究也發現：女性以及中學以上教育程度者，較傾向支持國民黨候選人。

　　進一步觀察，台灣民主政治發展的過程中，中國大陸所帶來的威脅利誘，不但直接影響國內政黨的互動，更因為民眾對於兩岸分合的期待不同以及兩岸政治分離的現實，造成了統獨問題的迅速激化，與藍綠持續的持續對立。2008 年的總統選舉，雖然國民黨提名的馬英九與蕭萬長以 58.45% 的得票率當選，但台灣選舉政治中的「台灣意識」以及兩岸關係的經濟吸引與武力威脅，仍將持續制約台灣官方與民間的政治抉擇，更對於台灣民主政治的健全發展至關重要。此次選舉中，台灣意識是穩定民進黨基本盤的重要因素，不過，民眾在經濟自利考量下，希望兩岸經貿交流更為開放，也讓提出「兩岸共同市場」的國民黨候選人得以掌握未來台灣四年的政局走向。此外，在國民黨與對岸方互動的默契下，宣布獨立與武力犯台並未成為此次選舉的主軸，也因此，根據我們的分析，對岸武力威

脅的影響，並未成功左右 2008 年的大選。

　　展望未來，當理性利益的考量日漸足與感性認同的堅持相抗衡時，我們可以預期，首先，隨兩岸經貿交流的日漸擴大與納入正軌，基於利害的理性考量將可望日益主導。但另方面，感性認同層面的影響並未稍歇，如何化解認同上的對立，似仍有賴雙方領導人物善意與格局。最後，我們應該可以慶幸的，似乎在可預見的未來，率爾獨立與兵戎相見的威脅將一去不返，那麼，台灣的選舉政治的主軸，應該會朝著對執政者施政表現課責的方向邁進。

附錄一、成功樣本分佈

表 1 訪問樣本分配表

	次數	百分比 %
性別		
男性	736	50.1
女性	734	49.9
年齡		
20 至 29 歲	318	21.8
30 至 39 歲	312	21.4
40 至 49 歲	320	21.9
50 至 59 歲	246	16.8
60 歲及以上	264	18.1
教育程度		
小學及以下	305	20.9
國、初中	216	14.8
高中、職	438	30.0
專科	207	14.2
大學及以上	295	20.2
省籍－父親		
本省客家人	199	13.8
本省閩南人	1039	72.2
大陸各省市人	184	12.8
原住民	17	1.2
省籍－母親		
本省客家人	210	14.7
本省閩南人	1118	78.0
大陸各省市人	80	5.5
原住民	24	1.7
外國籍	2	0.1
職業		
軍公教人員	160	10.9
私部門管理階層及專業人員	288	19.6

表 1　訪問樣本分配表（續）

	次數	百分比 %
私部門職員	334	22.7
私部門勞工	220	15.0
農林漁牧	101	6.8
學生	85	5.8
家管	263	17.9
其他	20	1.3

資料來源：陳陸輝（2008）。該研究於 2008 年 3 月初執行，訪問成功樣本數為 1,470 份。

附錄二、指標建構與分佈結果

　　本研究建構了「台灣意識」以及「兩岸經貿開放利益」等兩個指標。台灣意識的測量是以下列四個題目進行測量：

1. 最近社會上經常有人說：「我們一定要愛台灣這塊土地」，請問您認為有沒有必要強調這種說法？（選項以及編碼方式為：「根本沒必要=1」、「不太有必要=2」、「有點必要=3」以及「非常有必要=4」，數值愈大，表示台灣意識愈強）

2. 最近社會上經常有人說：「我們一定要以身為台灣人為榮」，請問您認為有沒有必要強調這種說法？（選項以及編碼方式為：「根本沒必要=1」、「不太有必要=2」、「有點必要=3」以及「非常有必要=4」，數值愈大，表示台灣意識愈強）

3. 有人說：「愛台灣就要說台灣自己的語言」，請問您同不同意這種說法？（選項以及編碼方式為：「非常不同意=1」、「不太同意=2」、「有點同意=3」以及「非常同意=4」，數值愈大，表示台灣意識愈強）

4. 有人說：「愛台灣就要支持本土政權」，請問您同不同意這種說法？（選項以及編碼方式為：「非常不同意=1」、「不太同意=2」、「有點同意=3」以及「非常同意=4」，數值愈大，表示台灣意識愈強）

　　至於兩岸經貿開放利益是以下面三道題目予以測量：

1. 請問您認為政府對兩岸經貿交流的政策，應該比現在更加開放還是加強管制？（選項以及編碼方式為：「加強管制=1」、「維持現狀=2」以及「更加開放=3」，數值愈大，表示愈支持經貿開放或是傾向認為將因經貿開放而獲益）

2. 如果政府完全開放兩岸經貿，請問您認為台灣的經濟情況會變得更好、更差，還是差不多？（選項以及編碼方式為：「更差=1」、「差不多=2」以及「更好=3」，數值愈大，表示愈支持經貿開放或是傾向認為將因經貿開放而獲益）

3. 如果政府完全開放兩岸經貿，請問您認為您個人的經濟情況會變得更好、更差，還是差不多？（選項以及編碼方式為：「更差=1」、「差不多=2」以及「更好=3」，數值愈大，表示愈支持經貿開放或是傾向認為將因經貿開放而獲益）

「台灣意識」指標係由上述四個題目加總後平均而得，分數分佈介於1到4之間，「兩岸經貿開放利益」指標係由上述三個題目加總後平均而得，分數分佈介於1到3之間。兩個新指標的中央趨勢、離散程度以及信度檢定結果見下表2。

表2　兩項指標的中央趨勢、離散程度與信度檢定結果

指標名稱	平均數	標準差	樣本數	信度檢定
台灣意識	2.31	1.03	1,334	0.841
兩岸經貿開放利益	2.09	0.75	1,418	0.839

資料來源：陳陸輝（2008）。該研究於2008年3月初執行，訪問成功樣本數為1,470份。
說明：信度檢定所列為內在一致性的檢定（Cronbach's α 值）結果。

「獨立不致武」的測量題目為：

依照您的觀察，您認為：如果台灣宣布獨立，大陸會不會攻打台灣？

選項分為「一定不會」、「不太會」、「可能會」以及「一定會」四項，其餘不納入分析。在表四的模型中，將「一定不會」與「不太會」合併為1，「可能會」與「一定會」合併為0，其餘設定為遺漏值，觀察認為宣布獨立大陸不會攻打台灣者的投票行為。

附錄三、其他獨立變數的測量與編碼方式

1. 性別：以女性為 1，男性為對照組 0。
2. 政治世代：依照陳陸輝（2000）的分類方式分為 1942 年以及之前出生者為第一代，1943 至 1960 為第二代，1961 至 1979 年為第三代，1980 年以及以後為第四代，以第四代為對照組。
3. 省籍：以大陸各省為對照組，分別以本省閩南以及本省客家建立兩個虛擬變數。其他樣本數不納入分析。
4. 教育程度：以國小及以下教育程度為對照組，以中學（包含國初中、高中職）以及大專以上教育程度建立兩個虛擬變數。
5. 政黨傾向：利用以下幾個問題建構：
   在國民黨、民進黨、新黨、親民黨，跟台聯黨這五個政黨中，請問您認為您比較支持哪一個政黨？
   （回答有者）請問是哪一個政黨？
   （回答其他答案者）您比較偏向國民黨，偏向民進黨，偏向新黨，偏向親民黨，還是偏向台聯黨，或是都不偏？
   （回答有者）請問是哪一個政黨？
   　　我們以上述有表示政黨傾向者加以歸類為「泛藍政黨」認同者（包括國民黨、親民黨與新黨）以及「泛綠政黨」認同者（包括民進黨以及台聯黨）。至於沒有表示具體傾向者，編碼為「獨立選民」，以泛藍認同者作為對照組。
6. 統獨立場：測量的題目為：
   關於台灣和大陸的關係，有下面幾種不同的看法：

   1：儘快統一　　　　　　　　　2：儘快獨立
   3：維持現狀，以後走向統一　　4：維持現狀，以後走向獨立
   5：維持現狀，看情形再決定獨立　6：永遠維持現狀
   　　或統一

請問您比較偏向哪一種？

我們將「儘快統一」與「維持現狀，以後走向統一」編碼為「傾向統一」，而將「儘快獨立」與「維持現狀，以後走向獨立」編碼為「傾向獨立」，另外將「維持現狀，看情形再決定獨立或統一」與「永遠維持現狀」編碼為「維持現狀」，而以「維持現狀」為對照組。其餘不納入分析。

7.「台灣人／中國人」自我認定：測量的題目為：

在我們社會上，有人說自己是「台灣人」，也有人說自己是「中國人」，也有人說都是。請問您認為自己是「台灣人」、「中國人」，或者都是？

將「都是」視為「雙重認同」，該項目與「台灣人」認同者編碼為兩個虛擬變項，另以「中國人」認同者為對照組。其餘不納入分析。

●●● **參考文獻** ●●●

I. 中文部分

吳乃德，2005，〈麵包與愛情：初探台灣民眾民族認同的變動〉，《台灣政治學刊》，
　　9(2): 5-39。

吳玉山，1997，《抗衡或扈從：兩岸關係新詮》，台北：正中。

------，1999，〈台灣的大陸經貿政策：結構與理性〉，載於《爭辯中的兩岸關係理
　　論》，包宗和、吳玉山編，台北：五南。

耿曙，2005，〈經貿交流的政治影響：中共的對臺新政與台灣的兩岸研究〉，《中國
　　大陸研究教學》，1: 1-6。

------，未定，〈經濟治術的局限：中共近期「惠台政策」的政治影響〉，《問題與研
　　究》，即將出版。

耿曙、林琮盛，2005，〈全球化背景下的兩岸關係與台商角色〉，《中國大陸研究》，
　　48(1): 1-28。

耿曙、林瑞華，2004，〈兩岸經濟整合的政治影響：分析兩岸整合的理論架構〉，
　　第二屆亞太學術研討會：東亞區域整合對台灣安全與發展之影響，4月29
　　日，嘉義：南華大學。

耿曙、陳陸輝，2003，〈兩岸經貿互動與臺灣政治版圖：南北區塊差異的推手？〉，
　　《問題與研究》，42(6): 1-27。

耿曙、劉嘉薇、陳陸輝，未定，〈打破維持現狀的迷思：台灣民眾統獨抉擇中理
　　念與務實的兩難〉，《台灣政治學刊》，即將出版。

陳陸輝，2000，〈台灣選民政黨認同的持續與變遷〉，《選舉研究》，7(2): 39-52。

------，2008，《台灣認同的起源與政治效果之研究》，計畫編號：NSC
　　95-2414-H-004-051-SSS，台北：行政院國家科學委員會補助專題研究計畫成
　　果報告。

陳陸輝、周應龍，2004，〈台灣民眾統獨立場的持續與變遷〉，《東亞研究》，
　　35(2): 143-86。

陳義彥、陳陸輝，2003，〈模稜兩可的態度還是不確定的未來：臺灣民眾統獨觀
　　的解析〉，《中國大陸研究》，46(5): 1-20。

黃紀，2000，〈質變數之計量分析〉，載於《政治學的範圍與方法》，謝復生、盛
　　杏湲主編，台北：五南。

魏鏞，2002，〈邁向民族內共同體：台灣兩岸互動模式之建構、發展與檢驗〉，《中國大陸研究》，45(2): 1-55。

II. 外文部分

Downs, Anthony. 1957. *An Economic Theory of Democracy*. New York: Harper & Row.

Edelman, Murray. 1964. *The Symbolic Uses of Politics*. Urbana, IL: University of Illinois Press.

------. 1971. *Politics as Symbolic Action*. Chicago: Markham.

Hardin, Russell. 1995. "Self-Interest, Group Identity." In *Nationalism and Rationality*, eds. Albert Breton, Gianluigi Galeotti, and Ronald Wintrobe. Cambridge and New York: Cambridge University Press.

Hsieh, John Fuh-sheng. 2005. "Ethnicity, National Identity, and Domestic Politics in Taiwan." *Journal of Asian and African Studies* 40: 13-28.

Keng, Shu. 2003. "Understanding the Impacts of Non-Official Contacts across the Taiwan Strait: Towards a New Analytical Framework." Presented at FPRI Asian Conference/ The 32nd. Sino-American Conference on Contemporary Chinese Affairs, Philadelphia.

Keng, Shu, Lu-huei Chen, and Kuan-bo Huang. 2006. "Sense, Sensitivity and Sophistication in Shaping the Future of Cross-Strait Relation." *Issues & Studies* 42(2): 23-66.

Leng, Tse-Kang. 1996. *The Taiwan-China Connection: Democracy and Development across the Taiwan Straits*. Boulder, CO: Westview Press.

Lin, Tse-min, Yun-han Chu, and Melvin J. Hinich. 1996. "Conflict Displacement and Regime Transition in Taiwan: A Spatial Analysis." *World Politics* 48(4): 453-81.

Long, J. Scott, 1997. *Regression Models for Categorical and Limited Dependent Variables*. Thousand Oaks: Sage Publications.

Sears, David O. 1993. "Symbolic Politics: A Socio-Psychological Theory." In *Explorations in Political Psychology*, eds. Shanto Iyengar, and William McGuire. Durham, NC: Duke University Press.

------. 2001. "The Role of Affect in Symbolic Politics." In *Citizens and Politics: Perspectives from Political Psychology*, ed. James H. Kuklinski. Cambridge and

New York: Cambridge University Press.

Sears, David O., and Carolyn L. Funk. 1991. "The Role of Self-interest in Social and Political Attitude." *Experimental Social Psychology* 24: 1-91.

Sears, David O., and Donald R. Kinder. 1985. "Whites' Opposition to Busing: On Conceptualizing and Operationalizing Group Conflict?" *Journal of Personality and Social Psychology* 5: 1141-47.

Sears, David O., and Harris M. Allen Jr. 1984. "The Trajectory of Local Desegregation Controversies and Whites' Opposition to Busing." In *Groups in Contact: The Psychology of Desegregation*, eds. Norman Miller, and Marilynn B. Brewer. Orlando, FL: Academic Press.

Sears, David O., and Richard R. Lau. 1983. "Inducing Apparently Self-Interested Political Preferences." *American Journal of Political Science* 27(2): 223-52.

Sears, David O., Carl P. Hensler, and Leslie K. Speer. 1979. "Whites' Opposition to Busing: Self-Interest or Symbolic Politics?" *American Political Science Review* 73: 369-84.

Sears, David. O., et al. 1978. "Political System Support and Public Response to the Energy Crisis." *American Journal of Political Science* 22: 56-82.

Sears, David O., et al. 1980. "Self-Interest vs. Symbolic Politics in Policy Attitude and Presidential Voting." *American Political Science Review* 74: 670-84.

Wu, Yu-shan. 2005. "From Romantic Triangle to Marriage? Washington-Beijing-Taipei Relations in Historical Comparison." *Issues & Studies* 41(1): 113-59.

12 經濟環境、國家認同與兩岸經貿交流：2008年的經驗檢視

關弘昌

壹、前言

　　自從 1980 年代晚期海峽兩岸開始交流以來，政府的兩岸經貿政策，在開放與緊縮之間歷經了幾次明顯的轉折。從最初的逐漸開放兩岸間接貿易項目與廠商赴大陸投資，到 1996 年「戒急用忍」政策對於大陸投資額度的限制，以及 2001 年「積極開放，有效管理」政策的再度開放，與 2006 年「積極管理，有效開放」的再度緊縮。這幾次的轉折反映出台灣內部對於是否應該大幅開放兩岸經貿交流仍然存在著極大歧見。事實上，「是否應該大幅開放兩岸經貿交流」這個議題不僅造成政府及台商之間彼此期待的落差，近十年以來也成為藍綠陣營互相辯論的焦點之一，2008 年總統大選期間亦不例外。尤其在 2008 年總統大選前夕，民眾已經感受到台灣的總體經濟表現呈現下滑，而遭遇經濟困境者亦時有所聞，[1] 於是「是否應該大幅開放兩岸之間的經貿交流」這一議題，遂與「台灣經濟是否能夠有效改善」產生連結。國民黨的主張認為，大幅開放兩岸經貿交流將有助於台商資金回台，從而改善台灣經濟狀況，他們並提出所謂的「兩岸共同市場」作為其訴求。而民進黨則稱國民黨的「兩岸共同市場」為「一中市場」，認為大幅開放兩岸經貿交流不僅可能危害台灣的主權，並且會進一步傷及台灣本身的產業，造成失業率上升，進而使台灣內部經濟繼續惡化。

　　兩大黨在選戰中對於這一議題的辯論，凸顯了兩岸經貿交流在台灣政

1　依據中國時報的社論報導，儘管2007年官方的台灣整體經濟成長率統計數字仍然維持在5%以上，但這其實不僅有估測技術上的高估問題，也忽略了台灣社會內部財富分配差距日益增大的事實。此外，2007年春天以來「包括原油在內，各種農工原料持續暴漲，升斗小民明顯感受到物價上漲」；「主計處自己都說，有接近八成的企業，在過去連續五年，沒有給員工調整薪水；約三分之二的服務業與一半的製造業，薪資不增反減。」亦即物價飛漲與所得縮水是當時大多數民眾的感受，而遭遇困頓迫使舉家燒炭自殺的社會新聞也屢屢發生（中國時報，2007年12月9日，版A2）。而對TEDS2008P資料進行分析也顯示，在排除回答「看情形」、「無意見」、「不知道」、「拒答」等選項者之後，有66.67%的受訪者認為台灣經濟狀況比一年前還不好，而有47.8%認為他們家裡的經濟狀況比一年前還不好。

局中面對了「經濟利益」與「國家認同」這兩股力量相互拉扯的事實。而台灣的選民又是如何看待「應否擴大開放兩岸經貿交流」這一議題？在經濟環境不佳的情境之下，民眾是否認為開放兩岸經貿交流可以改善經濟狀況？以下本文將針對這一問題進行探討。

貳、文獻回顧

在兩岸貿易量及對大陸投資額逐年增加的趨勢之下，兩岸經貿的開放與否，或者開放兩岸經貿交流是否可以改善台灣的經濟，對於台灣而言可以說是一個重要的對外經貿政策議題。在國際政治經濟學的文獻中，有哪些因素會影響或決定一個國家的人們在對外經貿政策上的態度或偏好（通常是指國際貿易或投資的開放與否），甚至進而影響該國的國內政治發展，是不少學者曾經探討過的問題。在這些討論之中的一個主要論點是，貿易與投資的「國際化」(internationalization) 將會導致生產要素（例如土地、資金、勞力等）與物資的國際流動，而這將使這些生產要素與物資置於國際市場的供給與需求洪流中，進而影響到它們的相對價格變化 (Frieden and Rogowski 1996)。而這種相對價格的變化將會產生以下兩種分配效果。第一，如果一種或某些物資的相對價格已經上漲，那麼那些製造該物資的行業或部門，以及該物資製造過程中所亟需的生產要素的擁有者，將會從「國際化」中獲利，並且因而支持國際化。第二，相對地，如果一種或某些物資的相對價格已經下跌，則那些製造該物資的行業或部門，以及該物資製造過程中所大量運用到的生產要素的擁有者，其利益將會因為「國際化」而蒙受損失，並且因此而反對國際化。

根據學者們的看法，以上兩種互相相反的分配效果將會造成分屬社會分歧界線兩邊者（例如不同的產業部門、階級、或者區域之間）彼此的經濟利益衝突。因此，對於貿易或投資國際化的政策態度或偏好也會因部門、階級、或者區域的不同而有所差異。此外，該國的政治發展也因此會

以部門、階級、或區域做為分歧的界線而發展演變。例如 Gourevitch (1977; 1986) 在討論到國際經濟危機對一個國家國內經濟的影響時提到，由於國際經濟危機會透過貿易等國際經濟活動，對於國內經濟的三個主要不同部門（商業、勞動業、農業）的利益及資源產生不同方向的影響，所以這三個部門之中會出現贏家與輸家，並可能在其間形成聯盟及衝突關係，而贏家也會根據其本身的政策偏好對政府施加壓力，要求政府制訂符合其利益的對外經濟政策。Rogowski (1987) 則認為，每個國家國內不同的生產要素（亦即資金、土地、勞力）之間有的較為稀少，有的則較為豐富，而外部貿易成本與風險的變化將會影響擁有不同生產要素的人（亦即資本家、地主、與勞工）的財富利益消長，進而導致「比較稀少的生產要素的擁有者」（例如資本家）與「比較豐富的生產要素的擁有者」（例如地主或是勞工）之間的衝突，並在他們之間形成不同的政治聯盟或壁壘。Milner (1987; 1988) 在解釋為何 1970 年代貿易保護主義聲勢逐漸低落時提到，由於二次大戰之後國際之間的經濟交流愈來愈密切，國家之間的經貿互賴關係也愈來愈深，而從這一國際互賴關係中得利的企業或部門，便成為抵抗保護主義與主張貿易自由化的重要力量。Frieden (1991) 則認為，在國際金融整合的議題上，由於國家間資本流動的增加對於國內不同部門團體的利益會有不同幅度的影響，所以這些部門團體之間也會對於國際金融整合的程度、也就是開放資本進出的幅度有不同的政策偏好，並且彼此進行結盟以企圖影響政府的決策。而在討論美國外交政策的根源時，Trubowitz (1992; 1998) 認為由於美國國內不同區域在生產內容、技術發展水平、國外市場、以及它們在國際經濟體系中所處的位置等各方面的差異，以致於這些區域在美國回應國際的挑戰及機會時，會產生不同的風險及利害關係，也導致它們在美國界定其外交政策方向及國家利益的過程中彼此發生衝突。

　　以上這些研究的論點基本上都是以「經濟利益」或「物質利益」為切入點，認為人們在經濟利益上的獲利或損失是左右他們對於「是否應該開放對外經貿政策」的態度的關鍵所在；而經濟利益的損益則展現為不同產

業部門、階級、或者是區域之間的利益衝突。雖然這些研究主要是針對歐美國家的經驗所作，不過在「台灣的兩岸經貿政策是否應該擴大」這一議題上，這一立基於「經濟利益」的論點也曾受到部分研究的支持，例如耿曙與陳陸輝（2003）指出，台灣的不同地理區塊由於擁有不同的重點產業，因此不同區塊中的人們對於擴大兩岸經貿交流政策的態度也會呈現出一些差異。

　　不過，放在台灣的個案脈絡中來看，以經濟利益來解釋人們在對中國大陸經貿政策上的偏好或態度，似乎仍有其不足。這主要是因為在台灣近年來的政治發展過程中，「國家認同」因素深深影響著台灣民眾對於整體大陸政策的態度。一般來說，由於主張台灣獨立者或強調台灣主權意識者通常對中國聲稱具有台灣的主權深感厭惡，也因此他們對於與中國的接觸交流多半抱持抗拒的態度。而主張台灣未來應與中國統一者則認為，接觸與交流有助於化解台海兩岸的誤會，增加彼此的瞭解，增進雙方的合作，因此有助於未來兩岸的統合。在這一個背景下，如 Keng、Chen 與 Huang (2006) 所說，「國家認同」因素就有別於經濟利益的理性計算，而以情感的面貌或感性的力量來支配台灣民眾對兩岸經貿交流的態度。例如他們的研究發現，台灣民眾對於放寬或緊縮兩岸經貿交流的立場主要是受到他們政治認同（包括省籍、台灣人／中國人認同、及統獨立場）的影響，對物質利益的考量反而沒有顯著的作用 (Keng, Chen, and Huang 2006)。Kuan (2005) 也發現，國家認同，而不是經濟利益因素，是影響台灣民眾對兩岸經貿擴大交流態度的變數。

　　但是，外在經濟環境的變化是否會對於以上這一強調「國家認同」因素的論點提出挑戰？亦即在民眾感受到經濟情勢逐漸轉壞的 2008 年，或當人們在經濟狀況惡化而必須以溫飽為優先考量之時，是否「經濟利益」的理性考量又會成為選民決定他們的兩岸經貿交流態度時的依據？或者情感面的「國家認同」依舊是主導他們在這個議題上的立場的主要因素？這便成為一個頗為值得探究的問題。

參、研究方法與變數測量

為回答以上問題，本文將使用「台灣選舉與民主化調查 (TEDS)」研究計畫針對 2008 年總統選舉所收集的全省性面訪資料，[2] 以 ordered logit 迴歸模型來進行分析。選擇以 ordered logit 作為分析模型，主要是如以下所描述，因為依變數所包含的選項呈現出一種次序關係。

在模型的變數測量方面包括有依變數與自變數兩個部分。以下分別討論之。

一、依變數

由於這次 TEDS 的面訪問卷中並未直接詢問受訪者是否贊成擴大兩岸經貿交流，所以本文另外從中選取兩道與開放兩岸經貿交流相關的題目作為替代，它們分別如下：

K5．如果政府完全開放兩岸經貿，請問，您認為台灣的經濟情況會不會因此而變好、變壞，還是不變？

01. 變好 02. 變壞 03. 不變 96. 很難說 97. 無意見 98. 不知道 95. 拒答。

K6．如果政府完全開放兩岸經貿，請問，您認為您個人的經濟情況會不會因此而變好、變壞，還是不變？

01. 變好 02. 變壞 03. 不變 96. 很難說 97. 無意見 98. 不知道 95. 拒答。

這兩題分別詢問選民「兩岸經貿的開放」是否可以改善「台灣整體」

2　本文使用的資料全部係採自「2005年至2008年『選舉與民主化調查』四年期研究規劃 (IV)：2008年總統選舉面訪案」(TEDS2008P) (NSC96-2420-H-004-017)。「台灣選舉與民主化調查」(TEDS) 多年期計畫總召集人為國立政治大學黃紀教授，TEDS2008P為針對2008年總統選舉執行之年度計畫，計畫主持人為游清鑫教授；詳細資料請參閱TEDS網頁：http://www.tedsnet.org。

與「選民個人」的經濟情況，問題的形式契合了 2008 總統選戰中藍綠兩大陣營對於兩岸經貿議題的辯論，雖未直接詢問是否贊成擴大兩岸經貿交流，但是受訪者的回答實際上也涵他們對於這個議題的立場。在編碼上，筆者先排除回答「很難說」、「無意見」、「不知道」、「拒答」等項目者，之後重新排列其餘選項，把回答「變好」者給予 10 分，「不變」者 20 分，「變壞」者 30 分，也就是依「變好、不變、變壞」的順序，分別給予從小到大的選項值。

二、自變數

依據本文所欲探討之重點，也就是「國家認同」與「經濟利益」的考量是否影響選民對於兩岸經貿交流議題的思考，因此自變數方面首先將包含「國家認同」與「經濟利益」兩個面向。

（一）「國家認同」變數

國家認同面向包含有民眾的「台灣人／中國人認同」，以及他們對於台灣未來與中國的政治關係，亦即「統一或獨立（統獨）」的立場。這是因為台灣民眾的統獨立場與其台灣人或中國人認同經常是一體之兩面，兩者在概念上雖有差異，[3] 但彼此仍關係密切。

在「台灣人／中國人認同」變數上，本文採用的題目為：

M1．在我們社會上，有人說自己是「台灣人」，也有人說自己是「中國人」，也有人說都是。請問您認為自己是「台灣人」、「中國人」，或者都是？

01. 台灣人 02. 都是 03. 中國人 98. 不知道 95. 拒答。

---

[3]　統獨指涉的是對於台灣未來政治地位的期待或預期，台灣人／中國人認同則是民眾自己所認知的群體歸屬。

　　由於本題的選項屬於名目類別的性質，在排除回答「不知道」及「拒答」等項目者後，筆者將回答「台灣人」與「都是」者分別獨立出來，形成兩個虛擬變數以納入模型之中，使之與「中國人」作分析上之對照。

　　至於「統獨」變數，本文採用之題目如下：

K1‧我們社會上的人常討論中國統一與台灣獨立的問題，有人主張台灣應該儘快宣布獨立；也有人認為兩岸應該儘快統一；還有人的看法是在於這兩種看法之間。如果主張台灣應該儘快宣布獨立的看法在一邊，用 0 表示；認為兩岸應該儘快統一的看法在另一邊，用 10 表示。請問您比較靠哪裡？

　　98. 不知道 96. 很難說 95. 拒答。

　　本題僅排除回答「不知道」、「很難說」、「拒答」等項目者，保留其餘有回答者之自我統獨定位。此題之優點在於將選民自我認定的統獨位置加以量化，對於直接納入模型分析有其便利性。

（二）「經濟利益」變數

　　在經濟利益的變數方面，本文分別從選民本身的客觀與主觀角度來予以測量。

　　前面文獻回顧中曾提及，對外經貿政策所造成的經濟利益的損益，經常會展現為不同產業部門、階級、或者是區域之間的利益衝突。因此，本文假設選民在客觀環境中所處的產業部門，或是他們所屬的階級、以及所居住的區域，會因為兩岸經貿交流對它們所造成的利益增減，而對於選民在兩岸經貿交流議題上的態度發生影響。是以，本文必須分別找出部門、階級、與區域的變數。

　　首先，本文依照耿曙與陳陸輝（2003）的研究，把「產業部門」以及「區域」這兩者視為同一變數，並統一以區域作為其變數，這主要是因為若把台灣分為北、中、南、東四個區域，則不同區域其實各有其重點產

業，因此「區域」與「產業」是可以歸為同一變數的。[4] 據此，本文根據每一位受訪者所在之縣市，劃分為北、中、南、東四區域。其中「北部」包括有台北市、台北縣、基隆市、桃園縣、新竹市、新竹縣、苗栗縣。「中部」有台中市、台中縣、彰化縣、南投縣。「南部」則有雲林縣、嘉義市、嘉義縣、台南市、台南縣、高雄市、高雄縣、屏東縣。「東部」有宜蘭縣、花蓮縣、台東縣。因為這些區域項目也屬於名目類別，所以把其中的「北部」、「中部」、「東部」分別作為虛擬變數，以便與「南部」作分析上的對照。

其次則是依照受訪者本身的職業來作「階級」的劃分。問卷中關於職業的題目是：

S7‧請問您目前的職業是什麼？

在排除了「從未就職」、「失業」、「退休」、「訪員漏問」、「不適用」、「拒答」、「跳題」等之後，其餘受訪者的回答內容依據職業分類表之分類，再歸類成「中產階級」、「企業主或主管」、「勞工」、「農漁」、「其他階級」等項。之後並把「中產階級」、「企業主或主管」、「農漁」、以及「其他階級」這四類作為虛擬變數，以便與「勞工」作對照。由於職業分類表所包括之項目種類眾多，其階級的歸類另於附錄說明。[5]

此外，對外經貿政策所造成的經濟利益的損益，也可能會因民眾個人在面對外在經貿環境發生轉變時的競爭力的不同，而有所差異。這主要是因為競爭力愈佳者由於本身的客觀條件較具優勢，在面對經貿開放對其就業機會等經濟利益所可能產生的衝擊時，愈不會擔憂抗拒，甚至會認為經貿條件的大幅開放更能夠為他們創造展現競爭力與增加獲利機會的空間。競爭力的強弱通常與個人客觀的一些條件息息相關，在此本文參考 Keng,

---

[4]　依照耿曙與陳陸輝的假設（2003, 11-14），北台灣主要是以工商服務與高科技為主要產業，南台灣是以重化工業為主，中台灣以中小企業居多，東台灣則以農林漁牧傳統產業為主。

[5]　在此必須提及的是，本文從「職業」歸類出不同「階級」的過程及結果，有很大程度受限於這次TEDS所使用的「職業分類表」的職業類別分類方式，因此並不一定能夠充分呈現受訪者實際的階級特質與屬性，繼而給予精確的階級歸類。

Chen, and Huang (2006)，以「教育程度」及「年紀」作為是否具有競爭力的指標。本文的假設是，教育程度愈高者，其知識與技術水平也愈高，相對於教育程度較低者也就具有較佳的競爭力。在年紀方面，本文假設年紀在 35 歲至 50 歲之間者由於是屬於壯年階層，在成熟度、體能、以及適應力等方面綜合來看，會比其他年齡層者較佳，相對而言也就有較好的競爭力。

問卷中關於「教育程度」的原有題目是：

S4‧請問您的教育程度是什麼？

　　01. 不識字 02. 識字但未入學 03. 小學肄業 04. 小學畢業 05. 國、初中肄業 06. 國、初中畢業 07. 高中、職肄業 08. 高中、職畢業 09. 專科肄業 10. 專科畢業 11. 大學肄業（含在學中）12. 大學畢業 13. 研究所（含在學、肄業、畢業）90. 其他 95. 拒答。

在排除回答「其他」、「拒答」者之後，其餘選項重新編碼為：1. 小學及以下；2. 國、初中；3. 高中、職；4. 專科；5. 大學及以上。亦即選項值愈大，則教育程度愈高。

至於「年齡」的原有題目是：

S1‧請問您是民國幾年出生的？

經過換算為年齡後，將受訪者年齡層區分為「35-50 歲（壯年）」及「其他年齡」兩類，並以「35-50 歲（壯年）」作為虛擬變數。

以上的「區域」、「階級」、與「競爭力」等變數是從客觀角度來界定與民眾有關的經濟利益變數。本文另外也從選民的主觀角度出發，亦即與他們自己個人切身相關的經濟利益的損失或增加，來測量經濟利益的變數。本文從問卷中所採用的題目如下：

E3‧請問您覺得您家裡現在的經濟狀況與一年前相比，是比較好、還是比較不好，或是差不多？

　　01. 比較好 02. 差不多 03. 比較不好 96. 看情形 97. 無意見 98. 不知道 95. 拒答。

在排除回答「看情形」、「無意見」、「不知道」、「拒答」等項目者之

後，剩下的三個選項則維持原有之順序，也就是選項值從小到大依序是「比較好」、「差不多」、「比較不好」。

（三）「政黨支持」變數

此外，由於台灣內部「泛藍」與「泛綠」兩大政治陣營對於兩岸經貿交流的大幅開放與否存有立場相左的看法，本文假設選民對於這兩大陣營之一的支持也會影響到他們對於這一議題的看法，所以本研究在迴歸模型中也加入「政黨支持」變數。本文所採用的題目如下：

N1‧目前國內有幾個主要政黨，包括國民黨、民進黨、新黨、親民黨，以及台灣團結聯盟，請問您有沒有偏向哪一個政黨？（回答「有」者跳問 N1b，其餘續問 N1a。）

N1a‧那相對來說，請問您有沒有稍微偏向哪一個政黨？（回答「有」者續問 N1b，其餘跳問 N2。）

N1b‧請問是哪一個政黨？

根據 N1b，本文將受訪者回答歸類為「泛藍」、「泛綠」與「獨立選民」。其中「泛藍」包括有國民黨、新黨、與親民黨的支持者；「泛綠」則包括民進黨與台灣團結聯盟的支持者。「跳題」者則歸類為「獨立選民」。其餘回答「其他政黨」、「不知道」及「拒答」者則予以排除。至於迴歸模型則以「泛藍」與「獨立選民」作為虛擬變數，以便與「泛綠」作分析上的對比。

（四）「經社背景」變數

除了「國家認同」、「經濟利益」以及「政黨支持」的變數之外，本文的模型還將包括「性別」、「家庭收入」、「省籍」等受訪者的經社變數。

1.「性別」。原題目是：

S18．受訪者的性別。本文以「男性」作為虛擬變數。

2.「家庭收入」。原題目是：

S15．請問您家庭每個月總收入大約是多少：（包括薪資以外的其他收入，如房租、股利等等）

01. 36000 元以下 02. 36001 元 - 47000 元 03. 47001 元 - 58000 元 04. 58001 元 - 65000 元 05. 65001 元 - 78000 元 06. 78001 元 - 88000 元 07. 88001 元 - 108000 元 08. 108001 元 - 138000 元 09. 138001 元 - 158000 元 10. 158001 元以上 96. 很難說、不一定 98. 不知道 95. 拒答。

在排除回答「很難說、不一定」、「不知道」、「拒答」者之後，其餘選項皆維持原來順序，也就是選項值愈大，則家庭收入的水平愈高。

3.「省籍」。原題目是：

S2．請問您的父親是本省客家人、本省閩南人、大陸各省市人，還是原住民？

01. 本省客家人 02. 本省閩南人 03. 大陸各省市 04. 原住民 90. 其他 98. 不知道 95. 拒答。

經排除回答「其他」、「不知道」、「拒答」，以及樣本數極少的「原住民」者之後，本文保留了「本省閩南人」、「本省客家人」及「大陸各省市」等三選項，並以「本省客家人」及「大陸各省市」作為虛擬變數，使之與「本省閩南人」作對照分析。

肆、分析結果與討論

表 12.1 及表 12.2 分別是迴歸分析的結果，[6] 表 12.1 是以「兩岸經貿交

6　本研究中的 ordered logit 迴歸分析是以 STATA/SE 8.0 執行。

流能否改善『台灣整體』經濟情況」作為依變數，表12.2則以「兩岸經貿交流能否改善『個人經濟』情況」為依變數。

從表12.1可以看到，在「國家認同」方面的變數，「統獨」是有顯著影響的（顯著水準為0.001），而它的係數符號為負號，表示受訪者的統獨立場若向「統一」方向增加，則她／他就愈可能會往「兩岸經貿交流可以讓台灣整體經濟情況『變好』」的方向移動。也就是說，愈持統一立場的選民，愈可能認為兩岸經貿交流可以改善台灣整體經濟情況。

不過，分析結果顯示「台灣人認同」及「既是台灣人也是中國人」這兩個國家認同的變數並沒有任何顯著作用，表示選民的台灣人或中國人認同並未影響到他們對兩岸經貿交流的立場。這有可能是因為近十餘年來「生命共同體」觀念逐漸深植台灣民眾心中，使受訪者中自認為是台灣人者已經是多數，[7] 但這並不代表這些以台灣人自居者每一位都如同泛綠陣營中一直以來皆自稱為「台灣人」者一樣，會反對兩岸經貿交流。

其次，在「經濟利益」方面的變數，表12.1顯示「階級」及「區域」這兩類變數，包括「中產階級」、「企業主或主管」、「其他階級」、「農漁」，以及「北部」、「中部」、「東部」等，皆無顯著的作用。這表示選民客觀所處的階級、部門、以及地區並不會影響到他們對於「兩岸經貿交流能否改善台灣整體經濟情況」這一問題的看法。

至於「競爭力」的變數方面，「壯年」這個變數並沒有顯著的作用，不過「教育程度」具有0.01的顯著水準，而其係數為負號，表示教育程度愈高者，愈容易傾向於認為兩岸經貿的開放可以使台灣整體經濟變好。這意涵著高教育程度者由於具有較佳的競爭力，因此並不反對兩岸經貿的大幅開放。

以上是從客觀條件來看經濟利益變數。如果是民眾他們主觀認定的經濟利益變數，也就是家裡經濟情況與前一年的比較，則具有0.01顯著水準

7　分析TEDS2008P資料顯示，在排除回答「不知道」、「拒答」等選項者之後，受訪者中自認為是「台灣人」者有54.67%，「都是（台灣人及中國人）」者有40.06%，「中國人」者僅5.26%。

的作用。另外，其係數符號為正，表示自認為家中經濟情況與前一年相比變得「較差」者，也愈容易認為兩岸經貿交流會使台灣整體的經濟情況變得更「不好」。這有可能是因為家中經濟情況變差者可能由於遭逢失業或者收入短少等困頓，對於兩岸經貿開放所可能帶來的副作用，例如產業外移造成失業，或便宜的大陸產品進口來台使物價下跌而導致事業收入銳減等等，特別感到敏感，因而也對兩岸經貿進一步開放本身採取抗拒態度，也更不認為兩岸經貿開放有助於台灣整體經濟的改善。

此外，表12.1也顯示「泛藍支持者」、以及「獨立選民」這兩個變數是有顯著影響的。「泛藍支持者」與「獨立選民」的顯著水準皆是0.001，係數符號為負，表示這些選民的「政黨支持」傾向對他們在兩岸經貿開放問題上具有強烈影響力，而且與泛綠支持者相比，泛藍支持者與獨立選民都愈容易認為兩岸經貿開放可以使台灣整體經濟變好。

整體來看，回到本文的問題，表12.1的結果說明「國家認同」方面的變數與「經濟利益」方面的變數對於選民在「兩岸經貿交流能否改善台灣整體經濟情況」這個問題上都有產生影響，而這主要是分別經由選民的「統獨」立場，教育程度所代表的「競爭力」，以及其「一年來的個人經濟狀況」來發生作用。

表12.2則顯示了哪些變數會影響選民對於「兩岸經貿交流能否改善『個人經濟』情況」的看法。其中「國家認同」的變數中一樣是「統獨」變數具有顯著的作用（顯著水準0.001），而其係數符號為負，表示受訪者的統獨立場若向「統一」方向增加，則他們就愈有極大的機會往「兩岸經貿交流可以讓個人經濟情況『變好』」的方向移動。也就是說，愈持統一立場的選民，愈容易認為兩岸經貿交流可以改善她／他個人的經濟情況。

另外，表中結果顯示「台灣人認同」及「既是台灣人也是中國人」這兩個國家認同的變數沒有任何顯著作用，表示選民的台灣人或中國人認同沒有影響到他們對兩岸經貿交流的看法，其原因應該如同前面討論表12.1時的解釋一樣，目前許多人自認為是台灣人，是表示對台灣這塊土地的認同，但並不一定就表示他們和綠營鐵桿的「台灣人」一樣會反對兩岸經貿

表 12.1　兩岸經貿看法之 ordered logit 迴歸分析（一）

依變數：對「兩岸經貿交流能否改善『台灣整體』經濟情況」的看法（回答「變好」者為 10，「不變」者為 20，「變壞」者為 30）

自變數	係數	標準差
男性（女性為對照組）	-0.128	0.144
教育程度（1-5；程度愈高者值愈大）	-0.179**	0.060
壯年（「其他年齡」為對照組）	-0.057	0.137
家庭收入（1-10；收入愈高者值愈大）	-0.034	0.026
客家（閩南人為對照組）	-0.191	0.212
外省（閩南人為對照組）	-0.505	0.260
統獨（0 表示獨立，10 表示統一）	-0.152***	0.031
台灣人認同（中國人為對照組）	0.676	0.404
既是台灣人也是中國人（中國人為對照組）	0.264	0.399
泛藍支持者（泛綠為對照組）	-1.787***	0.188
獨立選民（泛綠為對照組）	-0.790***	0.171
中產階級（勞工為對照組）	0.298	0.202
企業主或主管（勞工為對照組）	0.128	0.250
其他階級（勞工為對照組）	-0.059	0.180
農漁（勞工為對照組）	0.343	0.312
北部（南部為對照組）	0.093	0.166
中部（南部為對照組）	0.041	0.180
東部（南部為對照組）	-0.611	0.512
家裡經濟比起前一年（1：好；2：差不多；3：不好）	0.341**	0.123
切點 1	-1.310	0.600
切點 2	0.024	0.598
樣本數	1027	
d.f.	19	
P	0.0000	
Pseudo R^2	0.1820	

資料來源：游清鑫（2008）。

說明：***: $p<0.001$; **: $p<0.01$; *: $p<0.05$。

的交流。

　　至於「經濟利益」方面的變數，表12.2顯示「階級」變數，包括「中產階級」、「企業主或主管」、「其他階級」、以及「農漁」，都沒有任何顯著的作用。而「區域」變數中，除了「北部」這一變數有0.05的顯著水準以外，其餘的「中部」、「東部」等也無顯著的作用。這個分析結果表示選民客觀所處的階級位置並不會影響到他們對於「兩岸經貿交流能否改善個人經濟情況」這一問題的看法。而在不同的部門或地區中，「北部」係數的負號表示，相較於以重化工業為主要產業的南部地區，在以工商服務業及高科技業為主的北部，民眾是有較大的機會傾向於認為兩岸經貿交流能夠使個人經濟情況「更好」的。這一結論是與耿曙與陳陸輝（2003）的研究結論符合的，也就是北部的工商服務業及高科技業在兩岸經貿交流中是獲利者，因此傾向於主張進一步擴大此一交流之規模。

　　在「競爭力」的變數方面，表12.2與表12.1中的發現是類似的，亦即「壯年」這個變數並沒有顯著的作用，而「教育程度」則具有0.01的顯著水準。「教育程度」其係數為負號，表示教育程度愈高者，愈容易傾向於認為兩岸經貿的開放可以使其個人的經濟情況變好。這同樣意涵著高教育程度者由於競爭力較強，因此較為偏向贊同兩岸經貿的開放。

　　以上「階級」、「區域」、「競爭力」等是以民眾所處的客觀條件所設定之經濟利益變數。至於選民主觀認定的經濟利益變數，也就是家裡經濟情況與前一年的比較，表12.2顯示出是具有0.001顯著水準的作用。其係數符號為正，表示自認為家中經濟情況與前一年相比變得「較差」者，也愈容易認為兩岸經貿的進一步交流會使他們個人的經濟情況變得更「不好」。如同前面對表12.1的解釋所提及，這有可能是因為受訪者家中經濟情況變差者，會比較在意兩岸經貿開放所可能帶來的負面效果，例如失業或收入減少，因此他們並不認為兩岸經貿開放有助於其個人經濟狀況的改善。

　　此外，表12.2也顯示「泛藍支持者」與「獨立選民」這兩個變數是有顯著影響的。「泛藍支持者」與「獨立選民」的顯著水準分別是0.001與

表 12.2　兩岸經貿看法之 ordered logit 迴歸分析（二）

依變數：對「兩岸經貿交流能否改善『個人』經濟情況」的看法
（回答「變好」者為 10，「不變」者為 20，「變壞」者為 30）

自變數	係數	標準差
男性（女性為對照組）	-0.182	0.143
教育程度（1-5；程度愈高者值愈大）	-0.162**	0.059
壯年（「其他年齡」為對照組）	-0.132	0.135
家庭收入（1-10；收入愈高者值愈大）	-0.030	0.026
客家（閩南人為對照組）	0.037	0.205
外省（閩南人為對照組）	0.028	0.217
統獨（0 表示獨立，10 表示統一）	-0.135***	0.031
台灣人認同（中國人為對照組）	0.420	0.366
既是台灣人也是中國人（中國人為對照組）	0.185	0.351
泛藍支持者（泛綠為對照組）	-1.232***	0.196
獨立選民（泛綠為對照組）	-0.400*	0.181
中產階級（勞工為對照組）	0.262	0.194
企業主或主管（勞工為對照組）	-0.021	0.242
其他階級（勞工為對照組）	0.074	0.180
農漁（勞工為對照組）	0.226	0.311
北部（南部為對照組）	-0.340*	0.165
中部（南部為對照組）	-0.155	0.184
東部（南部為對照組）	-0.002	0.425
家裡經濟比起前一年		
（1：好；2：差不多；3：不好）	0.480***	0.123
切點 1	-2.697	0.574
切點 2	0.902	0.567
樣本數	1051	
d.f.	19	
P	0.0000	
Pseudo R2	0.1256	

資料來源：游清鑫（2008）。
說明：***: p<0.001; **: p<0.01; *: p<0.05。

0.05，係數符號為負，表示與泛綠支持者相比，泛藍支持者與獨立選民都比較傾向認為兩岸經貿開放可以使個人整體經濟變好。從表 12.1 及表 12.2 呈現的結果來看，選民的「政黨支持」傾向對於他們在兩岸經貿問題上的看法確實具有相當程度的影響。

　　回到本文所欲討論的問題，整體來看，表 12.2 的結果顯示「國家認同」方面的變數與「經濟利益」方面的變數對於選民在「兩岸經貿交流能否改善個人的經濟情況」這個問題上都有影響。這主要分別透過選民的「統獨」立場、其「一年來的個人經濟狀況」、區域／產業（「北部」）、以及教育程度所代表的「競爭力」來發生作用。

伍、結論

　　從以上的 ordered logit 迴歸分析結果，我們可以得到以下幾點結論。

　　第一，2008 年總統大選前夕台灣經濟情勢的轉趨不佳，確實影響了選民對於「兩岸經貿交流應否擴大」這一議題的態度。這個經濟大環境的改變，很大程度是經由選民個人家庭的經濟狀況在過去一年來的變化，而影響了他們在兩岸經貿交流議題上的看法。

　　第二，不過，選民「個人家庭的經濟狀況」如何影響他們對於兩岸經貿交流議題的看法，則不同於國民黨在總統選舉時的訴求邏輯。國民黨的訴求是：人民的經濟狀況變差了，所以要大幅開放兩岸經貿交流，才能改善這一情況。但是本文的分析則顯示，自認為家中經濟情況與前一年相比變得「較差」者，反而會認為兩岸經貿交流的進一步開放會使台灣整體與他們個人的經濟情況變得更「不好」。也就是說，家裡經濟情況變差的選民是傾向於反對擴大開放兩岸經貿交流的。

　　第三，儘管經濟大環境的逐漸惡化使得「經濟利益」變數影響了選民的兩岸經貿交流態度，但是「國家認同」方面的變數（亦即選民的「統獨」立場）也依然有顯著的影響。換言之，在當前的兩岸關係發展脈絡

中，「國家認同」變數仍舊是兩岸經貿關係中的一個重要因素。與一般單純以「經濟利益」損益為主要政策分歧來源的對外經貿政策辯論相比，台灣的兩岸經貿政策爭論因為有了這一「國家認同」因素的摻入，而具有相當的特殊性。在當前兩岸關係發展格局不變的假設下，可以預見未來「國家認同」變數依舊會持續影響台灣民眾對於兩岸經貿交流的態度與偏好。

附錄、職業的階級分類

1. 中產階級

3021　公立部門生物科學及醫療助理專業人員

3022　私立部門生物科學及醫療助理專業人員

3031　公立部門教學及有關助理專業人員

3032　私立部門教學及有關助理專業人員

3041　公立部門財務及商業服務助理專業人員

3042　私立部門財務及商業服務助理專業人員

3051　公立部門政府行政監督及企業業務監督人員

3052　私立部門政府行政監督及企業業務監督人員

3061　公立部門行政助理專業人員

3062　私立部門行政助理專業人員

3071　公立部門海關、稅務及有關政府助理專業人員

3072　私立部門海關、稅務及有關政府助理專業人員

3091　公立部門其他助理專業人員

3092　私立部門其他助理專業人員

2. 企業主或主管

1010　民意代表及政府行政主管人員

1021　公營企業負責人及主管人員

1022　民營企業負責人及主管人員

1031　公營生產及作業經理人員

1032　民營生產及作業經理人員

1091　公營其他經理人員

1092　民營其他經理人員

3. 勞工

4011　公立部門辦公室事務人員

4012　私立部門辦公室事務人員

4021　公立部門顧客服務事務人員

4022　私立部門顧客服務事務人員

5011　公立部門個人服務工作人員

5012　私立部門個人服務工作人員

5021　公立部門保安服務工作人員

5022　私立部門保安服務工作人員

5031　公立部門模特兒、售貨員及展售說明人員

5032　私立部門模特兒、售貨員及展售說明人員

7011　公立部門採礦工及營建工

7012　私立部門採礦工及營建工

7021　公立部門金屬、機具處理及製造有關工作者

7022　私立部門金屬、機具處理及製造有關工作者

7031　公立部門精密儀器、手工藝、印刷及有關工作者

7032　私立部門精密儀器、手工藝、印刷及有關工作者

7091　公立部門其他技術工及有關工作者

7092　私立部門其他技術工及有關工作者

8011　公立部門固定生產設備操作工

8012　私立部門固定生產設備操作工

8021　公立部門機械操作工

8022　私立部門機械操作工

8031　公立部門組裝工

8032　私立部門組裝工

8041　公立部門駕駛員及移運設備操作工

8042　私立部門駕駛員及移運設備操作工

9011　公立部門小販及服務工

9012	私立部門小販及服務工
9021	公立部門生產體力工
9022	私立部門生產體力工
9091	公立部門其他非技術工及體力工
9092	私立部門其他非技術工及體力工

4. 農漁

6011	公立部門農、林、漁、牧工作人員
6012	私立部門農、林、漁、牧工作人員

5. 其他

0010	軍人
0020	學生
0031	家管，未做家庭代工
0032	家管，有做家庭代工
0033	家管，家裡有事業，有幫忙但未領薪水
0034	家管，家裡有事業，有幫忙且領薪水

●●●　**參考文獻**　●●●

I. 中文部分

耿曙、陳陸輝，2003，〈兩岸經貿互動與台灣政治版圖：南北區塊差異推手？〉，《問題與研究》，42(6): 1-27。

游清鑫，2008，《2005年至2008年「選舉與民主化調查」四年期研究規劃 (IV)：2008年總統選舉面訪案》，計畫編號：NSC96-2420-H-004-017，台北：行政院國家科學委員會補助專題研究計畫成果報告。

II. 外文部分

Frieden, Jeffrey A. 1991. "Invested Interests: The Politics of National Economic Policies in a World of Global Finance." *International Organization* 45(4): 425-51.

Frieden, Jeffrey A., and Ronald Rogowski. 1996. "The Impact of the International Economy on National Policies: An Analytical Overview." In *Internationalization and Domestic Politics,* eds. Robert Keohane, and Helen Milner. New York: Cambridge University Press.

Gourevitch, Peter Alexis. 1977. "International Trade, Domestic Coalitions, and Liberty: Comparative Responses to the Crisis of 1873-1896." *Journal of Interdisciplinary History* 8(2): 281-313.

------. 1986. *Politics in Hard Times: Comparative Responses to International Economic Crises*. Ithaca, NY: Cornell University Press.

Kuan, Eugene Hung-chang. 2005. "Cross-Strait Engagement vs. Nativization: A Perspective of the Taiwanese Voters." Presented at the Conference on Public Opinion in Taiwan and Cross-Strait Relations, Cheng-chi University, Taipei.

Keng, Shu, Lu-huei Chen, and Kuan-bo Huang. 2006. "Sense, Sensitivity and Sophistication in Shaping the Future of Cross-Strait Relation." *Issues & Studies* 42(2): 23-66.

Milner, Helen. 1987. "Resisting the Protectionist Temptation: Industry and the Making of Trade Policy in France and the United States during the 1970s." *International Organization* 41(4): 639-65.

------. 1988. "Trading Places: Industries for Free Trade." *World Politics* 40(3): 350-76.

Rogowski, Ronald. 1987. "Political Cleavages and Changing Exposure to Trade." *American Political Science Review* 81(4): 1121-37.

Trubowitz, Peter. 1992. "Sectionalism and American Foreign Policy: The Political Geography of Consensus and Conflict." *International Studies Quarterly* 36(2): 173-90.

------. 1998. *Defining the National Interest: Conflict and Change in American Foreign Policy*. Chicago: University of Chicago Press.

第參部分

從競選到治理：
從施政滿意談起

13 施政表現與選民投票抉擇：以2004年及2008年總統選舉為例

許勝懋

目次

壹、前言

　　民主國家的政治運作係以民意為依歸，民眾藉由投票參與這個機制，呈現對政府部門的評價。民主政治中選民關注的焦點是責任政治，政府部門在執政過程中的施政表現，是民眾對政府部門課責的基準，並直接反應在民眾對政府部門的施政表現評價上。首先，政府部門藉由訪問民眾對政策施行結果的整體評價，用以瞭解民意動向；相反地，選民的投票參與和民主政治的運作密切相關，選民藉由投票參與表達自己的權利，執政者獲得多數選民支持以取得執政正當性，人民與政府部門之間的互動與回應，係有效提升施政效能與政策制訂品質的重要依據。

　　民主社會中，統治者執政合法性來源來自被統治者的同意，意即政權合法性的來源主要來自民眾的信任與支持。政治社群 (political community)、典則 (regime) 與執政黨局 (government or authorities) 是民眾政治支持 (political support) 的三類主要對象 (Easton 1957, 391-393)。首先，一群人內部擁有共同的目標，期望建構成一個具有相同目標的政治社群，若政治社群內部的一小撮人民想獨立自主，則政治社群勢必分崩離析，無法成為一個統一的國家，例如：美國南北戰爭中的南方各州；其次，君主統治下的人民，反對君主獨裁統治，發動革命成立一個以民為主的民主國家，例如：推翻滿清成立中華民國，就是由君主體制 (Monarchy) 轉變成為民主體制 (Democracy) 的體制變遷 (regime change)；第三，在非選舉期間，政府可以透過施政表現調查蒐集民眾對執政當局的施政表現評價，但在選舉期間，選民則直接在選票上反應對執政當局施政表現的評價，意即選舉課責 (electoral accountability)。公共政策與政府績效是選民決定投票對象的重要因素之一，選舉課責指涉人民會依照執政者的施政表現成效，作為利用選票獎勵與懲戒執政者。由此可知，選民對執政當局施政表現的評價，正反應出選民對執政當局的支持程度。若多數選民對執政當局施政表現不滿意，反應在選舉的結果可能是拋棄舊有執政當局，選擇新的執政當局以

完成政黨輪替。[1]

2000年臺灣總統選舉前，國民黨因為內部勢力一分為二，給予民進黨有可趁之機，陳水扁僅以39.3％的得票率獲得勝利，中央政府首次完成政黨輪替（許勝懋　2007）。政黨輪替執政後，開始面臨西方民主政府共通的問題，亦即隨著執政時間持續，民眾會對最高行政首長的總統給予嚴格要求與批評，故行政首長的施政表現評價或政治聲望 (Presidential Popular) 會產生明顯起伏，甚至是日益下滑的趨勢。整體而言，總統施政表現評價是關係政策認同與政局穩定的重要指標 (Crespi 1980, 40; Stimson 1976, 2)。施政表現評價代表民眾對國家前途與總統能力的意見，民眾對政治前景的判斷將隨著總統施政表現評價起伏。總統施政表現評價的主要功能有二：在施政推展方面，具有較高施政評價的總統，具有高度執政合法性，政治權力相對提昇，並有助於政策推展 (Skorownek 1998; Kernell 1986)；在爭取連任方面，具有較高施政評價的總統能夠吸引多數選民支持並獲得連任。

從哥倫比亞大學提出影響選民行為投票依據的社會學的研究途徑 (Sociological approach)，強調團體及「社會互動」(social interaction) 因素對投票行為所發生的影響。Lazarsfeld、Berelson 與 Gaudet (1944) 在 *The People's Choice* 一書，以選民接觸媒體的行為、接觸頻率等，來看對選舉投票行為所產生的影響。結果發現，宗教、社經地位、住宅地區等社會性因素都是影響選民投票抉擇的原因。1950 年起，以 Campbell 為首的密西根學派 (Michigan School) 透過社會心理學途徑 (Social-psychological approach)，以個體分析 (Micro-analysis) 模式來發掘個人的心理特質及政治態度，提出「政黨認同」(party identification) 的概念，並且認為政黨認同是投票行為中最重要的因素，之後更整合政黨認同、候選人取向

---

[1]　選民對現任執政者（總統）施政表現評價偏低，其獲得連任的機會相對偏低，因為選民會懷疑執政者（總統）的施政能力，並對現有執政者（總統）能否帶領國家邁向光明前景充滿疑慮。為求失望情緒得以發洩，且擺脫低迷的政治氛圍，選民將會以選票當工具，藉由更換執政者（總統）以改變既有的環境 (Crespi 1980, 41)。

(candidate orientation)、議題取向 (issue orientation)，1960 年整合成 *The American Voter* 一書，並提出「因果關係漏斗模型」(Funnel of Causality)，強調以「時間向度」(time dimension) 與政黨認同為研究的中心，成為此時期社會心理學最重要的理論。之後 Downs 提出「理性投票模型」(A Rational Voter Model) 試圖修正社會心理學研究模式，Downs 借用經濟學上的一個重要概念：「理性」，做為理論中最基本的假設。[2] Downs 認為人在經濟上理性，在政治上應該也是理性的，然而 Downs 選擇把理性的概念侷限在與選舉有關的行為上，意即「理性抉擇」(rational choice) (Downs 1957)。理性理論模型是針對民主政治中的選民、政黨、政府間的理性行為，而三者之間的理性行為涉及到最重要的是投票結果，意即效用極大化 (utility maximization) 的結果取向。理性投票理論因借用結果效用極大化開創出「回顧評價投票」(retrospective voting) 或甚至基於預期結果效用極大化衍生出的「展望評估投票」(prospective voting)，其立論最重要的基礎來自於「依照合理理由投票」(reasoning voting) 的概念。[3] 理性選民提供政治心理學與理性主義的橋樑，共同建構出理性抉擇的模式。政治研究者經常利用理性抉擇模式預測選民實際的投票行為，反而較少討論選民需求與政府供給如何達到平衡，得出最佳的政策解決方案 (Popkin 1991)。

---

[2]　Downs針對「理性」的定義為：1.永遠能在多種途徑作決定；2.他能就面臨的選擇途徑排列出優先順序；3.能依隨狀況變動排列優先順序；4.永遠能就針對各種優先順序選擇途徑做出抉擇；5.在遇到同樣的選擇途徑時，他永遠做出同樣的選擇 (Downs 1957; Popkin 1991, 7)。

[3]　Fiorina提出之回顧經濟評價理論對投票理論產生重要的影響，Fiorina認為政黨認同不僅會影響重大議題及候選人評價；相反地，執政黨的施政表現與經濟回顧評價，也會反過來影響選民的政黨認同與投票抉擇，即為政治心理學上所謂的「說服效應」(persuasion)。據此，選民投票模式理論應該被視為可回溯模式 (recursive model)，透過回顧評價決定投票抉擇；相反地，展望投票也是影響選民投票的重要依據，Achen認為選民對於國家未來的前途發展乃植基於展望評估，當選民考量本身利益並衡量政黨的未來作為，對國家未來情勢發展抱持正面樂觀態度時，將會傾向支持執政黨，反之則傾向支持在野勢力 (Achen 1992)。當經濟景氣不佳或是面臨衰退時，選民反而願意採取冒險的行為，轉而選擇激進的在野黨，期待在野黨開創新局，更希望在野黨給予明天美好的願景 (Kahneman and Tversky 1979; Lewis-Beck 1988; Patty 2002)。

　　依照合理理由投票的選民近似於「理性」(rational)，當選民資訊不足或模糊時，經由討論獲得所需結果係理性的展現。准此，選民利用執政者的施政表現結果當作決策的最低基礎，且選民能夠唾手可得。[4] 無論中央的總統或地方的州長，既有執政者的施政表現，已證實顯著影響美國選民的投票行為 (Fiorina 1981)。且研究發現擔任最高行政首長的總統，通常是民眾信任 (credit) 或非議 (blame) 的焦點，總統必須為任內公布與施行的政策擔負起行政責任。[5] 政府部門（包括中央與地方）利用民眾對於政府部門施政表現的評價，作為政府各部門瞭解民意動向的重要基礎。而經過政黨輪替後的臺灣，執政者的施政表現評價是否會對選民投票抉擇發揮影響力？將是本文討論的重點。

　　本文主要分成四個部分，第一部分討論施政表現的意義、測量與相關文獻；第二部分說明本文的研究資料與研究假設；第三部分進行施政表現的分析，以及其影響選民抉擇的分析；第四部分將針對施政表現變數進行綜合討論與結論。

貳、研究變數的意義、測量與相關文獻

　　民眾對行政部門的施政表現評價，意即行政部門的績效評估，已經朝向現代公共管理所強調的結果導向評價，民眾對於行政部門設定目標達成與否的評價優先於達成程序。如同「公民憲章」(Citizen's Charter) 中強調行政部門必須積極回應民眾的施政要求，民眾將會衡量行政部門施政表現

---

[4]　理性這個概念是政治心理學家與現實主義者研究理性抉擇的橋樑，其主要目的在於預測實際的投票行為而非尋求政策需求與供給的均衡(Sniderman, Brody, and Tetlock 1991, 18)。

[5]　總統施政表現評價並無統一用語，經常運用於表示施政表現評價的用語包括「總統聲望」(presidential popularity) (Brody 1991; Kenski 1977; Kernell 1978)或「總統滿意度」(presidential approval) (Brace and Hinckley 1991; Eisenstein and Witting 2000; Erikson, MacKuen, and Stimson 2002)。

以決定執政者是否持續執政，抑或是更替。[6]

施政表現評價的內涵是政黨或候選人本身都具有一致的優良施政表現基本價值，然多數選民從本身的角度評斷政黨或候選人，達成優良施政表現的目標或程度。選民會因為執政黨或候選人施政表現完成程度的差異進行評價，給予正面或負面、懲罰或獎勵的評價。施政表現就是 Stokes 所謂的 Valence 政治，意即指涉：「選民被特定政治人物或事件吸引產生偏好的程度；相反地，則是對特定政治人物或事件產生反感的程度」(Stokes 1992, 141-64)。選民根據某種情況、目標或狀態進行評價，施政表現評價強調結果的好與壞，係屬結果取向，而非偏好取向，不同於政策偏好評價，在未成為實際執行政策前的暫時所做的選擇或立場，主要源自於選民對執政黨的評價，然在此同時，並未考慮未來的承諾 (Key 1966, 61)。然自從 Downs 提出選民會以「理性」方式決定投票行為，並經由投票建立政府開始，已經成為研究選民投票行為的重要研究假設。Fiorina 更提出「合乎理性的選民」(reasoning voter) 的概念，是挑戰政黨認同長期持續且不易變動的基本假設 (Fiorina 1981)。Fiorina 認為政黨認同是一種類似信仰與迷思，或是不具思維的認同，依照 Campbell 等人的理論假設，政黨認同一旦穩定之後理應持續維持不變，但從實際的經驗調查卻發現，政黨認同仍會因為時空轉變而產生改變，顯然政黨認同並非一旦穩定就固定不變。Fiorina 運用理性抉擇的假設，提出政黨認同如同選民的「常設決定」(standing decision)，且認為政黨認同係選民投票的優先考量依據，也是選民最容易取得的資訊來源。Fiorina 在社會心理學的基礎上，利用理性抉擇模型解釋政黨認同雖然穩定，但仍會因資訊吸收而產生變動。在 Downs 的理論下，自認為黨性中立的獨立選民比例應該偏低，資訊來源多且多元的選民考量因素傾向多元，但資訊有限的選民對政府實際施政表現的評價，經常成為選民投票抉擇的主要依據。故 Popkin 將資訊不足的理性

6　英國政府於1991年提出「公民憲章」，主要目的在於開放多元管道讓民眾參與政策制訂與執行，並設計績效指標，藉以評價政府能否回應民眾對政府施政的要求。

(low-information rationality) 選民，將其理性稱之為「果敢」(gut) 的理性，最適合說明這種基於現實理性的理由實際參與的經驗，這些資訊來源通常是來自每天的生活經驗、媒體傳播與競選活動 (Popkin 1991, 7-10)。因此，政黨認同具有工具性特質，且能夠發揮內在理性的特質，政黨認同是「最低成本的理性抉擇」(Fiorina 1981)。選民會蒐集親朋好友提供的簡易資訊或運用資訊捷徑 (short-cuts) 作為決策的依據。[7]

就執政黨而言，選民最關心的是政策產出的結果，意即選民回顧執政者過去實際的施政表現作為評斷基礎 (Key 1966)；就會利用施政評價當作投票抉擇依據的廣大選民而言，選民回顧政黨過去的施政表現，藉以判斷政黨未來表現的重要依據。以過去的表現作為參考依據的資訊成本相對便宜，不需要特別蒐集執政黨相關的政見主張與觀點，有別於獲得充足資訊的方式。由此可知，回顧評價投票反應的是降低展望評估投票風險的方式。故 Fiorina 認為回顧評價投票是建立在從過去執政者的政策施政績效與成果，作為引導未來期望的依據 (Fiorina 1981)，更凸顯出施政表現評價對選民投票抉擇的重要性。由此可知，執政黨的施政表現與在野黨推動政策的企圖心，係選民投票抉擇時的重要參考依據。

在《責任選民》(*The Responsible Electoral*) 一書中，Key 認為選民強調政策結果，而不是達到結果的方法，選民主要是根據執政黨過去的總體經濟表現來投票懲罰或獎勵執政黨的候選人。另一方面，選民個人的經濟狀況，如同政黨認同，會影響選民在總統選舉中的投票抉擇 (Fiorina 1981)。Kiewiet 認為現任者的施政表現比未來的承諾更重要，且選民關心的是政策結果並非過程與方法 (Key 1966, 474; Kiewiet 1983, 6-7)。

針對回顧評價投票對獎賞或懲罰 (reward-punishment theory) 的討論主要有三：

---

[7]　政治知識經常是最簡易的資訊或資訊捷徑，因政治知識是一種長期記憶、且具有事實性的資訊(factual information)。然而，並非所有資訊都被歸類為政治知識的積累。故政治知識可以被視為一種認知，不同於資訊，政治知識具有能動性，能促使民眾進行思考，或甚至採取行動 (Delli Carpini and Keeter 1996)。

一、仰賴回顧評價投票或展望評估投票理論解釋選民行為，過去的研
究呈現分歧的研究結果。

二、回顧評價投票預設選民關心的是政策施行的結果，而非政策推動
的工具，意即選民完全立足於結果取向。

三、回顧評價投票預設執政黨在建構公共政策時，不僅考慮支持政黨
的選民，更廣泛思考所有公民或居住於本國的居民。

在理性考量下，運用執政黨施政表現的結果作為投票決策的最低資
訊。發展出「回顧評價投票」(Fiorina 1981) 與「展望評估投票」(Lewis-
Beck 1988) 的理性評估參考原則。所謂的理性考量是最低成本的理性原
則，以「回顧評價投票」為例，依照 Fiorina 的原始定義係指涉：「選民在
選舉時，會回頭檢視執政黨任內的表現當作投票參考原則。執政黨若表現
好，選民以選票獎賞並支持留任；若施政表現不理想，選民就會投票給挑
戰的在野黨候選人，以懲罰執政黨。」選民利用施政表現評價這個最低的
資訊來源作為評判依據是影響選民投票的重要因素，也是選民決定投票時
的簡便參考指標。回顧評價投票主要分成兩種類型：

一、簡單回顧評價投票 (Simple Retrospective Evaluation, SRE)：主要
著眼於個人財務、競爭與權利等相關事務。這些事務民眾多數具
有直接的經驗，故選民直接利用「回顧評價」投票，而非藉由認
同的政黨當作參考依據。在「美國選民」相關的研究中，可以發
現回顧評價與政黨認同密切相關，研究發現個人財務狀況與失業
率與回顧評價具有顯著關聯性，但在統計上並不顯著 (Campbell
et al. 1960)。

二、回顧評價視為中介變數 (Mediated Retrospective Evaluations,
MRE)：經由中介變數，選民需要媒體提供有關總體經濟的資訊
作為評斷依據，個人需要使用總體經濟表現的資料，作為決策的
重要中介變數。民眾綜合投票對象有關的資訊來源與意見領袖的
看法，利用回顧評價作為中介變數，進行最後的投票抉擇。

就個體層次而言，當選民認為總體經濟施政表現明顯改善，選民無疑

將傾向支持連任的總統，但影響程度則不一 (Fiorina 1981; Key 1966; Kramer 1971; Kiewiet 1983; Lewis-Beck 1988; Norpoth, Lewis-Beck, and Lafay 1991)。除此之外，陸續的研究發現，考量個人經濟假設 (the pocketbook hypothesis) 或總體經濟假設 (the socio-tropic hypothesis)，以及回顧評價與展望評價所建構而成的四個類型，都成為影響投票行為的主要變　數 (Feldman 1982; Lewis-Beck and Stegmaier 2000; Peffley and Williams 1985; Norpoth 1996; Sniderman and Brody 1977)。

　　選民進行投票抉擇是否仰賴政治知識或深度思考，亦即將深思熟慮 (sophisticated) 當作交互作用變項時，過去的研究成果並不一致。Goren 認為總體經濟投票對於政治專業者而言，影響力日益增加 (Goren 1997)，相同地，荷包投票會降低深思熟慮的影響力 (Delli Carpini and Keeter 1996, 259-261)。故選民本身的資訊來源多寡，以及教育程度更是影響選民運用回顧評價投票的交互作用因素。近年的研究更發現選民的「異質性」(heterogeneity) 更與回顧評價之間產生明顯的交互作用關係，顯著影響不同特質選民是否運用回顧評價？而利用政治知識當作回顧評價的交叉作用變數，可以發現政治知識較低的選民，投票時會利用總體經濟回顧評價進行判斷；相反地，政治知識較高的選民則會考量個人經濟狀況作為投票依據 (Gomez and Wilson 2001; 2003; 2006; Sniderman, Brody, and Tetlock 1991, 170-173)。

　　雖然政府施政表現或經濟投票，在美國的投票行為研究深具影響力，但台灣過去的研究中的影響力較不明顯，重要性不如統獨立場或台灣人／中國人認同。2000 年政黨輪替前，台灣選民根本無法對中央政府層級的施政表現好壞進行評價比較。政黨輪替後，施政評價對選民投票行為發揮的影響力益發明顯。[8]尤其是台北市與高雄市兩個直轄市市長選舉，甚至是

8　吳重禮與李世宏對2001年立法委員選舉的研究發現，選民對總統在「經濟發展」、「社會福利」及「黑金政治」三面向的施政表現評價，確實會影響選民的投票抉擇。從吳重禮與李世宏的研究發現，選民對中央層級的總統施政滿意度與對地方層級的現任市長施政滿意度，都會影響選民最終的投票抉擇，主要的原因在於無論中央或地

縣市長選舉，民眾對不同層級行政首長的研究中，都可以發現施政表現評價對選民投票行為的影響力。[9]

　　表現投票 (performance voting) 強調的是政見與議題是否能夠落實的結果，選民根據現任總統任內施政表現的良莠進行投票，或根據政黨、候選人解決問題（如經濟問題）的能力進行投票。強調議題或政見選擇的議題投票 (issue voting) 或政策投票 (policy voting)，重視選民的政策立場與候選人立場的相對距離，選民透過評價執政表現、政見與議題進行投票抉擇，過去的研究發現使用選民與候選人政策立場相對距離，解釋或預測選民投票抉擇的影響力並不強，因多數選民並不瞭解本身政策立場，對候選人的立場則更加模糊，故難以清楚區分出明顯影響力或預測力（陳義彥 1984, 44-72）。在影響選民投票抉擇的因素中，就長遠的因素而言，討論的焦點主要集中於選民政黨認同變數；就短期而言，除候選人因素外，施政表現議題時常是民主國家選舉關注的焦點，理論與模型主要聚焦於分析經濟因素與現任總統表現對選民投票抉擇的關連性。

　　探討總統任內施政表現的良莠，整體施政表現是最容易理解的資訊來源，選民個人從其個人所具有的特質，判斷現任執政者任內的施政表現，或者預期未來執政者的施政表現。探討施政表現中的短期施政評價與選民投票抉擇因素的理論，係以選舉的角度探討短期施政評價對選民投票抉擇的影響。[10]

方，經歷不同政黨輪流執政後，更能對於不同政黨的施政表現做出差異性的評價（吳重禮與李世宏 2003；2004）。

9　游清鑫與蕭怡靖針對2006年台北市與高雄市長選舉的比較研究發現，民進黨在高雄市的政績確實比國民黨在台北市的政績亮眼，尤其是選民對政府政績的肯定更出現跨藍綠黨派的現象，即便是認同泛藍的選民仍有高達六成以上的比例滿意高雄市的施政表現。不同選區環境下的選民會有不同的投票考量，尤其在2006年高雄市長選舉，民進黨能在聲勢低迷的大環境下守住執政權，選民對其施政表現是一項不可忽略的重要因素，也顯示高雄市選民的投票抉擇具有理性思維的空間（游清鑫與蕭怡靖 2008）。

10　首先，依據經濟狀況評價的基礎，意即選民評價的資訊來源可以區分為二：個人經濟狀況(pocketbook voting, egotistical voting)或國家總體經濟狀況 (socio-tropic voting)；其次，依據經濟狀況評價的時間向度，可以區分為二：回顧評價投票 (retrospective voting)

　　當選民不滿現任執政者的施政表現與政策後果，並預期更換黨執政可以改變現狀，就會提高抗議或獎勵的投票意願，尋找政策負責的替罪羔羊。眾多研究發現，施政表現情況陷入惡化的現任者將難辭其咎，選民懲罰或抗議現任者的心理一定會比肯定現任者政策的獎勵傾向來的強烈。在「美國選民」一書中，認為政黨選票分布發生改變的主因係來自於選民對掌握行政權的現任者具有明顯的負面態度。既有執政黨在施政表現不佳時，受到的懲罰遠比施政表現良好時所受到的獎勵多，可見惡劣環境下容易產生負面的抗議心理及慾望 (Campbell et al. 1960, 554-555)。

　　眾多心理學研究強化負面投票的觀點，且負面的意見比正面的看法更具影響力。選民對現任者的表現越不滿，投票給非現任候選人的動機越強。Kernell 提出負面投票的理論：「選民對現任者表現不佳所產生的負面評價力量遠大於正面的力量，這種負面評價力量對於不同政黨屬性的人的作用具有明顯差異」。對現任者施政不滿者且認同在野陣營的選民，投票給挑戰者的機率偏高；相反地，與現任總統相同政黨的選民，不論是否滿意現任總統的施政表現，投票決定變化不大。認同在野陣營的選民，對現任總統若施政表現不滿意，抗議投票的動機越強烈 (Kernell 1977, 44-66)。

　　依據上述文獻可知，選民對執政者的施政表現滿意度，攸關其投票抉擇，更牽動最後的選舉結果，因此針對施政表現評價的測量如下：

　　請問您對陳水扁擔任總統期間的整體表現，您覺得是非常滿意、有點滿意、不太滿意、還是非常不滿意？（黃秀端　2004；游清鑫　2008）

與展望評估投票 (prospective voting) (Achen 1992; Kiewiet 1983; Lewis-Beck 1988)。經濟是國家發展的基礎，及個人發展的重要因素，經濟問題的重要性由此可知。當選民認知經濟問題的重要性，經濟問題就會影響與其密切相關的議題，進而影響其投票抉擇。此外，影響選民投票的重要因素中，國家總體經濟表現經常是討論的主題且與選民日常生活關係密切，選民經常利用經濟因素作為投票考量的主要依據之一。選民對國家經濟進行評價時，攸關施政表現的總體經濟回顧評價、總體經濟展望評價經常是討論的焦點。

參、研究資料與研究假設

本研究以「台灣選舉與民主化調查」2004年及2008年的總統選舉選後面訪，作為主要分析資料來源，[11] 在2004年及2008年總統大選之後，兩次調查各以台灣地區合格的選民為母體，分別進行選後面訪，由於選舉類型相同，以及問卷題目具備延續性，本研究將針對兩次調查中有關對總統施政表現題目進行簡單的描述與分析。

有關施政表現的測量題目，是詢問民眾對於陳水扁總統過去四年或陳水扁總統任內施政表現的總評價。從相關的研究發現：民眾對總統過去施政表現總評價與民眾的政黨認同、民眾的政治知識之間具有明顯關聯性，故本文提出下列三個研究假設：

研究假設一

政黨認同偏向執政黨陣營者，對總統施政表現評價明顯偏高；政黨認同偏向在野陣營者，對總統施政表現評價明顯偏低。

研究假設二

政治知識愈高的選民，資訊來源較多元，施政表現評價是影響其投票抉擇的原因之一；政治知識愈低的選民，資訊來源較少，容易受簡易的施政表現評價影響。

研究假設三

政治知識偏低的民眾，對總統施政表現評價愈高者，支持現任執政黨的可能性愈高；反之，對總統施政表現評價愈低者，支持執政黨的可能性愈低

當選民的政治知識越高，越容易更新其政治態度與投票取向，選民會

---

[11] 本文使用資料全部係採自「2002年至2004年『選舉與民主化調查』三年期研究規劃(III)：民國九十三年總統大選民調案」（NSC92-2420-H-031-017，簡稱TEDS2004P）以及「2005年至2008年『選舉與民主化調查』四年期研究規劃(IV)：2008年總統選舉面訪案」（NSC96-2420-H-004-017，簡稱TEDS2008P）。TEDS2004P與TEDS2008P為分別針對2004年及2008年總統選舉執行之年度計畫，計畫主持人分別黃秀端教授與游清鑫教授。

對執政黨與在野黨之間給予回顧評價的「總數值」(running tally) 或展望的評估總值 (Fiorina 1981)。當在野黨總評價相對高於既有執政黨者，選民就可能放棄執政黨總統候選人，轉而支持評價正面的在野黨總統候選人產生政黨輪替。由於施政表現側重以過去表現作為評判標準，政策則以未來期望居多，故當附加時間面向後，就呈現以過去施政表現作為未來政策期望的考量依據。

　　就理論層次而言，選民對總統施政表現評價與選民投票抉擇密切相關，民眾對現任總統的施政表現評價可視為對目前執政政權滿意度的重要觀察指標。然民眾對總統施政表現評價又與其本身所具有的政治知識息息相關，當民眾對現任總統的施政表現評價愈高，則民眾對現任總統施政表現評價與台灣民主政治的政治發展，就具有重要的關聯。本研究將依序探討選民在 2004 年及 2008 年兩次總統大選中，對現任總統施政表現評價分佈與差異，與其投票抉擇的關聯性。

肆、台灣選民在二次總統選舉中施政表現評價

　　經歷過第一次政黨輪替之後的總統大選，台灣地區民眾對於陳水扁政府的施政表現評價，同樣遭遇隨著時間增長，而滿意度逐漸下滑的趨勢（盛治仁與白瑋華　2008, 13-16）。從 2000 年 10 月逕行宣布停建核四開始，台灣民眾對陳水扁政府的施政表現評價逐漸下滑。2003 年 4 月爆發的 SARS 疫情，以及陳水扁總統競選連任的 319 槍擊事件、2006 年的國務機要費事件及 2007 年的紅衫軍反貪腐靜坐事件等等，在在讓總統施政表現滿意度隨執政時間逐步下滑的景象 (Brace and Hinckley 1991; Mueller 1970; Stimson 1976)。從表 13.1 的 2004 年及 2008 年總統選後面訪資料可以發現，台灣選民對陳水扁政府施政表現呈現明顯變化，2004 年台灣選民對陳水扁政府施政表現表示滿意（包括非常滿意與有點滿意）的比例在四成一，對陳水扁政府施政表現表示不滿意（包括非常不滿意與不太滿意）的

比例則為四成八，選民對政府施政表現表示滿意與表示不滿意的差距約為7%。但2008年的調查結果卻呈現相異的局面，台灣選民對陳水扁政府施政表現表示滿意（包括非常滿意與有點滿意）的比例大幅下滑到二成六，相反地，對陳水扁政府施政表現表示不滿意（包括不太滿意與非常不滿意）的比例明顯上升至六成五，選民對政府施政表現表示滿意與表示不滿意的差距，從7%明顯擴大到39%。由此可知，陳水扁政府的施政表現在2004年總統選舉時，大致維持正反評價相當的局面，滿意與不滿意之間呈現拉鋸戰；但到2008年時，多數選民對陳水扁政府的施政表現並不滿意，批評的聲浪遠高於支持的聲音。

台灣在2004年選舉過後，競選活動結束前一天發生的槍擊事件，引發藍綠嚴重對立的局面，多數泛藍選民（認同國民黨與親民黨）否定陳水扁當選的正當性，多數泛綠選民（認同民進黨與台灣團結聯盟）肯定當選正當性。2004年總統選舉結束後，藍綠政黨屬性幾乎完全主導選民的政治態度與行為模式。

表 13.1   台灣選民對陳水扁政府的施政滿意度

	2004		2008	
	人數	百分比	人數	百分比
非常滿意	90	4.9	82	4.3
有點滿意	665	36.5	411	21.6
不太滿意	660	36.2	712	37.4
非常不滿意	222	12.2	524	27.5
無反應	186	10.2	176	9.2
總計	1,823	100.0	1,905	100.0

資料來源：黃秀端（2004）、游清鑫（2008）。

在2004年的總統選舉中，泛藍陣營塑造連宋團結氣氛，以對抗陳水扁總統所主導的泛綠陣營，故藍綠政治色彩幾乎完全主導選民的政治態度與行為，泛藍選民對陳水扁政府的施政表現滿意度相對偏低；相反地，泛

綠選民對陳水扁政府的施政滿意度相對偏高。在這種政治氛圍下，2004年總統選舉與2008年總統選舉大異其趣。從表13.2可以看出不同政黨認同選民對陳水扁政府施政滿意度的差異。首先，泛藍選民在2004年對陳水扁政府的滿意度(11.1%)，相對高於2008年的滿意度(6.0%)；反之在2004年對陳水扁政府的不滿意度(85.6%)，相對低於2008年的不滿意度(91.3%)。其次，泛綠選民在2004年對陳水扁政府的滿意度(76.3%)，相對高於2008年的滿意度(51.9%)；相反地，在2004年對陳水扁政府的不滿意度(18.5%)，相對低於2008年的不滿意度(43.9%)。最後，政黨認同中立無反應的中間選民，在2004年對陳水扁政府的不滿意度(55.5%)，相對高於2004年的不滿意度(41.7%)；反之，政黨認同中立無反應的選民，在2008年對陳水扁政府的滿意度(39.7%)，相對高於2008年的滿意度(25.2%)。總而言之，泛綠選民在兩次選舉中，不滿意度上升約二成五；泛藍選民與中間選民，滿意度下降約一成。由此可知，與政黨認同相關的施政表現評價滿意度，原執政的陳水扁政府喪失部分泛綠選民的支持，更流失原本支持泛綠的泛藍選民。

表 13.2　台灣選民政黨認同與陳水扁政府施政滿意度交叉分析表

		非常滿意		有點滿意		不太滿意		非常不滿意		無反應		總計	
		n	%	n	%	n	%	n	%	n	%	n	%
2004年	泛藍	1	0.2	60	10.9	308	56.0	163	29.6	18	3.3	550	100.0
	泛綠	63	12.2	330	64.1	91	17.7	4	0.8	27	5.2	515	100.0
	中立無反應	26	3.4	275	36.3	261	34.4	55	7.3	141	18.6	758	100.0
	總計	90	4.9	665	36.5	660	36.2	222	12.2	186	10.2	1,823	100.0

X^2=697.807　df=8　$P<0.001$

表 13.2 台灣選民政黨認同與陳水扁政府施政滿意度交叉分析表（續）

		非常滿意		有點滿意		不太滿意		非常不滿意		無反應		總計	
		n	%	n	%	n	%	n	%	n	%	n	%
2008年	泛藍	6	0.9	34	5.1	261	39.0	350	52.3	18	2.7	669	100.0
	泛綠	57	10.8	218	41.1	202	38.1	31	5.8	22	4.2	530	100.0
	中立無反應	18	2.6	159	22.6	248	35.2	143	20.3	137	19.4	705	100.0
	總計	81	4.3	411	21.6	711	37.3	524	27.5	177	9.3	1,904	100.0
		$X^2=632.900$ df=8 $P<0.001$											

資料來源：黃秀端（2004）、游清鑫（2008）。
說明：細格內為橫列百分比。

　　台灣地區民眾對陳水扁總統的施政表現評價，在 2004 年及 2008 年總統選舉具有顯著差異。從表 13.3 中可以發現，對陳水扁總統施政表現滿意的選民會傾向支持執政黨的總統候選人；反之，對陳水扁總統施政表現不滿意的選民會傾向支持在野黨的總統候選人。在 2004 年總統選舉中，對陳水扁總統施政表現表示滿意的民眾，有高達八成七投票支持原執政黨（非常滿意高達九成五以上）；相反地，對陳水扁總統施政表現表示不滿意的民眾，約有七成二民眾支持在野的連宋陣營（非常不滿意也有九成以上）。相同地，在 2008 年總統選舉中，對陳水扁總統施政表現表示滿意的民眾，將近七成五民眾支持執政黨的總統候選人謝長廷（非常滿意有八成以上投給謝長廷與蘇貞昌）；而對陳水扁總統施政表現表示不滿意的民眾，有約六成四的民眾支持在野黨總統候選人馬英九。由此可知，選民利用選票對原執政的總統（陳水扁）進行懲罰的選舉課責，選舉結果完成二次的政黨輪替。

表 13.3　選民對陳水扁總統施政滿意度與投票抉擇交叉分析表

| | 2004 | | | | 2008 | | | |
| | 執政黨 | | 在野黨 | | 執政黨 | | 在野黨 | |
	n	%	n	%	n	%	n	%
非常滿意	84	98.8	1	1.2	62	84.9	11	15.1
有點滿意	450	87.4	65	12.6	231	75.2	76	24.8
不太滿意	132	27.7	344	72.3	193	35.2	356	64.8
非常不滿意	11	5.9	176	94.1	22	5.0	417	95.0
總計	677	53.6	586	46.4	508	37.1	860	62.9
	X^2=605.457　df=3　$P<0.001$				X^2=457.404　df=3　$P<0.001$			

資料來源：黃秀端（2004）、游清鑫（2008）。
說明：細格內為橫列百分比。

　　政黨認同這個長期穩定的變數，測量上或有爭議，然無論美國或台灣都同意政黨認同這個變數是影響選民投票行為的重要因素（Campbell et al. 1960; Nie, Verba, and Petrocik 1976；何思因與吳昭燮 1996；盛杏湲 2002）。選民對候選人的形象與評價，藉助傳播媒體的迅速發展，使得選舉開始走向以「候選人為中心」(candidate-centered) 的競選模式 (Miller and Shanks 1996)。台灣過去常用候選人特質、能力或形象的角度探討其對選民投票抉擇的影響（胡佛與游盈隆 1983；陳義彥 1994），近年來已有部分研究逐漸使用「情感溫度計」(feeling thermometer) 的方式，探詢其對選民投票抉擇的影響，發現情感溫度計這種詢問選民對候選人整體評價的測量，更能凸顯候選人之間的差異，且透過這種近似比率的資料，可以相對簡化模型複雜度，在模型預測上有更好的解釋力（許勝懋 2007；盛治仁 2000；黃秀端 2005；鄭夙芬、陳陸輝與劉嘉薇 2005）。

表 13.4　選民對陳水扁總統施政滿意度與政治知識交叉分析表

		非常滿意		有點滿意		不太滿意		非常不滿意		無反應		總計	
		n	%	n	%	n	%	n	%	n	%	n	%
2 0 0 4 年	0	9	13.6	16	24.2	7	10.6	5	7.6	29	43.9	66	100.0
	1	22	8.6	108	42.0	67	26.1	21	8.2	39	15.2	257	100.0
	2	32	4.7	271	39.4	245	35.6	63	9.2	77	11.2	688	100.0
	3	16	3.4	164	35.0	193	41.2	72	15.4	24	5.1	469	100.0
	4	9	3.6	71	28.2	116	46.0	46	18.3	10	4.0	252	100.0
	5	2	2.2	35	38.5	32	35.2	15	16.5	7	7.7	91	100.0
	總計	90	4.9	665	36.5	660	36.2	222	12.2	186	10.2	1,823	100.0
		X^2=187.621　df=20　P<0.001											
2 0 0 8 年	0	35	7.8	111	24.8	136	30.4	72	16.1	94	21.0	448	100.0
	1	13	3.0	94	21.7	181	41.8	110	25.4	35	8.1	433	100.0
	2	22	3.7	129	21.8	238	40.2	169	28.5	34	5.7	592	100.0
	3	11	2.6	77	17.9	156	36.2	173	40.1	14	3.2	431	100.0
	總計	81	4.3	411	21.6	711	37.3	524	27.5	177	9.3	1,904	100.0
		X^2=171.466　df=12　P<0.001											

資料來源：黃秀端（2004）、游清鑫（2008）。
說明：細格內為橫列百分比。

　　從表 13.4 台灣地區選民的政治知識與對陳水扁總統的施政表現評價的交叉表可以看出，在 2004 年及 2008 年總統選舉具有顯著差異。在 2004 年的政治知識測量中，測量總計分成五個題目，筆者將受訪者回答正確與否轉換成答對得一分，答錯得零分的數值資料，最後再予以累計 (count) 成分數，總計政治知識分數由零分至六分，有關政治知識變數的測量與量表處理方式，請見附錄。在 2004 年的選舉中，大致呈現出政治知識與施政表現滿意度的反向關係，意即政治知識愈低的選民對陳水扁總統施政表現滿意度愈高，其中政治知識零分與一分的選民中，大約有四成三的選民對陳水扁總統施政表現評價表示滿意；反之，政治知識偏高的選民對陳水

扁總統施政表現不滿意度愈高，其中政治知識四分至五分的選民中，大約有六成三的選民對陳水扁總統施政表現表示不滿意。在 2008 年的政治知識測量中，測量總計分成三個題目，筆者同樣將受訪者回答正確與否轉換成答對得一分，答錯得零分的數值資料，最後再予以累計 (count) 成分數，總計政治知識分數為零分至三分，有關政治知識變數的測量與量表處理方式，請見附錄。在 2008 年的選舉中，同樣呈現出政治知識與施政表現滿意度的反向關係，意即政治知識愈低的選民對陳水扁總統施政表現滿意度愈高，其中政治知識最低分（零分）的選民中，大約有三成二的選民，對陳水扁總統的施政表現表示滿意；反之，政治知識偏高的選民對陳水扁總統施政表現不滿意度愈高，其中政治知識最高分（三分）的選民，大約有七成六的選民，對陳水扁總統的施政表現不滿意度。

　　因此本文針對 2004 年與 2008 年總統選舉中，選民投票抉擇模型的討論，除考慮影響台灣選民有關的重要變數外，主要討論的重心將以選民對陳水扁總統施政表現評價是否影響其投票抉擇為主。另一方面，因本文亟欲觀察的施政表現評價變項與候選人密切相關，故本文嘗試在模型中排除代表候選人形象的「情感溫度計」變數，以利觀察在不受候選人因素的強大影響下，施政表現評價對選民投票的影響力。在以下的模型分析中，將以投票抉擇對象當作依變數，同時以選民的政黨認同、政治知識，以及對陳水扁總統施政表現評價等變數當作自變項，同時納入政黨認同與施政表現評價之間的交互作用，以及政治知識與施政表現評價之間的交互作用，建立影響台灣選民投票抉擇的主要模型。

伍、選民投票抉擇的模型檢證

　　從上述選民對陳水扁總統的施政表現評價可以得知，2004 年與 2008 年兩次選舉中，選民對陳水扁總統的施政表現評價具有差異，下文藉由觀察選民政黨認同、對陳水扁總統的施政評價與選民的政治知識等變數的關

係，進而比較兩次總統選舉中，變數影響力是否具有差異。

一般統計進行迴歸分析時，經常運用線性模型進行估計，其基本的原則是誤差項呈常態分佈，以及變異同質性的假定。但政治學界所觀察的變項，多數屬於二分尺度 (binary scale)、順序尺度 (ordinal scale) 或無序多分 (multi-nominal) 等質變數（黃紀　2000），因此無法利用常見的線性模型進行估計，這會違反上述線性模型的基本假設 (Long 1997, 53-4; Long and Freese 2006, 136-81)。因此當使用質變數進行非線性模型分析時，研究者大多透過 Logit 或 Probit 的連結函數 (link function) 進行轉換，來滿足估計變數性質不同所形成的區間限制。以二分依變項為例，其方程式及模型估計如下：

$$\text{方程式：} \eta_{ij} = \log(\frac{\varphi_{ij}}{1-\varphi_{ij}}) \text{，} \varphi_{ij} = \frac{1}{1+\exp(-\eta_{ij})}\text{，而 } \eta_{ij} = \beta_{0i} + \beta_{1j}X_{ij} + e_{ij}$$

$$\text{模型估計：} \log\frac{Pr(Y_1)}{1-Pr(Y_1)} = \log(\frac{1/1+e^{-x\beta}}{e^{-x\beta}/1+e^{-x\beta}}) = \log(\frac{1}{e^{-x\beta}}) = \log(e^{x\beta}) = X\beta$$

其中 φ_{ij} 表示在所蒐集到的樣本中，研究者欲觀察事件出現的機率，在方程式所估計的結果為出現事件機率與未出現事件機率的相對比 (odds ratio)，透過指數轉換，研究者可控制不同自變數的條件下，觀察事件出現的機率變化。

依照本文研究目的為探討執政者的施政表現評價對選民的影響力，故筆者設定以選舉前的在野黨候選人為對照組，以投票給執政黨候選人作為估計標的，係以二分變項的對數線性模型是本研究主要使用的模型設定方式。

依照研究假設與模型設定，本文所建構之總統選舉中，台灣民眾投票抉擇的模型，依變項為選民投票給既有執政黨候選人為 1，投票給在野黨候選人為 0。自變數部分則包括政黨認同、對陳水扁總統的施政表現評價，以及依照理論所得與施政表現評價具有交互作用並影響投票行為之選

民政治知識。詳細的自變項測量題目與處理方式，請見附錄。因此，本文的研究模型如下所示：

$$\log(\frac{\varphi_{ij}}{1-\varphi_{ij}}) = \beta_{0j} + \beta_{1j} \times 認同泛藍 + \beta_{2j} \times 認同泛綠 +$$
$$\beta_{3j} \times 對陳水扁總統的施政表現評價 +$$
$$\beta_{4j} \times 選民政治知識 + e_{ij}$$

本文在模型估計中，將政黨認同、對陳水扁總統的施政表現評價與選民的政治知識等變數固定在特定的特徵下，將重要的自變項「施政表現評價」予以中心化 (centering)。變數中心化主要目的是因為自變數測量的穩定性相當重要，研究者必須確保各組間的個體模型具有比較的意義，方能利用中心化標準化各組的特性。變數中心化的重要特質除了讓常數項具有意義外，其他迴歸係數不會因採取變數中心化而有所差異 (Bryk and Raudenbush 1992, 11-28)。

下列針對兩次選舉進行分析的簡單模型所代表的意義是：在考量「政黨認同與本文重要的中介變項對陳水扁總統的施政表現評價，以及可能與施政表現評價具有交互作用的政治知識」之下，選民選擇投票給原執政黨相對於投票給在野黨相對機率比的比值。

從表 13.5 的純粹模型結果顯示，選民的政黨認同以及對陳水扁總統的施政表現評價，在 2004 年與 2008 年都是影響選民投票抉擇的重要因素，具有差異的是選民的政治知識，在 2004 年對選民投票抉擇發揮作用，但在 2008 年則不具影響力。首先，在政黨認同方面，於 2004 年泛綠政黨認同的選民投票給執政黨候選人相對於投票給在野黨候選人的相對機率，是政黨認同中立的選民投票給執政黨候選人相對於投票給在野黨候選人之相對機率的 24.554 倍（即 Exp(3.201)=24.554）；於 2008 年之相對機率則為 25.214 倍（即 Exp(3.227)=25.214）。其次，在選民對陳水扁政府的施政滿意度方面，於 2004 年對陳水扁政府表示滿意的選民投票給執政黨候選人相對於投票給反對黨的相對機率，是對陳水扁政府施政表示不滿意的選民

表 13.5　2004 年與 2008 年總統選舉選民投票意向之二元勝算對數純粹模型（執政黨）

	2004 年			2008 年		
	β	S.E.	$Exp(\beta)$	β	S.E.	$Exp(\beta)$
政黨認同（中立無反應 =0）						
泛藍	-3.364***	0.221	0.035	-3.211***	0.251	0.040
泛綠	3.201***	0.253	24.554	3.227***	0.178	25.214
施政表現評價（不滿意 =0）						
滿意	1.168***	0.116	3.216	0.688***	0.111	1.990
政治知識	-0.197*	0.097	0.821	-0.064	0.097	0.938
常數	1.030***	0.295	2.802	-0.499*	0.182	0.607
樣本數	1,263			1,365		
卡方值	1190.9			1154.4		
自由度	4			4		
Pseudo R^2	0.610			0.570		
正確預測率	91.2			90.6		

資料來源：黃秀端（2004）、游清鑫（2008）。
說明：1. 依變數：1= 執政黨；0 ＝在野黨。
　　　2. * 表示 $P<0.05$；** 表示 $P<0.01$；*** 表示 $P<0.001$。

投票給執政黨候選人相對於投票給反對黨候選人之相對機率的 3.216 倍（即 Exp(1.168)=3.216）；於 2008 年對陳水扁政府表示滿意的選民投票給執政黨候選人相對於投票給反對黨的相對機率，是對陳水扁政府施政表示不滿意的選民投票給執政黨候選人相對於投票給反對黨候選人之相對機率則為 1.990 倍（即 Exp(0.688)=1.990）。第三，在選民的政治知識方面，顯示當選民的政治知識愈高，資訊來源愈多且政治深思熟慮的能力愈高，即投票給執政黨候選人的機率愈低，當選民的政治知識每多一分，在 2004 年選舉中，選民投票給執政黨候選人相對於投票給在野黨候選人的相對機率即會減低 17.9%（即 1-[Exp(-0.197)=0.821]=0.179）；在 2008 年選舉中，在選民的政治知識方面，並未對選民的投票抉擇發揮影響力。另一方面，就自變數的交互作用而言，選民政黨認同與對總統施政表現評價的交互作用，以及選民的政治知識與對總統施政表現評價交互作用，並不會影響選

民的投票抉擇。

當考量變數之間的交互作用，從表 13.6 的整合模型結果顯示，選民的政黨認同以及對陳水扁總統的施政表現評價，仍呈現與純粹模型相似的效果。首先，在政黨認同方面，於 2004 年認同泛綠的選民投票給執政黨候選人相對於投票給在野黨候選人的相對機率，是政黨認同中立的選民投票給執政黨候選人相對於投票給在野黨候選人之相對機率的 26.226 倍（即 Exp(3.267)=26.226）；於 2008 年之相對機率則為 23.668 倍（即 Exp(3.137)= 23.668）。其次，在選民對陳水扁政府的施政滿意度方面，於 2004 年對陳水扁政府表示滿意的選民投票給執政黨候選人相對於投票給反對黨的相對機率，是對陳水扁政府施政表示不滿意的選民投票給執政黨候選人相對於投票給反對黨候選人之相對機率的 3.309 倍（即 Exp(1.197)=3.309）；於 2008 年對陳水扁政府表示滿意的選民投票給執政黨候選人相對於投票給反對黨的相對機率，是對陳水扁政府施政表示不滿意的選民投票給執政黨候選人相對於投票給反對黨候選人之相對機率則為 1.908 倍（即 Exp(0.646)=1.908）。第三，在選民的政治知識方面，顯示當選民的政治知識愈高，資訊來源愈多且政治深思熟慮的能力愈高，即投票給執政黨候選人的機率愈低，當選民的政治知識每多一分，在 2004 年選舉中，選民投票給執政黨候選人相對於投票給在野黨候選人的相對機率即會減低 17.9%（即 1-[Exp(-0.197)=0.821]=0.179）；在 2008 年選舉中，在選民的政治知識方面，並未對選民的投票抉擇發揮影響力。

另一方面，從表 13.6 的整合模型看起來，在 2004 年與 2008 年的選舉中，就自變數的交互作用而言，選民政黨認同與對總統施政表現評價的交互作用，以及選民的政治知識與對總統施政表現評價交互作用，都並不會影響選民的投票抉擇，此與本文的研究假設有明顯的落差。

表 13.6 2004 年與 2008 年總統選舉選民投票意向之二元勝算對數整合模型（執政黨）

	2004 年			2008 年		
	β	S.E.	$Exp(\beta)$	β	S.E.	$Exp(\beta)$
政黨認同（中立無反應 =0）						
泛藍	-3.401***	0.232	0.033	-3.110***	0.279	0.046
泛綠	3.267***	0.291	26.226	3.137***	0.193	23.668
施政表現評價（不滿意 =0）						
滿意	1.197***	0.304	3.309	0.646***	0.182	1.908
政治知識	-0.197*	0.098	0.821	-0.047	0.101	0.954
因果異質性						
政治知識× 總統施政表現 評價	0.003	0.098	1.003	0.058	0.101	1.060
泛藍認同者× 總統施政表現 評價	-0.134	0.232	0.874	0.205	0.279	1.227
泛綠認同者× 總統施政表現 評價	0.172	0.291	1.188	-0.187	0.193	0.830
常數	1.056**	0.304	2.876	-0.502*	0.182	0.605
樣本數	1,263			1,365		
卡方值	1191.285			1155.520		
自由度	7			7		
Pseudo R^2	0.611			0.571		
正確預測率	91.2			90.6		

資料來源：黃秀端（2004）、游清鑫（2008）。

説明：1. 依變數：1= 執政黨；0 ＝在野黨。

　　　2.* 表示 $P<0.05$；** 表示 $P<0.01$；*** 表示 $P<0.001$。

陸、綜合討論與結論

　　民主政府運作主要依循的標準就是民意，民主政治與責任政治，與民眾對於政府施政表現評價密切相關。民眾對總統施政表現的評價是影響選舉的重要因素，被選民作為回顧與展望投票之依據。

　　實證分析結果顯示，選民對於總統施政表現評價之優劣，與選民投票抉擇之間明顯相關，在 2004 年及 2008 年選舉中，選民對陳水扁總統的施政評價都是左右選民投票對象的重要關鍵。從本文所設定的模型中，在 2004 年除了對陳水扁總統施政表現評價具有明顯影響力之外，選民的政黨認同與政治知識也是影響選民投票抉擇的重要原因之一；在 2008 年選民對陳水扁總統施政表現評價與選民的政黨認同，同樣是影響選民投票抉擇的重要因素，但選民的政治知識高低對其投票抉擇不具明顯影響力。此外，與施政表現評價有關的交互作用變數對兩次選舉都不具影響力。由上述的研究成果可知，選民對陳水扁總統的施政表現滿意與否，都與兩次大選中選民投票抉擇具有顯著關聯性，合乎本文的假設，證實選民施政表現評價係影響台灣邁向二次政黨輪替的重要因素之一。

　　民主國家的政治運作多數遵循民意，民主政治與責任政治互為表裡。台灣在民主化之後，人民與政府部門之間，藉由施政表現評價產生明顯關連。政府部門藉由施政評價瞭解民意動向，更作為政策制訂與調整的準繩。對選民而言，施政表現評價猶如是對政府部門的溫度計，提供選民支持政策或投票抉擇的重要參考；相反地，對政府部門而言，彙總所有選民的施政表現評價，就能瞭解民意的脈動，透過瞭解民意脈動，制訂符合民眾偏好的政策，進而維持政府與政權穩定性。因此施政表現評價早已成為台灣地區政府部門與選舉研究的重要課題。

　　政府施政表現評價幾乎等同於施政滿意度，多數政府表現評價著重行政首長的民意支持度，幾乎等同於首長政績的代理指標 (proxy indicator)（張四明　2000, 25）；另一方面，側重政府表現評價對選民投票行為的影響，或具有較高施政評價的首長，執政的合法性相對偏高，利於政策推

動，且有利於吸引選民的支持。一般而言，施政表現評價不佳的行政首長，勢必難以獲得連任，因為施政表現評價不佳，容易引發選民對行政首長能力的疑慮，進而選擇更換行政首長以改善現有環境。總而言之，施政表現評價猶如選民對執政者的綜合評量成績單，成績單呈現優秀成績，將增強行政首長的執政合法性，在政策制定與推動上將更加順暢；若成績單反應低劣成績，傳達的警訊讓政策制訂與推動益發困難，故在民主成熟穩定的社會中，施政表現評價係政治系統中相當重要的反饋機制（張四明2000, 32）。

依照本文所設定的假設，依照模型實證結果進行說明：

研究假設一

政黨認同為偏向執政黨陣營者，對總統施政表現評價明顯偏高；政黨認同偏向在野陣營者，對總統施政表現評價明顯偏低。

政黨認同與執政者施政表現評價密切相關，因政黨認同者對政黨具有一個長期依附的心理認同，對於代表認同執政的總統，認同執政黨的選民大多帶有同情的觀點出發，對執政者的評價相對偏高；相反地，認同在野黨的選民站在監督的立場出發，對於執政的總統，認同在野黨的選民，多數在施政表現評價上給予較差的評價。

研究假設二

政治知識愈高的選民，因為資訊來源較多元，施政表現評價是影響其投票抉擇的原因之一；政治知識愈低的選民，因資訊來源較少，容易受簡易的施政表現評價影響。

從政治知識出發，政治知識的高低代表資訊來源吸收的多寡，也代表能夠據以判斷的標準較多，因此本文假設政治知識偏低的選民，對於執政者的評價主要來自於生活周遭的生活經驗居多，從而判斷依據較為狹隘，會對執政黨給予較高的評價；相反地，政治知識偏高的選民獲取多元管道的資訊，能夠作為判斷依據的標準較為寬廣，通常對執政黨的施政表現評價較為嚴苛，經常給予較低的評價。

研究假設三

政治知識偏低的民眾，且政黨認同為執政黨者，對總統施政表現評價明顯偏滿意，投票支持執政黨的比例明顯偏高；反之，政治知識偏高的民眾，且政黨認同為在野黨者，對總統施政表現評價偏不滿意，支持在野黨的可能性愈高。

從模型實際檢證中，可以發現政治知識偏低的選民，若選民的政黨認同為執政黨，且其對總統施政表現評價表示滿意，總統選舉中支持執政黨的比例偏高；相反地，亦發現政治知識偏高的選民，若選民政黨認同為在野黨，且其對總統施政表現評價不滿意，在總統選舉中支持在野黨的比例明顯偏高。由此可知，候選人若期望勝選，仍必須推動相關建設以博取選民的支持，尤其是對認同執政黨的選民，其功效更是明顯；相反地，面對政治知識偏高的選民，不管其認同政黨為何，選民對執政黨的施政表現，並無法明顯影響選民的投票抉擇。

本文處理有關施政表現與投票抉擇的關連性，研究對象是 2000 年第一次政黨輪替後的兩次總統大選，藉由比較民眾在兩次總統大選下的情況進行比較，當剔除候選人因素之後，利用單純的選民的政黨認同、政治知識與對總統施政表現評價等自變數，探討其對選民投票對象的影響力與差異性。以下針對本研究的研究成果與侷限進行說明與討論，並給予後續研究的建議有二：

一、政治知識作為比較單元重要「異質性」變數的意義

在比較研究中，針對相同研究對象進行不同時間的比較研究時，在研究設計時，即須考慮依循一定原則進行調整比較。「施政表現評價」變數，與選民認知能力 (cognition) 關係相當大，故在美國的研究中，探討與施政表現評價相似的整體回顧經濟評價與整體展望評價，或個人回顧經濟評價與個人展望評價，本文選擇運用與認知關係密切的「政治深思熟慮」能力，即利用「投票抉擇」當作自變項，而「政治知識」作為政黨認同與

施政表現評價等自變數相關的中介變數，故會將自變數與中介變數的交互作用納入模型進行觀察 (Gomez and Wilson 2001; 2003; 2006)。然相關研究發現，整體社會環境所具有的特質可以成為比較研究單控制的「異質性」歸因 (heterogeneity)。[12]

二、以調查資料研究「施政表現評價」對投票抉擇影響的問題

利用「施政表現評價」的選後資料分析投票行為常常會陷入套套邏輯 (tautology)，因為選後民眾已知選舉結果為何？故回答投票對象或影響投票抉擇的主因，常常會呼應訪問者的題目回應，傾向隱藏自己內心的意向，故 Gomez 與 Wilson 在 2001 年立委選舉研究中發現，選民反而選擇選戰贏家當作自己的投票對象，形成錦上添花的局面；為了避免選後面訪與資訊多寡影響，Gomez 與 Wilson 運用選前兩周到選後的調查資料進行分析，發現經濟投票對選民投票抉擇的影響力，具有充分資訊與高政治知識的選民，比較不會因為施政評價高或經濟表現變好而投票給執政黨 (Gomez and Wilson 2001)。低政治知識的選民，則利用施政評價這種狹隘的評價指標決定投票意向。

---

[12] 黃信豪利用各縣市統計要覽中的「家庭收支」（年平均支出與收入）、「人力資源」（就業者的行業結構：工業、服務業及農林漁牧）、「教育文化」（15歲以上人口識字率與高等教育率）等7個指標，建立臺灣地區縣市「發展程度」總體資料指標。結合選民的個體資料探求選民投票行為的因果異質性。請見黃信豪（2007）。

附錄、自變數的測量題目與處理方式一覽表

變數	題號／測量題目	處理方式
政黨認同	P1 (N1) 目前國內有幾個主要政黨，包括國民黨、民進黨、親民黨、新黨、建國黨，以及台聯，請問您是否偏向哪一個政黨？（2004、2008 年） P1a (N1a) 那相對來說，請問您有沒有稍微偏向哪一個政黨？（2004、2008 年） P1b (N1b) 請問是哪一個政黨？（2004、2008 年）	將受訪者回答答案重新歸類成六個主要政黨認同，再依照政黨屬性區分為 1. 認同泛藍（國民黨、親民黨、新黨）設為 -1 2. 認同泛綠（民進黨、建國黨與台聯）設為 1 3. 政黨中立無反應設為 0。
候選人情感溫度計	M2a 執政黨候選人情感溫度計（2004 年為陳水扁；2008 年為謝長廷） M2b 在野黨候選人情感溫度計（2004 年為連戰；2008 年為馬英九）	將受訪者回答尺度重新處理，數值從 -5 至 5，中間點為 0。
中央施政表現評價	H1 中央政府施政評價	將受訪者回答尺度重新處理，中間值視為沒有意見，包括回答拒答、很難說、無意見與不知道者；從非常滿意到非常不滿意劃分為 -2 至 2 等 5 個尺度。
政治知識	2004 年 G1 請問您：中國大陸國家主席是誰？ G2 請問您：現任的美國總統是誰？ G3 請問您：我國立法委員的任期為幾年？ G4 請問您：我國哪一個機關有權解釋憲法？ G5 請問您：我國現在的副總統是哪一位？	將受訪者回答之五題答案重新處理成知道或不知道，累計每一題回答知道的數量建構成政治知識量表，數值從 0 到 5。
	2008 年 G1 請問您：現任的美國總統是誰？ G2 請問您：現任的　政院長是誰？ G3 請問您：我國哪一個政府機關有權解釋憲法？	將受訪者回答之三題答案重新處理成知道或不知道，累計每一題回答知道的數量建構成政治知識量表，數值從 0 到 3。

資料來源：黃秀端（2004）、游清鑫（2008）。

●●● 參考文獻 ●●●

I. 中文部分

何思因、吳昭燮，1996，〈台灣政黨體系之下政黨認同的測量方法〉，《選舉研究》，3(1): 1-16。

吳重禮、李世宏，2003，〈總統施政表現評價影響因素之分析與比較：以整體施政、經濟發展與兩岸關係為例〉，《公共行政學報》，8: 35-69。

------，2004，〈政府施政表現與選民投票行為：以 2002 年北高市長選舉為例〉，《理論與政策》，17(4): 1-24。

胡佛、游盈隆，1983，〈選民的投票取向：結構與類型的分析〉，《政治學報》，11: 223-279。

張四明，2000，〈民意調查的科學基礎、政治功能與限制：以我國政府首長施政滿意度調查為例〉，《行政暨政策學報》，2: 1-40。

盛杏湲，2002，〈統獨議題與台灣選民的投票行為：1990 年代的分析〉，《選舉研究》，9(2): 41-80。

盛治仁，2000，〈總統選舉預測探討：以情感溫度計預測未表態選民的應用〉，《選舉研究》，7(2): 75-107。

盛治仁、白瑋華，2008，〈陳水扁總統首任施政評價影響因素探討〉，《東吳政治學報》，26(1): 1-50。

許勝懋，2007，〈選民投票行為與政黨輪替：台灣及墨西哥二○○○年總統選舉之比較〉，政治大學政治學研究所博士學位論文。

陳義彥，1984，〈美國選民投票決擇影響因素之研究——從一九八○年總統大選探析〉，《國立政治大學學報》，49: 33-78。

------，1994，〈我國選民投票抉擇的影響因素——從民國 82 年縣市長選舉探析〉，《政治學報》，23: 81-132。

游清鑫，2008，《2005 年至 2008 年「選舉與民主化調查」四年期研究規劃 (IV)：2008 年總統選舉面訪案》，計畫編號：NSC 96-2420-H-004-017，台北：行政院國家科學委員會補助專題研究計畫成果報告。

游清鑫、蕭怡靖，2008〈施政表現與投票抉擇的南北差異〉，《台灣民主季刊》，5(2): 1-25。

黃秀端，2004，《2002 年至 2004 年「台灣選舉與民主化調查」三年期研究規劃

(III)：民國九十三年總統大選民調案》，計畫編號：NSC 92-2420-H-031-017，，台北：行政院國家科學委員會補助專題研究計畫成果報告。

------，2005，〈候選人形象、候選人情感溫度計、與總統選民投票行為〉，《臺灣民主季刊》，2(4): 1-30。

黃信豪，2007，〈量化研究的比較問題邏輯：因果異質性與縣市長選舉投票模型的建立〉，《問題與研究》，46(3): 125-154。

黃紀，2000，〈實用方法論芻議〉，《政治學報》，31: 107-139。

鄭夙芬、陳陸輝、劉嘉薇，2005，〈2004年總統選舉中的候選人因素〉，《臺灣民主季刊》，3(2): 31-70。

II. 外文部分

Achen, Christopher. 1992. "Social Psychology, Demographic Variables, and Linear Regression: Breaking the Iron Triangle in Voting Research." *Political Behavior* 14: 195-211.

Brace, Paul, and Barbara Hinckley. 1991. "The Structure of Approval: Constraints Within and Cross Presidencies." *Journal of Politics* 53: 993-1017.

Brody, Richard A. 1991. *Assessing the President: The Media, Elite Opinion, and Public Support.* Stanford, CA: Prentice Hall.

Bryk, A. S., and S. W. Raudenbush. 1992. *Hierarchical Linear Models.* Newbury Park, CA: Sage.

Campbell et al. 1960. *The American Voter.* New York: John Wiley and Sons, Inc.

Crespi, Irving. 1980. "The Case of Presidential Popularity." In *Polling on the Issues*, ed. Albert H. Cantril. Washington D.C.: Seven Locks Press.

Deli Carpini, Michael X. and Scott Keeter. 1996. *What American Know about Politics and Why It Matters.* New Haven, CT: Yale University Press.

Downs, Anthony. 1957. *An Economic Theory of Democracy.* New York: Harper.

Easton, David. 1957. "An Approach to the Analysis of Political Systems." *World Politics* 9: 383-400.

Eisenstein, Maurice M., and Marie A. Witting. 2000. "Time and Life Cycle of Presidential Approval: A Research Note." *The Social Science Journal* 37: 27-42.

Erikson, Robert S., Michael B. MacKuen, and James A. Stimson. 2002. The Macro

Polity. New York: Cambridge University Press.

Eulau Heinz, and Michael S. Lewis-Beck. 1985. *Economic Conditions and Electoral Outcomes*: *The United States and Western Europe.* New York: Agathon.

Feldman, Stanley. 1982. "Economic Self-Interest and Political Behavior." *American Journal of Political* Science 26: 446-466.

Fiorina, Morris P. 1981. *Retrospective Voting in American National Elections*. New Haven: Yale University Press.

Gomez, Brad T., and J. Matthew Wilson. 2001. "Political Sophistication and Economic Voting in the American Electorate: A theory of Heterogeneous Attribution. *American Journal of Political Science* 45: 899-914.

------. 2003. "Causal Attribution and Economic Voting in American Congressional Elections." *Political Research Quarterly* 6: 271-282.

------. 2006. "Cognitive Heterogeneity and Economic Voting: A Comparative Analysis of Four Democratic Electorates." *American Journal of Political Science* 50: 127-145.

Goren, Paul. 1997. "Political Expertise and Issue Voting in Presidential Elections." *Political Research Quarterly* 50: 387-412.

Kahneman, Daniel and Amos Tversky. 1979. "Prospect Theory: An Analysis of Decision under Risk." *Econometrika* 47: 263-291.

Kenski, Henry C. 1977. "The Impact of Economic Conditions on Presidential Popularity." *The Journal of Politics* 23: 705-731.

Kernell, Samuel. 1977. "Toward Understanding 19th Century Congressional Careers: Ambition, Competition, and Rotation." *American Journal of Political Science* 21: 669-693.

------. 1978. "Explaining Presidential Popularity." *American Political Science Review* 72: 506-522.

------. 1986. *Going Public: New Strategies of Presidential Leadership*. Washington, D.C.: CQ Press.

Key, V.O. 1966. *The Responsible Electorate: Rationality in Presidential Voting 1936-1960.* Cambridge, Mass: Harvard University Press.

Kiewiet, D. Roderick. 1983. *Macroeconomics & Micropolitics: The Electoral Effects of*

Economic Issues. Chicago, Illinois: University of Chicago Press.

Kramer, Gerald H. 1971. "Short-Term Fluctuations in U.S. Voting Behavior, 1896-1964." *American Political Science Review* 65: 131-143.

Lazarsfeld, Paul F., Bernard Berelson, and Hazel Gaudet. 1944. *The People's Choice*. New York: Columbia University Press.

Lewis-Beck, M. 1988. *Economics and Elections: The Major Western Democracies*. Ann Arbor, MI: University of Michigan Press.

Lewis-Beck, Michael S., and M. Stegmaier 2000. "Economic Determinants of Electoral Outcomes." *Annual Review of Political Science* 3: 183-219.

Long, J. Scott. 1997. *Regression Models for Categorical and Limited Dependent Variables*. Thousand Oaks, CA: Sage Publications.

Long, J. Scott and Jeremy Freese. 2006. *Regression Models for Categorical Dependent Variables Using Stata*. College Station, Tex.: Stata Corp LP.

Miller, Warren E., and J. Merrill Shanks. 1996. *The New American Voter*. Cambridge, MA: Harvard University Press.

Mueller, John E. 1970. "Presidential Popularity from Truman to Johnson." *American Political Science Review* 68: 18-34.

Nie, Norman H., Sidney Verba, and John R. Petrocik. 1976. The Changing American Voter. Cambridge, Mass: Harvard University Press.

Norpoth, Helmut. 1996. "President and the Prospective Voter." *The Journal of Politics* 58: 776-792.

Norpoth, Helmut, Michael S. Lewis-Beck, and Jean-Dominique Lafay. 1991. *Economics and Politics: The Calculus of Support*. Ann Arbor: University of Michigan Press.

Patty, John W. 2002. "Equivalence of Objectives in Two Candidate Elections." *Public Choice* 112: 115-166.

Peffley, Mark, and John T. Williams. 1985. "Attributing Presidential Responsibility for National Economic Problems." *American Politics Quarterly* 13(4): 393-425.

Popkin, Samuel L. 1991. *The Reasoning Voter: Communication and Persuasion in Presidential Campaigns*. Chicago: University of Chicago Press.

Skorownek, Stephen. 1998. *The Politics Presidents Make: Leadership from John Adams to Bill Clinton*. Cambridge, MA: Belknap Press.

Sniderman, Paul M., and Richard A. Brody. 1977. "Coping: The Ethic of Self-reliance." *American Journal of Political Science* 21: 501-521.

Sniderman, Paul M., Richard A. Brody, and Philip E. Tetlock. 1991. *Reasoning and Choice*: *Explorations in Political Psychology.* New York: Cambridge University Press.

Stimson, James A. 1976. "Public Support for American Presidents: A Cycle Model." *Public Opinion Quarterly* 40: 1-21.

Stokes, Donald E. 1992. "Valence Politics." In *Electoral Politics*, ed. Dennis Kavanagh. Oxford: Clarendon Press.

14 和平、繁榮與希望：總統滿意度的解析

陳陸輝、耿曙

壹、研究緣起與研究問題

總統是國家元首，對外代表國家，對內依法統治，是我國憲政體制下最重要也是權力最大的行政首長。也因此，總統施政表現的良窳，不但攸關國家機構的順利運作，也與民眾生活密切相關。民眾認為，總統擁有憲法賦予權力，且接受選民付託，自當為選民帶來和平、繁榮與充滿希望的生活，提升民眾福祉與創造光明的國家前景。不過，總統在任期固定的情況下，是否在勝選過後就忘記民眾付託？還是兢兢業業以民為本？在其任職期間，憲政制度未必提供選民適當且可行的手段，給予總統獎勵與懲罰。因此，民眾對總統的施政滿意與否的評價就成為兩次選舉之間，民眾不斷對總統「評鑑」的結果。

本研究即希望透過民意調查的方式，檢視影響總統滿意度的因素，並進一步思考，民眾運用的這些標準，對於民主治理的可能影響。本研究認為：和平、繁榮與希望既然是選民對總統當選人的要求，自然會以相關標準，去評量總統任職期間的施政表現。對現任總統而言，總統施政滿意度的重要性，在於高的民眾滿意度給予總統許多憲政制度以外的權力，推動重要法案，或是提出新的施政計畫。相對而言，一個人氣低落的總統，在無法贏得民眾尊重的同時，自然在執行憲法賦予的權力時也多所掣肘。因此，研究哪些因素影響總統的施政滿意度對於國家的治理，有重要意義。本研究將依序說明總統施政滿意度的相關研究成果，並運用調查研究資料，解析影響總統滿意度的相關因素。

貳、民眾評價總統：既有政治傾向與客觀政治表現

民眾對總統的滿意度，反映民眾對於總統處理國家事務或是重要事件的滿意程度 (Marra and Ostrom 1989, 546)。總統雖由民眾經由合法程序選出，執行其職權，不過，持續的民眾支持，更是其確保政策推動的重要依

據。正如 Easton (1965, 154) 所言：「沒有政治相關成員 (politically relevant members) 的支持時，權威當局在將成員的需求轉為產出或是執行決策的過程中，會面對嚴重的困難。」

在總統滿意度的相關研究中，主要聚焦於以下四個問題。首先，為分析總統滿意度對於總統權力運用的重要性；其次則是探討影響總統滿意度的因素；第三則是分析總統能否操縱他的政治支持度；最後則是提出一個解釋總統滿意度成因的通則 (Ostrom and Simon 1985, 335-336)。

總統滿意度的重要性，在於民眾滿意度高的總統，往往擁有較多的「無形權力」。例如，一個具高民氣的總統，在國會的提案通過機會較高 (Ostrom and Simon 1985)，因此，他往往可以運用他的高民氣，提出新的法案或是推動重要創新的政策，並獲得民眾支持。我們也可以看到，許多總統總是利用上任初期與國會的蜜月期，推動重要的立法。此外，滿意度高的總統為同黨國會議員的助選，往往可以產生「拉拔效果」(coattail effect)。許多研究針對美國的期中選舉均發現：總統的滿意度對於同黨議員國會選舉的投票有重要的影響 (Erikson 1990; MacKuen, Erikson, and Stimson 1989; Marra and Ostrom 1989; Tufte 1978)。這些無形的權力，不但讓總統在黨內擁有強勢的領導地位，更可據以說服他黨議員，推動重要政策。因此，擁有高滿意度的總統像是收到選民給予的空白支票，當他拿著這些支票向國會銀行兌現時，國會銀行成員往往在謹慎思考不兌現的可能政治後果後，兌現支票。

既然總統滿意度具有一定的重要性，哪些因素會影響總統滿意度，就成為下一個研究點。對於總統滿意度研究最重要的學者 Mueller (1973, 197) 即指出：總統擔任的任期長短、重要國際事件、經濟以及戰爭，是影響總統滿意度的重要因素。就總統任期而言，總統就職之初，挾著勝選的光環與民眾對其擔任職務的期許，自然具有一定的聲望。但是，隨著上任後推動新的政策或重要的政策窒礙難行、未履行競選政見或是執政團隊出現負面新聞時，他的滿意度隨之下滑。總統推出的新的政策或許會得到一些選民的支持，不過，也可能引起部分民眾的不滿。例如，陳水扁總統在

2000 年上任後推動的暫停興建第四核電廠，雖然獲得反核人士的支持，也引起許多工商企業家的反對。馬英九上台後陸續舉行三次「江陳會談」，雖然會獲得一定比例選民的支持，不過，也自然會引起部分憂心台灣主權會遭到矮化的選民所不滿。因此，隨著其執政愈久，推動政策愈多，對單一政策不滿意的選民所累積的「聯盟」愈多，其支持度自然下降。Mueller (1973, 233-237) 指出：多數總統在其任職期間，滿意度總是愈來愈低，但他指出一個「愛森豪現象」(the Eisenhower phenomenon)。他描述愛森豪在任職期間的聲望是上下波動而非每況愈下，因此，Mueller 認為愛森豪是因為戰爭英雄、給人溫和形象的個人特質、終結韓戰、政治生手 (amateur status)、無為而治的治理方式以及處在美國社會風氣良好的 1950 年代等因素，使得他的滿意度並未隨任期終了而逐漸下滑。所謂「無為而治」，即指愛森豪未推動重要政策，且任職期間大多蕭規曹隨，所以沒有得罪太多選民。至於重要的國際事件，Mueller (1973, 208) 提出「擁護領導中心」(rally-round-the-flag) 的效果。這些事件必須是國際性的、與美國及特定總統相關且眾所矚目的事件，例如：美國採取入侵他國的軍事行動、進行中戰爭的重要發展、重要外交事件、重要科技發明、美國與蘇聯領袖的高峰會以及總統的上任等 (Mueller 1973, 209-210)。至於經濟方面，Mueller (1973, 213-216) 運用的是失業率作為指標，檢視總統在該次民調的失業率減去就任時的失業率，看他如何對總統滿意度造成影響。不過，Mueller (1973, 215) 特別指出：經濟衰退會讓民眾對於執政者不滿，但經濟好轉未必立刻有助他滿意度的提升。此外，戰爭也是一個重要因素。他認為戰爭對於總統的滿意度將是一項打擊 (Mueller 1973, 216-217)。Mueller (1973, 219-231) 的研究發現大致支持他的上述假設。Ostrom 與 Simon (1985) 的研究，則是提出一個相當全面的解釋模型，來說明影響總統滿意度的原因。他們 (Ostrom and Simon 1985, 336-338) 指出：民眾總是期望總統可以帶來和平、繁榮、國內穩定以及維持總統職位本身的威信與正直。這些期望，是民眾認為總統職位具有一定權力可以完成，因此，這些預期是以制度為基礎 (institution-based) 的基本要求，不會因在位者不同而有所

改變。除了以制度為基礎的因素之外，也有因為不同總統在競選期間提出不同競選政見或是對問題的解決方案，而有以不同在位者為基礎 (occupant-based) 的評估。因此，他們從國際、國內與個人三個面向，從以制度為主以及以個人為主兩個角度，以選民預期以及非預期的兩個方向，將與總統相關的結果區分為表 14.1 所示的 12 種類型。

表 14.1 評價總統相關事件的類型

	預期的			非預期的		
	國際	國內	個人	國際	國內	個人
制度為主	和平	繁榮	繼任	危機	社會動盪	總統誠信
個人為主	強權外交政策	立法活動	通過法案	外交活動	國內政策	個人困頓

資料來源：Ostrom and Simon (1985, 338)。

　　Ostrom 與 Simon (1985, 350-54) 的研究發現：美國總統在國際關係領域的作為，與其滿意度密切相關。其中，當美國與蘇聯對抗或是出現重要國際危機事件，總統滿意度會提高。以超級強國自居的美國，當總統挺身與當時另外一個超級強國蘇聯對抗時，民眾當然也會在總統背後集結力挺。當國家出現重大危機時，如古巴飛彈危機事件，民眾當然希望擁護領導中心，因此總統滿意度自然升高。此一現象我們也在「911 恐怖攻擊」時，小布希總統的滿意度上升到歷史高點可以看出。當然，他們發現：戰爭死傷人數增加，滿意度會下降，此點應該在我們預期內。不過，兩位作者提到了 Mueller 的觀點倒是頗具啟發。Mueller (1973, 62) 指出：民眾對於戰爭初始階段的傷亡人數較為敏感，不過，隨著戰爭的進行，死傷人數當然會累加，所以會對最後階段的大量傷亡較為關切。一個未必相稱但是可以比較的對象，倒像是近年來發生的 SARS 與 H1N1 這些新型流行疾病傷亡人數的情況。當 SARS 初始流行，政府也對於台灣尚未「淪陷」沾沾自喜，一旦出現第一個死亡病例，隨即引起民眾恐慌。但是最後如果沒有造成大量民眾感染死亡，政府的表現相對是受到民眾肯定的。此外，Ostrom 與 Simon 也指出：總統參加重要國際會議或是出訪重要國家，都

對滿意度有正面的影響。在國內方面，總統在國會通過的法案愈多，滿意度愈高。不過，當總統提出法案太多、經濟表現不佳或是國內出現重要社會抗爭事件，總統滿意度都會下降。值得說明的是，為何總統提案太多會引來滿意度下降？根據 Mueller (1973, 205) 的解釋：當總統強力推動特定政策時，一定會得罪一些因為政策被推動而強烈受害者甚至是兩面都不討好。這些人剛開始雖為少數，不過，隨著總統提出的法案愈多，這些不滿意的少數會愈來愈多而成聯盟 (coalition-of-the-minorities)，也將導致總統滿意度下降。此外，就總統個人因素而言，當總統健康出現問題、遭到暗殺、因故辭職等事件，現任者或是繼任者的滿意度都會升高。不過，當出現醜聞對其滿意度一定是一大打擊。

如果總統知道哪些因素會影響到民眾對他的滿意程度，他自然有動機加以操縱，以確保自己權力穩固。短期的經濟政策、國外出訪、甚至發動戰爭，都是可能的選項。由於自 1940 年代，美國民調機構即持續研究總統滿意度，累積的民調資料也相當可觀。結合報紙重要事件的報導、總體經濟指標以及戰爭傷亡人數等相關總體資訊，使得美國總統滿意度的研究成果相當豐碩。不過這些研究模型可否應用於台灣的研究就需要思考了。除了理論模型之外，研究資料是否充分也值得注意。我國人民直選總統始自 1996 年，迄今也不過十幾年、經歷三位總統，因此，運用時間序列 (time series) 結合主要報紙重要事件報導與總體資料的分析方式，未必適宜。本研究希望運用民意調查，結合可能影響我國總統滿意度的相關變數，探討影響我國總統滿意度的因素。

從國外的研究模型可以發現：國際事件、國內政策以及總統個人因素，都對於總統滿意度有重要影響。不過，由於我國的國際活動空間有限，因此，在討論我國的總統滿意度時，需考慮的重要因素之一，當為兩岸關係。兩岸關係相關議題的重要性，反映於內，則型塑台灣的政治格局，即台灣兩大政黨各據統獨一端抗衡爭鬥（Yu 2005；王甫昌　1997；吳乃德　1993；徐火炎　1996；陳文俊　1995；陳陸輝　2000；盛杏湲與陳義彥　2003；游清鑫　2002），展現於外，則左右台灣的大陸政策走向

（Chang and Wang 2005; Dittmer 2005; Keng, Chen, and Huang 2006; Myers and Zhang 2006; Niou 2005; Wang 2001; 2005; Wu 2004; 吳玉山　1999, 153-210；2001；吳乃德　2005）。因此，檢視近年總統選舉的議題設定，便知統獨之爭絕對是台灣政治的重要議題（陳陸輝與耿曙 2009, 164-194）。因此，兩岸議題既然如此重要，則民眾是否會因為自己的統獨立場、對兩岸關係的評估甚至兩岸和戰的可能等因素，來評價總統施政表現的好壞，自是一大重點。除了兩岸關係之外，經濟因素當然是評價總統的重要因素。不過，自馬總統上台之後，台灣在金融海嘯的席捲之下，經濟遭受重大衝擊。在有關經濟投票的相關討論中，民眾是否會以經濟表現的好壞向總統究責是一個重點，本研究也將此一焦點納入分析中。除此之外，民眾政治信任對於總統施政滿意度的影響，也是重點。政治信任是民眾對於政府的信心，因此，此一信心既融合主觀的偏好與客觀的評價，當對總統施政滿意度具有重要影響。[1] 本研究將從和平與繁榮兩個角度，結合我國特有的國際關係與兩岸現勢，提出解釋民眾對總統滿意度的評估。

參、研究資料、研究方法與研究假設

　　本研究運用的資料，係陳陸輝主持的《台灣民眾政治支持的研究：概念、測量與應用 (1/3)》國科會研究計畫。[2] 該計畫以台灣地區（不含金門、馬祖）年滿二十歲以上的成年人為該次調查的訪問對象，利用「中華電信住宅部 97-98 年版電話號碼簿」為母體清冊，依據各縣市電話簿所刊電話數佔台灣地區所刊電話總數比例，決定各縣市抽出之電話個數，並以等距抽樣法抽出各縣市電話樣本後，隨機修正最後二碼及四碼，以求接觸到未登錄電話的住宅戶。電話接通後再由訪員按照戶中抽樣的原則，抽出

---

[1]　關於台灣政治信任的定義、起源以及對選民投票行為與民主展望的影響，可以參考陳陸輝（2002；2003；2006；2007）和鄭夙芬、陳陸輝與劉嘉薇（2008）的系列討論。

[2]　該計畫編號為NSC97-2414-H-004-097-MY3，作者感謝國科會給予經費支持。

應受訪的對象進行訪問。電話訪問期間自民國98年4月7日（星期二）至4月12日（星期日）於政治大學選舉研究中心執行，該次訪問實際完成1,676個有效樣本，以百分之九十五之信賴度估計，最大可能抽樣誤差為±2.44%。該研究對樣本的分布特性使用「多變數反覆加權法」(raking)進行加權。性別、年齡及教育程度之母體參數，是依據內政部出版之「中華民國閩南地區人口統計（民國九十六年）」。樣本代表性檢定結果，顯示加權後的樣本結構和母體並無差異。樣本的分佈可以參考附錄一說明。本研究按照理論架構，挑選該資料中與本研究理論相關的變數進行分析。

有關總統滿意度的測量，本研究運用一般對於總統滿意度的測量方式，即：「請問您對馬英九總統上任以來的總體施政表現，滿不滿意？」此一測量方式，反映了民眾對於總統整體施政表現的滿意情況。在該筆資料中，此問題放在電話訪問的第一題，可以避免因為給予其他訪問題目刺激後，而影響受訪者對於總統滿意度評估的參考依據，而較不受題目順序與脈絡 (question order and context) 的影響。[3]

本研究焦點在於解釋民眾對總統滿意度的差異。根據本研究的重要研究問題，我們希望檢視兩岸關係、經濟發展與政治信任對於馬英九施政滿意度的影響。就兩岸關係而言，除了民眾自己的統獨立場外，當民眾認為兩岸關係和緩或是不太可能發生戰爭時，他們是否愈傾向支持馬英九？因為對象為馬英九總統，所以在2008年總統選舉中，哪些背景的民眾較支持馬英九也需考量。根據陳陸輝、耿曙與王德育（未定）的分析：女性、教育程度較高者較傾向支持馬英九。因此，我們模型中也納入性別與教育程度。此外，受訪者的政治世代，也一直是台灣學界關注的焦點。（陳陸輝 2000；陳陸輝與耿曙 2009；劉義周 1993；1994；1997）本研究以台灣的重大政治與社會事件發生的時間，將選民切割成三個政治世代。第一代是出生於西元1942年以及之前，第二代則出生於1943到1965年間，

---

3 關於這一方面的討論，可以參考Asher (2004)第三章，或是陳陸輝等（2008）翻譯的該書第三章討論。

第三代選民則是出生在西元 1966 年之後。選擇西元 1943 年以及 1966 年作為切割點的因素，是因為出生在 1943 年的受訪者大多接受國民黨的國小教育，而在 1966 年出生的這一群，在其成年時期前後，剛好經歷民進黨在 1986 年正式成立，正式以組織性的政黨，提名候選人挑戰國民黨威權統治時期。由於馬英九具外省人的背景且有別於過去國家元首的形象，給人較為年輕與清新的形象，因此，本研究假設年輕世代民眾會給予其較高的評價。在教育程度上，因為教育程度愈高，對於政府的批判能力愈強，也對政府諸多施政較為質疑，因此，本研究假設教育程度愈高，對馬英九的滿意程度愈低。

　　除了上述變數外，民眾的政黨傾向也是一個重要關鍵。政黨認同像是有色眼鏡，民眾一旦對特定政黨產生認同感之後，往往對該政黨表現與該黨政治人物有較佳的評價。因此，認同藍綠政黨的選民應該對馬英九出現不同的滿意度，本研究假設泛藍較支持而泛綠較不滿。此外，影響台灣民眾政治行為的另外一個重要變數，當係台灣意識。本研究也假設，台灣意識愈強的民眾，愈不滿意馬英九的表現。[4]

　　就選民對於其他現況的評估方面，我們分別從兩岸關係、經濟面向與政治信任等三個面向，詢問民眾對馬總統上任以來的評估。就兩岸關係方面，我們詢問民眾認為台灣與大陸關係是否變得較好以及兩岸發生戰爭的可能。就經濟議題上，我們請選民評估台灣目前的經濟狀況，並詢問民眾當前經濟情況不佳，應由馬政府還是國際環境負責。比較值得注意的是揉合兩岸關係及經濟因素的題目。在馬總統上台之後，兩岸在 2008 年 6 月與 11 月及 2009 年 4 月陸續舉行三次「江陳會談」，並簽署了包括：大陸觀光客來臺、兩岸直航以及金融合作等共計九項協議。因此，民眾對於兩岸密切交流的同時，也期待同時能帶動台灣的經濟。所以，民眾對於兩岸密切的經貿往來，對台灣經濟是利多還是利空，自然也影響民眾對馬總統

---

[4]　有關台灣意識的測量的討論及其政治效果，請參考陳陸輝等（2009）及陳陸輝、耿曙與王德育（未定）。本研究的測量與編碼方式，請參考附錄二表1。

的施政評價。除了上述因素外，民眾的政治信任程度，也應是影響民眾對馬英九總統施政滿意度的重要因素。我們將上述變數的相關處理方式以及分佈資訊，整理於附錄部份。以下資料分析，本文將先描述民眾對馬總統的施政滿意度，接著解釋影響滿意度高低的因素。由於本研究的依變數總統滿意度屬於「有序多分」的類別變數，因此，將運用「順序勝算對數模型」(Ordered Logit Model) 進行分析。

肆、資料分析與詮釋

民眾在馬總統就職滿一週年前夕，對於馬總統施政表現的滿意度如何？從表 14.2 可以發現：約有三成六 (36.2%) 的民眾感到滿意（其中感到非常滿意的有 5.8%、有點滿意的有 30.4%），不過，感到不滿意的有 51.7%（其中感到非常不滿意的有 22.6%、不太滿意的有 29.1%），兩者差距約一成五。此外，沒有表示具體意見的有一成二 (12.1%)，本研究執行於 2009 年 4 月初，與一般民意調查比例相近。

表 14.2　民眾對於馬英九總統上任以來的總體施政表現滿意程度分佈表

	次數	百分比
非常不滿意	378	22.6%
不太滿意	488	29.1%
有點滿意	510	30.4%
非常滿意	97	5.8%
無反應	203	12.1%
合計	1,676	100.0%

資料來源：陳陸輝（2009）。
說明：無反應包括拒答、很難說、無意見、不知道。

　　馬總統上任以來，雖然在兩岸和平發展上有重大且突破性的發展，不過，適逢金融海嘯席捲全球，使得政府面臨空前的壓力，當然也因為民眾對於「馬上好」的殷切期望，讓短期的失望頗高。此一現象是否會因全球經濟復甦或是台灣經濟好轉而改變，相當值得觀察。本研究進一步分析，有哪些因素對於民眾的施政滿意度會產生重要影響。

　　本研究將民眾對馬總統的滿意度區分為「非常不滿意」、「不太滿意」、「有點滿意」以及「非常滿意」四類，數值愈高代表愈滿意馬總統的施政表現，以進行統計分析，表 14.3 為統計分析結果。表 14.3 包含受訪者個人背景、重要政治態度、對兩岸關係的評估、經濟評估以及政治信任等解釋變數。[5] 首先，我們可以由表 14.3 發現：評估兩岸經貿交流將對台灣總體經濟獲利者，也傾向給馬英九更正面的評價。不過，評估兩岸關係較好者，卻沒有提高對馬英九的滿意度。此外，在兩岸走向和平與密切交流之際，可能發生戰爭的陰影不再，自然也不是民眾評估總統施政滿意度的重要依據。值得注意的另外一個變數是民眾的統獨傾向，統獨立場採取「維持現狀」者，較「傾向獨立」者給予馬總統更多正面評價。傾向統一者與傾向獨立者在對馬英九的滿意度上沒有顯著差別。是否表示馬總統向中間修正的「不獨、不統、不武」的立場，讓統派與獨派都覺得不夠滿意所致，很值得注意。當前兩岸關係在經貿交流更趨密切之後，民眾似乎無法單以感性的國家認同來看兩岸議題，經貿的利益似乎引來更大的吸引力，此一發展，雖早為學界所提出，後續趨勢，更值得注意。[6]

　　在各項表現的評估上，經濟評估與經濟不佳究責是兩個顯著的變數。當民眾認為整體經濟情況不佳以及認為是馬政府團隊執政能力不佳而導致經濟較差者，對馬英九的滿意度較低。顯示經濟評價是主宰民眾對馬總統

5　本分析的表14.3中檢視各解釋變數間是否具有「多重共線性」的問題，結果各變數之間並無嚴重的共線性問題存在。有關共線性診斷的幾種方式與指標，可參考Gujarati(1995, 335-39)。本調查問卷雖詢問受訪者的「台灣人／中國人」自我認定，不過該變數並不顯著，故未放入模型中。

6　相關的討論，可以參考吳乃德（2005）、吳玉山（1999）、陳陸輝等（2009）及耿曙、劉嘉薇與陳陸輝（未定）。

滿意度的重要因素，這個發現似乎透露出民眾以較為理性的經濟評價作為重要的評估政府表現標準。此一發展對於台灣民主政治的健全運作以及民眾對於政府究責的希求，都是一項正面發展。就政治信任而言，政治信任既為民眾對於政府的信心，它表示民眾認為即使不主動監督，政府也應該自動自發完成民眾的需求，才不會辜負民眾的選票付託。表14.3中顯示，該變數與總統的施政滿意度顯著相關。當民眾愈信任政府，對馬總統的評價愈高。

　　除了上述變數之外，民眾的台灣意識與政黨認同，都對馬總統的施政滿意度具有顯著的影響。台灣意識愈高，對馬總統的施政滿意度愈低。而認同泛藍與無政黨傾向者，都對馬總統有較高的滿意度。此外，就選民個人的背景而言，女性、年輕選民，對馬總統的滿意度較高。大學與中學教育相對於國小教育程度者，對馬總統的滿意度較低，不過只有中學教育程度者，出現顯著差異。值得注意的是，民眾的省籍對於馬總統的滿意度並未出現顯著差異。

表14.3　總統滿意度的順序對數成敗比模型分析

	估計係數	顯著性	（標準誤）
兩岸關係相關變數			
統獨立場（以傾向獨立為對照組）			
傾向統一	0.37		(0.25)
傾向現狀	0.50	**	(0.17)
兩岸關係評估（以其他為對照組）			
兩岸關係較好	-0.07		(0.15)
兩岸戰爭可能性 (0-10)	0.00		(0.03)
經貿交流（以其他為對照組）			
經貿交流利台經濟	0.65	***	(0.16)
施政表現評估因素			
經濟評估 (0-10)	0.19	***	(0.04)
經濟不佳究責（以國際環境為對照組）			
經濟究責馬團隊	-0.93	***	(0.20)

表 14.3　總統滿意度的順序對數成敗比模型分析（續）

	估計係數	顯著性	（標準誤）
政治信任 (1-4)	1.47	***	(0.14)
台灣意識 (1-4)	-0.14	*	(0.07)
政黨認同（以認同泛綠為對照組）			
認同泛藍	1.84	***	(0.22)
無政黨傾向	1.18	***	(0.19)
性別（以男性為對照組）			
女性	0.53	***	(0.13)
政治世代（以第一代為對照組）			
第二代 (1943-1965)	0.19		(0.27)
第三代（1966 及以後）	0.70	*	(0.30)
教育程度（以小學為對照組）			
中學教育	-0.52	*	(0.22)
大學教育	-0.40		(0.24)
省籍（以本省閩南為對照組）			
本省客家	0.38		(0.20)
大陸各省	-0.21		(0.21)
截距 1	3.22	***	(0.46)
截距 2	6.00	***	(0.49)
截距 3	9.51	***	(0.55)
Nagelkerke Pseudo-R^2		0.579	
樣本數		1,073	
卡方值 (G^2) / 自由度 / p 值		811.53 / 18 / <0.001	

資料來源：陳陸輝（2009）。

說明：*: $p<0.05$; **: $p<0.01$; ***: $p<0.001$。

　　上述分析顯示：民眾對於馬總統的施政滿意度高低，主要受經濟因素所影響。儘管民眾中有超過四分之三 (76.7%) 的比例認為經濟不好是因為全球景氣差所致，不過，國民黨在 2008 年相繼贏得國會與總統選舉之後，「完全執政」當負「完全責任」，所以民眾運用經濟的表現來評估的滿意度，縱使理解是全球景氣差所致，但還是要求執政黨負責。馬總統執政

之後，雖然在兩岸關係的和緩上有重要貢獻，不過，兩岸關係和緩以及「戰爭與和平」因素，卻未在總統滿意度上扮演重要角色。相對地，在三次「江陳會談」之後，民眾對於兩岸經貿交流的利益期待，變成了重要的評估重點。因此，馬總統是否會因為全球景氣復甦以及民眾受惠於兩岸經貿交流而讓滿意度水漲船高，頗值得注意。當然，台灣的選舉政治中，台灣意識、統獨立場以及藍綠認同，仍是影響民眾評估總統滿意度的重要標準。

伍、結論

　　總統直接民選在台灣僅有十幾年的歷史，民選總統對於他／她的施政滿意度，自當更加注意，以期望維持總統的權力及推動重要政策。儘管系統性地對總統滿意度研究在台灣並不多見，本研究希望參考美國總統滿意度的分析架構，討論應該以哪些變數分析總統的施政滿意度。因此，本研究尚屬初探性質，希望對後續的研究產生拋磚引玉的作用。

　　本研究發現：在金融海嘯的席捲下，台灣經濟飽受衝擊，也連帶使得馬總統的施政滿意度相當低靡。本研究發現：約三成六的民眾滿意馬總統過去近一年的表現，不過，也有超過五成一的比例表示不滿。具體檢視兩岸關係、經濟評估以及政治信任等因素，本研究發現：民眾主要以經濟因素評價總統的表現，當他們認為經濟較差、馬總統應該為低靡經濟負責，愈傾向給予馬總統較低的評價。在兩岸關係上，兩岸關係的和緩其實並未給馬總統加分，民眾倒是寄望兩岸密切的政治互動後，可以帶來實質的經貿利益。當然，民眾的統獨立場、藍綠政黨傾向以及台灣意識，仍然是影響馬總統滿意度的重要因素。除了上述變數之外，我們也發現：馬總統較受到女性或年輕選民所青睞，不過，相對於國小教育者，中學教育程度者對馬總統的滿意度較低。整體而言，民眾主要是以經濟利益來對總統究責。此一發現，似乎對於台灣民主政治的健康發展是件好事。希望民眾完

全擺脫意識型態或是政黨立場來詮釋政治事務本不容易，但是，當民眾可以加入更多理性的評估，以總統的施政表現當作重要評估標準，代表政治人物不再能夠僅以感性認同為吸引選民的訴求，而必須在施政表現上多多著力，才能夠持續獲得選民的支持與認可。

附錄一、樣本分佈表

	次數	百分比
性別		
男性	837	50.0%
女性	839	50.0%
年齡		
20 至 29 歲	348	20.8%
30 至 39 歲	351	20.9%
40 至 49 歲	357	21.3%
50 至 59 歲	288	17.2%
60 歲及以上	302	18.0%
無反應	30	1.8%
教育程度		
小學及以下	335	20.0%
國、初中	243	14.5%
高中、職	496	29.6%
專科	231	13.8%
大學及以上	358	21.4%
無反應	14	0.8%
地理區域七分類		
大台北都會區	363	21.6%
北縣	138	8.2%
桃竹苗	236	14.1%
中彰投	316	18.8%
雲嘉南	251	15.0%
高屏澎	275	16.4%
宜花東	75	4.5%
無反應	22	1.3%

資料來源：陳陸輝（2009）。

附錄二、指標建構與分佈結果

　　本研究的「台灣意識」、兩岸經貿交流利益、兩岸戰爭可能、經濟評估、經濟不佳究責以及政治信任等題目的測量與分佈，茲分述如下：

1. 本研究的「台灣意識」是以下列題目進行測量：最近社會上經常有人說：「我們一定要愛台灣這塊土地」，請問您認為有沒有必要強調這種說法？（選項以及編碼方式為：「根本沒必要=1」、「不太有必要=2」、「有點必要=3」以及「非常有必要=4」，分數分佈介於1~4之間，數值愈大，表示台灣意識愈強，其他未表態的不納入分析。）

2. 兩岸經貿經貿交流利益是以下面題目予以測量：如果政府完全開放兩岸經貿，請問您認為台灣的經濟情況會變得更好、更差，還是差不多？（選項以及編碼方式為：「更差=0」、「差不多=0」以及「更好=1」，數值為1，表示將因經貿開放而獲益，其他未表態的不納入分析。）

3. 「兩岸戰爭可能」的測量題目為：我們想請您用0~10來表示將來台灣與大陸之間發生戰爭的可能性。0表示非常不可能，10表示非常有可能。那您認為將來台灣與大陸之間發生戰爭的可能性應該是多少？（分數介於0到10之間，未表態的不納入分析。）

4. 「經濟評估」的測量題目為：如果用0~10來表示，您對台灣目前經濟狀況的看法，0表示非常不好，10表示非常好，那0到10之間，您會給多少？（分數介於0到10之間，未表態的不納入分析。）

5. 經濟不佳究責：整體來說，台灣的經濟狀況與過去相比並不好，有人認為這是馬英九執政團隊能力較差造成的，也有人認為這是因為全球景氣都不好所造成的，請問您認為是哪一個原因？（選項以及編碼方式為：「全球景氣=0」、「馬英九執政團隊=1」，數值部份介於0與1，其他未表態的不納入分析。）

6. 政治信任測量表：利用以下三題建構指標：

(1) 有人說「政府所做的事大多數是正確的。」請問您同不同意這個說法？（選項以及編碼方式為：「非常不同意=1」、「不同意=2」、「同意=3」以及「非常同意=4」，分數分佈介於 1~4 之間，數值愈大，表示信任程度愈高，其他未表態的不納入分析。）

(2) 有人說「政府官員時常浪費一般民眾所繳納的稅金。」請問您同不同意這個說法？（選項以及編碼方式為：「非常同意=1」、「同意=2」、「不同意=3」以及「非常不同意=4」，分數分佈介於 1~4 之間，數值愈大，表示信任程度愈高，其他未表態的不納入分析。）

(3) 請問您相不相信政府首長（例如：像總統、院長、部長）在電視或報紙上所說的話？是很相信、還可相信、不太相信、還是很不相信？（選項以及編碼方式為：「很不相信=1」、「不太相信=2」、「還可相信=3」以及「很相信=4」，分數分佈介於 1~4 之間，數值愈大，表示信任程度愈高，其他未表態的不納入分析。）

三個題目的內在一致性檢定值 (Cronbach's α) 為 0.649。

上述各變數的中央趨勢與離散程度結果見下表。

表 1　重要解釋變數的分佈資訊

指標名稱	平均數	標準差	樣本數
台灣意識	2.306	1.033	1,602
兩岸經貿交流利益	0.385	0.487	1.496
兩岸戰爭可能	2.503	2.318	1,519
經濟評估	3.904	2.133	1,622
經濟不佳究責	0.185	0.388	1,576
政治信任	1.948	0.626	1,643

資料來源：陳陸輝（2009）。

附錄三、其他獨立變數的測量與編碼方式

1. 性別：以女性為 1、男性為對照組 0。

2. 政治世代：依照陳陸輝與耿曙（2009）的分類方式分為 1942 年以及之前出生者為第一代，1943 至 1965 為第二代，1966 及以後為第三代。本研究以第一代為對照組。

3. 省籍：以本省閩南為對照組，分別以本省客家與大陸各省建立兩個虛擬變數。其他樣本數不納入分析。

4. 教育程度：以國小及以下教育程度為對照組，以中學（包含國初中、高中職）以及大專以上教育程度建立兩個虛擬變數。

5. 政黨傾向：利用以下幾個問題建構：

在國民黨、民進黨、新黨、親民黨跟台聯這五個主要政黨中，請問您認為您比較偏向哪一個政黨？

（回答有者）請問是哪一個政黨？

（回答其他答案者）您比較偏向國民黨，偏向民進黨，偏向新黨，偏向親民黨，還是偏向台聯，或是都不偏？

（回答有者）請問是哪一個政黨？

我們以上述有表示政黨傾向者加以歸類為「認同泛藍政黨」（包括國民黨、親民黨與新黨）以及「認同泛綠政黨」（包括民進黨以及台聯）。至於沒有表示具體傾向者，編碼為「無政黨傾向」。本研究以「認同泛綠」為對照組。

6. 統獨立場：測量的題目為：

關於台灣和大陸的關係，有下面幾種不同的看法：

1：儘快統一　　　　　　　　　2：儘快獨立

3：維持現狀，以後走向統一　　4：維持現狀，以後走向獨立

5：維持現狀，看情形再決定獨立或統一　　6：永遠維持現狀

請問您比較偏向哪一種？

我們將「儘快統一」與「維持現狀，以後走向統一」編碼為

　　「傾向統一」，而將「儘快獨立」與「維持現狀，以後走向獨立」編碼為「傾向獨立」，另外將「維持現狀，看情形再決定獨立或統一」與「永遠維持現狀」編碼為「維持現狀」，而以「傾向獨立」為對照組。其餘不納入分析。

●●● **參考文獻** ●●●

I. 中文部分

王甫昌，1997，〈台灣民主政治與族群政治的衝突〉，載於《民主的鞏固或崩潰：台灣二十一世紀的挑戰》，游盈隆編，台北：月旦。

吳乃德，1993，〈省籍意識、政治支持和國家認同：台灣族群政治理論的初探〉，載於《族群關係與國家認同》，張茂桂等編，台北：業強。

------，2005，〈麵包與愛情：初探台灣民眾民族認同的變動〉，《台灣政治學刊》，9(2): 5-39。

吳玉山，1999，〈台灣的大陸經貿政策：結構與理性〉，載於《爭辯中的兩岸關係理論》，包宗和、吳玉山編，台北：五南。

------，2001，〈兩岸關係中的中國意識與台灣意識〉，《中國事務》，4: 71-89。

徐火炎，1996，〈台灣選民的國家認同與黨派投票行為：1991 至 1993 年間的實證研究成果〉，《台灣政治學刊》，1: 85-127。

耿曙、劉嘉薇、陳陸輝，未定，〈打破維持現狀的迷思：台灣民眾統獨抉擇中理念與務實的兩難〉，《台灣政治學刊》，即將出版。

陳文俊，1995，〈統獨議題與選民的投票行為──民國八十三年省市長選舉之分析〉，《選舉研究》，2(2): 99-136。

陳陸輝，2000，〈台灣選民政黨認同的持續與變遷〉，《選舉研究》，7(2): 109-141。

------，2002，〈政治信任與台灣地區選民投票行為〉，《選舉研究》，9(2): 65-84。

------，2003，〈政治信任、施政表現與民眾對台灣民主的展望〉，《台灣政治學刊》，7(2): 149-88。

------，2006，〈政治信任的政治後果──以 2004 年立法委員選舉為例〉，《台灣民主季刊》，3(2): 39-62。

------，2007，〈民眾對中央和地方政府的政治信任對其縣市長選舉的影響〉，《政治學報》，43: 43-70。

------，2009，《台灣民眾政治支持的研究：概念、測量與應用 (1/3)》，計畫編號：NSC97-2410-H-004-097-MY3，台北：行政院國家科學委員會補助專題研究計畫成果報告。

陳陸輝、耿曙，2009，〈台灣民眾統獨立場的持續與變遷〉，載於《重新檢視爭辯中的兩岸關係理論》，包宗和、吳玉山主編，台北：五南圖書。

陳陸輝、耿曙、王德育，未定，〈兩岸關係與 2008 年台灣總統大選：認同、利益、威脅與選民投票取向〉，《選舉研究》，即將出版。

陳陸輝等譯，Herbert Asher 原著，2008，《解讀民意調查》，台北：五南圖書。

陳陸輝等，2009，〈理性自利或感性認同？影響台灣民眾兩岸經貿立場因素的分析〉，《東吳政治學報》，27(2): 87-125。

盛杏湲、陳義彥，2003，〈政治分歧與政黨競爭：2001 年立法委員選舉的政治分析〉，《選舉研究》，10(1): 7-40。

游清鑫，2002，〈政黨認同與政黨形象〉，《選舉研究》，9(2): 85-114。

劉義周，1993，〈台灣的政治世代〉，《政治學報》，21: 99-120。

------，1994，〈台灣政黨形象的世代差異〉，《選舉研究》，1(1): 53-73。

------，1997，〈統獨態度的世代差異〉，兩岸關係問題民意調查學術研討會，5 月 17-18 日，台北：政治大學。

鄭夙芬、陳陸輝、劉嘉薇，2008，〈選舉事件與政治信任：以 2004 年總統選舉為例〉，《問題與研究》，47(3): 29-50。

II. 外文部分

Asher, Herbert. 2004. *Polling and the Public: What Every Citizen Should Know.* 6th ed. Washington, D.C.: Congressional Quarterly.

Chang, G. Andy, and T. Y. Wang. 2005. "Taiwanese or Chinese? Independence or Unification? An Analysis of Generational Differences in Taiwan." *Journal of Asian and African Studies* 40: 29-49.

Dittmer, Lowell. 2005. "Taiwan's Aim-Inhibited Quest for Identity and the China

Factor." *Journal of Asian and African Studies* 40(12): 71-90.

Easton, David. 1965. *A Systems Analysis of Political Life*. Chicago and London: The University of Chicago Press.

Erikson, Robert S. 1990. "Economic Conditions and the Congressional Vote: A Review of the Macro Level Evidence." *American Journal of Political Science* 34: 373-99.

Gujarati, D. 1995. *Basic Econometrics*. New York: McGraw.

Keng, Shu, Lu-huei Chen, and Kuan-bo Huang. 2006. "Sense, Sensitivity, and Sophistication in Shaping the Future of Cross-Strait Relations." *Issues & Studies* 42(4): 23-66.

MacKuen, Michael B., Robert S. Erikson, and James Stimson. 1989. "Macropartisanship." *American Political Science Review* 83: 1125-42.

Marra, Robin F., and Charles W. Ostrom, Jr. 1989. "Explaining Seat Change in the U. S. House of Representatives." *American Journal of Political Science* 33: 541-69.

Mueller, John E. 1973. *War, Presidents and Public Opinion.* New York: John Wiley & Sons, Inc.

Myers, R. Hawley, and Jialin Zhang. 2006. *Struggle across the Taiwan Strait*: *The Divided China Problem*. Stanford, CA: Hoover Institution Press.

Niou, Emerson M. S. 2005. "A New Measure of Preferences on the Independence-Unification Issue in Taiwan." *Journal of Asian and African Studies* 40: 91-104.

Ostrom, Charles W., Jr., and Dennis M. Simon. 1985. "Promise and Performance: A Dynamic Model of Presidential Popularity" *American Political Science Review* 78: 334-58.

Tufte, Edward R. 1978. *Political Control of the Economy.* New Jersey: Princeton University Press.

Wang, T. Y. 2001. "Cross-Strait Relations after the 2000 Election in Taiwan: Changing Tactics in a New Reality." *Asian Survey* 41(5): 716-736.

------. 2005. "Extended Deterrence and US Policy towards the Taiwan Issue: Implications for East Asia and Taipei." *Taiwan Defense Affairs* 6(1): 176-195.

Wu, Yu-Shan. 2004. "Review of 'The China Threat: Perceptions, Myths and Reality'." *Europe-Asia Studies* 56(1): 178-179.

Yu, Ching-hsin. 2005. "The Evolving Party System in Taiwan, 1995-2004." *Journal of Asian and African Studies* 40: 105-123.

附錄
2008年第12任總統選舉大事紀

年	月	日	事紀
2004	11	19	外界猜測台北市長馬英九已決定參選國民黨黨主席，但馬英九說「目前還未考慮是否選黨主席」（聯合報 2004/11/20）
2004	12	12	媒體詢問王金平是否爭取連戰卸任後的黨主席，王金平說他「目前沒有考量」，現在談此話題也並不適宜（聯合報 2004/12/13）
2005	1	14	國民黨已初步確定在五月下旬進行黨主席改選，連戰不再參選續任，並敲定 8/27 連戰 70 歲生日當天舉行第 17 屆全國黨代表大會，進行新舊任黨主席交接，完成世代交替。兩位副主席立法院長王金平、台北市長馬英九仍是熱門人選，但仍未明確表態要爭取黨主席（聯合報 2005/01/14）
2005	2	2	王金平表示「國民黨主席與立法院長兩職務『無互斥性』」，駁斥國會龍頭不宜兼任黨主席之說，至於何時才要表態，王金平，「我還需要自我訓練一段時間」（聯合報 2005/02/03）
2005	2	11	媒體詢問馬英九是否爭取國民黨主席，馬表示，過完年後答案就會漸漸明朗。（聯合報 2005/02/12）
2005	2	14	台北市長馬英九首度表態將參選國民黨主席。他並表示，希望參選的不只一人，並且可以舉行公開辯論表達政見。不排除參選的王金平則重申支持連戰續任（聯合報 2005/02/15）
2005	2	15	柯建銘抨擊王金平參選國民黨主席。他說國會議長的中立性必須嚴守，立院不能淪為黨機器的一部分。（聯合報 2005/02/15） 馬英九說，連戰曾向他表示黨主席選舉已經制度化直選，因此不會再連任（聯合報 2005/02/16） 立法院長王金平說，國民黨多年來追求成為內造化政黨，「國會議長兼任黨主席就是落實國民黨成為內造政黨」。王金平表示，若現任主席連戰確定不續任，「那時候會認真考量（參選）」（聯合報 2005/02/16）
2005	2	24	國民黨主席連戰對全體黨籍立委表示，國民黨主席選舉應「按制度來做事」。此被解讀為否決擁王派「黨主席延選一年」案，在場多位立委解讀連戰已表明「交棒」（聯合報 2005/02/25）
2005	2	23	李全教等立委將發起連署，建議對連戰本屆主席任期延長一年，明年再舉行國民黨主席選舉，不但可以讓「王馬之爭」暫時休兵，年底縣市長選舉相關提名、輔選任務，也可仍由連戰領導；對此主張，立法院長王金平認為「也有若干道理」，但是否行得通，仍需尊重連戰意願（聯合報 2005/02/23）
2005	3	16	國民黨中常會決定將黨主席選舉由原預定的 5/28，延後到 7/16，比原提案的 7/23 提早一周，以杜絕參選人可利用這一周動員人頭入黨的質疑（聯合報 2005/03/16）

年	月	日	事紀
2005	3	17	立法院長王金平宣布參選國民黨主席（聯合報2005/03/17）
2005	3	19	三一九行動委員會發起的「為民主點燈，為和平祈禱」，國民黨主席連戰、新黨主席郁慕明全程參加，宣布參選國民黨主席的立法院長王金平及台北市長馬英九也都決定出席（聯合報2005/03/19）
2005	3	21	國民黨主席連戰約集副主席吳伯雄、林澄枝、江丙坤，商討攸關黨主席選舉的黨員是否應繳納黨費才能票投主席議題（聯合報2005/03/22）
2005	3	27	馬英九接受電子媒體專訪，強調自己參選黨主席是為了「幫國民黨取得執政權」。比較自己和王金平的背景，兩人「改革力道」可能有所不同，唯有改革獲得認同，二〇〇八年的總統大選，國民黨才有機會奪回執政權（聯合報2005/03/28）
2005	4	5	國民黨副主席馬英九說，他若當選國民黨主席，不排除訪問大陸，並將與王金平「共治黨中央」、「權力分享，互相徵詢」，共商黨秘書長的任命等重大事務。（聯合報2005/04/06）
2005	4	6	國民黨中常會決定，只要在7/16主席選舉投票日前（含當天）未被停止黨權者，都具投票資格。意即未繳清黨費者，因黨權尚未被處分，仍具投票權（聯合報2005/04/07） 立法院長王金平表示，他若當選黨主席，未來與台北市長馬英九的關係，不是主席與副主席，而是合作的關係。二〇〇八年，馬英九仍是最佳人選的話，他一定會支持及協助，讓馬英九有機會（聯合報2005/04/07）
2005	4	12	國民黨縣市議會議員串連挺現任主席連戰續任，立法院長王金平指出，他仍會依原規劃競選黨主席，但連戰若答應競選連任，他會立即退選並支持連戰（聯合報2005/04/13）
2005	4	16	國民黨舉行中評會主席團會議，黨主席連戰在致詞時表示，國民黨當前重點是任務型國代選舉，不是黨主席選舉，他不希望黨主席選舉轉移焦點（聯合報2005/04/17）
2005	4	17	國民黨主席參選人馬英九說，若國民黨形象不好、與黑金勾結，就沒人要來國民黨，黨產問題要儘快處理（聯合報2005/04/18）
2005	5	11	國民黨中常會通過黨主席選舉作業細則，5/25至6/8受理連署與登記，7/16投票，選前兩周，將舉辦兩場電視政見發表會。組發會主委廖風德說，候選人票數相差千分之二，即可申請驗票；投票當天也可繳黨費，未繳清黨費而還未獲黨紀處分者，仍具投票權（聯合報2005/05/12）
2005	5	16	國民黨公告黨主席選舉時程（聯合報2005/05/16）
2005	5	24	國民黨立委吳敦義質疑挺連聲浪是阻礙國民黨民主發展，國民黨副主席、立法院長王金平表示，民主運作有多樣性，他不懂為什麼支持現任黨主席連戰就叫妨礙民主（聯合報2005/05/25）

年	月	日	事紀
2005	5	25	台北市長馬英九領表參選國民黨主席（聯合報 2005/05/25）
2005	6	1	有意競逐國民黨主席的立法院長王金平、台北市長馬英九在中常會上，報告路線、兩岸、與執政黨互動、縣市長輔選及黨產等五大問題（聯合報 2005/06/01）
2005	6	7	立法院長王金平登記參選國民黨主席（聯合報 2005/06/07）
2005	6	8	國民黨主席參選登記截止，主席連戰確定不連任（聯合報 2005/06/09）
2005	6	13	立法院長王金平在台中縣國民黨員座談會上消毒，指外界傳言他如當選黨主席會走李登輝路線，「真是莫名其妙」，還說李登輝會隨王金平「班師回朝」，他連說三次「這種講法真奇怪」（聯合報 2005/06/14）
2005	6	17	立法院長王金平說，民進黨在這次國民黨黨主席選舉中「支持的不是我」。王金平暗指民進黨支持馬英九，對此馬英九表示，他從來不覺得民進黨在支持他（聯合報 2005/06/18）
2005	6	21	國民黨黨主席候選人號次抽籤，台北市長馬英九一號，立法院長王金平二號（聯合報 2005/06/22）
2005	6	28	國民黨主席參選人立法院長王金平、台北市長馬英九都推出以「誰能讓國民黨贏？」為主題的電視廣告，其中馬英九的廣告「能真正推動清新改革的人，才能讓國民黨贏」「言行一致，捍衛中華民國的人，才能讓國民黨贏」、「真正能與黑金劃清界線的人，才能讓國民黨贏。」引發王金平陣營不滿。王金平並強調，馬陣營如果做負面文宣，對台北市長馬英九的人格與形象絕對是傷害。（聯合報 2005/06/29）
2005	6	30	國民黨主席連戰約見競選主席的兩名副主席王金平、馬英九，要求他們在選舉過程避免負面文宣，王馬都「欣然同意」，兩人更同時指出，所謂的「反黑金」，指的是執政的民進黨政府（聯合報 2005/07/01）
2005	7	2	國民黨主席選舉第一場電視政見發表會
2005	7	5	立法院長王金平強調，他走的是「國民黨路線」不是「李登輝路線」，李登輝路線就是制憲、正名並建立新國家，這樣的主張「一定會引來戰爭」（聯合報 2005/07/06）
2005	7	6	國民黨中常委侯彩鳳在中常會中說，希望兩位副主席王金平與馬英九退出黨主席選舉，黨主席連戰當場要王馬繼續選下去（聯合報 2005/07/07）
2005	7	9	國民黨主席選舉第二次電視政見會
2005	7	10	立法院長王金平陣營宣布，將選定凱達格蘭大道舉辦黨主席投票選前之夜造勢晚會，以凸顯台北市長馬英九去年處理泛藍群眾抗爭屢受質疑（聯合報 2005/07/11） 台中市胡志強首度公開表態挺馬（聯合報 2005/07/11）
2005	7	11	台北市警中正一分局以逾期申請為由，駁回國民黨主席候選人、立法院長王金平凱達格蘭大道集會遊行的申請案（聯合報 2005/07/12）

年	月	日	事紀
2005	7	12	雲林馬英九陣營接獲檢舉，有候選人賄選，雲林王金平之友會長張輝元說，王金平不可能送禮賄選，也沒人會為王金平賄選，馬陣營放話是刻意栽贓，雙方陣營為賄選傳聞互批，針鋒相對（聯合報 2005/07/13）
2005	7	13	立法院長王金平競選國民黨主席，推出最後一波電視廣告。這個名為「黨，我們同在一起」的廣告，以去年總統大選後泛藍抗爭為背景，強調「每個關鍵時刻，王金平絕不缺席」，試圖喚醒泛藍群眾回憶，暗諷對手台北市長馬英九去年三二〇當晚缺席（聯合報 2005/07/14）
2005	7	16	中國國民黨主席暨 17 全黨代表選舉日，由黨員直選，投票率為 50.17%。馬英九得票數 375056，得票率 71.51%，王金平得票數 143268，得票率 27.32%，由馬英九當選黨主席。（聯合報 2005/07/17） 連戰在馬英九陪同下投票，但沒想到連戰圈選章蓋的太用力，從選票背面可以看出他投給王金平。連戰女兒連惠心因而大方的亮票承認自己投給王金平。（聯合報 2005/07/17）
2006	8	2	民進黨立委向查黑中心告發馬英九涉嫌貪污
2006	8	4	高檢署查黑中心北部特偵組分案，由候寬仁偵辦
2006	11	17	國民黨主席、台北市長馬英九表示，如果他被訴，依照黨的規定，就要停止黨權，但他未就是否辭市長表示意見。國民黨高層表示，台北市長馬英九一旦遭到貪瀆、賄選或本刑三年以上有期徒刑的起訴，依照黨內規定，將被停止黨權；而依照國民黨相關規定與慣例，馬英九若遭停止黨權，將暫停黨主席職務，由第一副主席代理。
2006	11	23	檢方二度約談馬英九
2006	11	24	國民黨主席馬英九再次表示，一旦因特別費遭起訴就辭黨主席。王金平對馬英九遭起訴就辭職的決定，表示尊重。（聯合報 2006/11/25）
2007	1	30	國民黨主席馬英九表達一旦遭到起訴，將辭去黨主席一職的立場。據接近馬英九人士指出，黨內已出現擁連聲浪，主張由連戰回鍋擔任黨主席，繼續領導國民黨，扮演安定大局的角色。（聯合報 2007/01/30）
2007	2	2	國民黨主席馬英九在三軍軍官俱樂部宴請資深退役將領，會後記者問馬英九，現在「是否還堅持」起訴就辭黨主席時，馬英九稱：「對於未來我無法預測，但都作了必要的準備。」（聯合報 2007/02/03）
2007	2	6	施明德說，相信馬英九若被起訴，一定會謹守承諾辭去黨主席，如馬英九不遵守諾言，將成為陳總統「最好」的榜樣，未來國務機要費案一審判決有罪，陳水扁一樣可以不下台。（聯合報 2007/02/07）
2007	2	9	馬英九說，一旦起訴，他會堅辭黨主席，不可能由榮譽黨主席連戰接黨主席，黨章規定得很清楚。（聯合報 2007/02/10）
2007	2	13	馬英九特別費案檢方以貪污罪嫌起訴，馬自辯清白，宣布參選總統，並辭去國民黨主席。（聯合報 2007/02/14）

年	月	日	事紀
2007	2	16	前行政院長謝長廷率先表態參選民進黨總統初選（聯合報 2007/02/17）
2007	2	22	民進黨主席游錫堃表態參選民進黨總統初選（聯合報 2007/02/23）
2007	2	23	馬英九請辭國民黨主席後，依規定三個月內要補選黨主席，秘書長吳敦義表示，目前黨中央規畫兩方案，分別在四月中與五月初補選，下周一中央工作會議討論後，將交由下周三中常會確認（聯合報 2007/02/24）
2007	2	25	行政院長蘇貞昌表態參選民進黨總統初選（自由時報 2007/02/26）
2007	2	27	國民黨由代主席吳伯雄主持中山會報，敲定國民黨主席補選時程草案（聯合報 2007/02/28）
2007	2	29	國民黨黨主席補選公告，將從九日起展開連署，參選者須在三月十八日前，得到百分之三、也就是三萬三千一百六十位黨員的連署。參選者在十八日正式登記，並於三月廿八日至四月六日展開競選活動，四月七日進行投票，十一日就職。
2007	3	1	民進黨總統、立委初選提名公告
2007	3	5	3/5-3/9 民進黨總統初選登記
2007	3	6	呂秀蓮宣布參選民進黨總統初選，並隨即至民進黨中央黨部登記，成為各政黨首位正式完成黨內登記的候選人（自由時報 2007/03/06）
2007	3	8	謝長廷、游錫堃、蘇貞昌完成黨內總統初選登記（聯合報 2007/03/09）
2007	3	8	國民黨主席補選領表。除代理主席吳伯雄在中午時委由幕僚領表外，黨籍立委洪秀柱突然宣布放棄爭取區域立委，轉戰黨主席，成為史上第一位投入國民黨主席選戰的女性。（聯合報 2007/03/08）
2007	3	10	立委洪秀柱參與國民黨主席補選，籲競爭對手吳伯雄辭去代理主席。吳伯雄辭去代主席等職務。（聯合報 2007/03/11）
2007	3	26	國民黨前主席馬英九首度表示，自己一直支持前代主席吳伯雄，也會全力支持吳伯雄參選黨主席（聯合報 2007/03/27）
2007	3	28	民進黨中執會討論黨內總統初選民調辦法，經三回合激戰，總統府與蘇謝達共識的「中間排藍」版壓倒性勝出。府方主導提出的民調版本，是依「政黨認同」排藍，詢問選民政黨傾向，回答傾向民進黨、台聯、泛綠軍的受訪者，都納入有效樣本，回答國民黨、親民黨、新黨、泛藍軍者，則予以排除，沒有明確政黨傾向者，繼續追問下一題「整體來講，請問你欣賞泛綠或泛藍」，回答泛藍者排除，回答泛綠和未表態者，都予以保留。（聯合報 2007/03/29）
2007	3	29	國民黨主席候選人洪秀柱強調，國民黨長期以來看不到「責任制」，如果她當黨主席，年底立委大選若選敗，她「馬上下台、換人」，如果贏了選舉，她也會儘速交棒給年輕代，不會戀棧。（聯合報 2007/03/30）
2007	4	1	國民黨主席補選舉辦政見會

年	月	日	事紀
2007	4	3	馬英九特別費案台北地院首度開庭審理
2007	4	7	國民黨主席補選投票，投票率53.75%，吳伯雄得票156499，得票率86.97%，洪秀柱得票23447，得票率13.03%。由吳伯雄勝。新任黨主席產生後，將在下周三中常會就職，任期至二〇〇九年十八全黨代表大會，約兩年四個月。（聯合報2007/04/08）
2007	4	19	民進黨辦理黨內初選號次抽籤，結果為：1號謝長廷、2號蘇貞昌、3號呂秀蓮、4號游錫堃（聯合報2007/04/20）
2007	4	21	某民進黨立委近日私下委託民調公司評估選情，該份資料顯示，若依現行版「中間排藍」方式，謝長廷支持度是百分之廿九，蘇貞昌支持度是百分之廿四。副總統呂秀蓮民調支持度為百分之十二點五；黨主席游錫堃支持度是百分之五點六；未表態率百分之廿七點五。 這份民調期間是四月十三日到十六日，範圍是全國廿五縣市，樣本高達三千份，先前各陣營所做民調樣本多為一〇六八份。此份民調排藍程度是百分之廿七點八，與先前黨中央預估總統初選民調排藍約三成接近。 該份民調特別針對「自由意志黨員票」，做出投票傾向預測，謝支持度略為領先蘇。交叉分析資料顯示，自稱是民進黨員者，有百分之卅六點六支持謝，百分之卅點一支持蘇。 不過在綠營部分，謝領先蘇比率較高。資料顯示，若採取「重度排藍」，排除中間、未表態，僅取泛綠支持者，謝支持度百分之五十點一；蘇百分之廿七點一。 交叉分析資料顯示，回答政黨認同為民進黨者，百分之四十九點八支持謝，百分之廿八支持蘇；在這次樣本中認同台聯者，有五成支持謝，其餘都被呂、游瓜分，無人支持蘇。 不過蘇比謝更受中間選民青睞。無政黨偏好選民，有百分之廿三點六支持蘇，百分之廿一點一支持謝；不知道或拒絕回答政黨認同者，有百分之十七點七支持蘇，百分之十六點四支持謝。 （聯合報2007/04/21）
2007	5	6	民進黨總統暨立委二合一黨員投票日。謝長廷贏得初選，蘇貞昌宣布退出民進黨總統初選，游也停止競選活動，呂則表示，初選只佔三十％，後面還有七成民調，她會繼續走完初選。民進黨代理主席蔡同榮昨晚表示，按照初選辦法規定，雖有參選人表達退選，除非中執會另有決議，否則初選須繼續進行。黨秘書長林佳龍說，5/9-5/11將針對總統初選做電話民調。在初選成績計算上，總統部分黨員投票佔三成，民調佔七成，整個結果黨中央將於5/20正式公告。 謝長廷得票62851，得票率44.66% 蘇貞昌得票46994，得票率33.40%

年	月	日	事紀
			呂秀蓮得票 8666，得票率 6.16% 游錫堃得票 22211，得票率 15.78% （自由時報 2007/05/07）
2007	5	7	民進黨總統初選落幕，四大天王齊聚共同召開國際記者會，營造團結氣氛，在總統初選黨員投票落敗的副總統呂秀蓮、行政院長蘇貞昌和黨主席游錫堃，共同宣佈將不再進行第二階段民調，並以「未來的謝總統」稱前行政院長謝長廷，全力挺謝。民進黨召開臨時中執會，確認取消這次總統初選的第二階段民調，並公告謝長廷為民進黨二○○八總統候選人（自由時報 2007/05/08）
2007	5	30	民進黨總統初選結果公告
2007	7	23	馬英九特別費案馬陣營指控偵寬仁筆錄不實，曲解馬及證人供述原意
2007	8	14	馬英九特別費案台北地院判馬無罪
2007	8	15	民進黨總統參選人謝長廷確定副手為蘇貞昌（聯合報 2007/08/16）
2007	9	21	最高檢特偵組偵結民進黨特別費，起訴呂秀蓮、游錫堃；謝長廷及蘇貞昌不起訴（中時電子報 / 政治 /2007/09/21）
2007	10	12	馬英九特別費案高院首度開庭，馬英九否認貪污
2007	11	7	公布公職人員選舉罷免法修正案
2007	11	30	馬英九特別費案高院第三次開庭，全案辯論終結，馬痛批檢察官羅織入罪
2007	12	10	教育部主秘莊國榮批評馬英九很娘郝龍斌像 gay（中國時報 A3/ 焦點新聞 2007/12/10）
2007	12	28	高院判決馬英九特別費案無罪
2008	1	12	第八屆立委選舉，投票率 58%。國民黨獲八一席掌控新國會、民進黨僅獲二七席慘敗、無黨獲五席。國民黨並贏得逾 51% 政黨票，成第一大黨。台聯、新黨、親民黨、綠黨等第三勢力均未跨過 5% 政黨門檻。
2008	1	21	中選會公告第七屆立委選舉當選名單與公民投票第 3、4 案投票結果 國民黨假投票決定立法院副院長提名人，由曾永權勝出（聯合報 /A2 版 / 焦點 2008/01/22）
2008	1	22	中選會公告第 12 任正副總統選舉候選人登記期間、地點、應具備表件及保證金等事項 中選會公告國民黨、民進黨、親民黨三黨得推薦第 12 任正副總統候選人
2008	1	24	國民黨主席吳伯雄未知會馬英九，即與陳水扁總統密會（聯合報 /A4 版 / 要聞 2008/01/25） 行政院長張俊雄率內閣總辭（聯合報 /A4 版 / 要聞 2008/01/24）
2008	1	27	馬英九與謝長廷完成參選第 12 任總統候選人之登記（聯合報 /A2 版 / 焦點 2008/01/27）

年	月	日	事紀
2008	1	31	謝長廷公布馬英九綠卡卡號，認為其仍有效，馬陣營援引美國聯邦行政法典，指綠卡已視同失效（聯合報 2008/02/01/A4 版 / 要聞）
2008	2	1	中選會公告全國性公民投票案第 5 案及第 6 案成立 中選會公告全國性公民投票案第 5 案及第 6 案意見發表會或辯論會辦理日期、時間及各場之主持人，暨第 12 任正副總統候選人電視政見發表會日期及主持人 第七屆立法院報告，王金平連任立法院長，曾永權任副立法院長（聯合報 2008/02/02/A4 版 / 要聞）
2008	2	5	中選會公告 97 年度政黨競選費用補助金
2008	2	13	陳水扁、謝長廷宣布支持入聯與返聯兩公投（中國時報 2008/02/14）
2008	2	15	第 12 任正副總統候選人姓名號次抽籤，1 號為謝長廷、蘇貞昌，2 號為馬英九、蕭萬長 中選會主委張政雄表示，將查明總統參選人是否有雙重國籍（中國時報 2008/02/16）
2008	2	17	中選會要查馬英九綠卡號碼（中國時報 2008/02/18）
2008	2	18	馬英九大姐馬以南被媒體爆料曾當過大學聯考槍手（中國時報 2008/02/18）
2008	2	24	2008 總統大選公民提問電視辯論會（聯合報 2008/02/24/A4） 前民進黨主席許信良表態力挺謝長廷（聯合報 2008/02/25A9 版 / 綜合）
2008	2	26	立法院第 7 屆第 1 會期開議
2008	2	29	第 12 任總統候選人電視政見發表會第 1 場
2008	3	2	立委余天再度質疑馬英九全家有綠卡，隨時可能落跑，馬陣營要求余天道歉，否則將提出告訴 (TVBS2008/03/03)
2008	3	4	北社副社長金恆煒日前在謝陣營造勢晚會中爆料，指馬英九的太太周美青在哈佛大學燕京圖書館曾偷報紙，周美青上午委由律師前往台北地院遞狀控告金恆煒。（聯合晚報 /A10 版 / 社會 2008/03/04） 賴清德等 4 位立委指控蕭萬長子女在台美有豪宅，質疑其資金來源，蕭萬長已委請律師控告賴清德等人違反總統副總統選罷法及加重誹謗罪（民視 2008/03/04）
2008	3	7	第 12 任總統候選人電視政見發表會第 2 場
2008	3	10	第 12 任副總統候選人電視政見發表會
2008	3	14	第 12 任總統候選人電視政見發表會第 3 場
2008	3	15	陳水扁總統接受民視專訪，公開質疑國民黨總統候選人馬英九綠卡失效說法不實，陳總統並做出重大宣示，只要馬英九能夠提出美國官方文件證明綠卡失效，他不但道歉，也願意馬上辭掉總統職務，謝長廷也應退選（自由時報 2008/03/16）

年	月	日	事紀
2008	3	16	莊國榮於謝陣營造勢場合粗口大罵馬鶴凌（聯合報/A4版/2008/03/17）
2008	3	17	莊國榮為其攻擊馬鶴凌先生之言論發出道歉聲明，並辭教育部主秘職務（聯合報/A1版/要聞2008/03/18） TVBS民調：支持度：馬54% vs. 謝28%，得票率預測：馬60% vs. 謝40%
2008	3	18	馬英九表示，若西藏問題持續惡化，若他當選總統，不排除拒絕參加奧運（東森新聞2008/03/18） TVBS民調：支持度：馬50% vs. 謝31%，得票率預測：馬57% vs. 謝43%
2008	3	19	李遠哲表態挺謝長廷（自由時報2008/03/20） 陳水扁總統於桃園輔選時緊咬馬英九的綠卡問題，他並說，如果未來要交給一個有美國永久居留權的總統，「我的棒子怎麼交得下去？」他呼籲大家不要選未來可能是做美國人爸爸的馬英九做總統。（自由時報2008/03/20） TVBS民調：支持度：馬52% vs. 謝30%，得票率預測：馬57% vs. 謝43%
2008	3	20	李登輝表態要投給謝長廷（東森新聞2008/03/20） TVBS民調：支持度：馬53% vs. 謝31%，得票率預測：馬58% vs. 謝42%
2008	3	21	曹興誠表示要投給馬英九（聯合新聞網2008/03/22） TVBS民調：支持度：馬51% vs. 謝29%，得票率預測：馬58% vs. 謝42%
2008	3	22	第12屆正副總統選舉，投票率76.33％，由馬英九、蕭萬長勝選。馬蕭共獲得7659014票，得票率58.45％；謝蘇則獲得5444949票，得票率41.55％。 入聯與返聯公投投票率只有35%，均遭否決（中央社2008/03/22）
2008	3	23	馬英九召開國際媒體記者會（中時電子報2008/03/24） 金美齡表示，投馬蕭的就是選擇中國，她不要再當台灣人(TVBS2008/03/23)
2008	3	24	長昌競選總部發言人趙天麟表示，謝長廷將會兌現選前承諾請辭黨主席，也不會接受慰留（聯合新聞網2008/03/24）
2008	3	25	莊國榮自辭教育部主秘後回政大上課的首日，政大已接到許多抗議電話信件（聯合報2008/03/25）
2008	3	26	行政院長張俊雄表示，行政院及所屬政務人員將在五月中旬向總統提出辭職，3月28日後凍結人事（自由電子報2008/03/27）
2008	3	28	陳水扁總統核定接卸任政府交接小組成員，由總統府秘書長陳唐山擔任召集人，並核定「二〇〇八接卸任政府之交接要點」，包括應於不侵犯、減損現任總統憲法職權、不破壞權力分立原理前提下進行等（自由電子報2008/03/29） 民進黨主席謝長廷召開記者會宣布留任到5月25日（自由電子報2008/03/29） 中選會召開委員會議審定通過並公告第十二任總統、副總統當選人馬英九、蕭萬長

年	月	日	事紀
2008	3	29	辜寬敏指出，此次總統大選民進黨大敗，謝長廷要負最大敗選責任，並認為該由新人來領導民進黨（自由電子報 2008/03/30）
2008	4	2	立院黨團總召柯建銘提出黨改革建言，痛批黨內派系分贓與山頭文化，他同時建議執行擴大檢討會議，並在黨主席改選問題上考慮「協商共推」黨主席。（自由時報 2008/04/03） 民進黨代理主席謝長廷在中常會提議，在 5 月 18 日改選黨主席，並獲通過。（自由時報 2008/04/03）
2008	4	3	前國安會秘書長丁渝洲直率指陳，馬英九距離準備好了顯然還有很大一段距離。馬蕭辦公室發言人羅智強表示，馬營目前和國安單位協調順暢，謝謝丁渝洲的意見和提醒。（中時電子報 2008/04/04）
2008	4	4	總統當選人馬英九接受中央社專訪時，就台灣加入 WHO 議題強調，他反對以「台灣」名義申請加入 WHO，認為目前沒有比「中華台北 (Chinese Taipei)」更好的名稱。（自由時報 2008/04/05）
2008	4	5	總統當選人馬英九前往兩蔣陵寢謁陵，他站在蔣經國的靈櫬前追思時還眼眶泛紅，兩度用手帕拭淚，並表示兩蔣留下的歷史遺產應好好保存，轉化成為觀光文化資源。（東森新聞 2008/04/06）
2008	4	6	副總統當選人蕭萬長確定將出席第七屆博鰲亞洲論壇。蕭萬長證實，他將會以兩岸共同市場基金會董事長身分，第六次參加博鰲論壇。（自由時報 2008/04/07） 副總統當選人蕭萬長表示，他上任後，會在一、兩週內檢討目前的浮動油價公式，讓公式反映市場機制，若檢討後仍需漲價，會讓油價一次漲足，但為避免對物價造成太大衝擊，對大眾運輸工具所使用的柴油，可能必須採取補貼措施。（自由時報 2008/04/07）
2008	4	7	鄭南榕基金會舉辦「鄭南榕殉道十九週年追思會」，對於總統敗選，參加追思會的呂秀蓮及謝長廷都說對不起鄭南榕，強調民進黨應重新站起來，找回為民主奮鬥的力量。（自由時報 2008/04/08） 民進黨主席謝長廷在該黨中執會提案，開放 18 至 35 歲青年加入民進黨並享有五月黨主席改選投票權，儘管獲中執會通過，但引發爭論，中常委吳秉叡擔心遭有心人士灌人頭黨員，呂秀蓮也強調若只為年輕人入黨更改遊戲規則，應慎重考慮（自由時報 2008/04/08）
2008	4	8	陳水扁與馬英九原本將在 4 月 21 到 23 日，在陳總統邀請下，一同行玉山兵推，但消息提前曝光，馬英九臨時以行程排滿為由，宣布不參加了 (TVBS2008/04/08)
2008	4	14	馬英九宣布，將請東吳大學校長劉兆玄擔任新政府的行政院長、國民黨副主席江丙坤擔任海基會董事長。（東森新聞 2008/04/14） 民進黨主席選舉開放黨內登記，中常委蔡同榮拔得頭籌，他主張黨集體領導，並暗批黨內青壯派說。（自由時報 2008/04/15）

年	月	日	事紀
2008	4	14	博鰲論壇後，中共商務部發出「一個中國」新聞稿，引起蕭萬長不快，大陸立即改正新聞（中時電子報 2008/04/14）
2008	4	16	經多次折衝，馬英九及蕭萬長總統及副總統就職紀念郵票，確定以中華民國郵票為名發行。但英文以括號方式加註台灣，創國內郵票先例。（中時電子報 2008/04/16）
2008	4	17	被視為行政院副院長內定人選的前衛生署長詹啟賢，昨突然發表聲明，宣布等協助馬蕭政權交接工作告一段落後，重返民間，投身慈濟全球醫療團隊。（自由時報 2008/04/18）
2008	4	18	馬英九辦公室晚間發布最新消息，總統府秘書長由詹春柏出任，副秘書長由前台北市副市長葉金川出任。(TVBS2008/04/18) 針對中國時報載金溥聰鬥走詹啟賢，金發簡訊反駁並揚言提告。(TVBS2008/04/18) 在民進黨全黨齊心力拱下，前行政院副院長蔡英文，終於在最後一刻現身黨中央登記參選黨主席；而游盈隆在之後立刻決定退出主席之爭。(TVBS2008/04/18)
2008	4	19	馬蕭辦公室發言人羅智強對外表示，520 新政府上任後，公立學校和公營事業機關將不再懸掛元首肖像，但外館、軍事單位和政府機關基於國家主權象徵的考量，仍會繼續懸掛。（中時電子報 2008/04/19） 民進黨內擴大檢討會議，扁沒到，謝早退，蘇貞昌則痛批民進黨形象及黨內派系。（聯合新聞網 2008/04/20）
2008	4	21	內定閣揆劉兆玄今天上午公布第一波 17 位內閣名單，行政團隊確定出任的部會首長名單如下： 行政院副院長－邱正雄，行政院秘書長－薛香川，行政院政務委員－蔡勳雄、朱雲鵬，內政部長－廖風德，外交部長－歐鴻鍊，法務部長－王清峰，經濟部長－尹啟銘，交通部長－毛治國，主計長－石素梅，衛生署長－林芳郁，環保署長－沈世宏，經建會主委－陳添枝，青輔會主委－王昱婷，農委會主委－陳武雄，勞委會主委－王如玄，原委會主委－章仁香。
2008	4	23	媒體報導台北市副市長吳秀光收受軍火商黑錢，吳秀光聲明其屬研究顧問費，每月九萬元，並無不法。（中時電子報 2008/04/24）
2008	4	24	吳秀光為免影響市府形象，今天請辭。（自由時報 20080425） 馬英九特別費案無罪定讞。（自由時報 2008/04/25）
2008	4	26	將出任總統府秘書長的詹春柏仍將續任國民黨副主席，並出席國民黨中常會，引發外界對馬英九選前「黨政分離」承諾跳票的質疑。黨籍立委今天也開砲批評。（聯合新聞網 2008/04/23） 國民黨台南縣地方民代與幹部，痛批準閣揆劉兆玄內閣人事南北失衡，欺負台南縣人。(TVBS2008/04/26)

年	月	日	事紀
2008	4	27	馬政府第二波內閣名單尚未公布，但已確定賴幸媛將任陸委會主委，令人意外。(TVBS2008/04/27)
2008	4	28	劉兆玄宣布第二波馬政府內閣人事： 政務委員－張進福、曾志朗，陸委會－賴幸媛，教育部－鄭瑞城，財政部－李述德，國防部－陳肇敏，新聞局長－史亞平，人事行政局長－陳清秀，故宮博物院院長－周功鑫，國科會主委－李羅權，金管會主委－陳樹，退輔會主委－高華柱，原能會主委－蔡春鴻，研考會主委－江宜樺，文建會主委－黃碧端，公程會主委－范良，體委會主委－戴暇齡，客委會主委－黃玉振。
2008	4	29	國民黨榮譽主席連戰訪問大陸，今天下午在釣魚台國賓館第四度與中共總書記胡錦濤會面。(TVBS2008/04/29) 賴幸媛將接掌陸委會，引發部分愛國同心會成員舉牌抗議馬英九。(TVBS2008/04/29)
2008	4	30	賴幸媛拜會江丙坤，強調未來兩人將合作。(中時電子報2008/05/01)
2008	5	1	行政院副院長邱義仁坦承，外交部2006年提供近三千萬美元技術援助經費，委由台裔男子金紀玖和華裔吳思材和巴布亞紐幾內亞談判遭侵吞。(聯合新聞網2008/05/02)
2008	5	2	台灣與巴紐驚爆建交金遭侵吞醜聞，外交部長黃志芳指出事件不在外交部執行能力，而是「邱義仁所信任的人」忠誠度有問題、背叛國家。黃志芳表示要向國人道歉並負起責任（中擊電子報2008/05/03）
2008	5	4	馬蕭辦公室發言人羅智強請辭獲准。(TVBS2008/05/04) 劉兆玄坦言，任命賴幸媛為陸委會主委確實會衝擊兩岸關係。(聯合新聞網2008/05/05)
2008	5	5	與巴紐建交的外交醜聞風暴持續延燒，邱義仁發出退黨聲明。(聯合新聞網2008/05/05) 行政院副院長邱義仁宣布退出民進黨，並永遠退出政壇，但並沒有提及是否請辭的事宜。(中時電子報2008/05/06)
2008	5	6	檢方大規模搜索邱義仁及黃志芳住處。邱黃兩人雙雙辭職獲准。(今日新聞2008/05/06) 針為巴紐建交醜聞，陳水扁總統在6日透過總統府發表書面聲明，表示他沒有主導，也沒有參與此案，並對這項原為好意的外交事件，演變為傷害國家、政黨形象向全民道歉，並已指示將巴紐案列為政權交接事項。(中廣新聞網2008/05/06)
2008	5	7	國民黨剛接任黨團書記長一職的謝國樑無預警請辭。黨主席吳伯雄在接獲辭呈後，立即指示政策會執行長林益世溝通慰留。（聯合新聞網2008/05/08）

年	月	日	事紀
2008	5	8	準海基會董事長江丙坤正式宣布，將任命中原大學教授高孔廉，擔任海基會副董事長暨秘書長職務。（中時電子報 2008/05/09）
2008	5	10	準內政部長廖風德在木柵 140 高地爬山，突然昏迷，不幸猝逝。（TVBS2008/05/10） 民進黨團提案，要修正會計法，讓 97 年 6 月 1 日之前的相關費用處理通通除罪化，其中也包含總統的國務機要費。（TVBS2008/05/10）
2008	5	11	馬蕭辦公室公布新一波國家安全會議人事案，國安會祕書長確定由前陸委會主委蘇起出任，三位副祕書長分別由專長外交政大政治系教授何思因、海軍備役中將李海東、及東華大學公共行政所教授高長出任。另五位諮詢委員分別為鍾堅、陳德昇、蔡宏明、楊永明、詹滿容等。另一位總統府副秘書長由馬英九重要友人台大政治系教授高朗出任。總統府發言人由世新大學法律系副教授的王郁琦擔任；國史館長則由中研院近史所研究員林滿紅出任。（中時電子報 2008/05/12）
2008	5	12	蔡同榮決定退出民進黨主席之爭，支持辜寬敏。（中時電子報 2008/05/13） 準閣揆劉兆玄昨天決定新政府未來將成立「行政院首長健康顧問小組」，由準衛生署長林芳郁擔任召集人，為行政首長提供健康諮詢服務。（自由時報 2008/05/13）
2008	5	14	行政院長張俊雄率七十六位政務官總辭。（聯合新聞網 2008/05/15）
2008	5	15	馬蕭辦公室發布人事消息，內政部長由前台中縣長廖了以擔任，現任海巡署署長王進旺續任。（中央通訊社 2008/05/15） 準總統馬英九明確表示，由於台灣反對中國大陸的獨裁統治，兩岸統一，這輩子不太可能會發生。（今日新聞 2008/05/15）
2008	5	16	馬蕭辦公室政權交接小組幕僚表示，總統辦公室的檔案文件仍未列入移交清冊，已透過總統府第二局反映，希望總統辦公室的檔案也列入移交清冊中。（中央通訊社 2008/05/16） 府方人士表示，520 馬蕭就職大典，總統陳水扁、副總統呂秀蓮將不會出席。民進黨主席謝長廷、前行政院長蘇貞昌也都表示不會出席。（中央通訊社 2008/05/16）
2008	5	17	520 就職典禮倒數三天，但今天卻傳出國民黨主席吳伯雄不滿座位安排，認為不受尊重，拒絕出席。邀請卡作業也錯誤頻傳。（華視新聞 2008/05/17） 陳水扁今日駁斥沒帶走任何機密文件，並表示將參加新總統馬英九就職大典。（中廣新聞網 2008/05/17） 原本說會出席 520 馬蕭小巨蛋就職慶典的前總統李登輝，今天也公開說他不會去了，理由是就職大典要求 7 點半入場太早了。（TVBS2008/05/17）

年	月	日	事紀
2008	5	18	民進黨主席選舉結果，投票率五成一，蔡英文以七萬三千八百六十五票，將近兩萬五千票之差擊敗辜寬敏，成為國內第一位女性主要政黨黨主席，也是民進黨史上最年輕的黨主席。（中廣新聞網 2008/05/18） 行政院大陸委員會副主任委員人事今晚確定，特任副主委將由劉德勳出任，另外兩位副主委則分別由張良任、傅棟成接任。（中央通訊社 2008/05/18）
2008	5	19	台灣南社今天發表聲明，批判馬英九是「一中，不表」。（今日新聞 2008/05/19） 任內最後一天，陳水扁總統忙著接見外賓及贈勳，於晚間 11 時離開總統府。（民視新聞 2008/05/19）
2008	5	20	馬英九、蕭萬長宣誓就任中華民國第十二任正副總統。 行政院各部會新卸任首長交接儀式。 檢察總長陳聰明表示，最高檢察署特偵組今天會就陳總統所涉的國務機要費案分案，未來將以「被告」身分傳訊他。（聯合新聞網 2008/05/20） 馬英九於就職演說中，強調追求兩岸和平穩定，並感謝台灣包容他這位戰後新移民。聯合新聞網 2008/05/20
2008	5	21	總統馬英九今日在總統府召開國際記者會，向眾多國際媒體說明施政理念與治國方針。（中央通訊社 2008/05/21） 總統馬英九於會見外賓時，甘比亞共和國副總統當面提出金援的要求。（東森新聞 2008/05/21） 前總統陳水扁在卸任不到半小時就被列為被告，呂秀蓮替陳前總統抱不平，痛批馬英九總統趕盡殺絕。（華視 2008/05/21）
2008	5	22	馬英九公開證實，周美青已於 520 前向任職的兆豐銀行申請退休。（TVBS2008/05/22）
2008	5	25	總統府也決定成立「總統與家庭成員醫療小組」，召集人將由前台北市衛生局長，現任新光醫院副院長張珩醫師擔任。（東森新聞網 2008/05/25）
2008	5	26	對於攔基測專車事件，台中市議員陳清景趕在國民黨市黨部召開考紀委員會前提出退黨聲明，不過仍被國民黨撤銷黨籍。陳清景也成為馬總統上任後，第一個因言行「出包」被撤銷黨籍的國民黨籍民代。（聯合新聞網 2008/05/27） 由府院黨高層所組成的「五巨頭會議」首度開會。馬英九總統在會中透露，傾向將國務機要費相關資料解密，以協助司法單位調查。（聯合新聞網 2008/05/27） 總統府舉行記者會，公布卸任正副總統移交的檔案數，這是總統府有史以來首度公布檔案移交資訊。總計移交 1744 件，其中未見「南線專案」。（聯合新聞網 2008/05/27）

年	月	日	事紀
2008	5	28	國民黨立委李乙廷一審判決當選無效，立法黨團副書記長吳育昇今天表示尊重司法（中央通訊社 2008/05/28）
2008	5	29	內政部長廖了以證實，現任移民署長吳振吉決定提前退休，北市警察局長王卓鈞即將接任警政署長（中央通訊社 2008/05/29）
2008	5	30	行政院長劉兆玄首次立院施政報告，一上台就為油價無預警漲價再度向人民道歉，並脫下西裝宣示節能（華視 2008/05/30）
2008	5	31	賴清德、翁金珠聯合質詢，批評國民黨利用擴大內需名義來綁樁。（民視新聞網 2008/05/31）
2008	6	1	苗栗縣政府計畫在通霄馬家庄興建「馬英九奮鬥館」，遭批為拍馬屁，縣長劉政鴻動怒。（東森新聞網 2008/06/01）
2008	6	3	總統府人士指民進黨主席蔡英文是固守基本教義派路線，蔡英文回應指出，這是「過度簡化」，勿亂貼標籤。（中央通訊社 2008/06/03） 苗栗縣長劉政鴻要蓋馬英九奮鬥館被批評拍馬屁，苗栗縣 18 鄉鎮長以及民意代表力挺劉政鴻發展觀光。然而劉兆玄說經建會不會准。民進黨立委則又反批劉不重視客家文化（中廣新聞網 2008/06/03） 大陸海協會人事改組，原國台辦主任陳雲林退休轉任海協會會長，由大陸外交部副部長王毅接任國台辦主任（東森新聞網 2008/06/03）
2008	6	4	兆豐銀行核准周美青的退休案，周美青將出任紅十字總會的名譽會長，也擔任中國國際商銀文教基金會的秘書長（華視 2008/06/04）
2008	6	5	「柔性政變」官司，三審定讞，前總統陳水扁敗訴，連戰不表示任何意見，宋楚瑜則表示這是遲來的正義。陳水扁辦公室聲明表示遺憾。（東森新聞網 2008/06/05）
2008	6	7	立法院長王金平建議可以讓總統夫人周美青，九月率團到北京參加殘障奧運，但周美青婉拒。（民視新聞網 2008/06/07）
2008	6	9	總統府主動公佈府內及所屬單位一級主管擁有外國居留權的狀況，發言人王郁琦表示，目前只有國安會諮詢委員詹滿容還有綠卡，其他人不是沒有外國居留權，就是在就職前已經放棄。（東森新聞網 2008/06/09） 為反擊綠營連日來緊咬劉內閣綠卡問題，國民黨政策會執行長林益世公布民進黨政府時代，具雙重國籍官員人數多達 21 人。（自由時報 2008/06/10）
2008	6	11	兩岸海基會與海協會復談，陳雲林與江丙坤會面。（東森新聞網 2008/06/11） 總統府監察委員提名審薦小組今天開會，篩選出監察委員提名名單。（中央通訊社 2008/06/11）

年	月	日	事紀
2008	6	12	行政院會上午通過國民年金法部分條文修正草案，修正放寬勞保年金完成立法上路前，請領勞保給付，沒有年資限制，皆可加入國民年金保險。（聯合新聞網 2008/06/12） 釣魚台主權問題再度引爆爭議，各界批評政府太過軟弱，而行政院雖然重申釣魚台主權立場，但還是支持外交部保有外交處理空間的做法。藍綠立委都批評外交部太軟弱，民進黨立委還嘲諷馬總統悶不吭聲，還要求外長歐鴻鍊下台，林郁方則對國防部長陳肇敏喊話，把軍艦飛彈準備好出海護魚打仗。（TVBS2008/06/12）
2008	6	13	行政院新聞局長史亞平表示，新聞局副局長將由前國安會秘書處長林清修出任，預計下周一正式到任。（中央通訊社 2008/06/13） 聯合號事件，朝野要求政府護漁，甚至還提出派出紀德艦進入爭議十二海浬海域。行政院長劉兆玄今天一度附和立委說法，對日方提出要道歉、賠償及放人的立場，不排除跟日方開戰。然而下午劉揆態度軟化。至於當初電話召返海巡艦艇的日本事務會執行長蔡明耀已提出辭呈，行政院將裁撤該單位回歸亞太司。（華視 2008/06/13） 海基海協兩會今天簽署週末包機和陸客來台兩項協議文件。（中廣新聞網 2008/06/13）
2008	6	14	聯合號海釣船遭日本巡邏艦撞沉，外交部長歐鴻鍊決定召回駐日代表許世楷。（中央通訊社 2008/06/14） 法務部發表聲明強調釣魚台是中華民國領土，擁有司法管轄權，全案可能涉刑法第 353 條毀損船艦等罪，有管轄權的檢察機關，因「聯合號」船長、船東提刑事告訴或依其他情事知有犯罪嫌疑，當追訴日本巡邏船有關人員刑事責任（中央通訊社 2008/06/14）
2008	6	15	駐日代表許世楷前往外交部，向外交部長歐鴻鍊報告處理聯合號事件事宜，日方僅表示遺憾，許世楷解釋日方的「遺憾」就表示道歉。（中央通訊社 2008/06/15） 保釣行動聯盟搭乘海釣船出海保釣，這次有海巡署船隻將隨行保護海釣船宣示主權。（中央通訊社 2008/06/15） 駐日代表許世楷被爆擁有日本永久居留權。（華視 2008/06/15）
2008	6	16	保釣行動，海巡署破天荒挺進釣魚島 0.4 浬。（聯合新聞網 2008/06/17）
2008	6	17	馬總統昨天召開國安會議，作成「和平解決釣魚台爭端」的決定，外交部長歐鴻鍊今天表示，總統作了這個決定，外交部就會透過外交途徑，設法和平解決台日爭端，後續將由我駐日副代表向日方交涉，駐日代表許世楷的辭呈，將透過行政院轉呈總統。（中廣新聞網 2008/06/17） 馬英九總統首度表態，他強調釣魚台是中華民國的領土，台灣的屬島，政府堅持維護釣魚台主權的決心不變，但對於外交部日本事務會蔡明耀擅自指揮調度，馬總統認為很有問題。（民視新聞網 2008/06/17）

年	月	日	事紀
2008	6	18	馬英九肯定劉兆玄，並重申他遵守憲法雙首長制。（東森新聞網 2008/06/18） 民進黨團總召柯建銘呼籲，扁政府時期任命的政務官外交官以及國營事業負責人，應該考慮趕緊請辭。(TVBS2008/06/18)
2008	6	19	總統馬英九確定提名前財政部長王建煊為監察院長，副院長為前民進黨籍立委沈富雄。（中央通訊社 2008/06/19） 總統馬英九提名張俊彥為考試院長。（中央通訊社 2008/06/19） 馬英九總統晚間批准國家安全局局長許惠祐的辭呈，並任命蔡朝明為新任國家安全局局長。（東森新聞網 2008/06/19）
2008	6	20	管碧玲指稱國安會秘書長蘇起、考試院副院長被提名人伍錦霖、試委被提名人蔡式淵、蔡璧煌等人擁有美國綠卡，並公布卡號。總統府發言人王郁琦代表蘇起指出，蘇起已在 1988 年放棄綠卡。伍錦霖回應沒有綠卡也沒有雙重國籍。（東森新聞網 2008/06/20） 總統宣布監委提名人選。民進黨立院總召柯建銘表示，被提名的監委是總統選舉的後謝名單，是政治分贓（中央通訊社 2008/06/20） 台中市長胡志強，原本預定 7 月 4 日要搭兩岸首航班機到中國招商，但陸委會回覆公文流程來不及無法成行。胡批評陸委會考慮的不夠周延，他對此感到相當失望。（民視新聞網 2008/06/20）
2008	6	23	外傳國民黨基層串聯修改黨章，力拱馬英九總統回任黨主席，總統府發言人王郁琦今日強調，黨政分離是馬總統的理念，完全不考慮兼黨主席。（中時電子報 2008/06/24） 台北市長郝龍斌今天率團前往中國大陸上海市訪問，成為首位造訪大陸的直轄市長。（中央通訊社 2008/06/23）
2008	6	26	研考會公布總統上任一個月的滿意度調查，結果顯示，48.2% 民眾滿意，不滿意 34.5%；對於行政院長劉兆玄的施政，43% 民眾滿意，不滿意者 38%（中央通訊社 2008/06/26）
2008	6	28	國民黨執政後首度召開縣市首長會報，大批擴大內需政策推動太倉卒，劉兆玄當場致歉，對於股市、經濟沒有馬上好，劉兆玄說，應該改成「馬上漸漸好」。（華視 2008/06/28）
2008	6	29	行政院祭出八大項措施，鼓勵規模「八兆新台幣」的保險資金投入股市，投資愛台十二項建設。（華視 2008/06/29）
2008	6	30	總統府發佈總統令，任命前財政部次長陳樹為金監會主委、前立委李紀珠為金監會副主委，政大商學院長周行一、輔大金融所長葉銀華、達楷生科董事長蔡宗榮為委員（中央通訊社 2008/06/30）
2008	7	2	行政院長劉兆玄今天指出，兩岸直航與統一無直接關係。直航的議程都與經濟相關，不需要做過度的延伸。（中央社 2008/07/02）

年	月	日	事紀
2008	7	4	立法院上午行使監察院長、副院長同意權投票。王建煊獲立法院同意任監察院長，但沈富雄則未達同意門檻，無法出任副院長。值得注意的是，雖然國民黨團決議一致支持王建煊，但仍有「跑票」情況。（中央社 2008/07/04） 兩岸從今天開始包機直航，國際媒體高度關注。（民視 2008/07/04）
2008	7	6	總統馬英九今天約見黨籍立委，與會的國民黨主席吳伯雄說，他與總統之間溝通無礙。不論現在或未來，他都堅定支持馬總統。馬英九則表示，他和吳伯雄合作無間。（中央社 2008/07/06） 行政院長劉兆玄今天宣示，將在蘇花公路最危險的路段，優先推動興建蘇花高速公路。但新聞局長史亞平隨後表示，劉兆玄宣示興建的是「蘇花公路危險路段替代道路」，不是蘇花高速公路。（中央社 2008/07/06）
2008	7	8	交通部近日開始撤換所轄管單位的「綠官」，預定 11 日撤換的華航董事長趙國帥已主動請辭，中華顧問工程公司、世曦工程顧問公司董座已更換，圓山飯店、中華電信等人事更替也將陸續登場。（自由時報 2008/07/08） NCC 人事案立院付委審查，18 日投票。（中央社 2008/07/08） 行政院長劉兆玄表示計畫興建的是「蘇花公路替代道路」，必須依法通過環評等手續，年底前不會動工。（聯合新聞網 2008/07/ 09）
2008	7	9	經金門縣政府多年爭取，經濟部水利署有意建立海底管線，將廈門的水引到金門。金門縣立委陳福海表示，引中國大陸的水不失為解決金門缺水問題的辦法。而民進黨團副幹事長潘孟安則認為，必須審慎評估。（中廣新聞網 2008/07/09）
2008	7	10	針對台灣在奧運的名稱問題，陸委會表示「中華台北」是兩岸奧委會在1989 年達成的共識，大陸堅持使用「中國台北」相當不妥，政府堅決反對。（中時電子報 2008/07/10） 行政院長劉兆玄指示交通部相關部會，持續推動兩岸新航路規劃、航點及班次增加、陸客來台團進團出等事宜。周末包機實施後三個月內，就兩岸貨運包機進行協商。（中時電子報 2008/07/11）
2008	7	11	立法院今天行使考試院人事同意權投票，考試院副院長被提名人伍錦霖，以及十九位考試委員被提名人全數獲立法院同意。（東森新聞網 2008/07/11） 立委李紀珠轉任金管會副主委後的遺缺，由前立委林南生的妻子陳淑慧遞補。（東森新聞網 2008/07/11） 經濟部 8 月份研議鬆綁產業別登陸投資限制，除了晶圓廠，面板、石化、基礎建設也在檢討之列。（中央社 2008/07/11） 駐日代表許世楷今赴外交部辦離職後正式離任，其職務將由副代表羅坤燦代理。（自由時報 2008/07/11）

年	月	日	事紀
2008	7	13	聯合國大會九月召開，資深外交官員今天表示，目前確定不會採取「以台灣名義申請成為聯合國會員」的方式，新方案會用「緩和彈性」原則提出。（中央社 2008/07/13）
2008	7	14	經濟部計畫放寬企業赴大陸投資上限，對在台設立營運總部企業將全面鬆綁，不設投資金額上限，台塑、鴻海、陽明海運等五九九家企業將受惠。（自由時報 2008/07/14）
2008	7	16	為免台灣被邊緣化，馬總統 16 日表示，在改善和大陸經濟關係的同時，台灣也希望和美國等國簽訂自由貿易協定。若以加入世界貿易組織、APEC 的名稱進行，阻力較小。（中時電子報 2008/07/17）
2008	7	17	在藍軍強勢護航下，立法院 17 日三讀通過「中央政府總預算追加減預算」和「擴大公共建設投資計畫特別預算案修正案」。兩預算案攸關劉內閣「加強地方建設擴大內需」與「穩定當前物價」兩大重要施政措施。（中時電子報 2008/07/18）
2008	7	18	民進黨最新民調顯示，馬英九總統和行政院長劉兆玄的不滿意度，雙雙衝破五成六。（聯合新聞網 2008/07/18） 立法院上午進行 NCC 委員的同意權投票。在國民黨全數支持的動員下，7 位被提名人全部過關。（中廣新聞網 2008/07/18） 行政院院會通過放寬登陸投資上限為 60%，預計 8 月 1 日施行。民進黨抨擊政府是在進行跳樓大拍賣式、毫不設防的開放。（自由時報 2008/07/18） 立法院通過勞保年金法案，從現行勞保年金一次領回，改成月退領。（東森新聞網 2008/07/18）
2008	7	23	行政院擬挪用擴大內需預算治水遭綠營質疑違法，而國民黨中央也持保留態度，國民黨團昨與政院緊急會商後決踩煞車。行政院同意先動用治水特別預算及縣市政府災害準備金，若不足才讓地方申請挪用擴大內需預算。（中時電子報 2008/07/23） 主計處發布 6 月份失業率為 3.95%，上半年平均失業率為 3.87%。全台 23 的縣市中，有 9 個縣市上半年的失業率破 4%，其中基隆市、宜蘭縣與南投縣都達 4.1%。（東森新聞網 2008/07/23）
2008	7	26	行政院長劉兆玄宣示，未來施政兩大基調是「鬆綁」與「重建」。要在年底前完成金融、經濟、交通、人員、土地五個領域的鬆綁。重建則包括四年四兆元投資石化、光電、鋼鐵、半導體等產業。（聯合新聞網 2008/07/26）
2008	7	27	國民黨準備加邀行政部門首長列席中常會，以強化黨政關係。黨主席吳伯雄表示，從政黨員加入中常會，能讓中常會功能更大，也有助官員的施政。（自由時報 2008/07/27）

年	月	日	事紀
2007	7	27	中共官方媒體改以「中華台北」稱呼我方奧運代表隊，馬政府視為對岸善意回應。但民進黨主席蔡英文表示，北京當局只是把過去的錯誤改正，並不算是「釋出善意」。（聯合新聞網 2008/07/27）
2008	8	1	NCC 第一屆委員在爭議中卸下委員職務，新任委員今天上任，而第四屆監察院長暨監察委員也在今天宣誓就職。（中央社 2008/08/01） 國防部昨天公布達成全募兵的時程，預計在民國 102 年，國軍將百分之百由志願役官兵組成。（聯合新聞網 2008/08/01）
2008	8	2	台灣郵政董事會通過回復「中華郵政」名稱，全台各地郵局將在下周一換回舊招牌，為新政府上台後，第一個恢復原名的單位。（聯合新聞網 2008/08/02） NCC 第二屆委員互選正副主委，政大新聞系教授彭芸當選主委，副主委為台大經濟系教授陳正倉。（自由時報 2008/08/02） 中油宣布國內油價暫不調漲，但浮動油價將自 8 日起，由月調改為週調。（中時電子報 2008/08/02）
2008	8	3	馬總統晚間宴請歷任外長，正式提出「活路外交」一詞，取代扁政府時代烽火外交策略。馬總統今天刻意向美方和大陸喊話，保證單純過境，希望扭轉過去三方缺乏的互信關係。（TVBS 2008/08/03）
2008	8	6	今年 7 月消費者物價指數 (CPI) 年增率達 5.92％，創下近十四年來新高，代表長期物價趨勢的核心物價指數也上漲 4.06％，創下十二年半以來新高。（自由時報 2008/08/06）
2008	8	7	馬英九總統決定將國務機要費案卷證註銷機密，前總統陳水扁表示馬總統粗暴的逕行註銷前任總統核定的國家機密，此舉「不但違法更是違憲」。（中時電子報 2008/08/07）
2008	8	12	聯合國大會 9 月開議，一改過去民進黨直接挑戰「聯合國會籍」戰略，國安會考量「國際現勢」、「法律侷限」兩大因素，不再強調國家名義和會員資格，而以「低調溫和、務實參與」的基調為主。（中時電子報 2008/08/12）
2008	8	13	爭論二十餘年取消軍教免稅案，賦改會工作小組今正式研商。財政部指出，軍教免稅配套措施，在「課多少、補多少」原則下，取消軍教免稅。（中時電子報 2008/08/13）
2008	8	14	前總統陳水扁坦承短報選舉剩餘款，這些錢由夫人吳淑珍在他不知情下匯往海外帳戶，他向全國人民致歉並接受批判和調查。（聯合新聞網 2008/08/15） 前總統陳水扁正式宣布他與太太吳淑珍退出民進黨。（中時電子報 2008/08/15）

年	月	日	事紀
2008	8	19	行政院擘畫「大投資」與「大建設」施政藍圖，「大投資」計畫分為三部分，包括重大投資案、國際招商及兩岸產業搭橋專案。「大建設」計畫，則是以馬蕭競選政見的「愛台十二項建設」為藍圖。（中廣新聞網 2008/08/19）
2008	8	20	行政院研考會完成馬政府執政三個月民意調查，結果顯示受訪民眾對總統馬英九、行政院長劉兆玄、內閣團隊的施政滿意度，分別是 47％、41.9％及 44.1％。（中央社 2008/08/20）
2008	8	20	延宕多時的駐日代表人選終於確定，改由前駐多明尼加大使馮寄台擔任駐日本代表。馮寄台自競選期間就是馬英九倚重的國際事務幕僚，顯示馬對日本關係的重視，而外交部也證實日方已同意這項人事安排。（中時電子報 2008/08/20）
2008	8	21	行政院會通過撤回「中正紀念堂管理處組織條例」，並同步核定廢止「台灣民主紀念館組織規程」。前政府設置已一年三個月的台灣民主紀念館，自此走入歷史。（聯合新聞網 2008/08/22）
2008	8	24	針對金門地方希望興建連接廈門的「金嶝大橋」，總統馬英九今天在金門指出，基本上他採開放態度，由行政院經濟建設委員會在年底前完成評估報告後，再做政策決定。（中央社 2008/08/24）
2008	8	24	總統馬英九宣布，大陸人民到金馬觀光旅遊將採落地簽或多次簽證等方式。民進黨立委黃偉哲等人指出，不能全盤地、無條件地開放大陸人民落地簽證，更不能為彌補大陸觀光客目標人數的不足，而把國境之門開更大的洞。（中央社 2008/08/24）
2008	8	25	陳水扁洗錢案喧騰國際，馬政府滿意度也出現反彈走勢。依據中國時報最新民調顯示，馬英九聲望跳升十個百分點，達到 46％，閣揆劉兆玄滿意度也創下 42％的新高。不過行政團隊毀譽參半，其中法務部長王清峰表現最受肯定，國人對馬政府信心增強到 59％。（中廣新聞網 2008/08/25）
2008	8	28	經建會發布景氣燈號，受股市、出口及工業生產全面下滑影響，7 月景氣亮出近 5 年來首顆「藍燈」，領先指標也呈連續 9 個月的下跌，並且跌幅創近 7 個月新高，顯示國內景氣低迷十分嚴峻。（中時電子報 2008/08/28）
2008	8	29	在提名前交通大學校長張俊彥出任考試院長案夭折後，馬英九總統向非國民黨籍人士覓才受到重挫。為強化與國民黨的關係，確定將起用國民黨副主席關中出任考試院長。（自由時報 2008/08/29）
2008	9	1	立法院第七屆第二會期今天報到。對新會期何時通過不明來源財產說明義務罪則，立法院長王金平表示，須按立委及黨團提案，做到合情合理。至於是否溯及既往，國民黨秘書長吳敦義認為，應審慎考量，各方須充分溝通。（中央社 2008/09/01）

年	月	日	事紀
2008	9	3	陸委會主委賴幸媛宣布，將擴大小三通政策，開放中國觀光客經由金馬小三通中轉台灣旅遊。年底前實施澎湖小三通常態化，以增加中國觀光客來台旅遊便利。（自由時報 2008/09/03）
2008	9	4	馬英九總統日前接受媒體專訪指出，「六三三」經濟政見不管是現在或未來一年都很難實現，他希望在 2016 年，他連任後的最後一年達成目標。（中時電子報 2008/09/04）
2008	9	5	馬總統把兩岸定位為地區對地區的新關係，讓藍綠陣營展開激辯。國民黨立委認為，我國憲法不承認中國是個國家，兩岸當然不是國與國的關係，不過綠營可是氣到跳腳，痛罵馬英九是自我矮化，嚴重傷害台灣主權。（民視新聞網 2008/09/05）
2008	9	9	副總統蕭萬長提出稅改 468 方案，對有工作的中低所得家庭實施退稅補貼計畫。由於蕭萬長的「有條件退稅」主張，聽起來似乎跟民進黨要求退稅的訴求不謀而合，府院緊急強調 468 方案是工作津貼的概念，未必等於減稅或退稅，和民進黨的減稅不一樣。（中時電子報 2008/09/10）
2008	9	10	行政院宣布，將向立法院提出證券交易稅條例修正案，將證交稅率由千分之三降為千分之一點五，為期半年。國民黨立法院黨團書記長張碩文表示，這將有助穩定投資環境並提升經濟景氣，黨團給予肯定並支持修法。（中央社 2008/09/11）
2008	9	11	延宕多時的考試、監察、司法三院人事案底定。馬英九總統提名國民黨副主席關中出任考試院長、前監委陳進利擔任監院副院長。（聯合新聞網 2008/09/12）
2008	9	14	馬英九總統已授權副總統蕭萬長全力協助行政院拚經濟。馬蕭和行政院長劉兆玄本周將研商具體方案，包括由蕭萬長領軍成立經濟委員會、財經顧問小組，或舉行府院重大議題會談，都是考量方向。（中時電子報 2008/09/14）
2008	9	16	辛克樂颱風造成后豐大橋斷橋事件，新政府處理態度顢頇，引發藍委強烈不滿。邱毅、李鴻鈞、羅淑蕾等立委，點名交通部長毛治國及公路總局局長陳晉源要負政治與行政疏失責任，還有立委點名行政院秘書長薛香川下台。（聯合新聞網 2008/09/17）
2008	9	18	現任黨主席吳伯雄表態不排除連任後，馬英九總統表示他「現在」沒有計畫兼任黨主席，會全力支持吳伯雄繼續擔任黨主席。但他也說，一個政黨在執政與在野時，黨主席選舉或產生方式是否可以不同，是可以討論的問題。（中時電子報 2008/09/19） 馬總統宣布在總統府內設立「財經諮詢小組」，由副總統蕭萬長任召集人。他強調小組主要功能是諮詢，不是決策。（聯合新聞網 2008/09/19） 我國今年改採爭取參與聯合國專門機構的提案，卻依然受挫。馬英九總統及外交部都表示遺憾。（中時電子報 2008/09/19）

年	月	日	事紀
2008	9	22	交通部日前公布后豐大橋斷橋事件懲處名單，公路總局局長陳晉源遭到記過2次，但卻仍然無法澆熄藍綠立委不滿的怒火。交通部長毛治國今天証實陳晉源已請辭獲准外，也強調自己已向劉揆自請處份。（中廣新聞網2008/09/22）
2008	9	23	馬總統執政四個月來，引起民怨不斷。根據遠見雜誌民意調查中心最新民調結果顯示，民眾對馬總統的施政滿意度只剩下24.9％，並有高達64.5％的民眾表示不滿意。（自由時報2008/09/23）
2008	9	25	衛生署處理大陸毒奶粉事件引起爭議，衛生署長林芳郁請辭下台。對於綠營立委要求行政院長劉兆玄下台，黨政核心人士今天透露，總統馬英九認為行政院長劉兆玄用心做事，仍力挺劉揆。（中央社2008/09/26）
2008	9	29	兩岸兩會已恢復對談，但兩會簽署協議涉及的處理程序，以及國會監督機制等法制化進展卻停滯不前。為讓政府正視問題嚴重性，立法院長王金平再度向行政部門喊話，要求儘速將「台灣地區與大陸地區訂定協議處理條例草案」送立院審議。（自由時報2008/09/30）
2008	10	3	公職人員財產申報法修法，要求公股董監事也要申報財產，掀起公股董監離職潮。為了幫必須申報財產的公股董、監事解套，行政院促請立院年底前完成修法。但綠營要求國民黨先道歉，藍營則放低姿態，強調會尊重在野黨意見。（自由時報2008/10/03）
2008	10	3	美國國防部3日正式通知國會，有意出售台灣潛射魚叉飛彈、愛國者飛彈、反戰車飛彈、E2早期預警機升級、阿帕契攻擊直升機、戰機零組件等六項武器系統。台灣原本也想要的潛艦先期評估及通用直升機，最後被美方排除。（聯合新聞網2008/10/04）
2008	10	6	立法院經濟委員會初審通過「離島建設條例部分條文修正草案」，最受矚目的博弈條款在民進黨團強烈反對下保留，將在二讀前送院會協商。不過在國民黨強勢主導下，預估法案仍有機會在本會期完成三讀。（自由時報2008/10/07）
2008	10	8	立法院內政委員會初審通過「地方制度法增訂第八十三條之一條文草案」，下屆縣市長任期將從四年延長為五年，後年選出的縣議員及鄉鎮市長任期也將延長約十個月。民國103年時，七項地方公職人員選舉將合併舉辦，包括直轄市長、直轄市議員、縣市長、縣市議員、鄉（鎮、市）長、鄉（鎮、市）民代表、村（里）長。（自由時報2008/10/09）
2008	10	13	台聯發新聞稿，以馬政府太「傾中」為由，要求擁有台聯黨籍的現任陸委會主委賴幸媛於三日內自動請辭，否則開除。賴幸媛於昨晚稍後發出聲明，對台聯的決定表達遺憾不解，將主動退出台聯專心公務。（中時電子報2008/10/14）

年	月	日	事紀
2008	10	14	由於馬總統強勢認為立院監督兩岸事務若處理不慎，有侵犯總統職權之虞，立院成立兩岸事務小組及兩岸簽訂協議處理法制化等訴求，都已遭府院打了回票。（自由時報 2008/10/15）
2008	10	21	大陸海協會副會長張銘清 21 日上午臨時變更行程參訪台南孔廟時，突遭民進黨台南市議員王定宇帶領群眾包圍嗆聲。混亂中張被推倒、眼鏡掉落，抗議民眾還跳上他的座車頂踩踏。（中時電子報 2008/10/22）
2008	10	23	根據遠見雜誌公布的最新民調，高達六成七六的民眾不滿意總統執政五個月的表現，僅有二成三六的民眾滿意。滿意度與不滿意度各創下馬就任後的新低與新高，為馬總統上任後最差的成績單。（自由時報 2008/10/23）
2008	10	25	1025 大遊行在台北登場，兵分五路，民眾高舉著「China NO」及拒絕黑心等標語。遊行歷時一個小時，雖零星產生小衝突，但過程大致平和。（聯合新聞網 2008/10/26）
2008	10	27	針對毒奶粉事件，中國海協會正式發出道歉函，向台灣民眾致歉。（自由時報 2008/10/28） 二次江陳會的預備性磋商結束。在空運協議中，兩岸直航包機的班次，將從目前的每周十八班，大幅擴充到一百一十班左右。航線截彎取直的部分，空軍的訓練空域「R8 禁航區」，也完整保留，減少對國防傷害的可能。（聯合新聞網 2008/10/28）
2008	10	28	行政院長劉兆玄昨在立院答詢時表示，台中縣、市合併一定會做。至於合併升格的時程，內政部規劃民國 99 年或是 103 年兩個時間點，由層峰做政策決定。（自由時報 2008/10/29）
2008	11	4	二次江陳會今日簽署四大協商文件，雙方顧及議題時效性，涉及修法部分議題，包括空運、海運、郵件議題都是簽署四十天後隨即生效，也將開啟兩岸航運里程碑。（中時電子報 2008/11/04）
2008	11	5	數百名綠營支持者昨晚包圍台北市晶華酒店，堵住前後門不讓大陸海協會長陳雲林離去。鎮暴警察從凌晨 1 時 37 分開始驅散群眾，淨空中山北路。陳雲林在 2 時 15 分返回圓山飯店，受困近八小時。（聯合新聞網 2008/11/06） 美國總統大選昨天落幕。民主黨的歐巴馬 (Barack Obama) 以 53％的得票率，擊敗共和黨馬侃 (John McCain) 的 46％，當選美國第四十四位總統。（中央社 2008/11/06）
2008	11	6	眾所矚目的「馬陳會」因晶華衝突事件的維安考量，提早於昨日上午 11 點在台北賓館登場，但全程僅短短十分鐘。馬英九總統除了宣示「正視現實、互不否認、為民興利、兩岸和平」的十六字箴言之外，並稱陳雲林為「陳會長」。陳雲林回贈禮物時則用「您」稱呼馬英九，迴避稱謂問題。（中時電子報 2008/11/07）

年	月	日	事紀
2008	11	6	陸委會昨天報請行政院核定海基會、海協會簽署的海運、空運、通郵及食品安全等四項協議。劉兆玄裁示，空運及海運協議部分，將依兩岸條例第九十五條規定，送請立法院「決議」。郵政及食品安全協議部分，則送請立法院「備查」。（自由時報 2008/11/07）
2008	11	12	特偵組偵辦國務機要費案及洗錢案，昨天傍晚將前總統陳水扁聲請羈押禁見。台北地方法院合議庭審理後，今天上午七時許裁定陳水扁羈押禁見。（中央社 2008/11/12）
2008	11	14	立法院行使考試院、監察院人事同意權，考試院長關中、監委尹祚芊獲得藍營八十五票「全數通過」，監察院副院長陳進利與監委葉耀鵬、陳永祥也輕鬆跨過當選門檻。（中時電子報 2008/11/15）
2008	11	16	政府間國際組織「國際貿易資訊暨合作機構」(Agency for International Trade Information and Cooperation, AITIC) 昨日正式接受台灣成為贊助會員。台灣此次使用與ＷＴＯ相同的「台澎金馬個別關稅領域」，此模式未來可能成為台灣參與國際空間的方式之一。（中時電子報 2008/11/16）
2008	11	18	根據聯合報最新民調，馬團隊執政績效不佳，民間期待內閣改組的聲浪逐漸上升。一成九民眾主張內閣應該大幅改組，三成三認為小幅改組即可，合計希望內閣改組比率為五成二。另有二成民眾認為內閣無須調整，二成七無意見。（中廣新聞網 2008/11/19） 為刺激消費，行政院研擬發放消費券。行政院長劉兆玄 18 日下午親自召開記者會，說明消費券發放政策。劉揆指出，消費券將以中華民國國民每個人為發放對象，每人發放額度為 3600 元。整體預算需 829 億，將以特別預算來推動。（東森新聞網 2008/11/19）
2008	11	19	研考會昨天公布民調指出，這半年來對馬英九總統的表現有五成〇六民眾「不滿意」，「滿意」的為四成三二。不滿意劉揆表現的有五成三五，滿意的只有三成七七。民眾對兩人的表現都是「不滿意」多於「滿意」。（自由時報 2008/11/20）
2008	11	20	行政院院會通過「地方制度法部分條文修正草案」，未來不僅地方可以發動改制，內政部基於全國國土合理規劃及區域發展需要，也可擬訂改制計畫。但行政院對於各種改制提案，仍有最終決定權。（自由時報 2008/11/21）
2008	11	21	立法院院會昨天處理報告事項時陷入冗長表決大戰，「江陳會」四項協議在藍營小小退讓下，確定全部付委審查。但綠營提議要求行政部門應先將海空協議相關配套修法草案送立院後，再行處理四項協議，經表決後遭藍營封殺。（自由時報 2008/11/22）
2008	11	24	行政院今天加開臨時院會，通過振興經濟消費券發放、擴大公共建設投資兩項特別條例。行政院長劉兆玄表示，因消費券有發放時間壓力，相關部會要對立法院加強說明，儘速完成立法。（中廣新聞網 2008/11/24）

年	月	日	事紀
2008	11	30	金管會主委陳樹下台，引爆內閣改組的討論。尤其在財經官員部分，民進黨立委昨特別點名經建會主委陳添枝、財政部長李述德、經濟部長尹啟銘三人。至於馬英九稱「內閣短期不異動，明年才會調整」，綠委也認為，內閣改組「應看成績，而非時機」。（自由時報 2008/12/01）
2008	12	1	於上月 14 日獲立院同意的新任考試院長關中、監察院副院長陳進利、監委尹祚芊、陳永祥、葉耀鵬，於總統府宣誓就職。（自由時報 2008/12/02）
2008	12	2	海基會昨改組，兼任國民黨副主席的江丙坤仍續任董事長，民進黨團總召柯建銘痛批江「貪得無厭」，要求他在海基會董事長與國民黨副主席職務中「二擇一」。（自由時報 2008/12/03）
2008	12	5	為開放中國學生來台就讀及放寬中國學歷採認，行政院院會昨天通過兩岸條例修正草案等三項配套法案，並宣示採取「三限六不」的開放原則。三限是指「限制採認之高等學校」、「限制來台陸生總量」、「限制醫事學歷採認」。六不則包括中國學生來台不予加分優待、中生來台錄取管道不同於台灣學生、政府不編列預算做為中生獎助學金、中生必須符合來台就學目的、中生停止修業或畢業後不得續留台灣、大陸地區人民依法不得報考我國公務人員考試與各種專業證照考試。（自由時報 2008/12/05）
2008	12	8	行政院今天上午召開臨時院會，通過「中央政府振興經濟消費券發放特別預算案」，歲出編列新台幣 857 億元，今天中午以前送請立法院審議。（中央社 2008/12/08）
2008	12	10	苗栗縣國民黨籍立委李乙廷，被控在立委選舉期間假借名義捐款或物資給寺廟、社團。雖然刑事一、二審獲判無罪，卻過不了民事當選無效這關。繼 5 月底苗栗地院判決當選無效後，台中高分院 10 日以李乙廷假借捐助名義行求賄賂為由，駁回他的上訴，成為本屆立院第一位被判決確定當選無效的立委。（中時電子報 2008/12/11）
2008	12	11	扁時代任命的金融業綠色背景董事，紛紛下台去職。開發金董事長林誠一主動請辭，立即獲准；台銀也以台北 101 經營績效不彰為由，發函開發金解除陳敏薰開發金董事職務；台新金也宣布，義美食品董事長高志尚，辭去台新金監察人職務。（中時電子報 2008/12/12）
2008	12	13	特偵組 12 日依貪污、洗錢等罪起訴前總統陳水扁。全案昨天傍晚移審台北地方法院，經合議庭審理後，認為並無繼續羈押陳水扁的必要，今天凌晨 1 時裁定當庭釋放，但限制陳水扁住居。（中央社 2008/12/13）
2008	12	15	在第二次江陳會簽署的四項協議未經立法院決議通過而「自行生效」的情況下，兩岸「大三通」今天正式上路，海空郵全面直航，不需再彎繞第三地。（自由時報 2008/12/15）
2008	12	16	懸缺已久的駐新加坡代表一職，馬英九總統內定由新聞局長史亞平出任，待新加坡政府同意後即可外放。至於新聞局長一職，府院高層屬意由桃園縣環保局長蘇俊賓出任。（聯合新聞網 2008/12/17）

年	月	日	事紀
2008	12	18	陳水扁起訴後當庭獲釋，特偵組抗告成功。台灣高等法院認為陳水扁為求有利判決，仍有可能勾串證人，因此撤銷原裁定發回地院由周占春審判長組成的合議庭重新裁定。台北地方法院下午召開羈押更裁庭。歷經八小時的庭訊和評議，雖然特偵組當庭提出三項新事證，證明陳水扁前年八月迄今，不斷勾串證人、湮滅證據和影響證人供述，確有羈押必要，但合議庭以七項理由，裁定陳水扁無保釋放，限制住居、出境和出海，同時附帶兩項條件，若有違反可再羈押回籠。（中時電子報 2008/12/19）
2008	12	19	軍公教赴大陸即將解禁。行政院長劉兆玄宣布，目前限制高階公務員和軍人不准赴大陸的規定，很快就會取消。除涉及情治和國安系統的少數人之外，其他軍公教人員包括政務官將全面解禁。（中時電子報 2008/12/20）
2008	12	20	中共全國政協主席、對台工作領導小組副組長賈慶林，在國共論壇開幕式上，首度正面回應馬英九總統提出兩岸簽定綜合經貿協議（CECA）的主張。賈慶林說，對台灣方面關於商簽兩岸綜合經濟合作協議的設想，大陸十分重視，願認真研究。（聯合新聞網 2008/12/21）
2008	12	22	法務部昨天公布「97年台灣地區廉政指標民調」研究結果指出，民眾對政府主動查辦企業內部貪污問題，有55.0%的人表示「不滿」，其成效似乎仍不符合民眾的期待，值得政府持續努力。（中時電子報 2008/12/23）
2008	12	25	台北地方法院庭長會議做出決定，要將周占春法官所承審有關陳水扁的相關案件，併案交由蔡守訓法官審理。民進黨立院黨團總召柯建銘表示，北院這樣的作法當然是有政治力介入，對陳水扁十分不公平。（中廣新聞網 2008/12/26）
2008	12	26	台中縣后豐大橋斷橋案，監委黃武次、劉玉山完成調查並提出彈劾案追究經濟部和交通部責任。監院審查會認定，經濟部水利署署長陳伸賢執行河川管理不確實，違法失職事證明確，通過彈劾，也讓陳伸賢成為劉內閣第一個任上被彈劾的高階官員。（中時電子報 2008/12/27） 馬英九總統上午召集行政院長劉兆玄與相關部會，敲定我國將走向「三都十五縣」，並確認台中縣市後年合併的時程。馬總統指示，內政部與經建會進行細部規畫，一個月內再向總統府簡報。（聯合新聞網 2008/12/27）
2008	12	29	台北地院29日下午2時召開前總統陳水扁羈押庭，歷經12個多小時馬拉松審理，最後法官以陳水扁罪嫌重大，有逃亡、煙滅偽造、變造證據、勾串或串供共犯或證人之虞等事證，當場裁定陳水扁收押不禁見、可通信，但若有發現上開情事則另為處分。（中廣新聞網 2008/12/30） 行政院召開第八次賦改會，確定將營所稅由25%調降至20%，並保留促進產業升級條例的四項功能性獎勵。但個人綜所稅的部分，由於部分學者有歧見，目前只確定6%與13%的稅率將各降一個百分點，21%稅率是否調降，將以兩案並陳的方式送行政院決定。（中時電子報 2008/12/30）

年	月	日	事紀
2008	12	30	國民黨立委李慶安涉雙重國籍案，重傷國民黨形象，李慶安晚間發表聲明退黨。（中時電子報 2008/12/31） 民進黨民調顯示，民眾對內閣首長的不滿意度，前五名分別是經濟部長尹啟銘的六成二，財政部長李述德的五成二，外交部長歐鴻鍊的四成六，勞委會主委王如玄的四成四，國防部長陳肇敏的四成一，六成六民眾希望內閣改組。（聯合新聞網 2008/12/31） 內政部頒布政務官登陸相關許可辦法，自明年元月 5 日起，十一職等以上未涉密公務員可申請至大陸觀光，政務官可申請赴大陸探親或從事公務及交流。（中時電子報 2008/12/31）
2008	12	31	兩岸簽訂經濟合作協議出現重大進展，中國國家主席胡錦濤昨日表示，兩岸可以簽定綜合性經濟合作協議，建立具有兩岸特色的經濟合作機制。大陸方面也將鼓勵和支持當地企業到台灣投資。（中時電子報 2009/01/01）
2009	1	1	馬英九上任後反而激發台灣民眾獨立意識！根據《天下雜誌》最新出爐的 2009 年國情調查指出，有近八成民眾對身為台灣人感到光榮，且台灣民眾期待獨立（包括儘快獨立及長程目標獨立）的比例達 23.5%，寫下 1994 年該調查以來的新高。（自由時報 2009/01/01）
2009	1	2	據了解，政府部門已達成建立正副總統休假制度的共識，人事行政局長陳清秀並表示「大衛營」模式可以研究採行。民進黨立委則批評，馬英九假日不休假下鄉主要是作秀，陳清秀卻大拍馬屁要搞度假專區供馬度假。（自由時報 2009/01/03）
2009	1	8	經過三百零三天，第七屆立法院的雙重國籍風暴暫告落幕。李慶安正式提出辭呈，並舉行五分鐘告別記者會後閃電離去。（中時電子報 2009/01/09） 立法院司法及法制委員會初審通過「立法院職權行使法修正草案」，建構立法院行使調查權與舉行聽證會的機制。（自由時報 2009/01/09）
2009	1	12	立法院三讀通過《離島建設條例》，開放離島觀光飯店可附設賭場，澎湖縣長王乾發強調，目前最重要的是取決於民意，澎湖縣政府預計自月底開始舉辦卅多場宣導會，年中舉辦公投，由澎湖鄉親決定自己的未來。（中時電子報 2009/01/13）
2009	1	13	特偵組偵辦綠營首長特別費案去年 7 月 15 日偵結，起訴前教育部長杜正勝、前法務部長施茂林等人，未立即移審；歷經半年時間，全案今天才移審，台北地院並完成分案。（聯合新聞網 2009/01/14） 監察院就台東縣長鄺麗貞颱風天出國失職案進行第二次彈劾審查，監委以過半數同意彈劾，卻決議不公布彈劾結果。（自由時報 2009/01/14）
2009	1	14	監察院完成巴紐建交案調查，由監察院長王建煊率領的專案小組調查發現前國安會秘書長邱義仁對弊案沒有作為，前外交部長黃志芳未採取法律行動保全款項而應變無方，導致國庫近三千萬美元遭侵吞，違失重大，提案通過彈劾二人。（自由時報 2009/01/15）

年	月	日	事紀
2009	1	17	教育部長鄭瑞城明確表示，將依立法院決議，拆掉「台灣民主紀念館」牌匾掛回「中正紀念堂」牌匾，「自由廣場」牌匾則不動。（自由時報 2009/01/18）
2009	1	18	消費券統一發放作業 18 號下午五點結束，內政部中央消費券發放統計及協調聯繫中心統計，全國消費券領取率超過八成以上。（中廣新聞網 2009/01/18）
2009	1	22	衛生署疾病管制局宣布，世界衛生組織 (WHO) 同意將台灣納入「國際衛生條例」(IHR) 運作體系中，未來台灣如果遭逢重大公共衛生緊急事件，如同五六年前的 SARS，就不會再孤立無援，WHO 將會主動派遣專家來台協助。（中時電子報 2009/01/23）
2009	1	24	去年 12 月失業率正式飆破 5%，並敲響失業潮惡化警訊，政府雖欲力保今年失業率在 4.5% 以下，但經濟情勢不佳，行政院已有最壞打算，正研擬「促進就業特別條例草案」，藉由編列特別預算來增加政府的籌碼，做為下一波搶救失業的「備案藥方」。（自由時報 2009/01/25）
2009	1	29	行政院長劉兆玄宣布，政府建構規畫的長期照護保險制度及照護服務輸送系統，希望能在 98 年完成制度規畫及法案研擬工作；99 年完成立法後上路，以落實「擴大照顧弱勢」的施政主軸，建構全方位的社會安全網，營造美好的銀髮社會。（中時電子報 2009/01/30）
2009	2	3	為加速發揮振興經濟、搶救失業，針對 98 年度擴大公共建設特別預算案的經費額度，行政院在三天內兩度提高其預算額度，從一千三百億元再加碼為一千五百億元。而包括教育訓練券、企業實習津貼與就學安定計畫在內的「培養優質研發人力、協助安定就學與就業」方案，預估經費達三百八十億元。（自由時報 2009/02/04）
2009	2	6	馬英九總統表示，文化觀光部將不再推動成立，但他競選時提出成立的三百億觀光基金，今年納入預算中，將協助地方政府及觀光業者改善軟硬體設施，帶動台灣觀光及活絡地方經濟。（中時電子報 2009/02/07）
2009	2	9	考試院長關中宣示要推動修改公務人員考績法，落實獎優汰劣，淘汰不適任的公務人員，否則「只是一灘死水」。銓敘部則指出，將修公務人員考績法，明定連續兩年考績丙等的公務員就予以退休或資遣。（聯合新聞網 2009/02/10）
2009	2	18	行政院主計處公布最新經濟預測，初步統計去年全年經濟成長率為 0.12%、第四季衰退 8.36%，創下史上單季最大衰退；今年全年成長率下修至負成長 2.97%。更慘的是，主計處預估至少要等到今年第四季經濟成長才會由負轉正，這波經濟寒冬民眾至少要熬到年底。（中時電子報 2009/02/19）

年	月	日	事紀
2009	2	19	遠見雜誌發布「總統、內閣、國會滿意度」民調，民眾對馬英九總統的信任比率，較上月上升四點二個百分點，達四成八七；對行政院長劉兆玄的滿意度較前一季上升七點六個百分點，達三成三〇，但不滿意者仍占五成〇六。（聯合新聞網 2009/02/20）
2009	2	21	民進黨和台聯黨舉辦的民間國是會議今天登場，民進黨主席蔡英文致詞時要求馬總統撤換內閣、全面改組；台聯黨主席黃昆輝則要求，兩岸簽訂「綜合性經濟合作協定」CECA 前，必須經過人民公投同意。對此，總統府方面表示，兩岸綜合性經濟合作協定的名稱和內容，歡迎各界討論。不過，現在沒有改組內閣的打算。（中廣新聞網 2009/02/21）
2009	2	22	馬英九總統邀集府院相關首長，就中正紀念堂、二二八等敏感議題會商。馬總統裁示，政府支持二二八基金會繼續運作，每年應捐助三億元基金、總額十五億元，讓基金會利用孳息維持營運，不足部分，行政院也應以公務預算挹注。（聯合新聞網 2009/02/23）
2009	2	26	司法院大法官解釋宣告公投審議委員會依政黨比例組成違憲，內政部部務會議昨天通過公投法修正草案，刪除政黨比例的相關條文，改為直接由行政院提請總統任命；但同一黨籍不得超過二分之一，單一性別不得少於三分之一。（聯合新聞網 2009/02/27） 馬政府有意在 CECA 簽署後再送立院審議，立法院長王金平強烈主張必須「先審後簽」，既能消弭社會疑慮、促進朝野和諧，立法院決議也能當政府談判靠山；若「先簽後審」，極易流於形式。（自由時報 2009/02/27）
2009	2	27	前總統陳水扁第一度向台北地方法院聲請撤銷羈押被駁回，提起抗告。高等法院合議庭認為，原審認為陳水扁海外有鉅款，推論有逃亡之虞的理由不足，而指他犯罪嫌疑重大及有勾串之虞，也有疑義，27 日將原裁定撤銷，發回台北地院更裁。（中時電子報 2009/02/28） 馬英九總統就台灣和中國未來可能簽定的經濟協議，將名稱定調為「兩岸經濟合作架構協議」（簡稱 ECFA）。他說，所謂「架構協議」，會先界定清楚範圍，但不會一步到位，雙方有共識的先簽出來。對台灣而言，有急迫性的產業，如石化、汽車零件、紡織或機械工業要先談。（自由時報 2009/02/28） 行政院長劉兆玄 27 日表示，與中國大陸簽訂「兩岸經濟合作架構協議」沒有時間表，簽訂協議後，若立法院審議不通過，當然沒辦法生效。他說，一中一台架構簽署對方不接受，但行政院也不會接受在一個中國框架下簽署，雙方會在「擱置爭議、尋求雙贏」的情況下推動。（中時電子報 2009/02/28）

年	月	日	事紀
2009	3	7	針對中國人民銀行行長周小川指出，兩岸金融將可參考「中國與香港的經驗」。民進黨主席蔡英文昨表示，民進黨一再提醒馬政府要特別注意，在處理兩岸問題時，不要有一廂情願的想像，不要過度冒進，否則會中了中國的政治圈套。（自由時報 2009/03/08）
2009	3	10	因健康因素已多次向馬總統請辭的國安局長蔡朝明，經府方一再慰留後終於在 10 日請辭獲准，馬總統相當肯定蔡朝明的表現和績效，近日將在府內親自贈勛。至於繼任人選這兩天府方會對外公布，目前局長一職暫由副局長蔡得勝暫代。（中時電子報 2009/03/11）
2009	3	13	我外交部鬆綁外交官和中國大陸官方正常互動，但駐外新聞人員卻出包！民進黨立委抨擊新聞局駐多倫多台北經濟文化辦事處新聞組長郭冠英，在國外公開發表羞辱國格言論，要求行政院長劉兆玄作出嚴厲懲處。（中時電子報 2009/03/14） 馬英九總統透過媒體專訪，拋出願與民進黨主席蔡英文就 ECFA 等議題「說行話」。蔡英文回應說，如果馬英九有自信，願意與馬公開辯論，讓台灣人民判斷，到底台灣的經濟應該走向何處。（自由時報 2009/03/14）
2009	3	14	苗栗縣第一選區立委補選昨晚大爆冷門，退出國民黨以無黨籍身分出征的康世儒，獲 41696 票勝選。原先選情看好代夫出征的國民黨候選人陳鑾英，則以 1600 票之差落敗。力挺陳鑾英的縣長劉政鴻，開票尾聲從總部穿越人群離去。（中時電子報 2009/03/15）
2009	3	19	遠見雜誌公布最新民調顯示，過半受訪民眾贊成兩岸經濟交流，支持與對岸簽定兩岸經濟合作協議，但與上個月相比，民眾對馬總統執政滿意度與信任度兩項指標雙雙下滑。對馬英九執政 10 個月總體表現，認為滿意的只有 28.6%，不滿意高達 58.3%，信任度與不信任度分別是 45.0% 與 40.2%，綜合過去幾個月的民調數據，顯然多數民眾對馬英九執政的整體評價，仍是維持在傾向信任但明顯不滿。（聯合新聞網 2009/03/20）
2009	3	23	駐多倫多新聞處一等秘書郭冠英承認他就是范蘭欽，新聞局 23 日火速將他一次記兩大過免職；郭冠英即刻起喪失公務員身分，廿五年的公務生涯歸零，原本有機會到手的四六〇餘萬退休金也跟著泡湯，新聞局還要向他追討預發的 3 月份薪水。（中時電子報 2009/03/24）
2009	3	28	北市大安區立委補選結束。台北市選舉委員會晚間公布統計，這次補選有效票 9 萬 4186 票，投票率為 39.12%。根據台北市選委會資料，當選的國民黨蔣乃辛獲 4 萬 6065 票、得票率 48.91%；民進黨周柏雅獲 3 萬 6465 票，得票率 38.72%；新黨推薦的姚立明獲 9868 票，得票率 10.4%；綠黨溫炳源 1058 票，無黨籍劉義鈞 645 票、趙衍慶 46 票、陳源奇 39 票。（中央社 2009/03/28）

年	月	日	事紀
2009	4	3	立法院院會三讀通過《地方制度法修正案》，引頸期盼多時的台中縣市，可望升格成為第三個直轄市，並據此於明年底舉行合併升格後的直轄市長選舉。該法賦予縣市單獨或合併升格的法源，有意在民國99年底合併升格的縣、市，需在5月31日前向內政部送交改制計畫書，經政院核定通過才算數。（中時電子報2009/04/04）
2009	4	9	行政院會通過行政組織三法，現有三十七部會瘦身為二十九個部會，包括十三部、九會、二總處、一行、一附屬機構及三個獨立機關等。未來將有一半的三級機關（部會下的局、署）被精簡，公務人員總員額可能精簡約七千人。（聯合新聞網2009/04/10） 行政院院會昨上午通過公民投票法修正草案，刪除行政院公投審議委員會委員「由各政黨依立法院各黨團席次比例推荐」的規定，未來公投審議委員會將由主管機關直接提請總統任命。（聯合新聞網2009/04/10） 第三次江陳會預定簽署兩岸司法互助、擴大定期航班與金融合作三項協議。馬政府這回仍定調，三項協議「無修法必要」，不用送立法院審查，只要備查即可。換言之，江陳會簽署後，即算生效。（自由時報2009/04/10）
2009	4	10	立法院院會三讀通過98年度「振興經濟擴大公共建設特別預算案」，並以表決通過藍委所提主決議案，授權中央政府得跳過縣市政府，直接委託鄉鎮市公所執行預算；綠營無力阻攔，痛批藍營刻意以此跳過綠營執政縣市長對鄉鎮基層綁樁，一切都是為了年底縣市長選舉。（自由時報2009/04/11）
2009	4	11	民進黨與台聯召開第二階段民間國是會議，體檢馬政府的中國政策；民進黨主席蔡英文表示，馬政府手法有如推銷連動債，忽略風險告知，強調ECFA（兩岸經架協議）必須人民公投議決，並強烈要求馬英九收回「ECFA勢在必行」的說法，同時宣布5月17日將在凱道示威。（中時電子報2009/04/12）
2009	4	19	對即將上演的縣市合併升格大戰，行政院也加快財源重分配的修法工程；政院版的「財政收支劃分法修正草案」，將擴增地方財政大餅，與去年度相較，地方財源將增加963億元，而以往的財政及預算執行「績效」，將是各縣市爭錢公式的指標之一。（自由時報2009/04/20）
2009	4	21	台灣團結聯盟秘書長林志嘉今天公布民調指出，59.7%受訪民眾主張兩岸經濟合作架構協議(ECFA)應交付公投；73.7%認為立法院應成立兩岸監督小組。這份民調於4月14日至17日以電話成功訪問1067名台灣20歲以上的民眾，在95%信心水準下，抽樣誤差正負3%。（中央社2009/04/21）
2009	4	23	行政院政務委員朱雲鵬被壹週刊報導蹺班出遊，民進黨台北市議員徐佳青等人今天赴監察院舉發，要求監察院就朱雲鵬曠職、廢弛職務等相關情事，具體調查並進行彈劾與糾舉。（聯合新聞網2009/04/ 23）

年	月	日	事紀
2009	4	24	台中縣市政府昨天將經縣市議會同意的「台中縣市合併升格改制計畫」呈送內政部，這是地制法修正後第一個正式送達內政部的改制計畫，台中縣市政府也希望能成為新法實施後第一個升格的直轄市。（自由時報 2009/04/24） 陸委會昨公布最新民調，支持統一的比率持續探底，儘快統一者僅 1.2％。超過八成民眾則主張廣義的維持現狀；其中永遠維持現狀的比例更持續攀升，達到二成七，為過去九年來最高。（自由時報 2009/04/24）
2009	4	25	行政院政務委員朱雲鵬因蹺班出遊曝光，經考量「社會觀感、家人感受、生涯規畫」三大因素後請辭，劉揆准辭生效，成為劉內閣任內第四個異動的閣員。行政院發言人蘇俊賓表示，朱雲鵬負責的經貿特區、財政收支劃分法修正、六輕五期等重要大案，將於周一和相關政務委員進行交接，「不會有政務空窗期」。（中時電子報 2009/04/26） 第三次江陳會談結束，簽署三項協議、一共識，協議的部分包括：兩岸常態性包機轉為空中定期航班、建立兩岸金融監管合作機制、逐步建立兩岸貨幣清算機制、重點打擊涉及綁架、槍械等重大犯罪，共識的部分是，對陸資來台投資事宜達成共識。（中時電子報 2009/ 04/26） 海協會會長陳雲林上午宣布，大陸方面將擴大對台產品採購，接下來會有一系列採購活動；並且，大陸方面也鼓勵台企到大陸開拓市場，除已在大陸投產的台資企業外，台灣的企業都可以到大陸開拓市場。他更強調，將協商建立符合兩岸各自發展需要、具有兩岸特色的經濟合作機制或框架。（聯合新聞網 2009/04/26）
2009	4	28	立法院打算邀請國安會秘書長蘇起到立院報告，不過馬英九總統卻認為，蘇起不需要配合前往立院，對此，立法院長王金平表示，依照憲政慣例，蘇起是總統的幕僚長沒有決策權，到立院報告確有爭議；但民進黨立委蔡煌瑯卻認為，立院要求蘇起前來報告，沒有違憲的問題，是天經地義的事。（中廣新聞網 2009/ 04/28） 台北縣議會昨無異議通過台北縣單獨升格案，縣長周錫瑋意有所指說，感謝總統馬英九與行政院長劉兆玄促成地制法修正，給北縣「單獨升格」的公平機會，三都十五縣是民國 103 年甚至更以後的事，縣民要的是與北市一樣的公平對待，如果失敗，「我不競選連任。」（中時電子報 2009/04/28） 第三次江陳會順利落幕，中國時報最新民調顯示，馬英九總統施政滿意度維持 45％的平盤，兩岸政策成果也受到 49％國人肯定。44％的民眾滿意本次江陳會的成果，53％的人樂見開放陸資來台。不過值得注意的是，本次會議是否符合對等協商原則，民眾看法分歧。（中時電子報 2009/04/28）

年	月	日	事紀
2009	4	30	歷經十二年叩關，我國終於可用「中華台北」名稱，以觀察員身分出席今年世衛組織大會 (WHA)，這是我國 1971 年退出聯合國以來重大外交進展，馬英九總統昨天主持高層會議難掩興奮，直言「三十八年來的重大突破，難能可貴。」（聯合新聞網 2009/04/30）
2009	5	1	台灣將以觀察員身分參與世界衛生大會 (WHA)，衛生署昨日公布最新民調指出，超過九成民眾肯定，認為對我國傳染病防治、醫療衛生有幫助，衛生署長葉金川強調參與過程沒有主權矮化問題。（聯合新聞網 2009/05/02）
2009	5	5	集會遊行法修法引爆朝野對峙，民進黨團甚至揚言不惜流血抗爭。馬英九總統接見泰國中華會館代表團時，從泰國紅衫軍談到三一九抗爭，強調民主社會的群眾運動一定要維持合法跟和平，任何人不能濫用使用的權利，「要適當管制」，才能尊重別人的權益。（中時電子報 2009/05/06）
2009	5	6	馬政府一周年，內閣是否改組備受關注。馬英九總統表示，之前已調整個別閣員，內閣做得好不好，第一要看政策方向是否正確，第二是政策執行是否徹底，第三看整體績效，他認為內閣整體表現還不錯。馬力挺劉內閣的一番話，顯示內閣暫無改組的急迫性。（中時電子報 2009/05/07）
2009	5	7	第三次江陳會簽署的協議，馬政府只送立法院「備查」，而非讓立委進行「審查」，在立法院內政聯席會引發藍綠立委的不滿，認為這是便宜行事；綠營立委更抨擊嘴巴講尊重，又不甩立院，實在可惡。（自由時報 2009/05/08）
2009	5	8	海基會董事長江丙坤請辭引發大震盪，馬英九總統親赴海基會留人；陸委會主委賴幸媛更秀出江丙坤所提、馬英九親自批示「全力慰留」的辭呈；江丙坤經大陣仗慰勉後，最後願意「繼續完成階段性任務」。（中時電子報 2009/05/09） 馬總統即將上任滿周年，但原民自治法草案仍停擺，九成票投馬的原住民批判馬英九騙選票！要求馬英九在 520 當天正式向原住民道歉，並撤換原民會主委章仁香，否則將再「出草」。（自由時報 2009/05/09） 就職週年前夕，馬英九總統接受新加坡媒體專訪時指出，在他任期的未來三年，兩岸協商還是「先經濟、後政治」，但馬首度表示，若他能在 2012 年連任，政治議題有迫切需要協商的話，不排除觸及。（自由時報 2009/05/10） 在台北縣政府秘書長洪孟啟親自監督下，北縣申請改制直轄市計畫書 8 日送達內政部，縣府民政局長楊義德說，中央將啟動北縣獨立升格審查機制，若 9 月 4 日前仍無明確回應，形同宣告北縣獨立升格案出局。（中時電子報 2009/05/09）

年	月	日	事紀
2009	5	13	嘉義縣長陳明文於 90 年間競選第十四屆嘉義縣長時涉賄選案，下午台南高分院更四審宣判，陳明文與其妻廖素惠等八名被告均獲判無罪。（自由時報 2009/05/14）
2009	5	15	民進黨主席蔡英文今天接受寶島新聲電台專訪表示，面對馬政府快速傾中、民主人權倒退，五一七嗆馬遊行只是開始，五一七之後還有一連串行動，民進黨將結合議會路線、社會運動及街頭路線，對政府形成壓力，有人提議罷免總統馬英九，「也在幕僚作業清單裡」。（中時電子報 2009/05/15） 高雄市長陳菊以「接受北京台商頒獎」為由，申請登陸中國大陸叩關成功，5 月 21 日將以市長身分赴北京、上海，展開四天三夜的登陸之旅。陳菊此行，為降低將被稱是綠營登陸最高位階行政首長的敏感話題，特別邀請「高雄市觀光行銷團」成員同行。（中時電子報 2009/05/15）
2009	5	16	台股近 3 個月來扶搖直上，馬政府的民調和台股漲勢恰成正比。總統馬英九上任將滿 1 週年，研考會昨天公布最新民調顯示，總統馬英九滿意度 54.7%、劉揆滿意度 45.3%，雙雙創下 520 就任以來新高。另從民眾對政府未來 1 年施政有信心高達 61.9% 來看，應驗了劉揆所說的「馬上漸漸好」。（中時電子報 2009/05/16） 海峽論壇中備受矚目的「朱賈會」，下午在廈門海峽會議中心舉行，桃園縣長朱立倫在暌違十一年後，以國民黨副主席身分與中共政治局常委賈慶林會面。（中時電子報 2009/05/17）
2009	5	17	民進黨發動 517 大遊行，主席蔡英文在凱達格蘭大道發表演講。蔡英文首先感謝大家，並認為遊行十分成功，隨後他嗆馬總統說，親中政策將台灣人的命運放在中國人的手中，馬之所以敢「一人獨大」，就是因為內有國會掩護、外有中國幫忙，這是台灣人不能同意的。（聯合新聞網 2009/05/17）
2009	5	19	衛生署長葉金川出席 WHA 世界衛生大會，卻在日內瓦和留學生互嗆。馬英九總統力挺葉金川，表示葉金川不但是抗煞英雄，也是健保制度的功臣，「這麼愛台灣的人，竟被說賣台，是可忍，孰不可忍？」對葉金川的憤怒，他完全可體會。（中時電子報 2009/05/20）
2009	5	20	副院長蕭萬長因肺部腫瘤，在台北榮總接受腫瘤手術切除，手術順利，被送往加護病房觀察休養。（中時電子報 2009/05/20） 高雄市長陳菊宣布 21 日訪問北京、上海，展開為期四天的大陸行。國台辦新聞發言人也罕見地透過《中新社》證實，高雄市長陳菊訪問北京、上海是為行銷高雄世運會的觀光活動。（中時電子報 2009/05/21）

年	月	日	事紀
2009	6	23	內政部長廖了以23日宣布縣市改制審查會議結果。審查委員會全體委員一致同意台中縣市、高雄市縣、台北縣改制；全體委員均不同意桃園縣、彰化縣、雲林縣嘉義縣改制。台南縣市則將正反意見並陳行政院核採。改制審查小組同意北縣、台中縣市、高雄市縣改制案，依地制法，核定改制縣市年底將不辦三合一選舉，現任縣市長、縣市議員等任期延至明年改制日為止。（中央通訊社2009/06/24）
2009	6	29	行政院29日早上召開審查會議，會議中尊重內政部審查會議的建議，通過台北、台中、高雄的合併升格案，桃園、彰化、雲林嘉義則不通過，而在考量台南縣市悠久的歷史文化因素下，行政院長劉兆玄裁示通過台南縣市合併升格案。明年底直轄市長選舉後，全國將出現台北市、新北市、台中市、台南市、高雄市等五個直轄市，行政院表示，未來全國將朝向北、中、南「三大生活圈」以及「北北基宜」、「桃竹苗」、「中彰投」、「雲嘉南」、「高屏」、「花東」、「澎金馬」等七個區域來多元發展。行政院長劉兆玄表示，同意台南縣市合併升格，是希望合併升格後的台南縣市，可以成為雲嘉南區域發展的「領頭羊」。劉揆要求相關部會立即推動財劃法、公共債務法、行政區劃法、選舉罷免法、地方制度法等相關法案的修正工作。（中央廣播電台2009/06/29）

國家圖書館出版品預行編目資料

2008年總統選舉：論二次政黨輪替之關鍵選舉
／陳陸輝、游清鑫、黃紀主編. --初版. --
臺北市：五南, 2009.11
面；　公分

ISBN 978-957-11-5823-5（平裝）

1.元首　2.選舉

573.5521　　　　　　　　　　　98019427

1PZ6

2008年總統選舉：
論二次政黨輪替之關鍵選舉

主　　編－陳陸輝　游清鑫　黃　紀
作 者 群－陳陸輝　游清鑫　黃　紀　王靖興　王德育　包
　　　　　林珮婷　林聰吉　耿　曙　盛杏湲　許勝懋　黃
　　　　　楊婉瑩　劉嘉薇　鄭夙芬　關弘昌
發 行 人－楊榮川
總 編 輯－龐君豪
主　　編－劉靜芬　林振煌
責任編輯－李奇蓁
封面設計－佳慈創意設計
出 版 者－五南圖書出版股份有限公司
地　　址：106台北市大安區和平東路二段339號4樓
電　　話：(02)2705-5066　傳　　真：(02)2706-6100
網　　址：http://www.wunan.com.tw
電子郵件：wunan@wunan.com.tw
劃撥帳號：01068953
戶　　名：五南圖書出版股份有限公司

台中市駐區辦公室/台中市中區中山路6號
電　　話：(04)2223-0891　傳　　真：(04)2223-3549
高雄市駐區辦公室/高雄市新興區中山一路290號
電　　話：(07)2358-702　傳　　真：(07)2350-236

法律顧問　元貞聯合法律事務所　張澤平律師

出版日期　2009年12月一版一刷
定　　價　新臺幣500元